17 Alb und Donau
Kunst und Kultur

Herbert Hummel

Geist und Kirche
Blaubeurer Klosterschüler und Seminaristen
Biographische Skizzen aus vier Jahrhunderten

17 Alb und Donau
Kunst und Kultur

Herbert Hummel

Geist und Kirche

Blaubeurer Klosterschüler
und Seminaristen

Biographische Skizzen
aus vier Jahrhunderten

1998

© 11/1998   Alb-Donau-Kreis

Herausgeber: Wolfgang Schürle

Redaktion/Autor: Herbert Hummel

Bildnachweis: Schubartstube Blaubeuren S. 9, 39
                      Herbert Hummel S. 18, 21, 26, 49, 84, 91, 101, 141, 197, 198, 199
                      Philipp Hummel S. 185
                      Hauptstaatsarchiv Stuttgart S. 133
                      Württ. Landesbibliothek S. 31, 35, 38, 44, 48, 53, 63, 68, 72, 78, 80,
                      87, 90, 94, 98, 112, 115, 120, 123, 127, 130, 137, 145, 148, 152,
                      161, 169, 173, 179, 191, 193, 196
                      Stadtarchiv Ulm S. 60
                      Werner, Joachim S. 104

Umschlag und Layout: Johannes Kiefer, Landratsamt Alb-Donau-Kreis

Repros: WG Reproservice, Remseck

Satz und Druck: Offizin Chr. Scheufele, Stuttgart

Bindearbeiten: GBW, Weinsberg

ISBN 3-923107-05-6

Inhaltsverzeichnis

Vorwort	5
Vom Benediktinerkloster zum Evangelisch-theologischen Seminar	7
Das Landexamen	15
Von der »Klosterzucht« zur »pädagogischen Maßnahme«	19
»Viel, gar viel hängt vom Essen ab«	23
Beim Turnen von Anfang an dabei	28
Drei Freunde	31
Carl Philipp Conz (1762–1827) – »Poet Haselhuhn«	35
Der Liebling der Götter – Wilhelm Hauff (1802–1827)	39
Gustav Pfizer (1807–1890) »... die reflektierende Fledermaus«	44
Gustav Pressel (1827–1890) – ein vergessener Komponist	48
Paul Wanner (1895–1990) – Dramatiker fürs Volk	51
Wilhelm Häcker (1877–1959) – ein Freund Hermann Hesses	56
Friedrich August Gfrörer (1803–1861) – ein Konvertit	60
H. E. G. Paulus (1761–1851) – der rationalistische Theologe	63
Ferdinand Christian Baur (1792–1860) – der »Heidenbauer«	68
Friedrich Theodor Vischer: »Jugendtal«	71
Die Dioskuren: David Friedrich Strauß und Friedrich Theodor Vischer	72
Friedrich Theodor Vischer: »Und noch einmal«	78
Primus der Geniepromotion: Wilhelm Zimmermann (1807–1878)	80
Gustav (von) Binder (1807–1885) – ein Schulmann	84
Adolf Bacmeister (1827–1873) – Journalist ohne Glück	87
Schwarzwald und Arabien – Julius Euting (1839–1913)	90
Oskar Fraas (1824–1897) – ein Pionier der Vorgeschichte	94
Karl (Ritter von) Goebel (1855–1932) – ein Biologe	98
Robert Gradmann (1865–1950) und das Pflanzenleben der Alb	101
J. W. A. Zenneck (1871–1959) – Pionier der Funktechnik	104
Ein »Apostel« der Landwirtschaft: Jeremias Höslin (1722–1789)	109
Johann Gottlieb Steeb (1742–1799) – »Apostel des Espers«	112
Bahnbau über die Berge mit Karl (von) Etzel (1812–1864)	115
Die Feuerlein-Zwillinge	120
Ein radikaler Demokrat – Eduard Süskind (1807–1874)	123
Wilhelm (von) Breitling (1835–1914) – Württembergischer Ministerpräsident	127
Friedrich Payer (1847–1931) – stellvertretender Reichskanzler	130
Georg Konrad Rieger (1687–1743) – »Ein Schwabenvater«	137
Der gelehrte Pietist Friedrich Christoph Oetinger (1702–1782)	141
Carl Friedrich Harttmann (1743–1815) – Dekan in Blaubeuren	145
Friedrich Christoph Steinhofer (1706–1761)	148
Ein Freund der Tiere: Christian Adam Dann (1758–1837)	152

Johann Gerhard Ramsler (1635–1703) – ein württembergischer Pfarrer ... 158

Eberhard (von) Falch (1851–1919) – ein stiller Helfer ... 161

Wilhelm Fink (1877–1952), Pfarrer in Enslingen ... 164

Theophil Wurm (1868–1953) – erster württembergischer Landesbischof ... 169

Martin Haug (1895–1983) – Bischof des Aufbaus ... 173

Zwei gingen zur Fremdenlegion ... 176

Albert (von) Pfister (1839–1907) – ein General ... 179

Ein Deutsch-Amerikaner – Wilhelm Rapp (1827–1907) ... 182

Karl Schmückle (1898–1938) – Kommunist aus Idealismus ... 185

Julius von Jan (1897–1964) und die Predigt gegen NS-Terror ... 188

Die Weizsäckers und Blaubeuren ... 191

Die Plancks in Blaubeuren ... 196

Zum Abschied von Blaubeuren. 27. September 1825 von Zimmermann ... 202

Literaturverzeichnis ... 204

Verzeichnis der Abkürzungen ... 204

Personenregister ... 205

Ortsregister ... 209

Vorwort

Drei gute Gründe sprechen dafür, ein Buch über Blaubeurer Klosterschüler und Seminaristen vorzulegen.

Neben Maulbronn ist Blaubeuren das einzige noch bestehende Evangelisch-theologische Seminar in Württemberg.

Von kurzen Unterbrechungen abgesehen, zieht sich eine ungebrochene Tradition des Seminars von der Gründung durch Herzog Christoph Mitte des 16. Jahrhunderts bis in die Gegenwart. Die Verflechtung mit der Landesgeschichte Württembergs ist eng.

Wichtigster Grund für die Herausgabe des Buches sind jedoch die Klosterschüler und Seminaristen selbst – ihr Werdegang und ihr späteres Wirken.

Mit Blick auf die Anfänge können wir durchaus von einer frühen Form staatlicher Eliteförderung sprechen. Nachwuchs für den geistlichen Stand und den Staatsdienst in Württemberg verließ das Seminar. Verlangt und gefördert wurde bei den Schülern ein hohes Maß an Leistungsbereitschaft.
Doch damit nicht genug. Die biographischen Skizzen zeigen, daß sich die Wirkung dieser Bildungsstätte nicht nur auf Württemberg beschränkte. Viele Dichter, Politiker, Wissenschaftler oder Forschungsreisende, die einst die Schulbänke im Seminar drückten, sind Teil der deutschen Geistes- und Wissenschaftsgeschichte, auch der politischen Geschichte. Diese Wirkung entfaltete das Blaubeurer Seminar nicht nur für einen eng begrenzten Zeitraum. Die Biographien schlagen vielmehr einen Bogen vom 17. bis ins 20. Jahrhundert.
Letztlich ist dieses Buch auch ein Blick auf Bildung und Erziehung, auf Geist und Gelehrsamkeit über mehrere Jahrhunderte hinweg. »Geist«, so hat es der Religionsphilosoph Martin Buber einmal ausgedrückt, »ist nicht eine späte Blüte am Baume Mensch, sondern er ist das, was den Menschen als solchen konstituiert.« In dieser Tradition steht das Evangelisch-theologische Seminar im über 900 Jahre alten Kloster zu Blaubeuren noch heute.

Dr. Wolfgang Schürle Gerhard Klein
Landrat *Ephorus*
Alb-Donau-Kreis *Evangelisch-theologisches Seminar Blaubeuren*

Vom Benediktinerkloster zum Evangelisch-theologischen Seminar[1]

Von Platos Silberfittichen gehoben,
schwebt fromm und stolz der junge Geist nach oben.
Friedrich Theodor Vischer

Eines der ältesten heute noch bestehenden Internate nicht nur Deutschlands, sondern der ganzen Welt liegt in der Kleinstadt Blaubeuren am Fuße der Schwäbischen Alb, einst als *weltentlegen* charakterisiert, heute freilich bequem und leicht zu erreichen.

Die Abgelegenheit des Ortes entsprang dem Willen der Benediktiner, in der Einsamkeit fern der Welt ein christlichen Zielen zugewandtes Leben zu führen, als sie 1085 am Blautopf ein Kloster gründeten. Ohne Zweifel war von Anbeginn schulischer Betrieb dem Kloster zugehörig, die Anstalt im heutigen Sinne entstand erst infolge der Reformation im 16. Jahrhundert. Viele Landesherrn waren mit der kirchlichen und seelsorgerlichen Praxis der römischen Kirche seit langem unzufrieden, das Auftreten Martin Luthers begrüßten und unterstützen sie aus echter religiöser Überzeugung; jedoch kann nicht übersehen werden, daß sich ihr reformerisches Engagement mit machtpolitischem Kalkül verband: der Besitz der Klöster z. B. stand zur Disposition, wenn man die Mönchsgemeinschaften als unbiblisch abschaffen konnte.

In allen protestantischen Herrschaften fiel das bisherige Eigentum der Kirche in die Hand des Fürsten bzw. des Staates. Das geschah selten so direkt, wie hier formuliert, oft blieb der Besitz formal in der Hand kirchlicher (protestantischer) Institutionen; entscheidend war, daß viele Fürsten wichtigen Einfluß auf Besitztümer gewannen, den sie zuvor in dieser Weise nicht hatten. Württemberg handelte in diesem Sinne, allein 14 Mannsklöster wurden übernommen; Äbte und Konventualen mit Einmalzahlungen mehr oder minder abgefunden. Herzog Ulrich (1498–1550), der die Reformation im Lande einführte (nach 1534), griff recht massiv in das Kirchengut ein, denn er hatte hohe Schulden zu begleichen. So ließ er im Kloster Blaubeuren das Silbergerät verzeichnen und abholen.

Sein Nachfolger Herzog Christoph (1550–1568) wollte bzw. mußte vorsichtiger agieren; er errichtete eine Stiftung, indem er die Erträge des Klosterbesitzes dazu bestimmte, daß Schulen in den verlassenen Klöstern errichtet werden sollen. Zwei Motive waren dafür bestimmend. Zum einen wußte der Herrscher, daß die staatsrechtliche Stellung Württembergs seit der Vertreibung und letztlich doch gnädig erlaubter Wiederkehr Herzog Ulrichs ziemlich prekär war. Er regierte nicht aus eigener souveräner Kraft, sondern er war österreichischer Vasall geworden; und er mußte seinem katholischen Lehnsherrn vorsichtig, ja äußerst zurückhaltend gegenüber taktieren, wenn er die Reformation im Lande erhalten wollte. Zudem galt in den ersten Regierungsjahren Herzog Christophs das sogenannte Interim, das den Protestanten schwere Einschränkungen auferlegte.

So wurde der äußere Anschein erweckt, das Klosterleben ginge weiter wie bisher: Ein Abt stand der Schule vor, die Schüler wurden bis weit ins 18. Jahrhundert gezwungen, in mönchischen Kutten einherzuwandeln, ans Alte erinnernde Formen der Liturgie wurden beibehalten, das Chorgebet beispielsweise. Ferner wurde die Klausur erhalten, das Klosterareal war mit Mauern umgeben, grundsätzlich geschlossen und entsprechend bewacht, Kontakte zwischen den Klosterschülern und der Blaubeurer Bürgerschaft waren bis weit ins 19. Jahrhundert nicht erwünscht.

Das andere Motiv des Herrschers war (damals modern gedacht); er wollte einen dem Staat ergebenen, treu dienenden und gebildeten Pfarrer- und Beamtenstand schaffen. In den Klosterschulen galt es, junge begabte Menschen für das Theologiestudium zu erziehen, aber daneben faßte man wohl von Anfang an ins Auge, besonders Geeignete für den Staatsdienst zu gewinnen. Man kann es bewerten, wie man will, als Tragik oder Ironie, daß die bekanntesten Schüler der württembergischen Klosterschulen und Seminare eben nicht als Theologen

---

[1] Herr Dr. Hermann Ehmer hat das ursprüngliche Manuskript dieses Abschnittes einer gründlichen, fairen Kritik unterzogen. Viele seiner Einwände sind berücksichtigt worden. Ihm sei an dieser Stelle herzlich gedankt.

brillierten, sondern als Dichter, als Politiker, als Wissenschaftler, als Forschungsreisende, ja als Soldaten ihren Weg zum Nachruhm gingen.

Das Ergebnis gab dem Herzog recht, auch wenn er die glänzende Rolle seiner Stiftung, die sie in der Zukunft spielen sollte, nicht erahnt haben dürfte. In anderen deutschen Ländern dachte man ähnlich; die sächsischen Fürstenschulen in Schulpforta, Meißen und Grimma waren vergleichbare Gründungen. Sachsen ging zeitlich voran, Moritz von Sachsen hatte seine Schulen bereits 1543 gegründet; sie spielten in der deutschen Geschichte der Schulen eine ähnlich rühmliche Rolle wie die Württembergischen Anstalten. Beide können wetteifern mit den Begabten, die sie hervorbrachten: Kann Sachsen mit Nietzsche, Klopstock, Fichte, Ranke, von Bethmann-Hollweg und mit dem Schwaben Wieland aufwarten, so können die Württemberger Kepler, Hölderlin, Schelling, Mörike aufbieten (von den Blaubeurern wird in diesem Buch die Rede sein).

Die sächsischen Schulen sind also älter als die württembergischen; die Gunst der politischen Verhältnisse hat aber dafür gesorgt, daß die schwäbischen Klosterschulen, die einzigen sind, in denen die alte Tradition aus dem Reformationsjahrhundert weiterlebt. Im Nationalsozialismus kam das Ende für alle genannten evangelischen Schulen. Die Württembergischen Seminare wurden in sogenannte *Heimschulen* umgewandelt: das waren Oberschulen für Jungen, vorzugsweise für Söhne gefallener Soldaten. Nach 1945 konnten in der Bundesrepublik die vier Seminare Urach, Schöntal, Maulbronn und Blaubeuren an die Vorkriegszeit anknüpfen, und sie bestehen mit Maulbronn und Blaubeuren bis heute. Offiziell wurde das Blaubeurer Seminar am 4. Juli 1946 durch Ephorus Albert Gaub eröffnet, aber bereits im Herbst 1945 hatte der Unterricht begonnen. Für die sächsischen *Fürstenschulen* – bereits der Name verrät den elitären Anspruch – war im sozialistischen, egalitären Bildungssystem der DDR kein Platz vorgesehen. Auch könnten sie kaum noch an eine lebendige Vergangenheit anknüpfen, bereits 1935 wurden sie in nationalsozialistische Heimschulen umgewandelt. Schulpforta hat nach der Wende 1989 wieder eröffnet – vielleicht kann dort die alte Tradition erneut belebt werden.

Die württembergischen Schulen sind zwar jünger, aber haben länger existiert bzw. sie tun dies noch. Eine Selbstverständlichkeit war diese lange Kontinuität gewiß nicht. Am Schicksal der 14 Mannsklöster, die in Klosterschulen umgewandelte wurden, läßt sich dies ablesen.

Der Augsburger Religionsfrieden von 1555 gab Herzog Christoph den politischen Raum zur Organisation der evangelischen Landeskirche, die *Große Kirchenordnung* von 1559 (1556 waren die Klosterschulen bereits geordnet worden) sah vor, daß in allen ehemaligen Mönchsklöstern Schulen eingerichtet werden sollen, aber schon damals war Kloster Herbrechtingen in Staatshand übergegangen. Die große Kirchenordnung legte ein Bildungssystem für ganz Württemberg fest, indem nicht nur die Regularien für die Klosterschulen, sondern auch die für die Lateinschulen (in den meisten Städten) und die deutsche Schule (in den Pfarrdörfern) bestimmt wurden, Württemberg hatte als eines der ersten deutschen Länder ein geordnetes und tragfähiges Bildungswesen – ein Hauptverdienst Herzog Christophs.

Der ehemalige Besitz und die Einkommen der alten Kirche sollten zuerst für kirchliche und schulische Zwecke verwendet werden, grundsätzlich blieb dies so bis ans Ende des alten Reiches. Jedoch ist nicht zu übersehen, daß sich die Herzöge nach Herzog Christoph bemühten, weitere Klöster unter ihre unmittelbare Verwaltung zu nehmen, und so verschwand Klosterschule um Klosterschule (St. Georgen, Lorch, Adelberg, Herrenalb, Anhausen, Königsbronn, Murrhardt, Alpirsbach.) Für die Herzöge war dies insofern wichtig, daß der Besitz und die Einkünfte ins sogenannte *Mannsklösterdepositum* gelangten, einer Finanzquelle, an der die Stände kein Mitspracherecht hatten, sondern über die der Herrscher allein verfügen konnte. Manche wurden geschlossen, aber für kurze Zeit wiedereröffnet (etwa Hirsau); freilich muß auch gesehen werden, daß die Klosterschulen des 16. Jahrhunderts nur wenige Zöglinge unterrichteten (Blaubeuren z. B. begann den Lehrbetrieb mit sechs Schülern): eine Konzentration auf vier Schulen war daher ökonomisch sinnvoll. Bis ans Ende des Alten Reiches existierten Maulbronn, Denkendorf, Bebenhausen und Blaubeuren.

Auch entzog der Staat den evangelischen Äbten immer mehr die Verfügungsgewalt über den Klosterbesitz:

Blaubeuren mit Rucken und Rusenschloß um 1860

war ursprünglich der evangelische Abt – vom Herzog eingesetzt (und der suchte genehme Personen aus) – Herr über alle Klosteruntertanen, die ihm huldigen mußten, so änderte sich dies recht bald. Ein Klosteramtmann übernahm mehr und mehr die herrschaftliche Funktion des Prälaten, die Untertanen huldigten nach 1619 dem Herzog direkt. Die Verfügung über das Klostergut gelangte sukzessive an den Klosteramtmann, der zwar formal dem Prälaten unterstand, aber letztlich als herzoglicher Beamter seine Anweisungen aus Stuttgart bezog – 1619 wurden die Klosterbeamten nicht mehr auf den Abt, sondern auf den Herzog vereidigt –, der Prälat wurde in steigendem Maße auf seine pädagogischen Aufgaben beschränkt.

Blaubeuren war ursprünglich ein niederes Kloster, das bedeutet, seine Zöglinge mußten wechseln, bevor sie die Landesuniversität und das Stift in Tübingen besuchen konnten. Meistens gingen die Blaubeurer Absolventen nach Bebenhausen, weil dies in der Nähe Tübingens lag, die Schüler konnten so bereits teilweise Vorlesungen in Tübingen hören.

In Kriegszeiten waren die Klosterschulen geschlossen, so im dreißigjährigen Krieg nach der Schlacht bei Nördlingen, als 1634 Württemberg von der kaiserlichen, katholischen Partei erobert und das Kloster Blaubeuren der katholischen Kirche zurückgegeben wurde. Das Restitutionsedikt aus dem Jahre 1629 konnte jetzt in Württemberg durchgeführt werden: ins Kloster zogen wieder Mönche und der katholische Ritus ein. Erst nach dem Westfälischen Frieden von 1648 wurde Blaubeuren als Klosterschule 1650 neu eröffnet, und hat nun einen zeitlichen Vorsprung vor Maulbronn, das erst 1656 seine Türen wieder öffnete. Maulbronn gewinnt dann zwei Jahre, weil von 1703 bis 1705 Blaubeuren geschlossen war. Die Gründe für diesen Unterbruch liegen darin, daß Oberschwaben und die südliche Alb Kriegsschauplatz des Spanischen Erbfolgekrieges zwischen Frankreich und Österreich waren.

Ganz stark in ihrer Existenz gefährdet waren die Klosterschulen unter der Herrschaft des *Schwäbischen Zaren*, unter König Friedrich von Württemberg. Einzelne Seminare wurden aufgelöst, so 1806 Blaubeuren, aber noch 1809 existierte die Schule hier, 1810 wurden alle Klosterschulen bis auf Maulbronn nach Schöntal verlagert. Die katholische Abtei Schöntal war erst 1803 württembergisch und säkularisiert worden, und die nun leerstehende barocke Anlage (an Blaubeuren gemessen damals im besten Bauzustand) harrte einer Nutzung. König Friedrich dachte daran, dort die Ausbildung zukünftiger Theologen zu konzentrieren. Blaubeuren war vorgesehen, Kaserne für eine Kavallerieeinheit zu werden.

Württemberg stand damals in einem wichtigen reformerischen Umbruch. König Friedrich – ehrgeizig, modern, aber sehr selbstbewußt und auf Reputation bedacht, war aufgrund seiner Eigenwilligkeit nicht sehr beliebt. Im Lande war alles froh, als mit seinem Nachfolger, König Wilhelm I., die Reformen seit 1816 ihren gewalttätigen Charakter verloren.

1817 wurden die Seminare, wie seither die Klosterschulen hießen, neu geordnet. Blaubeuren war das erste Seminar, das den Unterricht wieder aufnahm, dann folgte in Jahresfristen Urach, Maulbronn und Schöntal – von den einst 14 Mannsklöstern blieben nur zwei bei ihrer alten Bestimmung: Blaubeuren und Maulbronn. Die Standorte Urach und Schöntal kamen neu hinzu.

Die Neuordnung zu Seminaren im Jahre 1817 war ein reformerischer Kraftakt, denn die neuen Bildungstätten präsentierten sich in einem neuen pädagogischen Konzept. Vor allem die ersten Promotionen, welche die Hörsäle füllten, gehörten zu denen, die das neue Schulsystem geradezu begeistert aufnahmen; die lebenslange Liebe der Geniepromotion (1821–1825) zu Blaubeuren und zu ihren Lehrern ist nicht anders zu erklären. Jeder Neuanfang gerät ins Alter, aus Euphorie wird Mißmut, die begeisterten Urteile aus den ersten Jahrzehnten des vergangenen Jahrhunderts weichen im Laufe der Zeit kritischeren Tönen, die bis in blanken Haß umschlagen können. Die einst so hoffnungsfroh gestartete Anstalt hatte sich etabliert, der Charme der Gründungszeit war vorüber, die Lehrer waren älter geworden, die Spitzenkräfte längst von den Universitäten abgeworben, staatliche und kirchliche Verwaltungen reglementierten und bürokratisierten einen offenen pädagogischen Prozeß. Bis zu einem gewissen Grade ist dies natürlich – mindert aber nicht im geringsten die Bedeutung des Blaubeurer Seminars als Eliteschule, die sie selbstverständlich blieb, auch wenn der Schulbetrieb verknöcherte und an Schwung verlor.

Eine neue Institution hat sich glänzend bewährt. Hermann Dilger (Ephorus 1956–1966) beschreibt sie so: *Für die Geschichte der Seminare aber war ... fast noch wichtiger: zwei junge Lehrer sollten mit den Seminaristen möglichst eng zusammen leben, mit ihnen essen, bei ihnen schlafen, mit ihnen spazieren gehen – die Repetenten. Ich glaube, alle ehemaligen Seminaristen werden mit mir darin einig sein, daß für das Leben im Seminar gerade die Repetenten besonders wichtig geworden sind.*

Dennoch – kein Geringerer als David Friedrich Strauß sprach einmal von der *theologischen Mausefalle*, als er aus der Distanz von etlichen Jahren die Einrichtung der Seminare beurteilte. Dieses negative Urteil scheint in einem Gegensatz zu der glänzenden Beschreibung des Blaubeurer Seminars zu stehen, die derselbe Strauß abgab, als er über Christian Märklin, mit dem zusammen er die Blaubeurer Jahre verbrachte, eine Schrift veröffentlichte. Die muntere, ja überschwenglich erlebte Jugendzeit ist das eine; der bildungspolitische Sinn der engen Ausrichtung der staatlich geförderten Eliteschule auf das Theologische ein zweites. Strauß sah genau, daß Spitzenbegabungen durch das System von Seminar und Stift zwangsläufig auf eine Pfarrerslaufbahn verwiesen wurden; sein Bild von der *Mausefalle* veranschaulicht die Lebenssituation vieler Zöglinge: Sie mußten Theologen werden. Wie viele Hochbegabte als Dorfpfarrer auf dem Lande versauerten, ist nicht zu erfassen, die Betroffenen selbst sahen ihre Pflicht darin, als Seelsorger zu wirken, obgleich bei der Lektüre mancher Akten und Briefe der Eindruck entsteht, der oder jener Pfarrer hätte an anderer Stelle mehr leisten können. Strauß rügt mit seinem Bild die Einseitigkeit, in welche die fähigen jungen Leute gedrängt wurden.

Gewiß – völlig zugeschnappt ist die *theologische Mausefalle* nie; das beweisen schon die vielen Ausnahmen, die zugelassen wurden, wenn ein Absolvent eine andere, eine nicht-theologische Laufbahn einschlug. Ganz selten kam es vor, daß einer, der nicht Pfarrer werden wollte, die Kosten für seinen Seminarsaufenthalt erstatten mußte, so wie dies eigentlich Vorschrift war. Auch galt von Anfang an die Regel, daß der, der statt Pfarrer Gymnasiallehrer werden wollte, das Stipendium genießen durfte, denn er studierte zusammen mit den Theologen, ein selbständiges Studium zum Lehramt an höheren Schulen gibt es erst seit der Jahrhundertwende.

Im Laufe der Zeit nahmen Ausnahmeregelungen zu; auch verstanden es die Klosterschulen, sich veränderten Zeitläuften anzupassen. Reformiert wurde eigentlich immer, und die Evangelisch-theologischen Seminarien haben den Vergleich mit verwandten Gymnasien leicht ausgehalten. Nach der grundlegenden Reform des Jahres 1817 schnitt die Änderung des Jahres 1871 am sichtbarsten ins bisherige Gefüge. Bis zu diesem Zeitpunkt blieben die Zöglinge vier Jahre lang in dem Seminar, in das sie eingetreten waren. Die Zöglinge, die 1871 in Maulbronn eingetreten waren, verließen dieses Kloster 1873, um nach Blaubeuren zu kommen. Seit 1872 lief der gleiche Rhythmus zwischen Schöntal und Urach, es gab wieder niedere und höhere Seminare.

Die Ursache für diese Reform lag weniger in Vorankommen der Schüler, eher war die inflexible Haltung der Lehrer Grund für diese Maßnahme. Im Grunde ist dies verständlich: Ein Lehrer, der einen gerade Pubertierenden bis zur Reife im Sinne des Wortes begleitet hat, tut sich bestimmt schwer, wenn er nach vier Jahren erneut 15jährige zu betreuen hat. Auch kann ein Ortswechsel für die Internatsschüler als im allgemeinen günstig bewertet werden. Diese Reform hat sich bewährt und ist bis heute in Grundzügen beibehalten. Seit der Reform der gymnasialen Oberstufe 1972 lernen die Seminaristen zwei Jahre in Maulbronn, danach leben sie bis zum Abitur drei Jahre in Blaubeuren.

Mit Sicherheit büßten die Seminare an Bedeutung ein, als mit der Industrialisierung und mit der Verbesserung der Verkehrsverhältnisse andere Zeiten heraufzogen. Ein Grund für die Existenz der Klosterinternate war der gewesen, daß für die Söhne der Pastoren es in den meisten Fällen unmöglich war, ein erreichbares Gymnasium in der Nähe der dörflichen Pfarrei zu finden, die Klosterschule, das Internat war die einzige Möglichkeit, eine adäquate Bildung für den Sohn zu sichern. Das änderte sich schrittweise, die städtischen Gymnasien kamen und holten auf; und manche Pfarrfamilie war froh, den Sprößling in der benachbarten Kreisstadt aufs Gymnasium schicken zu dürfen, abends war er dann zu Hause, man hatte den geliebten Sohn um sich, konnte seine Entwicklung und seine schulischen Fortschritte übersehen und steuern. Aus vielen Briefen ist bekannt, wie sehr eine Pfarrfamilie zwar froh war, einen Sprößling am Seminar bestens betreut zu wissen, aber dennoch darunter litt, daß er fern der Familie weilte. Dennoch – ihre Attraktivität haben die Seminare nie verloren, allein der Umstand, daß Klosterschule und Seminare nicht ohne weiteres belegt werden konnten, sondern daß Aufnahmeprüfungen härtesten Kalibers die Aspiranten erwarteten, sorgte für eine gewisse Exklusivität. Vielleicht war auch auf die schwäbische Mentalität berechnet, daß auf die Besten in Landexamen und Konkurs Freiplätze in Seminar und Stift warteten. Kostenlose Ausbildung an einer traditionsreichen Eliteschule, das wird ein Anreiz nicht nur im Schwäbischen bleiben; die Evangelische Landeskirche war gut beraten, daß sie dieses Institut bis heute beibehält.

Bis weit ins zwanzigste Jahrhundert blieb es bei den genannten Seminarorten – Blaubeuren, Urach, Maulbronn und Schöntal. Als die Reform der gymnasialen Oberstufe in der Bundesrepublik und in Baden-Württemberg beschlossen wurde (1972), hatte die evangelische Landeskirche zu beraten, wie die altbewährten Seminare der Reform angepaßt werden sollten. Klar war, daß alle vier Seminare nicht beibehalten werden konnten, in der Frage der Standorte entschied man sich im Sinne wohlverstandener Tradition, die ältesten Klosterschulen – Blaubeuren und Maulbronn – blieben als Seminare bestehen.

Ursprünglich war der Zugang zur Klosterschule allen Schichten vorbehalten; wobei jedermann klar sein sollte, daß Angehörige der unteren Schichten fast keine Chancen hatten, durch das Landexamen an die begehrten Freiplätze zu gelangen. Wer sollte sie auch auf dem Dorfe Latein und Griechisch lehren? Daher war der Besuch der Klosterschulen von Anfang an Sache privilegierter Kreise. *Thron und Altar* so lautet die berühmte Floskel, welche die Symbiose zwischen Intelligenz und Obrigkeit beschreibt, und die, von beiden Seiten stets bestritten, wohl zu allen Zeiten und auch heute noch existiert. Fest steht, 1736 wurden Bauernsöhne vom Besuch der Klosterschulen ausgeschlossen, 1749 wurden Kinder von Handwerkern der Zugang verwehrt, im gleichen Jahr wurde aus jeder Pfarrfamilie nur noch ein Vertreter zugelassen. Ein Hintertürchen blieb freilich offen: Lagen *trifftige Gründe* vor, konnten auch zweite und dritte Söhne die Klosterschulen besuchen; die Aktenlage bestätigt – so war es auch!

Im 18. Jahrhundert bestand in der protestantischen Geistlichkeit die Tendenz, sich von anderen Christenmenschen abzuschotten und an Privilegien festzuhalten, die an sich durch nichts begründet waren. Selbst die absolutistischen Herren des Landes haben dies bemerkt; Herzog Carl Eugen und König Friedrich haben sehr wohl gesehen, wie eine seit alters etablierte Pfarrerschaft im Lande es verstand, sich und ihrem Familienkreise die einträglichen Posten und Pfarreien zu sichern. Die Stockmayer, die Hochstetter und die Grückler sind der Landesgeschichte bestens bekannt. Herzog Carl Eugen war katholisch, er konnte dem Übel kaum steuern; erst sein evangelischer Neffe, Herzog Friedrich, der spätere König, hat die Vetternwirtschaft, der man duchaus korrupte Züge nachweisen kann, energisch bekämpft. Freilich – er bevorzugte ebenfalls seine Schützlinge, daher konnte er sich in der Pfarrerschaft wenig Reputation erwerben. Dennoch bleibt sein Verdienst, mit der Privilegienwirtschaft zumindest ansatzweise aufgeräumt zu haben.

Nach der Reform des Jahres 1817 sind die Aufnahmebedingungen fair, jedermann ist berechtigt, am Landexamen teilzunehmen. Dennoch bleiben die Seminare eine Domäne der pfarrherrlichen und bürgerlichen Oberschicht. Mustert man die lange Liste der Zöglinge der Seminare, so sind darunter ganz selten Angehörige der Unterschicht zu finden, auch sind Beispiele von Manipulation zugunsten Pfarrskollegen bekannt: Eduard Mörike zum Beispiel hat in allen Aufnahmeprüfungen für Urach versagt, nur sein Onkel in leitender Stellung im Kirchenrat hat seine Aufnahme erreicht. Solche und ähnliche Beispiele gibt es nicht nur in diesem Fall! Das Beispiel Mörikes zeigt aber auch, daß die Protektoren, die schließlich durchsetzten, Mörike entgegen seiner Prüfergebnisse zu nehmen, einen solch schlechten Griff nicht taten, noch heute dient der Seminarist Mörike zu Recht als Beweis dafür, welche Begabungen an den Klosterschulen gefördert werden konnten.

Von Anfang an lag ein Schwerpunkt der Ausbildung neben der Theologie auf den alten Sprachen; in den ersten Jahrzehnten domierte das Latein; Griechisch und Hebräisch holten dann im Laufe der Zeit auf. Ganz wichtig war das Auswendiglernen sowohl klassischer wie biblischer Texte, *reale* Fächer wurden nur am Rande unterrichtet: außer über Grundrechnungsarten, einfaches Bruchrechnen und Anfangswissen über astronomische Vorgänge erfuhren die Zöglinge herzlich wenig. Allerdings muß hier angemerkt werden, daß in den Klosterschulen vieles gelehrt wurde, das in den Vorschriften von 1582 nicht ausdrücklich vorgesehen war. Im Vergleich zu heute boten die »Lehrpläne« von damals ungleich mehr Spielraum für engagierte Lehrer und interessierte Schüler.

Das gilt für das Tübinger Stift gleichermaßen, allein sieben Blaubeurer Klosterschüler wurden, nachdem sie ihr Theologiestudium in Tübingen abgeschlossen hatten, und zum Teil – postgraduiert, wie der moderne Ausdruck lautet – sich an anderen Hochschulen umgesehen und weitergebildet hatten, als Professoren für Mathematik an russische Universitäten berufen. Nun mag damals Rußland so eine Art Entwicklungsland gewesen sein, dies ändert aber wenig an der fachlichen Kompetenz der Berufenen, die, primär zu Theologen ausgebildet, sich in anderen Disziplinen glänzend behaupten konnten.

Im 18. Jahrhundert zog ohnedies Gedankengut der Aufklärung in die kirchlichen Lehranstalten, Geschichte und Französich wurde gelehrt, ohne das dies vom Kirchenrat ausdrücklich genehmigt wurde. Die Freiräume waren groß, Stuttgart war weit, und so ereignete sich oft ein nachhaltiges, ersprießliches pädagogisches Arbeiten in den offiziell so streng geregelten Klosteranstalten.

Amtlich eingeführt wurden neue Unterrichtsinhalte erst mit der Reform von 1817, diese Reform stand im Zeichen des Neuhumanismus, einer geistigen Strömung, die seit dem ausgehenden 18. Jahrhundert die intellektuelle Welt bewegte – als Bezugspersonen seien Johann Gottfried Herder und Wilhelm von Humboldt genannt. Äußerlich standen die alten Sprachen nach wie vor im Mittelpunkt des Unterrichts, aber das pure Erlernen, ja das Auswendiglernen lateinischer und griechischer Phrasen trat zurück, die inhaltliche Beschäftigung mit den klassischen, insbesondere der griechischen Autoren wurde wichtiger. Abzulesen ist dies an der Tatsache, daß der Unterricht in der (alt-)griechischen Sprache mit Latein gleichzog (jeweils 10 Stunden pro Woche).

Das Lernen der alten Sprachen bekam einen anderen Stellenwert, als den, welchen dies es Jahrhunderte zuvor hatte; Latein und Griechisch mußte zuvor gelernt werden, weil die wissenschaftlichen Werke, auch die naturwissenschaftlichen, eben hauptsächlich nur in den alten Sprachen vorlagen, im 18. Jahrhundert lösten sich vor allem die Naturwissenschaftler vom traditionellen Latein und verfaßten ihre Schriften in der nun damit jedem zugänglichen Landessprache.

Bildung so lautete der zentrale Begriff der Neuhumanisten; in der Antike, so glaubten sie, sei dieses Ideal verwirklicht gewesen; ein Studium der griechischen und lateinischen Literatur helfe, die wahre Humanität zu begreifen: das Griechentum soll nicht nachgeahmt werden, sondern der Geist einer harmonischen Lebensweise, die Rationalität mit Emotionalität vereinen kann, sollte gesehen und verinnerlicht werden, um als Grundlage und Maxime für die eigene Lebenspraxis zu dienen.

Die Bedeutung der Humboldtschen Reformen sind allgemein anerkannt, die württembergischen Evangelisch-theologischen Seminare fühlten und fühlen sich der neuhumanistischen Gedankenwelt verpflichtet. Konsequenterweise öffneten sich die Seminare neuen Bildungsinhalten, zwar blieben die antiken Klassiker in ihrem angestammten, bevorzugten Recht, aber andere Fächer – Deutsch, Geschichte, moderne Fremdsprachen – wurden in die Lehrpläne aufgenommen. Freilich blieb der Lehrplan – aus heutiger Sicht – recht kopflastig: naturwissenschaftliche, handwerkliche und wirtschaftlich-kaufmännische Kenntnisse wurden, wenn überhaupt, nur am Rande vermittelt. Auch die musischen Fächer lagen zunächst arg darnieder; zwar wurde Musikunterricht stets gegeben, aber über seine Qualität wurde oft geklagt; erst seit der Mitte des 19. Jahrhunderts hat sich dies geändert – allerdings grundlegend: Man denke nur das prächtige musikalische Angebot in Blaubeuren, das in so einer Kleinstadt ohne das Engagement des Seminars, der Musiklehrer und nicht zuletzt begeisterungsfähiger Seminaristen – und das über Jahrzehnte hinweg – nicht vorstellbar ist.

Sport oder Leibesübungen, wie dies früher hieß, kam im Lehrplan früher selbstverständlich nicht vor: Ein angehender Geistlicher, der sich nach Bubenmanier um einen Ball drängelt oder eine Riesenwelle am Reck schafft, das ging dann doch nicht! Und doch war es so – zumindest in Blaubeuren. Jeremias Friedrich Reuß (1775–1846) – der erste Ephorus – hatte bei »Turnvater« Friedrich Ludwig Jahn in der Berliner Hasenweide selbst erfahren, wie gut es tut, den eigenen Körper zu beherrschen. Und er hatte nichts dagegen, daß auf der »Seewiese«, also im Klosterareal, ein »Turngarten« eingerichtet wurde. Jeremias Reuß trug so vielleicht mehr zur oben beschworenen »Humanität« bei, als er dies selbst zugestanden hätte. Jedenfalls – die Seminaristen haben das sportliche Angebot weidlich genützt. In vielen Erinnerungen wird an den Färbermeister Wilhelm Burza erinnert; Burza war Turner bis ins hohe Alter und konnte die Zöglinge des Seminars begeistern. Als er im November 1908 starb, gedachte seiner sogar die hohe Kirchenbehörde, mit Genugtuung wird er seine Belobung im Jahr 1905 entgegengenommen haben.

Wilhelm Burza war auch der Mann, der die Verbindung zur Blaubeurer turnerischen und sportlichen Szene hergestellt hat. Amtlicherseits war man darauf bedacht, Kontakte der Seminaristen mit Blaubeurer Bürgern auf ein wohl nicht zu vermeidendes Minimum zu beschränken. Und es gibt Beispiele, wie den Seminaristen verboten wurde, an Festlichkeiten der Stadt teilzunehmen.

Heutzutage ist das Seminar kein Fremdkörper, keine elitäre Insel im Sinne des Abschottens; das ist nicht mehr erwünscht. Im Gegenteil – Offenheit zur Stadt wird gepflegt; dennoch versammeln sich im Evangelisch-theologischen Seminar, das keine kirchliche, sondern eine staatliche Schule ist, überdurchschnittlich befähigte junge Leute, die sich der Mühe unterziehen, die alten Sprachen zu lernen, ohne auf naturwissenschaftliche Erkenntnisse der Neuzeit zu verzichten.

Literatur:

DIE WÜRTTEMBERGISCHEN KLOSTERSCHULEN UND SEMINARE. Das Evangelisch-Theologische Seminar Urach 1818–1977. Hg. vom Verein für württembergische Kirchengeschichte in Zusammenarbeit mit dem Landeskirchlichen Archiv Stuttgart und dem Landeskirchlichen Museum. Metzingen: Franz 1991.

BRECHT, MARTIN; EHMER, HERMANN, Südwestdeutsche Reformationsgeschichte. Zur Einführung der Reformation im Herzogtum Württemberg 1534. Stuttgart: Calwer 1984.

DILGER, HERMANN, Kloster, Klosterschule und Seminar Blaubeuren. Rede zur Vierhundertjahrfeier am 13. X. 1956, o. O.

DOPFFEL, GERHARD; KLEIN, GERHARD (Hg.), Kloster Blaubeuren 900 Jahre. Stuttgart: Theiss 1985.

EBERL, IMMO (Hg.), Kloster Blaubeuren 1085–1985. Benediktinisches Erbe und Evangelische Seminartradition. Katalog zur Ausstellung der Evangelischen Seminarstiftung und des Hauptstaatsarchivs Stuttgart 15. Mai bis 15. Oktober 1985. Sigmaringen: Thorbecke 1985.

EHMER, HERMANN, Blaubeuren und die Reformation. In: DECKER-HAUFF, HANSMARTIN; EBERL, IMMO (Hg.), Blaubeuren. Die Entwicklung einer Siedlung in Südwestdeutschland. Sigmaringen: Thorbecke 1986, S. 265–296.

FRITZ, Friedrich, Die Evangelische Kirche Württembergs im Zeitalter des Pietismus. In: BWKG 55, 1955, S. 68–116; 56, 1956, S. 99–167; 57/58, 1954, S. 44–68.

GAUB, ALBERT, Das Kloster zu Blaubeuren. In: IMHOF, EUGEN (Hg.) Blaubeurer Heimatbuch. Blaubeuren: Heilig 1950. S. 401–451.

HAHN, ADELHEID, Skizzen zu einer Schulgeschichte Württembergs: das Beispiel Blaubeuren. – In: DECKER-HAUFF, HANSMARTIN; EBERL, IMMO (Hg.), Blaubeuren. Die Entwicklung einer Siedlung in Südwestdeutschland. Sigmaringen: Thorbecke 1986, S. 569–616.

HESSELMEYER, E(LLIS), Das Landexamen und seine Leute. I. u. II. In: Besondere Beilage des Staatsanzeigers für Württemberg. NF 39, 1933 S. 25–105, 293–328.

HAHN, JOACHIM; MAYER, HANS, Das Evangelische Stift in Tübingen. Geschichte und Gegenwart – Zwischen Weltgeist und Frömmigkeit. Stuttgart: Theiss 1985.

LANG, GUSTAV, Geschichte der württembergischen Klosterschulen von ihrer Stiftung bis zu ihrer endgültigen Verwandlung in Evangelisch-Theologische Seminare. Stuttgart: Kohlhammer 1938.

PÄDAGOGISCH-THEOLOGISCHES ZENTRUM STUTTGART (Hg.), 450 Jahre Kirche und Schule in Württemberg. Ausstellungskatalog. Stuttgart: Calwer 1984.

PLANCK, H(ERMANN), Zur Jahrhundertfeier des evang. theolog. Seminars in Blaubeuren. Blaubeuren: Baur 1917.

SCHÄFER, GERHARD, Kleine württembergische Kirchengeschichte. Stuttgart: Silberburg 1964.

ZIEGLER, HANSJÖRG, Maulbronner Köpfe. Gefundenes und Bekanntes zu ehemaligen Seminaristen. Vaihingen an der Enz: Melchior 1987.

Das Landexamen

Heute bis fast an die Grenze des Bedeutungslosen gerückt, war das Landexamen eines der von der Bevölkerung mit gespannter Neugier verfolgtes Ereignis, das sich Jahr für Jahr wiederholte. Für die betroffenen hieß es: *Oh Landexamen – du Donnerwort, in wie viel Schulen und Familien hast du alljährlich Hoffnung und Furcht, Glück und Schrecken gebracht.*

Ein Examen für das Land war dies im wörtlichsten Sinne: aus allen Lateinschulen des Landes wurden die Besten nach Stuttgart gebeten, um sich dort einer gnadenlosen Konkurrenz zu unterziehen: Meist traten ca. 80 Bewerber an, jedoch nur dreißig erreichten das Ziel –, die kostenlose Aufnahme in die Klosterschule und das Seminar, nach bestandenem Konkurs auch kostenfreies Studium im Tübinger Stift. Fast zehn Jahre lang beste Bildung zu Lasten des Staates bzw. der Kirche – das war attraktiv und ein ziemliches Privileg. Grundsätzlich stand es jedermann offen, aber das so fair klingende Wort: *Freie Bahn dem Tüchtigen, ohne Ansehen der Geburt und des Standes* blieb auch hier Ideologie, praktisch war es den oberen Schichten vorbehalten, denn nur die konnten sich für ihre Kinder die Kosten für die Lateinschule etc. leisten.

Die Auslese war dennoch hart, zahlreiche später prominent gewordene Persönlichkeiten sind einst durchs Landexamen gefallen: Philipp Matthäus Hahn (1739–1790), der geschickte Mechanikus und tiefsinnige Pietist gehört dazu, Eduard Mörike fiel dreimal durch, seine familiären Beziehungen ermöglichten allerdings eine Ausnahmegenehmigung zum Besuch des Uracher Seminars. Theophil Wurm, der spätere Landesbischof, war ebenfalls nur zahlender Gast am Blaubeurer Seminar. Weitere »Versager« im Landexamen warten Julius Hölder, Innenminister Württembergs 1881–1887, Christian Heinrich Sick, Innenminister 1872–1886; Sick kam dennoch nach Blaubeuren, aber erst Jahre später – er wurde für das Oberamt Blaubeuren in den Stuttgarter Landtag gewählt.

Die Lateinschulen des Landes wetteiferten, möglichst viel Examinanden zu stellen und zum Erfolg zu führen. Göppingen und Kirchheim galten als die erfolgreichsten *Pressen* des Landes, eine zeitlang zählte auch die Lateinschule in Blaubeuren dazu. Wie ernst das Examen genommen wurde, illustriert ein Bericht aus Kirchheim. Da versammelten sich die Bewohner der Stadt auf dem Bahnhof, als die Probanden nach Stuttgart fuhren und brachten ihnen ein Hoch aus; für die knapp fünfzehnjährigen Bürschchen war dies gewiß eine beeindruckende Geste, galt es doch den Ruf Kirchheims zu verteidigen. Und geradezu einer Katastrophe kam gleich, wenn der Göppinger Rektor den Primus – den Ersten des Examens stellen konnte.

Vom Kirchheimer Rektor Karl Strölin (1824–1901) ist überliefert, daß er im Klassenzimmer vor der zusammenfahrenden Klasse seine Tabaksdose zerschmetterte, als er die Nachricht erhielt, aus seiner Obhut sei nur der *Sekundus* [der zweite] hervorgegangen, der Göppinger Kollege habe den *Primus* diesmal gestellt.

Zwischen beiden Lehrern herrschte seit Jahren bereits eine äußerlich wohlmeinende, aber doch im Kern echte Rivalität, allein schon aus Gründen der unterschiedlichen pädagogischen Methodik, die beide pflegten. Der Kirchheimer, genannt der *Eiserne Rektor*, unterrichtete mit rigoroser Strenge, mit Rohrstock und Arrest, mit unnachsichtiger Disziplin. Rektor Otto Bauer (1830–1899) hingegen in Göppingen glaubte, die jungen Leute für das Lernen begeistern zu müssen, munterer Wettbewerb unter den Schülern war sein Prinzip, fröhliches Lachen liebte er in seinem Schulzimmer, die Leistungsbereitschaft sollte durch offenen Umgang und vergnügtes Lernen gefördert werden. Beide Rektoren hatten ihre Erfolge!

Die Hürden waren tatsächlich hoch: tadelloser Leumund, Zeugnisse von Lateinlehrer und zuständigem Ortspfarrer mußten vorgelegt werden, sie entschieden darüber, ob einer überhaupt zur *Pfingstprüfung* zugelassen werden konnte. Weiter mußten die Vermögensverhältnisse offengelegt werden, der Bewerber mußte sich verpflichten, nur Theologie zu studieren und im Landesdienst zu bleiben (beide Vorschriften wurden nicht immer streng gehandhabt: die berümtesten aller württ. Klosterschüler und Seminaristen wurden keine Pfarrer: Kepler, Hölderlin, Vischer, Strauß etc.).

Seit 1582 war die Woche nach Pfingsten die Zeit der Prüfung, die stets in Stuttgart abgenommen wurde. Durchschnittlich nahmen im 19. Jahrhundert 73 Bewerber teil, mehr als 36 wurden nicht genommen. Die entscheidende Hürde waren die Kenntnisse in Latein, vor allem das sogenannte *Argument* war wichtig und entsprechend gefürchtet, hier sollte der Bewerber souveräne Kenntnis der der lateinischen Syntax und Phraseologie nachweisen. Dazu wählte man aktuelle Themen aus, die dann 15jährige Prüflinge in klassisches Latein zu übersetzen hatten: z. B. *Deutschland braucht Kolonien*. 1873 waren staatsmännische Betrachtungen zum Attentat auf Bismarck zu transponieren, einmal bezog sich der Übersetzungstext auf die Gefährdung des Weltfriedens durch den englisch-russischen Konflikt in Afghanistan.

Wer dies leisten wollte, brauchte exzellente Kenntnisse in Latein – am Anfang des 19. Jahrhunderts wurden noch lateinische Verse verlangt. Ebenso wurde Griechisch und zeitweise Hebräisch geprüft. Seit 1822 wurde Religion Prüfungsfach. Auch mathemathische Kenntnisse werden nun verlangt, freilich über arithmetische Fertigkeiten – Grundrechnungsarten und Bruchrechnen – hinaus verlangte man nichts. Seit 1894 prüfte man auch in Algebra und Geometrie. Erst um die Mitte des 19. Jahrhunderts kam ein deutscher Aufsatz hinzu (ein Bespiel für ein Thema: *Die Rolle des Spiels für Kinder, Männer und Völker*). Noch später wurden französische Kenntnisse abgefragt.

Ursprünglich konnte das Landexamen mehrfach abgelegt werden, es sind Fälle bekannt, in denen Bewerber auch im 6. Versuch scheiterten. 1794 wurden nur noch drei Versuche zugelassen, bzw. der Bewerber wurde drei Jahre hintereinander geprüft, bis er dann als *Exspektant IIa Vice* sich zur Hauptprüfung melden konnte. Seit 1849 blieb es dann bei der einmaligen Prüfung.

Heute darf sich jedermann am Landexamen beteiligen. Auf dem Papier war dies immer schon so, die Praxis aber lehrte, daß sich in Württemberg sich der Pfarrerstand vornehmlich aus sich selbst rekrutierte, allenfalls hohe Beamte und sehr reiche Bürger und weit überdurchschnittlich Begabte fanden über Klosterschule (bzw. Seminar) und Stift den Weg zur akademischen Bildung. Das geschah ausdrücklich, etwa 1736, als bestimmt wurde, daß *künftighin Söhne von Bauern, Handwerkern, niederen Herrschafts- und Kommunalbedienten, Förstern, Schulzen, Bürgermeistern, Krämern usw, überhaupt gemeiner Leute so lange nicht mehr berücksichtigt werden dürfen, bis Mangel eintritt*. Nur ganz besondere Begabung konnte fortan Angehörigen der unteren und mittleren Schichten zum Studium verhelfen.

Immo Eberl hat die Klosterschüler der Jahre 1708–1810 sozialgeschichtlich ausgewertet. Daraus ergibt sich, daß ca. 45% der Zöglinge Väter hatten, die ein Theologiestudium absolviert hatten (Pfarrer und Präzeptoren), ca. weitere 30% gehörten zur sozialen Oberschicht des Landes, waren Juristen, höhere Verwaltungsbeamte, Ärzte etc. – die herrschenden Schichten haben ihren Nachwuchs plazieren können. Gewiß blieb anderen Schichten der soziale Aufstieg zum Pfarrer via Klosterschule nicht von vorneherein verschlossen, aber ihr Anteil an den Klosterschülern verhält sich umgekehrt zu ihrem Verhältnis an der gesamten Bevölkerung. Kein einziger Sohn eines Landwirts befindet sich unter den 1226 Klosterschülern, deren Daten Immo Eberl ausgewertet hat, kaum ein Handwerkerskind war dabei: Bauern und Handwerker jedoch stellten die Mehrzahl der Bevölkerung!

Man muß, wenn man alte Quellen zu Armut und Reichtum zu interpretieren hat, sehen, daß die Einteilung arm – reich ständisch zu verstehen ist: Ein »armer Graf« ist etwas ganz anderes als ein »armer« Bauer. Der Adel – in Württemberg freilich selten – hat sich nur in Ausnahmen dem Landexamen gestellt, um Freiplätze zu werben, hatten auch »verarmte« Adelige nun wirklich nicht nötig.

Anders lagen die Verhältnisse in der bürgerlich – akademischen Schicht, hier gab es keine Rittertümer oder gar Grafschaften zu vererben, hier galt es, die Kinder entsprechend zu plazieren – das Landexamen war ein Katalysator: Wohl konnte man potentielle Konkurrenten aus bäurisch-bürgerlichen Schichten bereits im Vorfeld abwehren. Im Landexamen traten dann Angehörige einer Schicht aufeinander, die Anforderungen waren sehr hoch, durchschnittlich die Hälfte der Bewerber mußte unterliegen. Da die Väter der Prüflinge, nicht nur die der Unterlegenen den Prüfungsvorgang sorgfältig verfolgten, ist an einem den Regularien korrekt ablaufenden Ablauf der Prüfung nicht zu zweifeln.

In den Akten finden sich viele Gesuche von Pfarrerseltern, die sich und ihren Sprößlingen »Armut« attestierten, um so vielleicht eher in den Genuß der Freiplätze an Seminar und Stift zu kommen; häufig genügte das, eine strenge Überprüfung der Vermögensverhältnisse fand nämlich nicht statt.

Für die Landbevölkerung und für die einfachen Handwerker der Städte verbot sich allein schon der Besuch einer Lateinschule – aus Entfernungs- und Kostengründen. Schulgeld war zu bezahlen, die unteren Schichten konnten sich dies nicht leisten, für die waren die Kinder billige Arbeitskräfte, Schule gleich Luxus, unerreichbar für die armen, kleinen Leute. Hinzu kam, daß damals *ständisch* gedacht wurde – Bauern blieben Bauern, Handwerker vererbten ihr Gewerbe, und so blieben die Theologenfamilien unter sich.

Mit Stiftungen wurde dafür gesorgt, daß das Privileg der akademischen theologischen Ausbildung dem Familienkreis erhalten blieb. Daher wurden familiäre Beziehungen gepflegt und gerne in die weitere Verwandtschaft eingeheiratet, und so durch ein enge und weitere Familienbande gesichert, daß der Zugang zu hohen und höchsten Stellen in Kirche und Staat einen letztlich doch schmalen Personenkreis vorbehalten blieb.

Der *Faber*, ein mehrbändiges Werk, das die Verwandtschaftszusammenhänge dokumentiert, ist heute noch ein unentbehrliches Hilfsmittel für Genealogen; angelegt wurde das Werk zu einem ganz anderen Zweck, nämlich um die Ansprüche der betroffenen Personen an Zahlungen aus den Familienstiftungen einfordern zu können.

Ob das Landexamen stets fair durchgeführt wurde? Zweifel sind angebracht – auch wenn bislang kein Fall, soweit ich sehe – bekannt wurde, daß ein Vater eines durchgefallenen Bewerbers an der Korrektheit gezweifelt hätte. Allein schon der Umstand, daß man in Latein, Griechisch geprüft wurde, hat die Schar der potentiellen Bewerber auf einen kleinen Personenkreis beschränkt, eben auf die Schüler der Lateinschulen, im 19. Jahrhundert auf die der Gymnasien, und da war eine soziale Auslese nach unten längst getroffen.

So sorgte das Landexamen mit dafür, daß die führenden Schichten unter sich blieben, auch wenn nicht völlig darauf verzichtet wurde, fähigen Sprößlingen der Unterschicht eine schmale Chance zur akademischen Karriere zu lassen. Und so haben wir in Altwürttemberg anstelle des niederen Adels eine andere Form der Oberschicht, nämlich eine von Theologen maßgeblich bestimmte Schicht, welch Karrierechancen zuteilte. Daher finden sich über Generationen hinweg immer erneut dieselben Namen in der Liste derjenigen, welche das Landexamen bestanden: Denn durch *das enge Tor des Landexamens* mußten die Sprößlinge der großen Pfarrfamilien des Landes, und auch die Mühsal des Lernens und Studierens in Klosterschule, Seminar und Stift blieb den Gmelins, den Hauffs, den Elbens, den Grücklers und Stockmayers nicht erspart.

Hans-Martin Decker-Hauff hat diesen Zustand wie folgt beschrieben: *Wir wollen diese Herrschaft einer Schicht nicht glorifizieren. In Altwürttemberg neigt man sehr dazu. Wir müssen sagen, sie hat sehr große positive Seiten, sie hat ungewöhnliche Begabungskonzentrationen hervorgebracht, aber sie hat doch auch sehr stark – um ein Wort des alten Kaisers Wilhelm I. zu nehmen – die eigene Matratze gestoppt.*

Im 19. Jahrhundert ändert sich dieses Bild allmählich – Industrialisierung und Demokratisierung bringen den Wandel: Führungspositionen außerhalb von Kirche und Staat werden zunehmend für die alte Oberschicht interessant, sie verzichten auf die alten Privilegien; andrerseits pochen engagierte Christen aus den Unterschichten an die Tore der Amtskirche – und die Türen öffneten sich Spalt um Spalt.

Heute gelten folgende Bedingungen: Geprüft wird in der gymnasialen Klassenstufe 8 schriftlich Religionslehre, Deutscher Aufsatz, Latein, Englisch und Mathematik, mündlich Englisch und Latein. (Bei den Sprachen wird unterschieden, ob sie als erste oder zweite Fremdsprache unterrichtet wurden.) Das Prüfungsergebnis ergibt zusammen mit der Halbjahresinformatin der Klasse 8 im Verhältnis 2:1 das Schlußresultat. Die Prüfungskommission entscheidet dann über die Freiplätze, die zu vergeben sind, sie kann Schüler, die das Landexamen bestanden haben, aber keine Freistelle erhielten, gegen Kostenersatz aufnehmen. Am Ende des 10. und 11. Schuljahres wird überprüft, ob ein Freiplatz weiterhin gewährt werden kann.

Nach bestandenem Landexamen bezieht man heute für zwei Jahre das Mittelstufenseminar in Maulbronn, anschließend folgen drei Jahre im Oberstufenseminar in Blaubeuren, hier wird auch das Abitur abgelegt.

Ganz wichtig war einst die Lokation der Zöglinge, ein Brauch, der heute völlig verschwunden ist: Die Schüler wurden streng nach ihren Leistungen bewertet und in eine entsprechende Reihenfolge angeordnet, ursprünglich auch danach in die Schulbänke gesetzt. Dieses »Ranking« setzte sich im Stift fort, und diese Leistung am Ende eines Ausbildungsabschnittes prägte die Karriere eines Pfarrers zeitlebens. Friedrich Theodor Vischer hat in einem *Schwäbischen Lustspiel Nicht Ia* die Seelenqualen eines verliebten Paares thematisiert, dessen Glück daran zu scheitern drohte, weil der Vater des Mädchens partout einen Schwiegersohn mit der Note *Ia* haben wollte, der Vikar aber nur die Note *IIa* geschafft hatte.

Was sich in Vischers Komödie heiter entspannt, war doch auch bittere Realität – der Lokation wurde zuviel Bedeutung zugemessen. Man hat ebenfalls versucht, den Besten aller Besten herauszufinden, den *primus omnium* aller Seminaristen: Christoph Sigwart (1830–1904) gebührt die Krone, einem Blaubeurer Seminaristen, später Professor für Philosophie in Tübingen.

Literatur:

HESSELMEYER, E(LLIS), Das Landexamen und seine Leute. I.–III. Authentisches aus alten Akten. In: Besondere Beilage des Staatsanzeigers für Württemberg 1933, S. 25–37, S. 49–60, S. 95–105.
HESSELMEYER, ELLIS, Das Landexamen. In: Württ. Vierteljahreshefte für Landesgeschichte NF 39, 1939, S. 293–328.
STAHLECKER, REINHOLD, Allgemeine Geschichte des Lateinschulwesens und Geschichte der Lateinschulen ob der Steig. In: Geschichte des humanistischen Schulwesens Bd. 3. Stuttgart: Kohlhammer 1927.

Seminar Blaubeuren, Hörsaalgebäude

Von der *Klosterzucht* zur *pädagogischen Maßnahme*

Wer Kinder hat, der weiß, daß diese häufig nicht den oft beschworenen Engeln gleichen; wer Lehrer ist, weiß, daß und wie Schüler ärgern können. Ganz stillschweigend gehen viele immerfort davon aus, früher sei es anders – damit wird unterstellt, es sei besser gewesen. Gut, man räumt ein, daß früher die Lebensverhältnisse allgemein schlechter waren, jedoch so wird vermutet, die Lebensqualität könnte höher gewesen sein. Zumindest die Ungezogenheit der Jugend erreichte nicht den Grad, den sie heutzutage erklommen habe. Zwar wissen die allermeisten, daß diese Klage über die Frechheit der Jugend so alt wie die Menschheit zu sein scheint – dennoch ist es angebracht, anhand von Beispielen zu zeigen, was sich vor Jahrzehnten und Jahrhunderten Jugendliche geleistet haben – anhand der Strafakten der Klosterschule läßt sich nachvollziehen, was zu Theologen, zu Pfarrern bestimmte junge Leute, denen sicher Ernsthaftigkeit des Lebenswandels nicht abzusprechen sein wird, was sich unter diesen alles zugetragen hat.

Gewiß, die Klosterordnung war sehr streng, verboten war sehr vieles, kleinlich wurde alles überwacht – die Pedanterie reizte zum Widerspruch. So etwa, wenn an allen Seminaren das Baden streng verboten wurde, weil im Tiefen See hinterm Kloster Maulbronn ein Zögling ertrunken war. Natürlich stand ängstliche Fürsorge der Seminarobrigkeit hinter diesem Verbot, aber niemand kann die Lust der Jugend, in heißer Sommerhitze zu baden, auf Dauer verbieten. Die Aufregung über den armen ertrunkenen Maulbronner Seminaristen legte sich mit der Zeit, das Unglück wurde vergessen; und so gab es Zeiten, in denen die Blaubeurer Seminaristen eine eigene Badeanstalt hatten. Nicht in der Blau, die war viel zu kalt, angenehmer war die Aach, die sich von Schelklingen her erwärmt hatte. Und so herrschte Badeglück im gestauten Wasser vor der Talmühle, bis der Tiefe See in Maulbronn ein neues Opfer forderte.

Beginnen wir mit den Strafen. Zur Klosterzeit war das *Carieren* die häufigste Strafe. Der Begriff muß heute erklärt werden: *Carieren* bedeutet, dem Zögling wurde der Tischwein entzogen, er mußte sich mit Wasser begnügen. Der moderne Leser fragt sich vielleicht erschrocken, ob denn Entzug von Alkohol eine Strafe sein kann, ob nicht im Gegenteil Jugendliche lernen sollten, mit Alkohol sinnvoll und mäßig umzugehen, wenn nicht überhaupt Abstinenz an Drogen ein Erziehungsziel der Schule sein sollte.

Frühere Jahrhunderte dachten anders: Neben Wasser waren alkoholische Getränke die einzigen Erfrischungsmöglichkeiten, sie wurden überdies als stärkend, letzlich als gesund gesehen. Zudem stand den Klosterschülern ein Quantum an Wein zu, dieses Recht rührte noch von der Benediktinerregel, nach der jedem Mönch täglich einige Liter Wein zustanden.

Bevor man sich jetzt die Klosterschüler als von Amts wegen geförderte Trunkenbolde vorstellt, sollte man den Umgang der Schüler mit ihrem Weinprivileg kennen: Sie verkauften ihre Ration bzw. hatten ihren Anteil verkauft und ließen sich ihn in Geld erstatten. Insofern kam das *Carieren* einer Kürzung des Taschengeldes gleich, im Jahr 1805 erhielt ein Seminarist beim Verkauf eines Maßes Wein 9 Kreuzer. 1830 wurde der Tischwein abgeschafft, als Surrogat empfingen die Seminaristen ein Weingeld in Höhe von 60 Gulden – das entsprach in etwa dem Zweimonatslohn eines Arbeiters. Das Carieren ist die häufigste Strafe, sie ist so selbstverständlich, daß im Carentenbuch nur vermerkt wird, wie oft der Tischwein entzogen wird (semel = einmal, bis = zweimal etc.). Als höchstes habe ich achtmaligen Entzug gefunden – das Taschengeld einer Woche! Soll heute auch noch vorkommen.

Essensentzug ist die nächste Steigerung der Strafzumessung. Insbesondere wird Fleischgenuß vorenthalten. Häufig wird zu Wasser und Brot verurteilt, dies ist fast immer mit Karzer verbunden. Diese Schulstrafe ist heute völlig unbekannt, die ältere Generation kennt noch den Arrest, die mittlere das *Einsperren*, die jüngere die *Nachholarbeit*. Carcer – so lautet das lateinische Wort für Karzer – heißt schlicht Gefängnis; die Klosterschule, das Seminar besaß eine Zelle, in der Schüler wie Gefangene eingesperrt waren. Das Strafmaß variierte von einer Stunde bis zu vierzehn Tagen! Allerdings scheint diese vierzehn Tage ein Ausnahmefall zu sein, denn die Betroffenen wurden anschließend aus der Schule entlassen.

Das war die härteste Sanktion der Klosterordnung – im angedeuteten Fall handelte es sich um ein Sittlichkeitsdelikt –, der Leser nehme nichts Schlimmes an, auch wenn der Vorfall bewußt der Neugier entzogen wird, der Verstoß lag weit unter der damals gültigen strafrechtlichen Norm, ganz zu schweigen von der heutigen!

Ein besonders renitenter Seminarist wurde im Sommer 1842 ausgeschlossen, ein langes Sündenregister hat sich in den Akten erhalten:
K. macht falsche Angaben gegenüber der Polizei, indem er Straftaten erfindet.
K. kauft Schießpulver, Raketen und Frösche, will damit nicht in Blaubeuren, sondern in der Vakanz zu Hause imponieren.
K. besitzt eine Pistole und trägt die im geladenen Zustand unter dem Rock im Hörsaal.
K. fordert einen Mitschüler zum Duell, die Wahl der Waffen überläßt er diesem.
K. kündigt in einem Brief an einen Repetenten seinen Selbstmord an, drei Tage später verprügelt er nämlichen Repetenten.

Zuvor hat K. ein Plakat angeheftet mit dem Zitat aus Schillers Wallenstein:

Aus der Welt die Freiheit verschwunden ist
Man sieht nur Herren und Knechte.
Die Falschheit herrschet, die Hinterlist
Bei dem feigen Menschengeschlechte.

Man fühlte sich betroffen, und K. legte in weitschweifiger Ausführung dar, daß er nicht die Seminarsobrigkeit gemeint habe; wen dann aber – dies ließ er offen. Auch seinen falschen Beschuldigungen gegenüber der Polizei rechtfertigte er mit selbstsicheren, ja frechen Worten, man müsse *auch noch seine völlige Unbekanntschaft mit dem Strafgesetzbuch berücksichtigen ..., welches kennen zu lernen er weder früher, in der lateinischen Schule, noch jetzt im Seminare Zeit und Gelegenheit* gehabt habe.

Über K. muß eine schützende Hand gewaltet haben, denn allzulang wird er mit Nachsicht gehandelt, der Repetent soll die Strafanzeige zurücknehmen, die kranke Mutter soll geschont werden, auf den Vater – ein Pfarrer – soll Rücksicht genommen werden, Mitschüler sammeln Unterschriften für ihn, zu bedenken sei auch das Aufsehen, wenn der Fall in die weitere Öffentlichkeit käme – Ephorus Reuß hatte einen Kampf auszufechten, bis er den Ausschluß des K. aus dem Seminar erreichte. Dieser wurde so vollzogen: Der Famulus hatte den K. aus dem Karzer, in dem jener schon zwei Wochen einsaß, zu holen und vor das Tor des klösterlichen Areals zu führen.

Wann wurde sonst inkarzeriert?

– wer nachts aussteigt, um die Spinnstuben in der Stadt zu besuchen (Mädchen!), wird 12 Stunden eingesperrt.
– unerlaubtes Klettern (weil dies angeblich *suiciduos* = selbstmörderisch sei).
– nächtliches Umherstreifen in der Heimatstadt während der Ferien.
– schwere (welche?) Beleidigung des Schulleiters.
– Zögling schießt während der Vakanz mit einer Pistole in eine Scheuer, so daß Brandgefahr entstand.

Wann mußte cariert werden? Ganz lang ist diese Liste:

– Rauchen – der erste Strafeintrag findet sich im Jahr 1704! Über zwei Jahrhundert dauerte der Kampf der Pädagogen; er endete in Klosterschule und Seminar mit der Niederlage der Lehrerschaft, trotz aller Strafen! Ein Raucherzimmer wurde schließlich eingerichtet.
– nächtliches Rumoren.
– mutwilliges Lärmen.
– Schneeballwerfen, insbesondere dann, wenn es mit der Blaubeurer Stadtjugend etwas auszutragen galt.
– zu spätes Aufstehen.
– schlechte schulische Leistungen, so mußten Klosterschüler carieren, weil sie im Hebdomar, dem wöchentlich auszuarbeitenden lateinischen Aufsatz, grammatische Fehler begingen.
– Fehlen bei der Morgenandacht.
– Unfug beim Essen (Bewerfen mit Knochen).
– baden nackt und rennen auch so in der Seewiese herum.

- Brezelkauf während des Kirchgangs.
- ohne Mütze in die Stadt gegangen.
- unterm Kirchgang Klingeln »geputzt«.
- wegen Tierquälerei.
- Prügelei.
- Mißhandlung von Kameraden.
- deutsch gesprochen. Die Zöglinge sollten auch untereinander und in der Freizeit lateinisch reden, mit Weinentzug sollte dies durchgesetzt werden – natürlich vergeblich.
- Singen von Liebesliedern.
- *petulantes cum puella* – wie soll man das übersetzen? wörtlich: (die Bestraften, es waren fünf) gingen mit einem Mädchen leichtfertig um! Wer so übersetzt, riskiert, daß ein heutiges Publikum den Vorgang mißversteht. In Wirklichkeit haben sich die jungen Leute unterhalten, vielleicht Scherzworte gewechselt, vielleicht sogar ein bißchen geflirtet. Mehr nicht! *Die Zeiten waren unschuldig,* so nannte dies Friedrich Theodor Vischer, der mußte dies wissen, obgleich er nicht zu den Bestraften gehörte.
- unordentliche, verschmutzte Kleidung.
- geben vor, in der Stadtkirche Orgel zu spielen, was ihnen erlaubt wird, sie aber kehren im Wirtshaus ein.
- führt sich als Clown auf.
- abschreiben.
- Fremde, welche den Hochaltar sehen wollen, werden von oben mit Wasser beschüttet (ging's einem Verteidigungsminister, der später Ministerpräsident von Schleswig-Holstein wurde, vor Jahren nicht ähnlich?)
- der Garten des Ephorus wird verwüstet.
- Schüler wäscht sich beharrlich nicht.
- acht täuschen Krankheit vor und spielen Karten und berauschen sich im Krankenzimmer.
- stehlen eine Gans und bestechen den Feldhüter, damit er sie nicht anzeige.

Kloster Blaubeuren

Von der Klosterzucht zur pädagogischen Maßnahme

- halten ein Eichhörnchen auf dem Zimmer.
- werfen Knallerbsen ins Schlafzimmer.
- haben im Kreuzgang eine Schleifbahn angelegt.
- erscheinen barfuß beim Essen.
- hat nicht rechtzeitig geweckt (dieses *Delikt* erscheint auffallend häufig!).

Im Archiv lagern etliche Büschel, welche die ominöse Aufschrift *Exzesse* tragen – wer Sensationen erwartet, der wird bitter enttäuscht. In diesen Akten sind Fälle gesammelt, die der Ministerial-Abteilung, also der vorgesetzten Behörde vorgelegt wurden, sei es, weil sich das Ephorat bei der Behandlung des Falles unsicher fühlte oder weil man von Stuttgart aus glaubte, eingreifen zu müssen. Als Beispiel seien einige *Exzesse* genannt:

1889 werden Seminaristen gemaßregelt wegen – Reitens: *Die Ministerial = Abtheilung ist mit dem Lehrerconvent darin einverstanden, daß das Reiten sich nicht mit der Stellung eines Seminaristen verträgt.*

Jahre vorher müssen zwei sich Besserung geloben und den Schaden ersetzen: sie hatten wohl vollreife Kirschen durch ein offenes Fenster an die Tapeten geschleudert.

Der schwerste Fall ist ohne Zweifel der des oben genannten K., dennoch die Klagen der Obrigkeit und der Lehrerschaft nehmen kein Ende; Promotion um Promotion wird entsprechend negativ beurteilt. Einige den Geist des pädagogischen Wollens charakterisierende Bemerkungen seien mitgeteilt.

So ordnet der Königliche Studienrath am 19.11.1821 auf ausdrücklichem Befehl der königlichen Majestät an, daß – die Kleiderordnung betreffend *auch auf Entfernung des unter den Seminaristen höchst unanständigen Gebrauchs mit entblöster Brust in einem auffallenden wilden Haar-Schmucke, und in einem sonderbaren ihrer Bestimmung widerstrebenden Anzug einherzugehen mit Strenge zu dringen ist, indem überhaupt mit solcher alles Gefühl für Sitten und Anstand verlezender Anzug nicht nur auf den innern Menschen selbst und dessen Bildung höchst nachtheilig wirken –, sondern insbesondere bei den Seminaristen und den Repetenten auch dem Ansehen und der Würde ihrer zukünftigen Bestimmung in den Augen des Publikums wesentlich schaden muß ...*

Gleichzeitig wurde befohlen, daß die Seminaristen allezeit – im Blaubeuren wie in der Vakanz zu Hause – runde schwarze Hüte zu tragen hätten.

So ähnlich geht das über Jahrhunderte, von der Eröffnung der Klosterschule im 16. Jahrhundert bis zum Ende 1810. Danach werden die ausgesprochenen Strafen den Zeugnislisten beigefügt, wieder später gibt es *Noten*, die den Eltern mitgeteilt werden. Klagen der Lehrerschaft über undisziplinierte Schüler reißen nicht ab – das alte, törichte Lied *früher war alles viel anders, vor allem besser* wird unermüdlich angestimmt.

Natürlich müssen der heranwachsenden Jugend Grenzen gesetzt werden, ebenso natürlich ist, daß die jungen Leute die Berechtigung solcher Grenzen testen, indem sie sie überschreiten und sich das herausnehmen, was die Erwachsenen als für sich selbstverständlich ansehen und erlauben. So wird ein Heranwachsender niemals ein Rauchverbot akzeptieren, wenn er sieht, wie die Erwachsenenwelt dem Rauchen frönt. In der Klosterschule und am Seminar haben die jugendlichen Raucher gesiegt, und man wird den Eindruck nicht los, daß manche zu Rauchern wurden, weil ihr Freiheitsdrang schlecht begründete, weil einfach verhängte, Verbote nicht akzeptieren konnte.

Literatur:

JETTER (KARL JOHANNES), Über württembergische Klosterzucht im 17. und 18. Jahrhundert. – In: Literarische Beilage des Staatsanzeigers für Württemberg 1894, S. 282–291.
LKAS, Klosterschule Blaubeuren Band 11 und 12.

Viel, gar viel hängt vom Essen ab

Nichts geht über sorgfältig sammelnde Archive – so hat eine gutes Geschick im Archiv der Evangelischen Landeskirche in Stuttgart sämtliche Speisbücher der Klosterschule und des späteren Seminars erhalten. Wir können also Tag für Tag, und das über Jahrhunderte hinweg, erfahren, was in Klosterschule und Seminar aufgetischt wurde, und keiner sage, das interessiere niemand! Der französische Philosoph Michel Onfray hat ein gelehrtes und vergnügliches Buch geschrieben. Unter dem Titel *Der Bauch der Philosophen* leitet er die Gedanken der großen abendländischen Philosophen davon ab, was sie zu essen bekamen. Seine Ergebnisse sind nicht nur amüsant zu lesen, sondern sie leuchten ein, denn ein jeder weiß schließlich, daß körperliches Wohl- oder Mißbehagen die Arbeitskraft fördert oder lähmt. Graupensuppe, Königsberger Klopse, Grießbrei bewegen den Geist ohne Zweifel anders als Hochzeitsuppe, Hechtschnitten und kandierte Erdbeeren!

Hier soll gewiß nicht die böse Vermutung eines Ludwig Feuerbach bestätigt werden. *Der Mensch ist, was der Mensch ißt.* Aber da ohne Essen überhaupt wenig geht, muß ein Zusammenhang zwischen leiblicher Atzung und geistiger Leistung angenommen werden.

In der Klosterschule bzw. im Seminar trafen – fast naturgemäß, möchte man meinen – zwei Welten aufeinander. Der württembergische Staat, der die Seminaristen zu verköstigen hatte, war so sparsam, wie dies Staaten ihren Untertanen gegenüber zu pflegen scheinen: Daß Württemberg vielleicht einen Hauch knausriger war als allgemein üblich, verstehen die schwäbischen Landsleute mit hinreichender Sicherheit.

Die Gegenseite waren junge Leute, und deren Appetit – ob arm oder reich – wird seit alters als phänomenal beschrieben. Nun stammten die Klosterschüler in der Hauptsache aus den sogenannten besseren Häusern, hatten also grundsätzlich zu Hause ein schmackhafteres Essen als die meisten ihrer Altersgenossen. Da ist zu verstehen, daß ihnen die Kost in Blaubeuren sauer aufstieß, da fehlten schließlich die kleinen Leckerbissen, die ein hoffnungsvoller Sprößling auch im strengsten evangelischen Pfarrhaus von der liebevollen Mama zugeschoben bekam.

Per aspera ad astra – so lautete eines der zweifelhaften Erziehungsgebote, zu denen man greift, wenn kleinliche Sparsamkeit zu rechtfertigen ist, auf gut deutsch heißt der Satz: *Wer an die Spitze will, hat sich zu begnügen.* Das ist zwar recht frei übersetzt, trifft aber das Richtige. Natürlich wußten die Zöglinge in Blaubeuren, daß dieser Spruch nur für sie galt – Herzog, Konsistorialrat, Prälat dachten nicht im geringsten daran, sich an anderen Menschen verordneter Bescheidenheit wenigstens ansatzweise zu orientieren. Die Herzöge lebten wie selbstverständlich aus dem Vollen!

Dabei waren unsere Seminaristen insofern im Unrecht, wenn sie sich über das schlechte Essen in der Klosterschule beschwerten, da es ihnen ungleich besser ging, als den meisten ihrer Zeitgenossen. Sie hatten einen festen Speiseplan, auf den sie sich im wesentlichen verlassen konnten. Ein Knecht, ein Hütejunge gar, im gleichen Alter wie die Klosterzöglinge waren auf die Kost ihrer jeweiligen Herrn angewiesen, möglicherweise konnten die sich sogar beschweren, aber mit welchen Folgen! Gewiß hätten sie einen Seminaristen beneidet, der 1862 folgendes Menü nach Hause meldete:

Suppe,
Rindfleisch u. Rettige,
kleine Törtchen in der Weinsauce u.
Gogelhopfen.

1856 wurde pro Zögling täglich 17 Kreuzer aufgewendet, eine durchschnittliche Mahlzeit in einer Gastwirtschaft war damals mit 7–10 Kreuzer zu veranschlagen, daran ist zu ersehen, daß die Seminaristen zwar nicht üppig lebten, aber doch – im Vergleich zum Durchschnitt der Bevölkerung – sich einer sehr ordentlichen Beköstigung erfreuen durften,

Bereits im 16. Jahrhundert wird darauf geachtet, daß den Zöglingen täglich Fleisch gekocht wurde, dabei ist zu sehen, daß bei den ärmeren Leuten Fleisch nur ein paarmal im Jahr, bei den reicheren Bauern nur zwei-, dreimal die Woche auf den Tisch kam. Charakteristisch für das Essen auf dem Lande ist die Beschreibung eines Häuslerskindes, welches das Glück hatte, bei einem als wohlhabend geltenden Bauern essen zu dürfen: *Ich war herzlich froh, von der geringen Kost der Aeltern in eine etwas bessere zu kommen. Es hatte immer geheißen: Sauerkraut und Brod, Erdäpfel und Brod, und wieder Sauerkraut und Brod etc. Jetzt hieß es doch: Suppe und Nudeln, allerley Gemüse und an großen Festtagen wohl gar Fleisch.*

Demgegenüber genießen die Klosterschüler eine geradezu opulente Art der Verköstigung. In der Anfangszeit unterschied man zwischen einem Herren- und Schülertisch: Die Herren waren Prälat, Verwalter, Professoren, also im wesentlichen die Lehrerschaft, deren Essen unterschied sich vom Essen der Zöglinge. Eines der ältesten Dokumente über die Speisegebräuche an den Klosterschulen stammt von Johannes Parsimonius (1525–1569, zuletzt Abt in Hirsau) – sinnigerweise lautet sein latinisierter Name auf Deutsch – *Karg* ; es ist aus Hirsau überliefert, aber kann doch auf Blaubeuren übertragen werden, denn Karg-Parsimonius war, bevor er nach Hirsau versetzt wurde, in Blaubeuren 1556–58 als Pfarrer und Klosterpräzeptor tätig.

Der Speisezettel für den *Herrentisch* übergehen wir (die Herren genehmigten sich selbst zur Fastenzeit Fleischgerichte), uns interessiert der Schülertisch.

Sonntag morgens: Suppe, Fleisch, ein gelber oder Hirsenbrei, Kraut mit Rüben ohne Fleisch:
nachts: Suppe ohne Fleisch, eingemacht Fleisch oder Kesselbraten, ansonsten nach Gelegenheit ein Gebratenes und ein Gersten.
Montag bis Donnerstag immer zuerst Suppe und Fleisch, dazu als dritter Gang der Reihe nach Erbis [Erbsen], Gersten, Pfeffer, Gersten, gelber Pfeffer ...
Freitag: Suppe, Haberbrei, Rüben oder Kraut
Samstag: Suppe, Stockfisch, Erbis

Im folgenden werden Blaubeurer Speispläne aus Jahrhunderten danach vorgestellt, sie zeigen, daß es galt, eine Elite zu ernähren; die große Mehrheit des Volkes konnte nur träumen, ähnlich versorgt zu sein. Für das 17. Jahrhundert existiert ein allgemeiner Speiseplan, der für alle niederen Klöster, also auch für Blaubeuren, galt. Einige Menüs seien vorgestellt:

Mo	*Mittags*	*Abends*
	Fleisch=Suppe	*Gerste*
	Rindfleisch	*Hammels= oder Kalbs=*
	Reisbrei, und zur	*braten, Salat.*
	Abwechslung in der	
	anderen Woche, Flädlen	
	und Fleischbrühe.	
Mi	*Fleisch-Suppe*	*gekochte Suppe*
	Rindfleisch	*eingemachtes Kalbfleisch*
	im Sommer	*oder grünes Gemüs*
		Bratwürste und Salat
	im Winter: Erbsen	
So	*Im Sommer*	*Reis mit 3 Pf. Rindfleisch*
	Fleischsuppe	*für 8 Personen*
	im Winter	*wie es die Saison oder*
	Erbsen Suppe	*andere Umstände räthlich*
	im Sommer	*machen:*
	Rindfleisch	*Gestandene Milch,*
	im Winter	*Erdbirn, trocken mit Butter*
	ebensoviel	*– geprägelt*
	Schweinefleisch	
	im Sommer	*– in Fleisch oder*
		saurer Brühe.
	Rasterschnitten	*hart oder weich gesottenen*
		Eier, 2 Stück auf die Person
	Im Winter	*Obstspeise, als:*
	saures Kraut	*Zwetschgen oder Apfelbrei*
		Kirschen-Compote,
		Birnenschniz.

Aus der Sicht der tatsächlich kleinen Leute bestand also nicht der geringste Anlaß, über die Kost an Klosterschule und Seminar sich zu beklagen – und dennoch ...

Beschwerden der Seminaristen sind zuhauf erhalten, offizielle gegenüber dem Ephorat, private in Briefen (*das Krauth, stank ganz bestialisch*) an die Familie, wohl in der stillen Hoffnung, von den lieben Eltern etwas außer der Reihe zugesteckt zu bekommen.

Vor allem die Morgensuppe ist es, die immer wieder auf erneute Kritik stößt, oft klassisch literarisch ... *apparent rari nantes in gurgite vasto* ... frei übersetzt. *Selten schwamm etwas Festes im gräuslichen Kessel.* Die Geniepromotion trat der Morgensuppe wegen in den Streik – mußte ihn Hungers halber abbrechen, und die späteren Genies mußten anhören, wie Ephorus Jeremias Reuß sie in einer gewaltigen Strafpredigt der *Anmaßung, Begehrlichkeit, sinnlicher, niedriger Genußsucht, Unkultur, Unfolgsamkeit* zieh. (In ihrem Lagerbuch – sorgfältig versteckt – hat sich die Promotion, zumindest literarisch, an Reuß fürchterlich gerächt.)

Ein voller Magen studiert nicht gern, dies Wort war im vorigen Jahrhundert Allgemeingut. So war auch verboten, sich morgens auf eigene Kosten sich etwas Eßbares zu besorgen. Barsch wurde verfügt: *Der Lüsternheit des Gaumens sollte wenigstens in den Morgenstunden nicht nachgegeben werden.*

Eine charakteristische Eingabe sei zitiert:

Geehrtester Herr Ephorus!

Mit der Kost, wie sie uns im Seminar ganz umsonst gereicht wird, bin ich, und wie ich überzeugt bin, bei Weitem die Meisten ganz zufrieden, und wir erkennen an, welch große Wohlthat uns hiemit erzeigt wird. Auf ihr Verlangen hin jedoch will ich einzelne, freilich ganz unbedeutende Mängel derselben nennen:

1.) Ein ziemlich häufiger Mangel ist der, daß Mittags das Rindfleisch nicht gehörig gesotten ist, so daß es hin und wieder nicht genossen werden kann.

2.) Die Suppe, welche wir morgens bekommen, ist zuweilen sehr dünn, so daß der Hunger mehr durch die Schmackhaftigkeit derselben geweckt wird, als gestillt wird.

3.) Der Griesbrei, welchen wir öfters zum Nachtessen bekommen, wird zwar von allen als gut gerühmt, reicht aber zur vollen Sättigung nicht hin.

4.) Ein seltener Fall ist auch der, daß etwas Unreinliches, wie z. B. Haar, im Essen sich findet.

Wenn ich mir erlaube, diese Mängel hier anzuführen, so möchte ich durchaus nicht Klagen vorbringen, denn ich sehe wohl ein, daß solche Versehen oft beim besten Willen nicht vermieden werden können; vielmehr muß ich nochmals meine volle Zufriedenheit mit der Kost aussprechen.

Wie dieser Seminarist wohl im Kreise der Kameraden gelobt, respektive gescholten wurde, läßt sich leicht ausmalen! Mitunter hatten die Beschwerden Erfolg, so als die Speismeisterin Blut- und Leberwürste angekündigt hatte, aber nur Siedfleisch geboten hatte. *Da beklagten wir uns u. brachten alle Mängel vor, jetzt ist der Butter, der beinahe regelmäßig am Verstinken war, abgeschafft und dafür Milch mit Dampfnudeln herbefohlen, auch darf nicht mehr jede Woche 2 od. 3mal so schlechtes zähes Kalbfleisch kommen u. s. f.* Ein seltenes Lob fügt der Briefschreiber an: *Sonst sind wir in diesem Sommer mit ihr [der Speismeisterin] zufrieden.*

Ein denkwürdiges Relikt aus der Seminarszeit hat sich bis heute erhalten; unscheinbar steht das hölzerne Behältnis im Kreuzgang, von den vielen nicht beachtet, von den wenigsten erkannt. Aber ehemaligen Seminaristen, denen glänzen die Augen, wenn sie die alte Schule wieder besuchen und auf die *Bundeslade* stoßen – ein schlichter Kasten aus Holz, der so gar nichts mit der biblischen Bundeslade zu tun hat, die aus Akazienholz, das mit Gold überzogen war, bestand – fichtene Bretter tun's auch: auf den Inhalt kommt es an. In Blaubeuren jedenfalls war dies ein nahrhafter, mit der *Bundeslade* wurden dreimal täglich die Mahlzeiten von der Küche, die sich im heutigen Forstamt befand, quer über den Klosterhof in den Speisesaal befördert, zwei Seminaristen waren dazu im Wechsel bestellt, dieses so profane und doch jeden Tag so ersehnte Essen zu transportieren.

Einmal schien es, daß herzogliche Fürsorge den Speiseplan der Schule entscheidend verbessern sollte – der dicke Friedrich – König Friedrich von Württemberg visitierte im Herbst 1802 die Klosterschule in Blaubeuren.

Herzog Friedrich II. (als König Friedrich I.) war, wie sein Körperumfang vermuten läßt, ein veritables Leckermaul, und so ist seine Empörung durchaus glaubhaft, als er vom alltäglichen Essen der Zöglinge erfuhr – *gesottenes Rindfleisch und dann abends tagtäglich Gerste als Suppe, wiederum gekochte Gerste und gesotten Rindfleisch zum Essen.* Das Staatsoberhaupt rügte, und schon spurte die

Die »Bundeslade«

Verwaltung, Berichte wurden eingefordert, Gutachten erstellt und abgegeben – immerhin ab 1803 galt eine neue Speisordnung, die für mehr Abwechslung sorgen sollte: weniger Fleisch, mehr Kartoffeln!

Ungerecht wäre, dies so stehen zu lassen; der Speisplan von 1803 ist wirklich eine Verbesserung; Obst und Milch sind seither zwingend vorgeschrieben; und sind nicht *Erdbirn, trocken mit Butter, geprägelt oder in der Brühe* zusammen mit *gestandener Milch* eine zwar bescheidene, aber doch frugale Mahlzeit!

Am 20. August 1858 – einem Freitag – galt folgender Essensplan:

M. gebrannte Suppe
M. Griessuppe, Leberklöß u. Salat
A. Wassersupp, Pfannkuchen u. Salat.

Donnerstag, 10. Januar 1901 lautet der Eintrag:

Morg. Kaffee
Mittags Gerstensuppe, Schweinsbraten, Kartfl.
in Buttersoße
Abends verkochte Wecksuppe, Fleischküchle u. Salat.

Und am Sonntag, dem 19. November 1922 wurden nachstehende Gänge aufgetragen:

Morgens Kaffee
Mittags Nudelsuppe Kalbsbraten Kartoffelbrei
Abends Kakao Hefenkranz.

Bei der Neueinrichtung des Seminars 1817 ward eingeführt, daß das Speisbuch von jeweiligen Lektor geführt werden mußte, und der hatte zu vermerken, wie schmackhaft das Essen ausgefallen war. Über Wochen hinweg ist die Abkürzung *gt'*= gut zu lesen – der Speismeister konnte zufrieden sein. Aber hin und wieder gab es Kritik, und dann findet sich – fast über Seiten hinweg – die Handschrift von Ephorus Reuß, der die Beschwerde kommentiert oder kommentieren muß. Denn – ein doppelter Druck lag vor; die Klage der Seminaristen, für die Reuß im Grunde stets Verständnis hatte, andrerseits mußte er sich mit den Plänen des Klosteroberamtes arrangieren. Das Klosteroberamt hatte das Seminar zu finanzieren, von seiner vorgesetzten Behörde zu äußerster Sparsamkeit angehalten, drückte es die Geldmittel, welche der Speismeister zu verbrauchen hatte, der entsprechend nur mäßig kochen konnte.

Der Zorn der Promotion galt denen, die sie für schlechtes Essen verantwortlich hielt – Speismeister und Ephorus. So komisch die Einträge des Ephorus anmuten: In Wirklichkeit hat er sich redlich bemüht, zwischen knauserigem Geldetat und notgedrungen miserabel kochendem Speismeister zu vermitteln.

Die hungrigen Seminaristen haben dies ihm nicht gedankt – im Gegenteil, seine Eintragungen ins Speisbuch boten Anlaß zu kräftigem Spott. Sie reizen auch dazu – einer sei zitiert.

Der Lektor hatte lapidar notiert: *Salat. Letzterer schlecht.* Ephorus Reuß schrieb nun ins Speisbuch höchst amtlich: *Der genannte Salat wurde dem Unterzeichneten zugeschickt u. der H. Speismeister darüber gehört. Es fehlte nach dem Urtheil sachverständiger Frauen, nichts sowohl am Öl, als am Salat selbst, der einst mild und geschlacht genug war, aber in dieser Zeit, bei dieser Witterung zu bald schießt, u. in den Gärten nicht durchaus so gut, als man möchte, zu haben ist.*

Seine Nachfolger im Amt zogen die Konsequenz aus solchem Verhalten; die Promotion durfte die Qualität des Essens nicht mehr Tag für Tag beurteilen, sondern sie durfte sich nur noch beschweren. Der pädagogisch verständliche Versuch des Jeremias Reuß, seine Zöglinge zur Eigenverantwortung zu erziehen, war gescheitert, allzu massiv machten die Promotionen vom Recht täglicher Kritik Gebrauch. So schien es der Seminarsobrigkeit wenigstens; dabei gingen Wochen ins Land, an denen die Seminaristen Tag für Tag mit ihrem Essen zufrieden und es mit einem *Gut* beurteilen. Vielleicht wäre Ephorus Reuß gut beraten gewesen, ungünstige Bemerkungen im Speisplan einfach zu übergehen. Mit seiner gewissenhaften, peniblen, folglich kleinlichen Art, jeden kritischen Einwand akribisch aufklären zu wollen, erreichte er oft das Gegenteil – er provozierte Kritik.

Kritik zog sich Jeremias Reuß auch von Seiten der Obrigkeit zu, als er kurzerhand den Schülern verbot, vormittags Wecken oder Obst einzukaufen. Nun wurden Eltern bei der vorgesetzten Behörde vorstellig, und die befiehlt dem Ephorus, seine Verfügung aufzuheben, weil ein Verbot *nicht für nothwendig erachtet werden kann, vielmehr bey jungen Leuten, welche im starken Wachsen begriffen sind u. früh aufstehen nicht angemessen erscheint...*

Reuß fürchtet nun um seine Autorität: In einem 15seitigen Bericht und einer Beilage von drei Seiten erläutert er 1823 umständlich, weshalb er zum Verbot gegriffen habe. Der Ephorus bestreitet, daß ein echtes Bedürfnis vorliege, den protestierenden Seminaristen gehe es nicht um das, was sie Hunger nennen, *sondern um Unbeschränktheit der kaufbaren Gaumen-Genüsse, u. um Unbeschränktheit überhaupt, welche mancher als Ehrensache aufgreift, in dem Wahne, daß er als Student jeder Beschränkung entwachsen und selbstständig* [!] *zu leben befugt sey.*

Mißgelaunt gibt die vorgesetzte Behörde nach, bestätigt *vor der Hand* das Verbot, *behält sich allerdings weitere Verfügungen vor.*

Dieser einmalige Vorgang, daß sich die vorgesetzte Behörde für die Zöglinge einsetzt, wird vielleicht dadurch verständlich, daß Friedrich Gottlieb von Süskind (1767–1829), der sich so für die Seminaristen einsetzte, seinen eigenen Sohn – Eduard Süskind – am Seminar wußte, aus den Erzählungen des Sohnes die Verhältnisse am Seminar genau kannte. Jeremias Reuß ahnte sicher den Zusammenhang, kein Wunder ist daher, daß er sich um seine Autorität bei den Schülern sorgte.

Reuß hat sich bestimmt seiner Eingabe von 1823 entsonnen und sich entsprechend geärgert und sich in seiner Auffassung bestätigt gefühlt, als er 1834 vom Kirchenrat aufgefordert wurde, die Pakete überprüfen zu lassen, welche die Seminaristen von Zuhause geschickt bekamen, ob sie *nicht bloß Obst (was niemals verwehrt werden kann u. verwehrt wurde), sondern auch andere eßbare Dinge, bzw. gebratene u. gebackene Leckerbissen erhalte. Das könne nachteilig sein, der Mangel an Eßlust entleidet ihnen die Seminarskost, sie finden dieselbe schlechter als sie wirklich ist, und werden dadurch leicht zum Naschen, zum Besuch von Wirthshäusern, Kauf- und Konditor-Läden verleitet, und selbst diejenigen, die nichts von Hause erhalten ... werden durch das Beispiel Anderer zu einer verderblichen Leckerhaftigkeit verleitet.*

Die Querelen über das Essen rissen auch nach seiner Amtszeit nicht ab, jedoch verstummen sie mit fortschreitender Zeit. Bestimmt wird auch heute noch gescholten, vielleicht ist aber *gelästert* der richtige Ausdruck, denn ein Speisplan von heute bietet wenig Anlaß zur berechtigter Klage.

Literatur:

LKAS, Seminar Blaubeuren Bü 125.
EBERL, IMMO, Kloster Blaubeuren 1085–1985. Benediktinisches Erbe und Evangelische Seminartradition. Katalog zur Ausstellung Oktober 1985. Sigmaringen: Thorbecke 1985.

Beim Turnen von Anfang an dabei

Die Turnübungen haben hier gleich mit der Wiederherstellung u. Eröffnung des Seminars (14. u. 18. Dec.1817) angefangen, u. sind seitdem ununterbrochen fortgesetzt worden, Winters im Seminargebäude (in dem Saale neben dem Speisesaale), u. Sommers in einem Theile meines nahen u. amtlichen Gartens, genannt Seegarten, – also bereits über 23 Jahre lang.

Nicht ohne – berechtigte – Genugtuung berichtet Jeremias Friedrich Reuß im Februar 1841 an die vorgesetzte Behörde über die Anfänge des Turn- und Sportunterrichts am Blaubeurer Seminar. Zwar fragte die Behörde nur nach den Kosten, welche der Turnunterricht verursacht hatte, aber fraglos ist der Hintergrund der Anfrage die Einsicht, daß körperliches Tun im gymnastischen Sinne zum Unterrichtsprogramm einer modernen Schule zu gehören habe. Bekannt war sicher auch, daß Ephorus Reuß wohl die längste Erfahrung auf diesem Gebiet des schulischen Wesens haben mußte. Und Reuß hat das Turnen als Schulfach entschieden gefördert:

Das Turnen für mehrfach wohlthätig, ja für einen integrierenden Theil der jugendlichen Entwicklung u. Übung haltend, habe ich mich gefreut, zum ersten Repetenten einen jungen Mann, damals Kandidat der Theologie Lempp ... zu erhalten, der ... sich gerne u. mit besonderem Interesse für die beabsichtigte Seminarreform ... widmete.

Ernst Friedrich Lempp (1791–1850) war auf seiner Studienreise bei Friedrich Ludwig Jahn (1778–1852) in Berlin und bei Johann Christoph Friedrich GutsMuths (1759–1839) in Schnepfenthal gewesen, hatte dort den Turnunterricht gesehen und selbst mitgeturnt. Lempp war ein Mann nach dem Wunsch Reuß': *Mit pädagogischem Sinn u. warmer Liebe für die erste Sem(inars)jugend begann u. belebte Lempp* [Ernst Friedrich Lempp, Repetent in Blaubeuren 1817–1818, später Pfarrer in Uhlbach und Ruit] *die von mir gewünschten u. betriebenen Turnübungen so, daß Junge u. Alte sich dieses Turnens freuten, u. daß auch bald die dagegen gefaßten Vorurtheile schwanden.*

Das Turnen als Leibesübung hat sich nunmehr so allgemein bewährt u. empfohlen, daß man sich nur wundern muß, wie man früher u. solange unterlassen konnte, mit der Jugend, besonders in öffentlichen Anstalten, zweck- und planmäßige Leibesübungen vorzunehmen, – da man doch wußte, wie gut die griechische u. römische Gymnastik u. die ritterliche des Mittelalters gewirkt hat.

Ich thue daher hier in meinem Kreise, was ich kann, dafür daß ausser den Geistern auch die Körper der Seminarszöglinge besorgt u. geübt werden, dafür daß die eine Übung mit der anderen abwechsle; zum Vortheil beider.

Die Repetenten und Zöglinge sollten sehen u. erfahren, daß die Leibesübungen auch von der hohen Oberbehörde beachtet, gewürdigt u. gefördert werden.

Man sieht, Jeremias Reuß hat als ein früher und entschiedener Förderer des Schulsports zu gelten. Das war nicht selbstverständlich, das war mutig – denn Turnen galt als politisch verdächtig, galt als demokratisch – 1819 war Turnen in Preußen verboten worden, Turnvater Jahn war zeitweise inhaftiert, die Karlsbader Beschlüsse waren wohl Anlaß dazu. In Karlsbad waren von den Regierenden repressive Beschlüsse gefaßt worden, weil ein Student einen vermeintlichen Landesverräter, in Wahrheit einen harmlosen, jedoch beliebten Schriftsteller ermordet hatte. Die verständliche Empörung über die sinnlose Tat wurde benutzt, um gleich alle neueren politischen Tendenzen, welche die absolutistisch gesinnten Herren zu fürchten hatten, zu verbieten.

Reuß ließ weiterturnen; dies allein schon rechtfertigt ihn vor dem – gewiß auch liebenswürdigen – Spott seiner Seminaristen. Reuß mußte das Schicksal eines Liberalen teilen: nach oben versuchte er, den Freiheitsspielraum seiner Zöglinge so groß wie möglich zu halten; verständlich, daß er sich seinen Schülern gegenüber oft schwer tat, Bestimmungen anwenden zu müssen, die er nicht ersonnen hatte, die er aber vertreten mußte. Selbst Genies – und Reuß hat etliche erst knapp nach dem Kindesalter kennengelernt und gefördert – haben ihre pubertären Schwierigkeiten, sie beißen gerne die Hand, welche sie streichelt, im Zeichen der Metternichschen Reaktionsperiode hat Reuß hohen Mut bewiesen; gewiß nicht aus ideologischen Gründen, sondern aus praktischer Einsicht.

Als Mann des gesunden Menschenverstandes konnte er an Personen, die ihren Körper ertüchtigten, nichts Negatives erkennen. Seine vorgesetzte Behörde dachte möglicherweise anders, sie witterte hinter dem turnerischen Treiben revolutionäre, demokratische Umtriebe. Unrecht hatte sie dabei nicht, Turnen war nicht allein fröhliches Tummeln, munteres Treiben; vieles an den Übungen der vermeintlich harmlosen Turner erinnert an militärische Übungen – Marschieren, Antreten, Fechten usw.

Die Anfrage an Ephorus Reuß ist auch so zu verstehen, zu erfahren, was denn turnerisch am Seminar praktiziert werde. Möglicherweise hat Reuß den Sinn der Anfrage nicht recht verstanden: was er als späte Anerkennung seines Tuns zu interpretieren glaubte, war vielleicht nichts anderes, als den ehrlich-rechtlich denkenden Mann zu instrumentalisieren.

Turnen galt als nicht harmlos: die Turner waren an der ersten deutschen demokratischen Erhebung von 1848 sehr beteiligt, auch in Blaubeuren: im Herbst 1848 wollten Jungturner eine Kundgebung zu Ehren Heckers organisieren, die Honoratioren der Stadt konnten den geplanten Eklat zu Königs Geburtstag gerade noch verhindern, daß turn- und demokratiebegeisterte Seminaristen sich gerne an der Demonstration beteiligt hätten, läßt sich leicht denken.

Im Vormärz bereits wurde in Blaubeuren zum Turnen versammelt; die Personen, welche dazu aufriefen, sind identisch mit denen, die ein paar Jahre später die demokratische Partei am Ort vertraten. Während der bürgerlichen Revolution toleriert, wurden 1850 die Turnvereine im Land Württemberg verboten, in der Stadt löste sich der noch lockere Verbund auf, im Seminar wurde weiter geturnt!

Das Blaubeurer Seminar war mit großer Sicherheit die erste Schule im Süden Deutschlands, an der geturnt wurde, die Sportunterricht hatte – auf freiwilliger Basis. Aber so gut wie alle Zöglinge haben diesen Zusatzunterricht begeistert angenommen und haben ihn gerne finanziert. Denn das war nötig; die vorgesetzte Behörde tolerierte das Vorhaben lediglich; und noch Jahre danach muß Ephorus Reuß kleinliche Rechnung legen über die Kosten, welche die Anschaffung der Geräte verursachten.

Die erste Turnstätte im Süden – wie schon vermutet wurde – war die Seewiese in Blaubeuren freilich nicht: die Hirsauer Turngemeinde gründete sich bereits im Oktober 1816, allerdings war ihr Bestand recht kurz. In Blaubeuren wurde das ganze Jahrhundert lang und darüber hinaus fröhlich geturnt; das Langhaus des Klosters war – wie selbstverständlich – Jahrzehnte lang Turnhalle nicht allein für das Seminar, sondern auch für die örtlichen Vereine.

An den örtlichen Turn- und Sportfesten nahmen die Seminaristen immer gerne teil, allerdings wurde dies erst gegen Ende des Jahrhunderts üblich, sie hatten auch prächtige Erfolge vorzuweisen, viele Kränze haben sie sich erobert.

Ein verbindendes Glied zwischen Seminar und Stadt, und das nicht nur auf turnerischer Sicht, war Färber Wilhelm Burza (1849–1908), ein begeisterter Turner. Nebenberuflich war er Turnlehrer am Seminar, gleichzeitig war er abwechselnd, aber regelmäßig Vorturner, Turnwart und Vorstand des Turnvereins Blaubeuren, seit 1870 endlich Ehrenmitglied des Vereins.

Burza betreute die Seminaristen 34 Jahre lang bis kurz vor seinem Tode im Jahr 1908, er trug sogar den Titel eines *Turnlehrers*. Bei den Seminaristen muß er außerordentlich beliebt gewesen sein. Ein Urteil über ihn sollen hier vorgestellt werden:

Eine freundliche Gestalt war noch der Turnlehrer Burza, ein Färbermeister aus der Stadt, mit dem ich als Turner und Mensch gut stand und der mich gern hatte. Wegen seines Alters und seiner Beleibtheit konnte er uns nicht mehr viel vorturnen. Trotzdem wurde das Turnen in der schönen alten Kirchenhalle und mit den besten neuen Geräten von einer dafür begabten Gruppe unter Burza mit großem Eifer und wachsendem Geschick betrieben.

Drei Freunde

David Christoph Seybold (1747–1804)
Johann Jacob Thill (1747–1772)
Friedrich August Clemens Werthes (1748–1817)

In Brackenheim, Stuttgart und Buttenhausen standen ihre Geburtshäuser; ihre Freundschaft rührt vom gemeinsamen Bildungs- und Studienweg, der sie in Blaubeuren zum erstenmal zusammenführte: Am 29. Oktober des Jahres 1761 zogen 23 neue Klosterschüler in Blaubeuren auf; darunter Thill und Seybold, als 24. kam Werthes einen Monat später hinzu – ein herzoglicher Rezeß ermöglichte dies.

Eine durchschnittliche Promotion – so lautet das bestimmte Urteil eines Kenners, der Laie möge bedenken, was denn *Durchschnitt* heißen kann. An den württembergischen Klosterschulen lernte die Elite des Landes, in mehrfachen Prüfungen (das Landexamen war früher mehrfach abzulegen) ausgesucht, das doch abwertende Urteil *durchschnittlich* muß relativiert werden: die Promotion von 1761 war möglicherweise im Vergleich zu anderen Jahrgängen an den Klosterschulen im Schnitt, dennoch sollte bedacht werden, wie hoch das Niveau gesetzt war: In den zwei Dutzend Zöglingen konzentrierte sich die Spitzenschüler der altwürttembergischen Lateinschulen, allenfalls im Stuttgarter oder Tübinger *oberen* Gymnasium fanden sich gleichrangige Konkurrenten.

Allein die Lebensschicksale unserer drei Freunde aus der Blaubeurer Klosterschule zeigen zur Genüge, daß Thill, Seybold und Werthes von weit überdurchschnittlichen Begabungen getragen wurden, auch wenn sie heute mehr oder weniger vergessen sind.

Johann Jacob Thill dürfte der noch bekannteste der drei Freunde sein, denn ihm hat Friedrich Hölderlin eine Ode gewidmet, die in allen Werken Hölderlins abgedruckt wird – *Am Grabe Thills 1789*. Thill war 1772, gerade 24 Jahre alt, im elterlichen Pfarrhaus zu Großheppach verstorben. Hölderlin – 1770 geboren – hat Thill nur aus dessen Schriften kennen können; allein der Um-

David Christoph Seybold

stand, daß er fast zwei Jahrzehnte nach dem Tode Thills eine Ode widmet, zeigt die Wertschätzung, welche Thill in den Augen Hölderlins erfuhr. Dem Publikum freilich blieb Thill vergessen: Thill konnte keine gesammelten Werke hinterlassen, seine Arbeiten sind bis heute noch nicht zusammengestellt worden, gedruckt wurden sie erst nach seinem Tode in Almanachen und Zeitschriften, die in geringer Auflage erschienenen und die heute entsprechend selten sind. Thills handschriftlicher Nachlaß ist verschollen, Hölderlin dürfte mit einiger Sicherheit Arbeiten Thills gekannt haben, die heute als verloren bezeichnet werden müssen.

Friedrich Beißner – der Tübinger Germanist – vertrat die Auffasssung, daß Hölderlin in Johann Jakob Thill eine ihm verwandte, sympathische Jünglingsseele gewesen sei, vor allem habe ihn folgende Strophe zur Verehrung angeregt.

Ich will das Spiel, von deiner Huld geliehen,
Stark schlagen, daß von seiner Saiten Klang
Der Hügel bebt, und Aller Herzen glühen,
Und aller Mund sich öffnet zum Gesang!

Die Schlußverse aus Hölderlins Ode *An Thills Grab* sind so zu verstehen, daß der junge Hölderlin vom früh Verstorbenen sich angesprochen fühlte, den dichterischen Auftrag Thills zu vollenden.

O Thill! Ich zage, denn er ist dornenvoll,
Und noch so fern, der Pfad zur Vollkommenheit;
Die Starken beugen ja ihr Haupt, wie
Mag ihn erkämpfen der schwache Jüngling?
Doch nein! ich wag's! ...

Friedrich August Clemens Werthes ist vielleicht der erfolgreichste der drei Freunde, denn aus seiner Feder lassen sich noch eine stattliche Menge an Arbeiten literarischer Art nachweisen. Er war weitgereist, insbesondere in Italien hat er längere Zeit studiert – das brachte ihm 1782 eine Professur für Ästhetik und italienische Literatur an der Karlsschule ein: eine ähnliche Professur bekam er in Budapest. 1791 schließlich übernahm er die Leitung des Stuttgarter Regierungsblattes und durfte sich in dieser Funktion »Hofrath« nennen.

Sein dichterisches Schaffen orientierte sich an den verspielt harmlosen amourösen Gedichten Christoph Martin Wielands, den er hoch verehrte und den er – als schwäbischen Landsmann – in Erfurt besuchte, als Wieland dort Professor für Philosophie war. Werthes veröffentlichte einen Gedichtband – *Hirtenlieder* – und empfand es gewiß als Auszeichnung, daß Wieland ihm erlaubte, einen Auszug aus seinem – Wielands – *Verklagtem Amor* mit zu publizieren. Wieland empfiehlt den jungen Schriftsteller mit folgenden Worten nach Wien: *Anlage und Empfindsamkeit scheint er zu haben und so unvollkommen seine Versuche noch sind, so scheint er mir doch einige Aufmunterung zu verdienen. Ein unwiderstehlicher Hang, sagt er, trieb ihn zu den holden Künsten der Musen; er hat keinen Anführer, keinen Freund, keine Aufmunterung, wenig Bücher. Er ist also mehr zu bewundern, daß er nicht gar nicht ist, als daß er nichts besseres ist.*

Mit historischen Dramen hat sich Clemens Werthes in der Folgezeit versucht, mit wenig Erfolg – allerdings ist möglich, daß sein *Conradin von Schwaben*, sein *Rudolf von Habsburg*, sein *Zriny* andere Schriftsteller nach ihm anregten, sich im selben Stoff zu versuchen. Werthes starb 1817, er hat also vom Erfolg, den Theodor Körner (1791–1813) mit seinem *Zriny* hatte, mit einiger Sicherheit gehört, leider wissen wir nichts, wie er über das glücklichere, erfolgreiche Schauspiel des Jüngeren dachte.

Als Übersetzer Carlo Gozzis (1720–1806) hat Friedrich August Clemens Werthes seine Bedeutung bis heute, denn die fünfbändige Ausgabe der *Theatralischen Schriften* des italienischen Dramatikers, von Werthes 1775–1795 übersetzt und herausgegeben, ist noch heute die maßgebliche Übersetzung. Friedrich Schiller hat Gozzis *Turandot* für das Weimarer Theater eingerichtet; Grundlage der Bearbeitung war neben dem italienischen Original die Übersetzung durch Werthes. Neben Schiller waren Goethe, vor allem aber die romantischen Dichter Bewunderer des Carlo Gozzi. – Hans Werner Henze hat 1956 die Oper *Il re cervo* zur Uraufführung gebracht, bereits 1777 hatte Werthes das phantasievolle Stück Gozzis als *König Hirsch* übersetzt und bekannt gemacht; Henzes Libretto beruht darauf.

Für das Blaubeurer Seminar, genauer für die Klosterschule dort, ist der dritte im Bunde – David Christoph Seybold – besonders wichtig, und das in mehrfacher Hinsicht. Zum einen besuchte er mit den Freunden die Klosterschule in Blaubeuren, machte der Schule alle Ehre: außerordentlicher Professor in Jena, Rektor des Gymnasiums in Speyer, seit 1796 Professor für Klassische Literatur in Tübingen.

Zum anderen verfaßte er einen Roman, der in großen Teilen als Schlüsselroman auf die Verhältnisse an Klosterschule, Stift und Vikariatszeit zu verstehen ist: *Hartmann eine württembergische Klostergeschichte*. Der Band erschien im Jahre 1778, damals erregte er einiges Aufsehen, denn in dem Werk wurde die Organisation der theologischen Ausbildung in Württemberg ziemlich negativ kritisiert.

Schlüsselfigur ist ein Klosterschüler namens Hartmann, im Vorwort zu seinem Roman deutet Seybold an, daß ein anderer Blaubeurer Klosterschüler mit demselben Namen gemient ist: Gottlob David Hartmann (1752–1775), der vom Studium in Tübingen unmittelbar auf eine Professur für Mathematik nach Rußland berufen wurde, und dort, noch keine 24 Jahre alt, in Mitau starb. Dieser Hartmann soll nach Seybold von 1765–1767 an der Blaubeurer Schule gewesen sein; in Wirklichkeit gehörte der früh verstorbene Mitauer Professor der Promotion danach an, also der von 1767–1769. Mit großer Wahrscheinlichkeit haben sich beide gekannt, denn Seybold ist gerade fünf Jahre älter als Hartmann. Im Roman freilich wird Hartmann 1747 geboren und besucht die Blaubeurer Klosterschule 1761–1762.

Seybold erzählt nun dessen Schicksale in Blaubeuren, wie weit diese wirklich geschehen sind und wie weit sie der dichterischen Phantasie des Verfassers entspringen, ist heute nicht mehr eindeutig auszumachen. Allerdings scheint vieles authentisch zu sein, die Atmosphäre zumal. In der Stuttgarter Bibliothek hat sich ein Exemplar des Buches erhalten, das mit handschriftlichen Notizen gespickt ist; Verfasser selbiger ist unbekannt, der Schrift zufolge sind die Bemerkungen vor 1800 notiert worden – und sie entschlüsseln viele Details, die im Roman nur angedeutet sind.

Und die machen klar, daß Seybold in Wirklichkeit seine eigenen Erfahrungen schildert. So glauben seine Kameraden, daß er den ersten Platz bei der Lokation erhalten werde. *Allein wie endlich die Lokation wirklich bekannt gemacht wurde, erhielt er nur den dritten. Den ersten mußte er einem Stuttgarder von vornehmster Familie, und den zweiten einem Vetter des Prälaten einräumen.*

Seybold kritisiert hier die zu allen Zeiten übliche, menschlich verständliche Praxis der *Vetterleswirtschaft* – und überprüft man die Lokation der Promotion von 1761 in den Akten, so zeigt sich in der Tat, daß Seybold nicht der erste seiner Klasse war (er war vierter), ihm wurde also ein »Stuttgarder« – Jacob Friedrich Rapp (1747–1793, später Diakon an der Stuttgarter Stiftskirche) – und ein Vetter des Prälaten – Johann Adam Osiander (1747–1799, später Dekan in Bietigheim) – vorgezogen. Ob die allerdings tatsächlich bevorzugt wurden, läßt sich heute nicht mehr erweisen.

Hinzu kommt, daß David Christoph Seybold seinen Hartmann 1761 und 1762 in Blaubeuren die Klosterschule besuchen läßt, und das sind genau die Jahre, welche er selbst an der Blaubeurer Anstalt weilte. Daher ist die Vermutung, daß Seybold seine persönlichen Erfahrungen an der Klosterschule schildert, mehr als berechtigt.

Von den württembergischen Klosterschulen zeichnet Seybold freilich ein ziemlich negatives Bild: *Denn es ist unglaublich, was unter diesen jungen Studenten in der Zwischenzeit von dem Eintritte ins Kloster an bis zur öffentlichen Bekanntmachung ihrer Rangordnung für Intriguen gespielt werden. Der eine sucht einen höhern Plaz zu erhalten durch übertriebene Höflichkeit gegen die Vorgesezten, der andere durch Wohldienen, ein dritter durch heuchlerische Unterwürfigkeit und in die Augen fallende Beobachtung der Geseze, andere durch andere Mittel, die sich jeder denken kann, und die ich daher anzugeben nicht nöthig habe.*

Er rechnet auch mit den Lehrern ab, insbesondere der Leiter der Schule – Prälat Johann Conrad Ergezinger (1692–1762) – wird kritisiert: *Er konnte sich um so weniger zu Jünglingen und Jünglingsfreuden herablassen, da er theils zu alt war, um sich an seine Jugend erinnern zu können, theils keine Kinder gehabt hatte, die ihn daran erinnert hätten. Denn er war eine Hagestolz, und mithin zu einem Vorgesezten oder Lehrer der Jünglinge nicht sehr gemacht ...*

Das Werk erregte einiges Aufsehen und gehört zu der Reihe an Schriften, die im Gefolge der Französischen Revolution die althergebrachten, versteinerten Verhältnisse kritisierten. Atmosphärischer Einfluß wird dem Buch zuzuschreiben sein, denn Reformen waren damals überfällig; und so könnte die Neugründung der Klosterschulen als Evangelisch-theologische Seminare 1817 im Geiste des Neuhumanismus durchaus angeregt sein durch die harsche Kritik, die Seybold als Zögling am Blaubeurer Institut so vehement und eindrucksvoll schilderte, weil aus eigenem Erleben gespeist.

Etliche Anekdoten sind erzählenswert, so etwa die, wie die Promotion Erlaubnis erhielt, das Ulmer Fischerstechen zu besuchen: *Für unsere Jünglinge war die Freude, daß sie nun wieder einmal reuten, und sich einen lustigen Tag machen durften, eben so groß, als ihr Anblick für den, der sie daher traben sah, komisch war. Erstlich hatten sie das zum Reuten nöthige Zeug von allen Enden und Orten zusammengestoppelt. Der eine hatte eiserne, der andere stählerne, der dritte gar silberne Sporen, der vierte nur einen; und die anderen gar keine. Der hatte eine Spießruthe; und jener eine Kourierpeitsche. Der hatte einen alten Roquelaux von dem Überreuter, einem Klosteroffizianten, entlehnt, und der andere brauchte seine Kutte statt des Überrocks – und wie sie vollends aufsaßen und fortritten, so hieng der eine auf die rechte, der andere auf die linke Seite, der dritte nach Husarenart vorwärts. Dem flog der Hut rechts herab, und dem andren links. Hartmann verlor seine Peitsche, und ein anderer den Steigbügel. Doch kamen sie ohne weiteren Schaden in die Stadt hinein, in welcher ihr Aufzug so grosses Aufsehen machte, als wie Sancho Pansa in Barataria, oder Don Quixote in Saragossa seinen Einzug hielt. Noch lustiger war die Rückreise. Denn die meisten hatten sich beim Baumstark fidel getrunken, indem sie den Klosterfamulus, der ihnen zum Aufseher mitgegeben war, zudecken wollten, um desto freyer zu seyn.*

Literatur:

ADB 34, S. 79f. (Seybold).
ADB 42, S. 132 (Werthes).
BEISSNER, FRIEDRICH, Die jungen Dichter um Hölderlin. In: Schwäbische Heimat 1987/2, S. 112–116.
HÜBNER, GÖTZ EBERHARD, ›Thills Grab‹, ›Thills Dorf‹, ›Tills Thal, das‹. Genese-Spur zu Hölderlins ›Heimath‹-Entwurf im Remstal. In: Heimatblätter. Jahrbuch für Schorndorf und Umgebung 9, 1992, S. 45–85; 10, 1994, S. 125–141.
HÜBNER, GÖTZ EBERHARD, Hölderlin »An Thills Grab« 1789 in Großheppach. Deutsche Schillergesellschaft Marbach am Neckar 1995 (= Spuren 31).
W…N, (Hg.)[= SEYBOLD, DAVID CHRISTOPH], Hartmann, eine Wirtembergische Klostergeschichte. Frankfurt und Leipzig 1778.

Carl Philipp Conz (1762–1827) –
Poet Haselhuhn

Moderne Literaturgeschichten erwähnen ihn ganz selten, noch seltener tauchen seine Werke in Antiquariaten auf – und wenn, dann sind sie ungemein kostspielig. Ist doch einmal von ihm die Rede, dann nur als Jugendfreund des um drei Jahre älteren Schiller, mit dem er zusammen die früheste Jugend – die Kindergartenzeit – in Lorch verbrachte. Bei diesem Sachverhalt ist doch zu fragen, ob die oft gerühmte Bekanntschaft zwischen ihm und Schiller für beider Entwicklung zum Dichter den Einfluß haben konnte, wie das Wort »Jugendfreund« vermuten lassen könnte.

Er traf Schiller wieder 1781 in Stuttgart, Schillers *Räuber* waren gerade in Mannheim uraufgeführt worden, möglicherweise haben sie gemeinsam den inhaftierten Christian Daniel Schubart auf dem Hohenasperg besucht. Sie arbeiteten durchaus zusammen, Schiller rezensierte den *Schwäbischen Musenalmanach,* den jener zusammen mit Gotthold Stäudlin herausgegeben hatte und lobte die Gedichte des »Jugendfreundes«, dieser wiederum lieferte Texte für Schillers *Wirtembergisches Repertorium.*

Er hat Schiller übrigens sein Leben lang verehrt, 1792 besuchte er ihn in Jena, und als Schiller 1793 wieder nach Württemberg kam, traf er öfters mit ihm zusammen – er war aber nicht nur ein Freund und Bewunderer Schillers, er war auch Kollege und hat ein stattliches Werk hinterlassen. Für Schillers *Musenalmanach* hat er regelmäßig Beiträge geliefert. Mit Schiller stand er ferner in einem lockeren brieflichen Kontakt. Zu seinen Lebzeiten war er wohlbekannt, er kannte alle literarische Größen der Zeit und hat nach allen Seiten Kontakt gehalten und gepflegt: Herder, Hölderlin, Klopstock, Claudius und Goethe sind die Prominentesten aus seinem Bekanntenkreis.

Die Grundlagen seiner umfassenden Bildung hat er in Blaubeuren erhalten: von 1777 bis 1779 war er Zögling im Blaubeurer Kloster. Carl Philipp Conz ist sein Name, am 30. Oktober in Lorch getauft; das Taufdatum dürfte mit

Carl Philipp Conz

dem Tag der Geburt übereinstimmen, denn damals taufte man unmittelbar nach erfolgter Geburt.

Conz stammt aus einer alten württembergischen Theologen- und Gelehrtenfamilie. Damit war der Bildungsgang des neuen Erdenbürgers vorgezeichnet. Der Vater war zwar »nur« Klosteramtsschreiber in Lorch, hatte folglich nicht die Universität absolviert, die Schreiber von damals sind jedoch mit den hohen Beamten von heute zu vergleichen: Conz' Vater hatte das Klosteramt Lorch zu verwalten, heute wird solch eine Aufgabe von einem Landrat bewältigt. Die Familie gehörte folglich zur Oberschicht, der Sohn war zum Besuch der Klosterschule berechtigt, und der junge Carl Philipp erwies sich als der Familientradition verpflichtet. Das Landexamen, das zur kostenlosen Aufnahme in Blaubeuren führte, wurde von ihm ohne jede Mühe bestanden.

Zwanzig Schüler zogen 1777 ins Kloster am Blautopf ein, betreut von drei Lehrkräften, allein das zeigt, wie intensiv der Unterricht einst war. Unter den Mitschülern finden sich klassische Namen des altwürttembergischen Pfarrerstandes – Harpprecht, Georgii, Andler, Schmoller, der Vater Eduard Mörikes ist dabei – Carl Philipp Conz ist der Beste.

Primus blieb er auch beim Theologie-Studium am Stift in Tübingen. Eine glänzende Karriere als Theologe schien sich anzubahnen. Zunächst sah auch alles entsprechend aus: nach den üblichen Vikariaten kam der ehrenvolle Ruf auf eine Stellung als Repetent am Stift in Tübingen. Hier hatte er als Lehrer Studenten zu betreuen, die als »berühmte Stiftler« in die deutsche Geistesgeschichte eingehen sollten: Friedrich Hölderlin, Georg Friedrich Wilhelm Hegel und Friedrich Wilhelm Joseph Schelling. Conz begleitet die Studien der drei Freunde bis 1792, fast bis zu deren Magisterexamen. 1792 wird er Prediger an der Hohen Karlsschule, 1793 wird er Pfarrer in Vaihingen/Enz und 1789 zweiter Stadtpfarrer in der Residenzstadt Ludwigsburg. Diese Laufbahn zeugt vom Aufstieg des Carl Philipp Conz, der nun erwarten durfte, ohne als überheblich zu gelten, eine Prälatenstelle oder einen Lehrstuhl für Theologie zu erhalten.

Conz wurde auch Professor, aber nicht für die Gottesgelehrtheit, wie sich das für einen Klosterschüler und ehemaligen Stiftler gehört hätte, nein, Conz wurde Professor für Literatur in Tübingen 1804 und blieb dies bis an sein Lebensende. Die Berufung auf den Lehrstuhl für klassische Literatur kam nicht von ungefähr. Conz hat bereits als Schüler in Blaubeuren lyrische Texte verfaßt, sicher aus Neigung, aber er mußte auch dichten. Das gehörte zu den Aufgaben des Besten einer Promotion, bei allfälligen Festen, Besuchen oder dar Visitationen das Ereignis und die hohen Herrn Besucher in einem Festgedicht gebührend zu würdigen – wohlgemerkt in lateinischer Sprache.

An der Universität hatte Conz über die klassischen Dichter zu lesen, also über die Poeten der antiken Vergangenheit, eine Lehrkanzel für deutsche Literatur war damals noch nicht vorgesehen ... Er gehörte zu den Professoren, die jeder Tübinger Student unbedingt gehört haben mußte; zu seinen bekanntesten Schülern gehören Gustav Schwab und Ludwig Uhland.

Sein dichterisches Werk erschien in deutscher Sprache; bereits als Zwanzigjähriger veröffentlichte Conz eine Tragödie *Konradin von Schwaben* die, obwohl gedruckt, als verloren zu gelten hat, denn kein Exemplar hat sich in einer der großen Bibliotheken erhalten. Wir können uns also kein Urteil über die literarische Leistung des Jugendwerkes erlauben. Schiller hat das Stück möglicherweise gekannt, denn er wollte diesen Stoff aus der staufischen Geschichte selbst gestalten, entschloß sich dann aber zur Arbeit an der *Verschwörung des Fieskos zu Genua*.

Conz hat unermüdlich, Jahr für Jahr Arbeiten aus seiner Feder veröffentlicht: er hat griechische, lateinische und französische Klassiker ins Deutsche übersetzt, hat eigene Gedichte, Balladen, Oden, Epigramme und Elegien in mehreren Gedichtbänden vorgelegt, Gedichte Goethes hat er ins Lateinische übertragen – ein durchschlagender Erfolg blieb ihm versagt.

Es scheint, daß die engen Verhältnisse in Württemberg, die den Jugendfreund Schiller zur Flucht, die in Wirklichkeit eine Desertation war, trieben, Conz daran hinderten, seine Begabung voll zu entfalten. Schon oft ist vermerkt worden, daß in Württemberg den Begabungen, die aus dem Land stammen, der Weg zur gebührenden Stellung arg schwer gemacht wird – Conz könnte in die Reihe der Unterschätzten gehören.

Allen Arbeitsfleißes ungeachtet wurde er im Laufe der Jahre immer mehr zum Gespött der jüngeren Dichtergeneration. Der genialische Waiblinger diffamierte ihn als *Exemplarsau*, wobei er auf die Korpulenz des Geschmähten anspielte. Mörike hat ihm im komischen Fragment *Die umworbene Musa* unter dem Namen *Knoz* charakterisiert. Justinus Kerner, der sensibler als Waiblinger war und sanfter empfand, hieß ihn *Poet Haselhuhn* – der ironische Unterton ist unschwer zu hören. Auch als *Ölschlägel* und *Goldfasan* wurde er verspottet.

Dabei hatte gerade Kerner allen Grund, Conz dankbar zu sein. Kerner war früh vaterlos, galt als schwer zu erziehendes Kind, von der ratlosen Mutter wurde er in eine Schreinerlehre gegeben, unter der er sehr litt. Mit Conz wurde er bekannt, als er für dessen jüngst verstorbenen Sohn den Sarg zu zimmern hatte. Kerner war zum

Handwerker nicht geboren, er versagte auch als Konditor, und aus seiner Stellung als Zuschneider für Säcke in der herzoglichen Fabrik rettete ihn Conz einfach dadurch, daß er ihn in sein Tübinger Haus aufnahm und ihm ein Studium der Medizin ermöglichte, nicht ohne den z.T. reichen Verwandten Kerners ins Gewissen geredet zu haben.

Kerner hat auch positive Urteile über Conz veröffentlicht; in seinem *Bilderbuch aus meiner Knabenzeit* spricht er mehrfach von seinem *väterlichen Lehrer Conz*; in einem ihm gewidmeten Kapitel hat Kerner ihn so beschrieben:

Ein Theologe war er nicht, ob er gleich in der Stadtkirche zu predigen hatte, bei welchem Predigen aber der Überstand war, daß er sehr undeutlich sprach. Er war von sehr fetter Leibeskonstitution und tat die Pfeife nur ungern, um zu sprechen, aus dem Munde ... Er war ein kindlicher Mensch, voll Herzensgüte und Naivität. Er lebte immer in seiner Gedankenwelt, so daß es ihm oft geschehen konnte, an den einen Fuß einen Stiefel, an den anderen einen Schuh anzuziehen.

Conz hatte Einfluß auf Friedrich Hölderlin. *Mein Repetent ist der beste Mann von der Welt,* schrieb der junge Hölderlin enthusiastisch an seine Schwester, die später in Blaubeuren verheiratet war. Im Sommersemester 1790 las Conz über die Tragödien des Euripides – Hölderlin war einer seiner Hörer. Conz galt als *eifriger Prophet des Griechentums,* die schwärmerische Begeisterung Hölderlins für sein idealisiertes Bild griechischer Kultur und griechischer Menschlichkeit könnte auf seinen Lehrer zurückgehen.

Ach, Äonen werden noch vergehen
Völker sterben, Länder neu entstehen;
Aber nie ein Griechenland.

So beschreibt Conz seine emotionale Bindung an die griechische Klassik – und Hölderlin hat diese Verse ohne Zweifel gekannt. Kerner geht soweit zu sagen, daß Conz in religiöser Hinsicht nur den Glauben seiner griechischen und römischen Klassiker gehabt zu haben – und das über einem evangelischen Stadtpfarrer, der Conz in Ludwigsburg damals war. Erst im späteren Leben sei ein christliches Bewußtsein erwacht, und auch dann hätte er das Neue Testament am liebsten im griechischen Originaltext gelesen. Dem geistig umnachteten Hölderlin bewahrte Conz sein Wohlwollen: in seinem Garten in Tübingen durfte der arme Hölderlin Blumen pflücken und zerreißen, wie er wollte.

Als Conz die oben zitierten Verse verfaßte – 1782 – war er gerade zwanzig, als er Hölderlin zu betreuen hatte, war er 28 Jahre alt. Vielleicht war er damals noch recht jünglingshaft – später lauten die Urteile über seine leibliche Gestalt ziemlich zu seinem Nachteil. Da ist die Rede von einem *mit Fett gepolsterten Kopfes, dem die Wangen zu Mund und Augen kaum Platz ließen. Der ganze dicke Leib rührte sich nur schwerfällig, und die Lippen brachten, in Gesellschaft oder auf dem Katheder Töne hervor, die mit Mühe zum Artikulierten steigerten.*

Bei aller Kritik, Carl Philipp Conz war nicht unbeliebt. Als er 1827 starb, widmete ihm Gustav Schwab einen wahrhaft ehrlichen, aber doch ehrenden Nachruf. Friedrich Wilhelm von Hoven, befreundet mit Schiller und Conz, hat so über ihn geurteilt: *Conz war nur in seiner literarischen Welt zu Hause, in der gemeinen war er ein Fremdling, und weil er glaubte, alle Menschen seien so gut und kindlich wie er, so verging selten ein Tag, wo er sich nicht in seiner guten Meinung von den Menschen betrog.*

Haben Conz die Blaubeurer Jahre beeinflußt? Hat das Seminar, die Stadt, die Landschaft Spuren in seinem Werk hinterlassen? Direkte Bezüge finden sich nicht. Aber wer folgende Verse liest, ahnt, daß ein dichterisches Gemüt, auch wenn sein Nachruhm bescheiden blieb, von den Schönheiten Blaubeurens nicht unbeeindruckt bleiben konnte:

Klösterlich heben noch weiter sich hin hell schimmernde Mauern
wecken zu stillem Ernst frommer Betrachtung der Sinn
Auch weilt, näher der altehrwürdigen rauchigen Stadt, manch
lieblicher Garten, so sehr freundlich des Wandernden Blick
und unfern der gothischen Burg, wo die Geister alter Ritter noch oft herabsteigen im mondlichen Glanz, ...

(Vorstehender Text bezieht sich zwar auf Lorch, aber unter diesen Worten ist auch Blaubeuren gut vorstellbar.)

Literatur:

BETZENDÖRFER, WALTER, Hölderlins Studienjahre im Tübinger Stift. Heilbronn: Salzer 1922.
CONZ, CARL PHILIPP, Gedichte. 2 Bde. Tübingen: Laupp 1818/19.
CONZ, CARL PHILIPP, Gedichte. Neue Sammlung. Ulm: Stettin 1824.
HARTMANN, JULIUS, Schillers Jugendfreunde. Stuttgart u. Berlin: Cotta 1904.
HOVEN, FRIEDRICH WILHELM VON, Lebenserinnerungen. Berlin: Rütten & Loening 1984.
KERNER, JUSTINUS, Das Bilderbuch aus meiner Knabenzeit. In: Sämtliche poetische Werke, Bd. 4. Leipzig: Hesse o. J.
MEYER, HERBERT, Carl Philipp Conz. In: Schwäbische Lebensbilder Bd. V, Stuttgart: Kohlhammer 1950, S. 107–114.

Alte Photographie um 1890

Der Liebling der Götter – Wilhelm Hauff (1802–1827)

Frieda von Oppeln – Bronikowski verfaßte einen schwärmerischen Roman auf den Dichter Wilhelm Hauff: *Wen die Götter lieben* – den lassen sie in jungen Jahren sterben, diese Ergänzung des Satzes wird offenbar dem Leser überlassen. Ob ein früher Tod ein schöner Tod ist – wer will aber das schon wissen!

Wilhelm Hauff, als er am 18. November 1827 starb, fehlten gerade elf Tage bis zu seinem 25jährigen Geburtstag, eben erst Vater geworden, bei einem der damals wichtigsten Verlage – bei Cotta in Stuttgart – als Herausgeber angestellt, von anderen Verlagen (Schlesinger, Berlin; Brockhaus, Leipzig) umworben, ein aufstrebender Stern am literarischen Himmel, Frühjahr 1826 war ein Bestseller aus seiner Feder erschienen: *Lichtenstein. Romantische Sage aus der württembergischen Geschichte.* Ob er gern sterben wollte? Das Gegenteil ist wahrscheinlicher. Noch in den Fieberträumen des Todeskampfes erkundigte er sich immer wieder nach dem Stand der Freiheitskämpfe, die damals die Griechen mit den Türken ausfochten.

Auch ahnte er das Tödliche seiner Krankheit, traf Vorsorge für die junge Witwe und den eben erst geborenen Säugling. Welcher Krankheit er zum Opfer fiel, ist schwer im nachhinein zu beweisen; er selbst sprach vom *Brustkrampf,* der ihn befallen, die Diagnose der Ärzte lautete anfänglich *Schleimfieber,* später *Nervenfieber …*

Sein Tod war gewiß ein Verlust für die deutsche Literatur: zwar weiß der literarisch Interessierte, daß der *Lichtenstein* sehr dem Engländer Walter Scott und dessen historischen Romanen nachempfunden war – *Hauff – der deutsche Walter Scott;* Spezialisten wissen um die Clauren-Affäre: sie hier zu entrollen, ist allein aus Platzgründen unmöglich. Soviel sei verraten: Hauff wurde des Plagiats – also des literarischen Diebstahls – verdächtigt, und so ganz aus der Luft gegriffen erscheint diese Anklage nicht einmal.

Wilhelm Hauff

Bis heute beliebt sind seine Märchen: Wer kennt nicht *Zwerg Nase, Kalif Storch, Das kalte Herz* oder die Geschichte vom *kleinen Muck?* Noch heute können sich manche an der Verfilmung des *Wirtshaus im Spessart* begeistern, obgleich diese Produktion wenig mit der Originalfassung gemein hat.

Ob ihn die Götter tatsächlich liebten?

Sein Lebensgang war in der Jugend schwer und leicht; leicht – bedenkt man die Rahmenbedingungen, in die er hineingeboren wurde: Seine Eltern stammten aus der Schicht, die gemeinhin die höheren Beamten und die

Pfarrer zu stellen pflegte; auf die Protektion der näheren Verwandten konnte Hauff rechnen. Und jeder Kenner des württembergischen »Pfarradels« (ein echter Geblütsadel ist in Württemberg ganz selten) ist im Bilde, wenn er die Namen Hauff, Elsässer, Grüneisen, Kerner, Haug etc. hört, so heißen die Familien seines Verwandtenkreises. Unterstützung durch die Großfamilie war schließlich nötig, denn der Vater Hauffs – Geheimer Sekretär beim Ministerium für Auswärtige Angelegenheiten – starb bereits 1809; der siebenjährige Wilhelm wuchs nun vaterlos heran. Zwar fand er im Großvater Elsässer in Tübingen eine Art Ersatz, vor allem durfte er dessen Bibliothek nach Herzenslust benutzen, er las, was ihm in die Hände fiel: Gustav Schwab spricht von einer *gefährlichen Selbsterziehung*. Die Mutter hatte es gewiß schwer, denn sie mußte vier unmündige Kinder versorgen, deren späterer Lebensweg zeigt, wie gut dies die Mutter gemeistert hat, auch wenn man die Protektion der Verwandtschaft berücksichtigt.

Mit knapp 15 Jahren bezog Wilhelm Hauff das neueröffnete Seminar in Blaubeuren. 1810 im Herbst hatten die letzten Zöglinge der alten Blaubeurer Klosterschule die Stadt verlassen, und die Räumlichkeiten im Kloster standen leer; die ehrwürdigen Klosterschulen – 1556 von Herzog Christoph gegründet – hatten aufgehört zu bestehen. König Friedrich I. von Württemberg – *der schwäbische Zar* – hatte andere Pläne mit dem Kloster Blaubeuren: fürs erste wurde eine Kavallerieeinheit hierher verlegt, das Kloster wurde zur Kaserne.

Erst nach dem Tode Friedrichs 1816 wurden die theologischen Bildungsanstalten wieder eröffnet, aber auch grundlegend reformiert, und die Reform begann 1817 mit dem Seminar Blaubeuren, dann Urach, Maulbronn und schließlich Schöntal. Die Neuordnung der Seminarien war ein wichtiger, kaum schätzbarer reformerischer Impuls; werden in den Erinnerungen der Klosterschüler gegen Ende des 18. Jahrhunderts kritische Töne überlaut, so liegen aus den Reihen der ersten Promotionen der neuorganisierten Seminare begeisterte Berichte und Rückblenden vor. Neben der inneren Reform, der neuen didaktischen und pädagischen Schritte, war dies gewiß der beweglichen Frische zu verdanken, welche das verjüngte Kollegium auszeichnete. Hauff hatte das Glück, auf überdurchschnittlich befähigte Lehrer zu treffen: neben dem eigenwilligen, oft verspottetem, aber doch – und sei's nur insgeheim – geliebten Ephorus Jeremias Friedrich Reuß (1775–1850) standen die nachmaligen Gründer der sogenannten Tübinger Theologischen Schule, Ferdinand Christian Baur (1792–1860) und Friedrich Heinrich Kern (1790–1842), beide wegweisende Theologen des vergangenen Jahrhunderts. Einer der Repetenten war ein naher Verwandter: Gottfried August Hauff (1794–1862, zuletzt Pfarrer in Waldenbuch) – sein Vetter.

Als besonders glücklich muß das neue Amt des Repetenten betrachtet werden, als Aufpasser und Hilfslehrer gedacht, wurden sie zumeist wegen ihrer Jugendlichkeit und Gelehrtheit von den Seminaristen sehr geschätzt. Aber auch die anderen Lehrkräfte waren jung, als das Seminar neugründet wurde: der Ephorus war gerade über 40, F. C. Baur und F. H. Kern beide weit unter dreißig! Hinzu kamen zwei Vikare als Repetenten, unverheiratet, sie kamen unmittelbar von der Hochschule, frisch, jung und schwungvoll. Einen besseren Start konnte sich das Seminar personell nicht wünschen!

Wilhelm Hauff war einer der ersten Seminaristen, daß er »nur« der einunddreißigste unter 39 Zöglingen besagt wenig, denn die 39 waren die absolute Spitze unter den evangelischen Gymnasiasten des ganzen Landes, und Wilhelm Hauff holte auf und zeichnete sich in Blaubeuren derart aus, daß er bereits 1820 die Universität belegen durfte, die Promotion folgte erst ein Jahr später, insofern war er nicht nur der erste Seminarist aus Blaubeuren, sondern der erste Zögling aus den neuorganisierten Seminaren, der in Tübingen das Stift bezog.

Einigermaßen sind die Blaubeurer Jahre Hauffs rekonstruierbar: Briefe und Fragmente eines Tagebuches haben sich erhalten. Einmal beschreibt er den Hochaltar in der Klosterkirche, wie es scheint, nicht übermäßig begeistert, immerhin erkennt er, daß das Kunstwerk *von einem der größten Künstler Deutschlands ausgeschnitzt* sein müsse.

Oben wurden die Reformen an den Seminarien gewürdigt, der Dankbarkeit vieler Seminaristen für die erhaltene Ausbildung gedacht; dieser Feststellung könnten die Bruchstücke des Tagebuchs widersprechen – das aber ist verständlich: das unmittelbar Erlebte erscheint in anderem Licht als in der Brechung durch ein paar Jahre Distanz.

Wie langweilig das Leben im neugestalteten Seminar blieb – denn die Hauptforderung hieß wie zuvor in der Klosterschule: lernen, lernen, lernen – zeigen die Einträge um die Jahreswende 1818/19: *Liederlicher Winter. Gerhausen, Ulm im Christtag. Erstürmung des Mäuerleins. Untersuchung. Mauch* [Christoph Friedrich Mauch 1803, zuletzt Pfarrer in Faurndau] *in Nöten. Spielen und Rauchen auf Leipzig. Die zweite Neujahrsnacht. Schopper* [Karl Ferdinand Friedrich Schopper 1802–1851, zuletzt Pfarrer in Unterböhringen] *steigt hinaus. Folgen daraus. Fürchterlicher Kommers vor der Vakanz. Ephorus wütet. Ostervakanz 1819.*

Manches aus diesen Einträgen kann nicht mehr erklärt werden (*Erstürmung des Mäuerleins*), arg viel Schlimmes kann sich aber nicht dahinter verbergen; das zeigt allein der Umstand, was Hauff für eintragenswürdig hielt, z.B. daß auf dem Zimmer namens Leipzig Karten gespielt und geraucht wurde, damals freilich in den Augen der Seminarsobrigkeit ein unerhörtes Vergehen. (Dazu muß man wissen, daß das Rauchen in der Öffentlichkeit in Stuttgart erst 1849 erlaubt wurde!) *Dritte Neujahrsnacht sehr fidel. – Langweiliger Sommer* – so lauten weitere Einträge.

Traut man den *Memorabilien*, denen vorstehende Zitate entnommen sind, hat Hauff die Blaubeurer Zeit in unangenehmer Erinnerung: *Die ersten traurigen Tage in Blaubeuren*, so umschreibt er seine Gefühle bei *seiner Einlieferung ins Kloster – Erlösung vom Jammerthal* so sein Kommentar, als er vorzeitig das Blaubeurer Seminar verlassen darf. Diese negativen Bemerkungen beziehen sich gewiß auf die als kleinlich empfundenen schulische Verhältnisse, und noch mancher Seminarist hat unter der engen, mitunter pedantischen Reglementierung geseufzt und gelitten – und sich Jahre später gerne an die Zeit erinnert.

Die Politik ihrer Gegenwart beschäftigte die jungen Männer im Seminar wie zu allen Zeiten: im Herbst 1819 wurde lebhaft die Verfassungsfrage diskutiert – Württemberg hatte eine Verfassung erhalten. Die Freude im Land war darüber groß; und die Seminaristen wollten zusammen mit der Uracher Promotion eine Feier zu Ehren des Königs und der neuen Verfassung abhalten.

Feldstetten liegt halb des Wegs zwischen Urach und Blaubeuren, und so war das dortige Rathaus zum Ort der Festlichkeit erkoren. Die Seminarleitung sah dies natürlich äußerst ungern, konnten sich doch an diesem Tag die Uracher mit den Blaubeurer Zöglingen verbrüdern, Erfahrungen austauschen, alkoholische Exzesse standen zu befürchten, aber Ephorus Reuß konnte ein Fest zu Ehren der Verfassung schlecht untersagen. Es fand am 24. November statt, die Lehrer hatten aber Vorsorge getroffen. Hauff schreibt an einen Freund vom bevorstehenden Fest:

Es siehet windig damit aus; denn Wein, Bier, Feuer und Gesang, was uns Jungen das Liebste ist, fürchtet er [Ephorus Reuß] *ärger als den Teufel und seine Lüsten.*

Hauffs Ahnung bewahrheitete sich, die Professoren beider Seminare unterbanden jegliche aufschäumende Festlichkeit, Ephorus Reuß hielt eine langatmige Rede. *Zum Glück predigte er meistens schlafenden Ohren.* Die Seminaristen wollten nach Studentenbrauch kommersieren, d.h. ein solennes Trinkgelage beginnen – vergeblich! Man verzog sich ins Wirtshaus und rächte sich: *Des Ephorus Buben, die trotz unserer Mißbilligung mitgenommen worden waren, haben wir so besoffen gemacht, daß der betrübte, niedergeschlagene Mann sie auf ein Bett legen und mit ihnen heimfahren mußte. Unser Rückzug war traurig und unter lauter Verwünschungen.*

In Feldstetten lernte Hauff Eduard Mörike kennen, das Verhältnis zwischen beiden blieb jedoch recht kühl, möglicherweise war Mörike eifersüchtig auf die frühen literarischen Erfolge, die Hauff mit renommierten Verlagen in Verbindung kommen ließen, während Mörike von einer zur nächsten ungeliebten Pfarrstelle wechselte.

Trotz aller unguten Erfahrungen haben das Kloster und die Landschaft um Blaubeuren das einfühlsame Gemüt des werdenden Dichters bewegt: Das Erlebnis Blaubeuren hat Spuren im Werk hinterlassen, die über die pure Ortskenntnis hinausreichen. Begeistert beschreibt er die Landschaft:

Diese Gegend ist herrlich, man trifft selten eine solche an, wo soviel Erhabenes gemischt ist. Alte Schlösser auf hohen Felsbergen, große Höhlen u.s.w. machen das Blautal und die Umgebung sehr interessant. Wurde hier der Keim zur Höhlen- und Burgenromantik gelegt, der später im *Lichtenstein* so sehr gehuldigt wird?

Der Roman *Lichtenstein* ist die bekannteste Schrift Hauffs: populär bis auf den heutigen Tag. Man denke nur an die vielen Modelle der Burg Lichtenstein, welche die Vorgärten zieren – ohne Hauffs *romantische Sage*, wie er den Roman nannte, sind diese Nachbildungen nicht vorstellbar. Dazu muß man wissen, daß der heutige Lichtenstein, der den Modellbauern als Vorbild dient, erst nach dem Erscheinen des Romans in der jetzigen Form gebaut wurde. Aus Begeisterung für die alte Ritterromantik ließ Graf Wilhelm von Württemberg (1810–1869) (die Grafen von Württemberg sind eine Seitenlinie des Hauses Württemberg und nennen sich seit 1867 Herzöge von Urach) das Schloß Lichtenstein errichten, 1841 war der Neubau fertig, und Württemberg hatte sein *Neuschwanstein*, schwäbisch-bescheidener und zeitlich den Bauten Königs Ludwig von Bayern vorausgehend.

Das Nebelhöhlenfest, ein württembergisches Fest von Rang – seit 1803 zum erstenmal gefeiert, also bereits vor dem Erscheinen des Romans – verdankt aber seinen Aufschwung und seine Popularität gleichermaßen dem Hauffschen Roman und romantisierenden Neubau des Lichtensteins; vor allem die Hauffsche Fiktion, Herzog Ulrich habe sich nicht im Schloß zu Marburg, sondern in der Nebelhöhle während seines Exiles aufgehalten, verlieh der Nebelhöhle eine besondere »vaterländische« Aura.

Das Fest beschreibt Wilhelm Hauff so: *Es ist eine schöne Sitte, daß die Bewohner dieses Landes, auch aus entfernteren Gegenden, um Pfingsten sich aufmachen, um Lichtenstein und die Höhle zu besuchen. Sie steigen nieder in den Schoß der Erde, der an seinen krystallenen Wänden den Schein der Lichter tausendfach wiedergiebt; sie füllen die Höhle mit Gesang und lauschen auf ihr Echo ... Dann steigen sie herauf zum Lichte, und die Erde will ihnen noch schöner dünken als zuvor; ihr Weg führt immer aufwärts zu den Höhen von Lichtenstein, und wenn dort die Männer im Kreise schöner Frauen, die Becher in der Hand, auf die weiten Fluren hinabschauen, wie sie, bestrahlt von einer milden Sonne, im lieblichsten Schmelz der Farben sich ausbreiten, dann preisen sie diese lichten Höhen, dann preisen sie ihr gesegnetes Vaterland.*

Die Handlung im *Lichtenstein* führt von Ulm nach Blaubeuren, der Hochaltar wird vorgestellt, ein Briefchen wird ausgetauscht auf der *Treppe, die vom Hochaltar zum Dorment führt. Sie geht durch die dicke Mauer, welche die Kirche ans Kloster schließt, und ist lang und schmal.* Hauff hat sie gut gekannt – alle Seminaristen kennen sie, dem Besucher des Klosters blieb diese Treppe – bis, da die Sakristei unzugänglich war – verborgen. Ob sie die Blaubeurer Bürger alle kennen? (Sie ist heute noch erhalten, aber nicht mehr passierbar, denn die Anlagen zur Sicherung des Hochaltars wurden auf ihr installiert.)

Das schönste Loblied auf die Blaubeurer Jahre aus Hauffs Feder steht in seinen *Phantasien im Bremer Ratskeller*. Dieses *Herbstgeschenk für die Freunde des Weines* verdankt seine Entstehung einer jähen, ungestümen, wenn auch vergeblicher Leidenschaft zu Josephe Stolberg, einer außerehelichen Tochter eines der Grafen von Stolberg, wobei Hauff wie seinen Zeitgenossen nicht klar war, welcher Graf denn nun der Vater sei.

Für Wilhelm Hauff, der damals bereits mit seiner späteren Ehefrau verlobt war (Katharine Eleonore Louise Hauff) – seiner Cousine; für den Schwaben, der in die große Welt nach Bremen kam, war diese geheimnisumwitterte Schönheit eine erotische Herausforderung: *Er begann sie heiß zu umwerben*. Doch sie blieb kühl – wahrscheinlich hatte sie ihr Herz damals bereits an ihren späteren Ehemann, einen Pfarrer – vergeben. Im nachhinein dichtet Hauff:

Bin einmal ein Narr gewesen,
Hab geträumet, kurz doch schwer,
Wollt in schönen Augen lesen,
Daß von Lieb was drinnen wär.

Und die Glut, die in mir brannte
Barg ich unter heit'rem Scherz
Von dem liebem Schwabenlande
Sprach ich zu dem kalten Herz.

Der abgewiesene Freier flüchtet sich in den Alkohol – aber nur literarisch – und gedenkt bei etlichen Gläsern Wein seiner Jugend. (Der Ratskeller zu Bremen ist noch heute zu sehen, 1927 hat kein Geringer als Max Slevogt ihn nach Motiven Hauffs ausgemalt, für jeden Blaubeurer, für jeden Seminaristen, für jeden Württemberger, den der Weg nach Bremen führt, muß dies allein einen Besuch wert sein.)

Hauffs Preisen der Heimat und Blaubeurens lautet so:

Und bedenkst denn auch du der Rosentage deiner Jugend, o Seele, der sanften Rebhügel der Heimat, des blauen Stromes und der blühenden Thäler des Schwabenlands? O Wonnezeit voll holder Träume! ... Sei mir gegrüßt, du Felsenthal der Alb, du blauer Strom, an welchem ich drei lange Jahre hauste, die Jahre lebte, die den Knaben zum Jüngling machen. Sei mit gegrüßt, du klösterliches Dach, du Kreuzgang mit den Bildern verstorbener Aebte, du Kirche mit dem wundervollen Hochaltar, ihr Bilder alle ins schöne Gold des Morgenrots getaucht! Seid mir gegrüßt, ihr Schlösser auf den Felsen, ihr Höhlen, ihr Thäler, ihr grünen Wälder! Jene Thäler, jene Klostermauern waren das enge Nest, das uns aufzog, bis wir flügge waren, und ihrer rauhen Albluft danken wir es, daß wir nicht verweichlichten.

Literatur:

AUTENRIETH, HANS-FRIEDRICH, Eine verunglückte Verfassungsfeier. In: Helfenstein 18, 1971 S.119f.
PFÄFFLIN, FRIEDRICH, Wilhelm Hauff und der Lichtenstein. Marbacher Magazin 18/1981.
STENZEL, KARL, Neues aus Wilhelm Hauffs Lebenskreis. Gelegenheitsgedichte, Briefe und Urkunden. Stuttgart: Krais 1938 (= Veröffentlichungen des Archivs der Stadt Stuttgart. Sonderheft).
FLAISCHLEN, CAESAR, Hauffs Werke. 5. Aufl. Stuttgart und Leipzig: DVA 1890.

Gustav Pfizer (1807–1890)
... die reflektierende Fledermaus

Wahrlich eine kuriose Bezeichnung für einen ehemaligen Blaubeurer Seminaristen! Und gar für einen, welcher zur berühmten Geniepromotion gehörte, die von 1821 bis 1825 im Städtchen weilte und aus der bedeutende Vertreter der deutschen Geistesgeschichte hervorgehen sollten.

Wie konnte Heinrich Heine, von ihm stammt die ominöse zitierte Bezeichnung, Gustav Pfizer so abwertend, ja geradezu beleidigend charakterisieren? Geht man der Sache nach, so stößt man auf einen handfesten literarischen Streit, den Heinrich Heine mit der *Schwäbischen Schule der Romantik* austrug.

Die Schwäbische Schule ist der Dichterkreis um Ludwig Uhland, zu dem Gustav Schwab, Karl Mayer, Justin Kerner, Eduard Mörike und eben auch Gustav Pfizer gehörten. Heinrich Heine war auf diese Literatengruppe nicht gut zu sprechen, weil er von Gustav Schwab ziemlich massiv kritisiert worden war. Heine war in diesem Punkte empfindlich: so sehr er bereit war, heftigste und polemische Kritik zu üben, so verärgert reagiert er, wenn er Objekt distanzierender Betrachtung war (man denke nur an seine Auseinandersetzung mit Graf August von Platen-Hallermünde). Heine glaubte, daß Gustav Schwab als Mitherausgeber des Musenalmanachs von 1837 sich gegen Heinesche Beiträge ausgesprochen habe, nachweisen konnte er dies nicht, es ist auch ziemlich unwahrscheinlich.

Gustav Schwab seinerseits verübelte Heine besonders, daß dieser angeblich Ludwig Uhland – das Haupt der Schwäbischen Schule – getadelt haben sollte. Möglicherweise liegt ein Mißverständnis vor, denn Heine hat sich zur Person und zum Werk Ludwig Uhlands stets mit Hochachtung geäußert. Vielleicht empfand der biedere Schwab Heines Lob als nicht ganz ehrlich, bei Heines oft irritierenden, zwischen Ironie und Perfidie pendelnden, die mannigfachen Schattierungen der Sprache nutzenden Stil ist dies verständlich.

Gustav Pfizer

Auf den Vorstoß Schwabs antwortete Heine zunächst in heiterer Gelassenheit:

In Schwaben besah ich die Dichterschul',
Doch thuts's der Mühe nicht lohnen:
Hast du den größten von ihnen besucht,
Gern wirst du die kleinen verschonen.

Das ist eine spöttische Strophe unter vielen, die sich mit den literarischen und wissenschaftlichen Verhältnissen Deutschlands auseinandersetzt: die Stadt Hamburg, die Universität Göttingen, der Dichter Ludwig Tieck werden genauso, wenn nicht schärfer ironisiert – und die ließen sich's gefallen!

Später hat Heinrich Heine die Strophe umgestaltet:

> *In Schwaben besah ich die Dichterschul:*
> *Gar liebe Geschöpfchen und Tröpfchen!*
> *Auf kleinen Kackstühlchen saßen sie dort,*
> *Fallhütchen auf den Köpfchen.*

Der Ton hat sich erheblich verschärft: Fallhüte sind Hüte, an denen früher die Fallsüchtigen, also die Geisteskranken zu erkennen waren.

Gustav Pfizer ist schuld an der Zuspitzung, denn er sekundierte Gustav Schwab mit dem Aufsatz *Heines Schriften und Tendenzen*, mit welchem er Heine hart angriff. Heine wurde ein *gefestigtes sittliches Bewußtsein* abgesprochen, Hohlheit und Haltlosigkeit werden ihm vorgeworfen, der Oberflächlichkeit wird er geziehen, und das alles von einem Standpunkt, der bestimmt ehrlich prinzipientreu war, aber der jedoch als bieder und kleinkariert bezeichnet werden muß.

Zwei Vorstellungswelten prallen aufeinander; hier der in Stuttgart als Lehrer tätige, im Blaubeurer Seminar und im Tübinger Stift gründlich gebildete, aber auch provinzieller württembergischer Ruhe und Ernsthaftigkeit verpflichtete Gustav Pfizer, und da der unruhige, umtriebige und geniale Heinrich Heine, der in Paris im Exil leben mußte, weil er in der Heimat politisch verfolgt war.

Verständlich ist, daß sich der Weltmann Heine von Biedermann Pfizer keine Kritik gefallen lassen wollte. Im *Schwabenspiegel* rechnet er mit den schwäbischen Dichtern rigoros ab – die Polemik beherrscht Heine wie kein anderer. Und so wurde Pfizer zur *reflektierenden Fledermaus*, Gustav Schwab zum *salzlosen Hering*, Karl Mayer zur *matten Fliege*, auch Eduard Mörike bekam seinen Teil, obgleich er namentlich nicht genannt wurde.

Heute liest sich dieser Streit unter Literaten ziemlich vergnüglich – welche Wunden er damals schlug, ist schwer zu ermessen, auf jeden Fall das Tischtuch war zerschnitten – fortan hatten sich Heine und Pfizer nichts mehr zu sagen.

Seine solide Bildung hatte sich Gustav Pfizer in Blaubeuren erworben, besonders anregend muß der tägliche Umgang mit den vielen Talenten gewesen sein, die der Schülerschaft damals angehörten: der Begriff *Geniepromotion* hat seine Berechtigung!

David Friedrich Strauß – der revolutionäre Theologe – charakterisiert seinen Mitschüler Gustav Pfizer so: ... *durch ein stattliches und edles Äußere im Vortheil, war Gustav Pfizer eine feine, im besten Sinne vornehme Natur. Leicht ergriff er die Gegenstände des Lernens.* Und weiter heißt es: ... *von seinem lyrischen Dichtertalente, welchem Deutschland später so gehaltvolle Gaben verdanken sollte, theilte er schon in jener Zeit einzelnen Vertrauten ausgezeichnete Proben mit.*

Im Streit mit Heinrich Heine hat Strauß freilich Partei für den genialen Spötter ergriffen und hat seinerseits Pfizer ironisiert, allerdings nicht offen, sondern er versteckte sich hinter einem Pseudonym. Ob Pfizer vom wahren Urheber des Angriffs auf ihn erfahren hat, das ist nicht mehr zu erfahren.

Pfizer nutzte die Möglichkeit, welche die Kirche bot, wenn man nicht die Theologenlaufbahn einschlagen wollte, er ging in den Schuldienst. Als Professor war er bis 1870 am Stuttgarter Gymnasium beschäftigt. Und es ist schon erstaunlich, was Gustav Pfizer – neben der täglichen Arbeit in der Schule – alles geleistet hat.

In der Revolution von 1848 hat er sich politisch engagiert und wurde prompt in den Stuttgarter Landtag gewählt; und zwar für die demokratische Partei (der auch Heinrich Heine durchaus nahestand). Vielleicht fühlte er sich durch seinen Blaubeurer Mitschüler Friedrich Theodor Vischer aufgefordert, sich politisch zu betätigen. Anfangs nahm er den revolutionären Aufbruch durchaus ernst; mit einiger Ironie wird berichtet, wie der Herr Gymnasialprofessor früh am Morgen beim Exerzieren der Stuttgarter Bürgerwehren teilnahm, um sich dann mit geschulterter Flinte in die Schule zu begeben. Allerdings war dieser Eifer nur von kurzer Dauer, das politische Alltagsgeschäft war nicht seine Welt, und aus seinem politischen Tun als württembergischer Landtagsabgeordneter ist nichts Bemerkenswertes zu berichten. Außer – daß er sich im Gegensatz zum Schulkameraden Friedrich Theodor Vischer recht früh und sehr intensiv für eine Einigung Deutschlands unter preußischer Führung einsetzte. Er wendete sich gegen den Preußenhaß, der im Süden Deutschlands durchaus virulent war – Vischer sprach abwertend von den *Nordkaffern* –, und er jubelte, als 1871 unter preußischer Leitung ein Deutsches Reich entsteht, dem Fürsten Bismarck hat er ein begeistertes Gedicht geschrieben.

Dennoch – seine bleibenden Leistungen liegen im Literarischen. Am wichtigsten sind seine Übersetzungen aus dem Englischen. Er hat Lord Byron übersetzt, Charles Dickens, Wilkie Collins und Edward Bulwer-Lytton übertragen und so diese Autoren in Deutschland bekannt und beliebt gemacht. Die heutigen modernen Ausgaben nennen nie oder ganz selten Gustav Pfizer als Übersetzer, aber ein Vergleich der modernen Übertragungen mit den Erstübersetzungen durch Pfizer lehrt, daß alle, die nach ihm ins Deutsche übertragen haben, seiner Arbeit zutiefst verpflichtet sein müssen, denn ohne seine Vorarbeit sind die – zugegebenerweise – besseren Texte nicht zu erklären.

Gewiß betrachtete Gustav Pfizer seine eigenen Gedichte als seine wichtigste Arbeit, Übersetzungen waren Brotarbeit, die eigenen Texte galten ihm als seine ureigenste schöpferische Leistung. Sieben Bände Lyrik hat er veröffentlicht. Jedoch ein Erfolg war ihm mit keinem beschieden.

Goethe urteilte hart über Pfizer, aber nicht ungerecht: *Der Dichter scheint mir ein wirkliches Talent zu haben und auch ein guter Mensch zu sein... Wundersam ist es, wie die Herrlein einen gewissen sittig-religiösen-poetischen Bettlermantel so geschickt umzuschlagen wissen, daß, wenn auch der Ellenbogen herausguckt, man diesen Mangel für eine poetische Intention halten muß.*

Auch Freunde zeihen seine Gedichte einer gewissen Schwerfälligkeit: Mörike vergleicht sein Dichten mit der *spröden Kunst des Juweliers.* Kein Wunder, daß Pfizer nie populär wurde, und auch kein Wunder, daß sein Name langsam aus den Literaturgeschichten verschwindet und daß seine Werke auch im Antiquariat selten mehr aufzutreiben sind.

Eines bleibt jedoch – auch wenn seine Arbeiten längst vergessen sein werden –, in Heinrich Heines *Atta Troll* ist Pfizer verewigt, leider im negativen Sinne. Heine konnte es sich nicht verkneifen, dem alten Widersacher nochmals einen Eselstritt zu verpassen. Ein verwunschener Mops kann nur erlöst werden, wenn eine reine Jungfrau folgende Bedingung erfüllt: *Diese reine Jungfrau muß in der Nacht von Sankt Silvester die Gedichte Gustav Pfizers lesen – ohne einzuschlafen.* Heines Häme ist nach den geschilderten Streitigkeiten verständlich und auch nachvollziehbar und unterstreicht, daß Gustav Pfizers Beitrag zur deutschen Literatur – sieht man von den Übersetzungen ab – ein bescheidener war.

Wir aber sollten uns bewußt sein, daß zum Chor einer glanzvollem geistigen Vielfalt auch die kleineren Stimmen gehören, erst sie erfüllen den Klang eines großen Orchesters. Aus allen Anthologien lyrischer Kunst sind seine Gedichte verschwunden. Deshalb soll hier eine Probe seines Könnens abgedruckt werden:

El sospiro del Moro:

Edle Reiter kommen gezogen
Aufwärts den Berg im bunten Zug;
Und Kamele von Lasten gebogen,
Starke Rosse mit triefendem Bug.

Aber sie ziehen so öd' und stille,
Ohne der hellen Trommeten Tusch,
Nicht von des Turbans farbiger Fülle
Wehet der freudige Reiherbusch.

Tief in den Boden die Rosse hauen,
Nach dem Gipfel gerichtet den Blick;
Aber die Männer und die Frauen
Sehen voll Gram ins Tal zurück.

Unter der Last verhalt'ner Klagen
Quält sich des vordersten Reiters Herz;
Kann das mächtige Roß ertragen
König Boabdil und seinen Schmerz?

Ach! die süße Heimat verloren,
Wo der Himmel so mild und klar!
Aus dem Lande, das sie geboren,
Scheidet der trüben Verbannten Schar.

Allah segnet des Feindes Fahnen;
Sengende Blitze sind sein Geschoß,
Und des verhaßten Kreuzes Fahnen
Wehen von des Alhambra Schloß.

Angelangt auf dem Gipfel wenden
Alle zum Tale den finstern Blick,
Und die Fraun mit gekreuzten Händen
Klagen um das verlorene Glück.

Jeder gedenkt, was er besessen
In des fröhlich Xenils Aun;
Was er geliebt, er soll es vergessen
Und eine neue Heimat erbaun.

Aber Boadil, in Gram verloren,
Denket an Krone und Macht und Reich;
Ach! im Purpur war er geboren,
Sterben wird er dem Bettler gleich.

Wandeln soll er auf dornigem Pfade,
Der geruht im seidenen Zelt,
Missen das schöne Recht der Gnade,
Welches üben die Herrscher der Welt.

Daß er noch einmal sein Herz erquicke,
Schaue noch einmal der Väter Haus,
Sendet er dürstend heiße Blicke
Über die sonnige Landschaft aus.

Aber er sättiget seine Seele
Mit dem schmerzlichen Abschied nicht;
Daß er fliehende Träne verhehle,
Hüllt im Gewand er sein Angesicht.

Und die Ritter und die Frauen
Denken nicht mehr der eigenen Wehn,
Wenn sie den klagenden Fürsten schauen
An seines Reiches Marken stehn.

Granada lag im goldenem Schimmer
Und der Alhambra im sonnigen Brand –
Da entfloh der König, und nimmer
Sah er sein schönes Vaterland.

Flüchtig verhallt der Sterblichen Klage,
Wie der Wind geht über die Flur,
Und das malmende Rad der Tage
Löschet ebnend des Kummers Spur.

Doch nicht vergaß das seltene Trauren
Eines Königs der heilige Ort;
Und der letzte Seufzer der Mauren
Tönt auf dem Berge noch immer fort.

Literatur:

ADB 53, S. 47–49.
GOTTSCHOLL, RUDOLF VON (Hg.), Deutsche Lyrik des neunzehnten Jahrhunderts bis zur modernen Aera. Leipzig: Reclam o. J.
MAYR, AMBROS, Der schwäbische Dichterbund. Innsbruck: Wagnersche Universität, 1886.
RAPP, ADOLF (Hg.), Briefwechsel zwischen Strauß und Vischer. 2 Bde, Stuttgart 1952/53 (= Veröffentlichungen der deutschen Schillergesellschaft, Bd. 13 u. Bd. 19).

Gustav Pressel (1827–1890) – ein vergessener Komponist

Wo Werra sich und Fulda küssen ... – also in Hannoversch Münden steht unweit der Schiffsanlegestelle ein Denkmal, das einem ehemaligen Blaubeurer Seminaristen gewidmet ist. Sein Name ist weithin vergessen, seine Schöpfung, um derentwillen das Denkmal errichtet wurde, ist vielleicht noch manchem älteren Mitbürger bekannt:

*Hier hab' ich so manches liebe Mal
Mit meiner Laute gesessen,
Hinunterblickend ins weite Tal
Mich selbst und die Welt vergessen.*

So lautet die erste Strophe des *Weserliedes,* das im vergangenen Jahrhundert eines der populärsten Lieder war. Die Königin von Hannover hat es zu Ehren des Komponisten gesungen, Kaiser Wilhelm der Erste hat es sich oft im Alter vortragen lassen, denn es war sein Lieblingslied.

Aber nicht nur an den Höfen der Fürsten war das Lied geschätzt, auf unendlich vielen Liedertafeln und -kränzen, auf Sommerfesten, im häuslichen Kreis ward es häufig gesungen; sicher auch in Blaubeuren und Umgebung. Ob die Sänger wohl wußten, daß der Komponist vier Jahre unter ihnen, als Seminarist im Kloster lebte?

Gustav Pressel (1827–1890) trug mit seiner Komposition das Hauptverdienst am Erfolg des Gedichtes, das von Franz Dingelstedt (1811–1881) – Theaterdichter in Stuttgart – verfaßt wurde, denn Lieder leben eher von der Melodie als vom Text.

*Und um mich klang es so froh und hehr,
mir tagt es so helle
und brauste das ferne Wehr
und der Weser blitzende Welle.*

Von dieser zweiten Strophe erhielt das Lied seinen Namen, zeigt aber durch sein holperiges Versmaß, daß nur musikalische Mittel die Mängel des Textes verstecken konnten.

Gustav Pressel

Gustav Pressel ist also der eigentliche Schöpfer des Weserliedes. Hat er sich seines Erfolges gefreut? Sicherlich – dennoch war für ihn diese Komposition nur Gelegenheitsarbeit. Sie hat ihm auch finanziell nichts eingebracht, denn damals gab es weder ein Copyright noch eine GEMA, was für jeden Autoren bedeutete, daß seine Arbeit ungeniert von jedermann ohne Bezahlung benutzt werden durfte. Pressel verdiente also wenig an seiner Komposition; er blieb auch zeitlebens öfters in finanzieller Bedrängnis.

Das Seminar in Blaubeuren, das Gustav Pressel von 1841 bis 1845 besuchte, bildete schließlich keine Komponisten aus, sondern Pastoren. Pressel entstammt einer alten württembergischen Pfarrersfamilie: sein Vater war Dekan in Tübingen. Ein Besitz der Familie, ein Gartenhaus am Österberg, ist in die deutsche Literatur eingegangen. Hermann Hesse läßt in seiner Erzählung *Im Pressel'schen Gartenhaus* dort die Freunde Wilhelm Waiblinger und Eduard Mörike mit dem geisteskranken Friedrich Hölderlin zusammentreffen. Ob dieses Treffen wirklich stattfand, das steht dahin.

Pressel jedenfalls hat den kranken Hölderlin noch gekannt, wie er auch Mörike kannte, der mit der Familie Pressel befreundet war. Vater Pressel hatte neben seiner seelsorgerischen Arbeit auch einen Lehrstuhl an der Tübinger Universität zu betreuen, das Haus war gastfrei und sah vielen prominenten Besuch der gelehrten Welt. Friedrich Silcher (1789–1860) – Musikdirektor der Universität – erkannte die musikalische Begabung des jungen Pressel als erster und hat ihn entsprechend gefördert und unterrichtet.

Gustav Pressel fügte sich ganz in die Familientradition (seine Brüder waren Pfarrer und Dekane in Cannstatt, Schorndorf und Ulm, ein anderer Bruder war Gymnasialrektor in Heilbronn); er hat klaglos die vier Blaubeurer Jahre überstanden, obgleich seine offenkundige musikalische Begabung – mit 12 Jahren war er zum erstenmal öffentlich aufgetreten – hier fast keine Förderung fand, damals war Musikunterricht so gut wie unbekannt. In einem Brief beschreibt er die Blaubeurer Verhältnisse so: *In Ermangelung des freien Gebrauchs eines Klaviers benützte ich die wenigen freien Stunden umso emsiger zu theoretischen Studien in der Musik.*

Mindestens einmal ist Gustav Pressel nach Blaubeuren zurückgekehrt: am 12. Februar 1854 gab er im Gasthof »Zum Löwen« ein Klavierkonzert mit eigenen Kompositionen. Der Konzertkritiker rühmt die zauberhafte Kunst und die *Zartheit und Lieblichkeit des Pianos.* Für das kleine Blaubeuren war allein der Umstand ein Ereignis, daß sich *der berühmte Claviervirtuose, der als solcher schon in verschiedenen Städten des In- und Auslandes mit entschiedenem Beifall aufgetreten,* in der Oberamtsstadt hören ließ.

Die Rezension vermerkt, daß der Pianist vor Jahren in Blaubeuren zur Schule ging. Leider erfahren wir nicht, ob Pressel damals in der Blautopfstadt alte Bekannte aufsuchte, so etwa seinen Lehrer Gustav Heinrich Schmoller, der mitlerweile zum Ephorus ernannt worden war.

Blaubeuren hat Pressel nach bestandenen Konkurs verlassen, es folgte das obligate Studium der Theologie am Tübinger Stift, er hat die Prüfungen zum Pfarramt bestanden, wurde Vikar ... aber die Musik ließ ihn nicht los. Als er gar von seinem vorgesetzten Dekan wegen seiner *Notenkritzeleien* gerügt wurde, quittierte er den

Alte Postkarte

Pfarrdienst und richtete sich auf ein finanziell ungewisses Leben als freier Künstler ein.

Als Komponist blieb ihm ein großer Erfolg versagt, sieht man vom *Weserlied* ab. Seine Oper *Der Schneider von Ulm* wurde – wie es sich gehört – in Ulm uraufgeführt; hier war die Kritik noch sehr positiv, in Stuttgart jedoch fiel das Stück durch; weitere Inszenierungen erfolgten meines Wissens nicht. Erst 1982 fand im Vorfeld der Salzburger Festspiele eine konzertante Aufführung der Oper statt, die Fachwelt war beeindruckt – ein später Achtungserfolg! Die Partitur liegt übrigens im Stadtarchiv zu Ulm, vielleicht prüft sie einmal ein Freund der Musik.

Finanzielle Sorgen, Krankheit, familiäre Probleme – all dies häufte sich und ermattete Gustav Pressel. Er zog sich zurück, arbeitete als Klavierlehrer, wurde abweisend selbst den Freunden gegenüber. Zwei Jahre vor seinem Tode heiratete er in zweiter Ehe eine seiner Klavierschülerinnen – sie ist erst 18, er bereits 61 – das junge Mädchen beglückt seine letzte Zeit. Sie hat ihn lange überlebt: erst 1964 ist sie in Berlin verstorben – als Witwe Pressels!

Als der Erfolg als Komponist ausblieb, verlegte Pressel seinen Arbeitsschwerpunkt in den musikwissenschaftlichen Bereich. In Berlin lebte und forschte er; seine größte Leistung besteht im Nachweis, daß Mozart sein Requiem selbst komponiert hat, und nicht – wie lange Zeit behauptet wurde – ein Schüler Mozarts.

Auch das weiß heute kaum noch einer. Es ist das Los der Begabten, denen ein Erfolg versagt blieb, vergessen zu werden. Aber wenn man liest, daß ein Louis Spohr, ein Giacomo Meyerbeer oder ein Franz Liszt das Können Gustav Pressels hochgeschätzt, ja gerühmt haben, dann spürt man etwas von der trügerischen Fragwürdigkeit des Nachruhms. Man ahnt auch, daß die, welche heute als musikalische Größen gelten, damals mit vielen gleich Begabten wetteiferten, und man kann darüber rätseln, was den einen zu bleibendem Ruhm, den andern in die Vergessenheit führte.

Literatur:

FÜLLER, KLAUS, Gustav Pressel – ein vergessener Musiker Schwabens. – In: Lehren und Lernen 13, 1987, S. 35–66.
HAERING, KURT, Gustav Pressel. Komponist und Musikschriftsteller 1827–1890. – In: Schwäbische Lebensbilder. 4. Bd. Stuttgart: Kohlhammer 1948, S. 223–232.

Paul Wanner (1895–1990) – Dramatiker fürs Volk

Hätte ich gewußt, was alles kommen würde, – ich hätte geheult. So beschreibt Paul Wanner aus jahrelanger Distanz seinen Weggang aus Blaubeuren, den er nicht *ohne Abschiedsweh* erlebte. Dieses Urteil wundert nicht; überblickt man die Zeit- und Lebensspanne, die dem Blaubeurer Seminaristen zuteil wurde.

Vor einigen Jahren – am 5. April – ist er in Stuttgart gestorben, hochbetagt, er wurde fast 95 Jahre alt. Unser ganzes Jahrhundert hat er mit Bewußtsein erlebt, er gehörte zur letzten Friedenspromotion vor dem ersten Weltkrieg; er war noch Mitglied im »Deutschen Flottenverein« und teilte die törichte Begeisterung des deutschen Bürgertums für eine mächtige Kriegsflotte (ob er noch erfuhr, daß um 1985 der damalige Inspekteur der Bundesmarine ein ehemaliger Blaubeurer Seminarist war?). Wie selbstverständlich teilte er den Wahn von der mindestens qualitativen Überlegenheit des deutschen Wesens, dumpfe Ahnungen kommenden Unheils schüttelte er ab. *Ich verdrängte wie die meisten meiner Zeitgenossen das tiefe Unbehagen. Wir waren doch stark und wehrhaft. Im Ernstfall würde man seine Pflicht tun.*

Der Ernstfall kam rascher als gedacht: Wie für viele aus seiner Promotion kam für Wanner nach der Reifeprüfung die Musterung zum Wehrdienst, der dann August 1914 in den Kriegsdienst überging. Fast die Hälfte der Promotion ist im ersten Weltkrieg geblieben – Wanner gedenkt mancher seiner Kameraden mit Wehmut –; er selbst geriet gleich zu Beginn des Frankreichfeldzuges in Kriegsgefangenschaft, in der er lange Jahre bis zum Kriegsende bleiben sollte.

Um Jahre zu spät konnte er ein Studium aufnehmen, bereits im Seminar in Blaubeuren war Paul Wanner entschlossen, kein Theologe zu werden; aber *vielleicht* Lehrer für Geschichte und Literatur. Er wurde Schriftsteller und Lehrer.

Paul Wanner

Blaubeuren war für ihne eine wichtige Station auf seinem Lebensweg, er empfand den Aufenthalt im Seminar als Lebenskrise, bedingt *durch Überlastung und durch Entbehrung des Schönen,* und – wir fügen hinzu – und des mangelnden Umgangs mit Gleichaltrigen außerhalb der Schule, insbesondere des fehlenden Kontaktes zu Mädchen.

Von der Landschaft hätte ich begeistert sein müssen. Sie war weit großräumiger und kontrastreicher als die etwas eintönige und kleinkarierte von Maulbronn. Gleich hinter den alten Klosterbauten, in denen wir wohnten und lernten, lag der Blautopf, der wunderbare, tiefblaue

Quellsee des Blauflüßchens, den uns Mörikes Märchen von der schönen Lau verklärte. Zum Schwimmen war er zu kalt; es war mit gutem Grund verboten, die Blau zu seicht; der ›tiefe‹ See von Maulbronn fehlte uns sehr.

Ringsum Berge mit Felsen, ein Paradies für Kletterer, zu denen ich nicht gehörte. Inmitten der kreisförmigen Talmulde der ›Ruckenberg‹ mit seinen Abstürzen; zu seinen Füßen das Städtchen, größer und organischer gewachsen als Maulbronn. Aber mir blieb es fremd; wir Seminaristen waren zu isoliert.

Wanner stürzte sich in die Literatur, las Goethe, Shakespeare, Hauptmann und Hebbel, gründete einen *literarischen Klub*, der sich bald wieder auflöste, sein *Seelisches darbte* weiterhin. Nur einmal lebte er auf:

Ein landwirtschaftliches Fest belebte unsere Beziehungen zur Bevölkerung und ihren jungen Damen. Auf dem Jahrmarkt lernte ich die Schwester eines Kameraden kennen; der Vater war Mühlenbesitzer in Blaubeuren. Zum ersten Mal mit einem Mädchen Arm in Arm! Wir waren beide gleich grün und gleich glücklich; ich möchte nicht wissen, was ich alles herausgesprudelt habe. Vor jeder Zärtlichkeit hütete ich mich; ich fürchtete Hoffnungen zu erregen, und mein Herz war anderswo.

Selbst zum Abschluß der Blaubeurer Zeit, für viele Seminaristen ein erlösender Schlußpunkt unter die schulische Plackerei, wurde Paul Wanner die Freude verdorben, genauer er verdarb sie sich.

Zur Schlußkneipe kamen auch die Lehrer. Unser Theologieprofessor setzte sich neben mich und war die Liebenswürdigkeit in Person. Ich liebte ihn plötzlich über die Maßen, und als unser Sängerquartett ein reizend-witziges Lied ... sang, warf ich in heller Begeisterung mein Bierglas um. Der schöne schwarze Rock des Professors war durchnäßt; ich hätte in den Boden sinken mögen, alle Freude war mir verdorben. Er beruhigte mich in der charmantesten Weise, aber mir blieb der Schatten auf dieser Schicksalstunde.

Um Mitternacht verbrannten wir auf dem Ruckenberg unsere Hefte und sonstigen Überflüssigkeiten, dann packten wir unsere Sachen und fuhren ungeschlafen ab; die meisten mit mir zur Musterung für den Wehrdienst nach Tübingen. Ich nicht ohne Abschiedsweh. Hätte ich gewußt, was alles kommen würde, – ich hätte geheult.

1913 war für die bürgerlichen Schichten die Welt noch in Ordnung, ganz besonders für den entlassenen Seminaristen Paul Wanner: als »Einjährig-Freiwilliger« war er zugleich Student der Theologie und Mitglied einer studentischen Verbindung, und er hat dieses sorglos-fröhliche Leben in vollen Zügen genossen. Möglicherweise ist heute nicht mehr bekannt, was ein »Einjährig-Freiwilliger« ist? Im Kaiserreich betrug die Wehrpflicht zwei Jahre; wer höhere Schulbildung vorweisen konnte und bereit war, die Kosten für die Ausrüstung aus eigenen Mitteln zu bestreiten, für den wurde die Wehrdienstzeit um ein Jahr verkürzt, wenn er sich freiwillig meldete. Abiturienten nutzen diese Chance, dem öden und schikanösen Kasernenhofdrill zu verkürzen. In Tübingen hatte Wanner zudem die Möglichkeit, außerhalb der Kaserne, nämlich im Stift – als sogenannter »Stiftsoldat« – zu nächtigen, er war folglich in ganz anderer, akademischer Gesellschaft. Hinzu kam, daß die Fakultät dieses Jahr auf das Studium anrechnete, wenn man mindestens zwei Vorlesungen belegte – also vorgab, daß man sie besuchen wolle – anwesend sein mußte freilich keiner.

Das war nun ein Dasein; in seinem Lebensbericht, den er als hochbetagter Greis niederschrieb, ist der vergnügte Überschwang, die fröhliche Begeisterung zu vernehmen, die den jungen Soldaten und lebensmunteren Studenten auszeichnete.

Einmal, nach einer langen, vergnügten Samstagsnacht in der Verbindung, erwachte ich im Ochsenstall, allein. Totenstille. Meine Uhr stand. Ich, nichts Gutes ahnend, springe ans Fenster und sehe auf die Stiftsuhr. Ich sehe nur einen Zeiger; er steht auf zwölf. Den Appell verschlafen! Darauf stand als Strafe mindestens vier Wochen in der Kaserne bei der Mannschaft schlafen. Ich ziehe mich an, renne in die Kaserne und, o Schreck! begegne unterwegs meinem Hauptmann. Er kommt offenbar vom Appell. Er kannte mich noch nicht, sah aber an meiner blauen Seitengewehrtroddel, daß ich zu den Seinen gehörte. Ich mit strammer Ehrenbezeugung vorbei. Er: »Einjähriger!« Ich mit einem Sprung vor ihn hin: »Herr Hauptmann?« Er: »Ihre Hosen sind zu kurz!«, Jawoll, Herr Hauptmann«, und weg war ich. Nun galt es in der Kaserne die Lage zu erkunden. Ich treffe meinen Korporal. »Ja, wie, Wanner, Sie haben doch Urlaub?« Ich: »Nein, Herr Unteroffizier, ich habe verschlafen!« »Ja, was machen wir da? Ich habe Sie als beurlaubt gemeldet. Melden Sie sich beim Feldwebel.« Der Feldwebel, einsam in seiner Dienststube, schaute mich durchbohrend an, während ich meine Meldung vorbringe. Er blickte lange zum Fenster hinaus, dann sagte er langsam: »Ich habe Sie beim Appell als beurlaubt gemeldet, und dabei muß es jetzt sein Bewenden haben, verstanden?!« »Jawoll, Herr Feldwebel«. »Ab!« Ich eile zu den Bundesbrüdern, erzähle mein Pech und wie gut es abgegangen ist. Großes Hallo! ich durfte an einem riesigen Budenkaffee von bemoosten Häuptern, alle ehemalige Soldaten, teilnehmen.

Wanner war noch Soldat, als der erste Weltkrieg losbrach, er teilte die Kriegsbegeisterung vieler Zeitgenossen – *jauchzend zogen wir ins Verderben.* Er glaubte zwar nicht, daß man Weihnachten 1914 schon wieder zu Hause sein könne; dennoch als national empfindender Mensch tat Paul Wanner, mittlerweile Unteroffizier, das, was er glaubte, seine Pflicht gebiete. Umständlich und ausführlich erzählt er die Umstände seiner Gefangennahme, offenbar quält ihn noch im Alter das Gefühl, versagt zu haben, und er glaubt, sich rechtfertigen zu müssen.

Sechs Jahre lang verbrachte er in französischer Kriegsgefangenschaft; kehrte zurück in eine Heimat, in der Krieg und Inflation die gutbürgerliche Situation des Elternhauses (angesehene Kaufleute in Schwäbisch Hall) untergraben hatten, ein Bruder war im Krieg geblieben, an ein frohgemutes Studentenleben war nicht zu denken, allzuviel Freunde waren gefallen: *Ich hätte heulen können!*

Studium, Liebeskummer, Brotsorgen – diese Trias bewegt den jung-alten Studenten, und dieser Dreiklang wird Paul Wanner durch sein Leben begleiten. Zeitlebens pendelt er zwischen dem Lehrberuf und einer dichterischen Existenz.

Wie tief der Konflikt zwischen Berufs- und Laientheater ging (und noch geht) ist daran zu ermessen, wie Wanner über Walter Erich Schäfer, den gefeierten Intendanten des Stuttgarter Staatsschauspiels urteilt, genauer das – negative – Urteil dem Leser überläßt. Wanner hatte ein Stück eingereicht, das offenbar in Vergessenheit geriet – als er Schäfer daraufhin ansprach, glaubte dieser, die Peinlichkeit dadurch zu glätten, indem er ihm Freikarten fürs Stuttgarter Theater anbot.

Noch vor 1933 setzte er sich mit Friedrich Wolf (1888–1953) und Erwin Guido Kolbenheyer (1878–1962) um die rechte Form des volkstümlichen Theaters auseinander. Friedrich Wolf, Arzt und Schriftsteller in Stuttgart, war entschiedener Anhänger der kommunistischen Partei; Kolbenheyer, damals in Stuttgart wohnhaft, war völkisch orientiert, später offener Parteigänger der Nationalsozialisten.

Wanner dachte national und sah im volksnahen Theaterspiel seine Aufgabe, aber er dachte im bürgerlichen Sinne, kommunistische und nazistisch-proletarische Tendenzen und Sichtweisen lehnte er ab. Immerhin am Abend der Machtübernahme wird an seinem Gymnasium eine Schulfeier organisiert, er will dabei die kommende Katastrophe prophezeit haben.

Wanner war gewiß verbittert, weil seine Arbeit nicht den Anklang fand, den er sich erhoffte. Dabei blickte er stets auf das Berufstheater – man tut ihm kaum unrecht, wenn man zwischen den Zeilen zu lesen glaubt, daß Erfolg vor großstädtischem Publikum mit entsprechender, auch kontroverser Resonanz in der überregionalen Presse ihm eher zugesagt hätte, als der Beifall von biederen Bürgern, die halt ins Freilichttheater gehen, weil es alle im Ort tun, und die auf jeden Fall klatschen, weil einerseits ein Nachbarskind mitspielt und andrerseits, weil es sich so gehört.

Paul Wanner freute sich bestimmt, wenn er erführe, wie heutzutage das Theaterspielen in der Bevölkerung beliebt geworden ist – allerdings beklagte er zu Recht, da stimmen wir mit ihm überein, das jämmerliche Niveau der Texte, die aufgeführt werden.

Berufstheater und Volkstheater sind heute weiter auseinander, als sie zu Paul Wanners Zeiten jemals waren. Die professionellen Theater darben; nur durch Subventionen können sie überhaupt erhalten werden. Volkstheater reüssieren hingegen: kaum ein Sportverein, der darauf verzichtete, bei der Hauptversammlung nicht einen Schwank zum besten geben zu müssen. Gute spielbare und moderne Texte sind rar – eine Marktlücke …

Ein beliebtes Thema in der Presse ist die Klage, daß es den Amateurbühnen an brauchbaren Stücken fehle. Wenn sich aber einmal einer findet, der diesem Mangel abhilft, wird er von den Berufsbühnen verfemt. Nichts gegen den Vorrang der Berufsbühne mit ihren unzählbaren Nuancen, mit ihrer Möglichkeit, differenzierteres, insbesondere geistiges Leben darzustellen ...

Es ist eine bittere Wahrheit, die Paul Wanner hier formuliert, aber es ist die Wahrheit; wie er unter ihr litt, verdeutlichen folgende Worte: *So ging es mir lebenslang: Große Versprechungen, große Erfolge und dann nichts mehr, weil die zuständigen Gremien versagten.*

Aus der Sicht derer, für die nur den Erfolg an den renommierten Bühnen zählt (und Paul Wanner hat diese Gruppe fest im Augen behalten), ist seine dramatisches Werk ein stetiges Absteigen: Sein erstes Stück *P. G. Prisonnier de Guerre* hatte Premiere 1930 am Stuttgarter Staatstheater – mit einigem Erfolg. Zu weiteren Aufführungen an anderen Bühnen kam es nicht. Das Etikett »Heimatdichter« wurde Paul Wanner angeheftet, als er in der Folgezeit Stücke für die Amateurbühnen, besonders für die Freilichtbühnen des Landes zu schreiben begann.

Für Giengen (1934) *Brennende Heimat.*
Für Schwäbisch Hall *Jedermann, Baumeister Gottes, Bettler ums Reich.*
Für Reutlingen: *Weiber von Schorndorf, Schneider von Ulm.*
Für Heidenheim: *Der Geiger von Gmünd.*

Man sieht, die Landesgeschichte und die Sagen des Landes, das sind die Themen, welche er bevorzugt. Das Stück *Der Tübinger Vertrag* nannte er sein bestes, daß er je geschrieben habe. Bei solch regionaler Themenwahl ist freilich kein Wunder, daß er von den Feuilletons der großen Blätter ignoriert wurde. Sein naiver Glaube, es werde honoriert, daß er für einfache Leute, für Arbeiter und Bauern, qualitativ anspruchsvolle Stücke schreibe, wurde von der etablierten Literaturkritik einfach damit quittiert, daß es in der Tat naiv sei, zwischen dem Anspruch auf hohe Kunst und dem gewöhnlichen Volk eine Brücke schlagen zu wollen.

Ich liebe das gemeine Volk, doch halte ich mich fern von ihm! Diesen, selten eingestandene, aber zutreffende Spruch vieler Intellektueller, die sich theoretisch zum Volk, zur Demokratie bekennen, aber in in ihren elitären Arroganz Kontakte zum Volk, zum Arbeiter, zum Bauern, zur Putzfrau nur mit Mühe vollziehen können, diesen Spruch, genauer die Einstellung, die sich dahinter versteckt, wollte Wanner überwinden.

Seine Kritik an Ödön von Horvath belegt dies recht anschaulich. *Er stellt das Volk dar, aber nicht für das Volk, sondern kritisch für eine literarisch interessierte Schicht. Das Volk, das er darstellt, ist verkommen, sowohl sprachlich wie moralisch wie ästhetisch. Es ist der Schleuderausverkauf der Werte überhaupt. Seine Stücke können nie populär werden; das Volk will nicht so gesehen sein und ist auch nicht durchweg so.*

Ödön von Horvaths Stücke werden heute noch gespielt – auf den großen Bühnen, wo ein elitäres Publikum, dessen Eintrittspreise von der Allgemeinheit subventioniert werden, bewundern darf, wie auch proletarische, kleinbürgerliche Schichten so verkommen sind, wie dies einst nur von der adeligen Oberschicht vermutet wurde. Wanner hingegen verlor mit der Zeit auch die Freilichtbühnen im Lande, so schrieb er nun Festspiele für Illingen, Heimsheim und Derdingen ... Ob er mit seiner Kritik an Ödön von Horvath so unrecht hat?

Viele staatlichen Theater klagen über mangelnden Besuch, defizitär sind sie ohne Zweifel alle. Dank staatlicher und städtischer Subvention kann sich das Theater über seine Fehlbeträg hinwegtrösten, aber auf die Dauer wird das nicht gehen. Neue kommerzielle Theaterformen erobern die Gunst des großen Publikums; das überkommene Theater ist nicht schlecht beraten, wenn man ihm – ganz im Sinne Paul Wanners – ein Öffnen für weitere Kreise der Bevölkerung wünscht; Wanners Themen und Stücke werden freilich mehr und mehr vergessen werden.

Sein erzählerisches Werk ist größtenteis nicht veröffentlicht; eine der wenigen gedruckten Texte ist eine parabelhafte Erzählung, welche das Problem geistlicher oder weltlichen Vorrangs, religiösen oder profanen Anspruchs am Beispiel des Blaubeurer Hochaltars veranschaulicht. Ein junger Seminarist will nicht verstehen, weshalb an den Flügeln des Hochaltars über dem heiligen Geschehen im Schrein die weltlichen Größen – Abt Heinrich Fabri und Herzog Eberhard im Bart – abgebildet sind: *Widerlich, diese Zaungäste ...* und gerät darob in Streit mit dem Lehrer, der den Altar erklärt. – 40 Jahre später führt der nämliche Professor erneut Besucher zum Altar, der junge Seminarist von einst ist nun gereift und begreift nun, daß Geistliches und Weltliches keine Gegensätze sein müssen. *Man muß es zusammen sehen.*

Ohne Zweifel hat die Erzählung *Späte Frucht* autobiografischen Charakter; und man geht nicht fehl, hinter der Person des einfühlsamen Führers Professor Albert Gaub auszumachen, der von 1912–1923 Lehrer am Seminar und anschließend bis 1939 Ephorus der Schule war.

Literatur:

BLUME, BERNHARD, Paul Wanner. In: Schwäbische Heimat 26, 1975. S. 346–349.
WANNER, PAUL, Seminarist in Blaubeuren in den Jahren 1911 bis 1913. In: Schwäbische Heimat 3/1987, S. 216–226.
KIESS, RUDOLF (Hg.), Paul Wanner. Mein Lebensbericht. Stuttgart, Kohlhammer 1990. (= Lebendige Vergangenheit. Zeugnisse und Erinnerungen. Schriftenreihe des Württ. Geschichts- und Altertumsvereins. Bd. 13)
WANNER, PAUL, Weiße Mütze, Buntes Band. Gedächtnis und Vermächtnis. Stuttgart: Klett 1941.

Wilhelm Häcker – ein Freund Hermann Hesses

*Und der heitere ›Herr Häcker‹
Ist er noch ein Witzaushecker?*

Hermann Hesse 1895

Wer die Schubartstube in Blaubeuren, ein kleines literarisches Museum, das von Schillernationalmuseum in Marbach aus betreut wird, besucht und vom dortigen Betreuer geführt wird, der wird vernehmen, daß Blaubeuren, speziell seine Klosterschule und sein Seminar eine Fülle in der deutschen Geistesgeschichte bedeutende Vertreter hervorgebracht hätte; und er wird in diesem Zusammenhang gewiß nicht verfehlen, in einem Anflug von Lokalstolz, respektive besser »Lokalneid«, zu erwähnen, daß der Träger des Nobelpreises für Literatur des Jahres 1946, Hermann Hesse, »eigentlich« nach Blaubeuren gehört hätte, wäre er nicht in Maulbronn bereits aus der Seminarslaufbahn ausgeschieden.

Diese Klage ist einigermaßen verständlich, könnte sich doch Blaubeuren, wenn es sich so verhalten hätte, wie sich das »eigentlich« gehörte, eine literarische Größe von Rang an den bescheiden-kleinstädtischen Zuschnitt des Orts heften. Blaubeuren ist ohne Zweifel ein Platz, zu dem viele Größen aller Art persönliche Bindungen ein Leben lang bewahrten, aber es wäre vermessen, die Blaubeurer Bürger würden sich ein Verdienst daran zuschreiben. Sie sollten vielmehr dem württembergischen Staat, dem König und hauptsächlich der evangelischen Landeskirche dankbar sein, daß Klosterschule und Seminar hier am Ort waren und blieben.

Blaubeuren war ein ideal gewählter Ort, die landschaftliche Lage, die historische Tradition, die Nähe Ulms sind für die Ausbildung junger Menschen vorzügliche Voraussetzungen, aber solche Orte gibt es im Land noch etliche, und die begeisterungsfähigen jungen Seminaristen hätten sich über solche Städtchen – nolens, volens – genauso enthusiastisch geäußert, wie sie dies zum Ruhme Blaubeurens taten.

Hermann Hesse selbst, der aus eigenem Entschluß das Seminar in Blaubeuren nicht besuchen wollte, hat zum Ruhme der Stadt beeindruckende Sätze formuliert:

Es steckt hinter dem Namen ›Blaubeuren‹ ein Reiz und Geheimnis, eine Flut von Anklängen, Erinnerungen und Lockungen. Blaubeuren, das war erstens ein liebes, altes, schwäbisches Landstädtchen und war der Sitz einer schwäbischen Klosterschule, wie ich als Knabe selber eine besucht hatte. Ferner gab es in Blaubeuren und in eben jenem Kloster berühmte und kostbare Sachen zu sehen, namentlich einen gotischen Altar. Diese kunsthistorischen Argumente allerdings hätten mich schwerlich in Bewegung gesetzt. Aber da klang in den Komplex ›Blaubeuren‹ noch etwas anderes mit, etwas, das zugleich schwäbisch, poetisch und für mich von außerordentlichem Reize war: Bei Blaubeuren lag das berühmte Klötzle Blei, und in Blaubeuren im Blautopf hatte einst die schöne Lau gewohnt, und diese schöne Lau war vom Blautopf unterirdisch in den Keller des Nonnenhofes hinübergeschwommen, war dort in einem offenen Brunnen erschienen, schwebend bis an die Brust im Wasser, wie ihr Geschichtsschreiber berichtet. Und in den holden Phantasien, die um die zauberischen Namen Blau und Lau schweiften, war meine Begierde nach Blaubeuren erwachsen.

Zwei Frauenfiguren aus Dichtungen haben in den Jugendjahren meine dichterischen und meine sinnlichen Phantasien als holde Vorbilder geleitet, beide schön, beide geheinisvoll, beide vom Wasser umspült; die schöne Lau aus dem ›Hutzelmännlein‹ und die schöne badende Judith aus dem ›Grünen Heinrich‹ … (Roman von Gottfried Keller).

Warum kam er (nicht) hierher?

Hermann Hesse gehörte zu den Familien, die zur evangelischen Oberschicht des Landes zählten; für die war das Blaubeurer Seminar eine bekannte Institution schlechthin. Bevor Hesse also in Maulbronn aufzog, wußte er bereits, daß er nach Blaubeuren kommen müßte. In der weiteren Familie gab es zudem genügend Verwandte und Bekannte, die in Blaubeuren zur Schule gegangen waren – schließlich war damals jedermann das Evangelisch-theologische Seminar in Blaubeuren ein Begriff. Selbstverständlich kannte Hesse Mörikes Geschichte von der *schönen Lau*, ein Text, der Blaubeuren weit über die württembergischen Grenzen hinaus bekanntgemacht hat.

Aber nicht nur diese Tradition, die jedem Württemberger bekannt war, zeichnet die Beziehung Hesses zu Blaubeuren aus. Ein persönlicher Bezug kommt hinzu. Auf der Stube Hellas in Maulbronn, auf der sich am 15. September 1891 die vierzehnjährigen Bürschchen neugierig zusammenfanden, war auch Wilhelm Häcker – eine Persönlichkeit, wie sich erweisen sollte, mit welcher der Dichter zeitlebens verbunden blieb.

Häcker, ein aufgeweckter Pfarrerssohn ist begabt, lustig, schleckig, schneidet alle Grimassen und bringt viele sehr geistreiche Witze mit höchst stoischem Ernst an den Mann. Er zeichnet oft komische Bilder aus der Geschichte und weiß Homer zum Bänkelsänger machen. Er ist gutherzig, nicht sehr fleißig, würdevoll und pathetisch. Er kann philosophische Aufsätze über Pfannkuchen oder Häringsalat vorlesen; Klassiker liest er nicht. So beschreibt ihn Hesse im Brief an seine Eltern vom 14. Februar 1892.

Auch zu anderen Maulbronner/Blaubeurer Seminaristen blieben lebenslange Kontakte: Hans Völter (1877–1972, zuletzt Dekan in Brackenheim) hielt am 11. August 1962 auf dem Friedhof von San Abbondio die Trauerrede für Hermann Hesse. Völter war mit Hesse bereits in Göppingen bekannt geworden, dort nämlich bestand eine Präparandenanstalt, welche begabte Anwärter auf das Landesexamen drillte – allerdings mit altersgerechten Methoden: Rektor Bauer wird von Hesse und Völter wegen seines Verständnisses der Jugend gegenüber gelobt. Bei Rektor Bauer lernten sie Wilhelm Häcker kennen, der vom benachtbarten Ebersbach aus auf die Göppinger Lateinschule ging. Ein weiterer Freund war Theodor Rümelin (1877–1920, Offizier und Bauingenieur), durch dessen Briefe war Hermann Hesse über das Seminarleben in in Blaubeuren gut informiert. So ist das Essen in Blaubeuren besser, der Turnlehrer wird gelobt, von Faschingsumzügen zu den Professoren wird erzählt, der Ausflüge in die Umgebung gedacht, das freiere Leben am Blaubeurer Seminar gepriesen, aber das harte Schulpensum genauso betont, mit der wohl richtigen Einschätzung, daß dies wohl nichts für einen Geist wie Hesse hätte sein können. Vom Kneipausflug nach Weiler wird berichtet; man erfährt dabei, daß unter den Seminaristen das dortige »Rößle« (heute Forellenfischer)« als »Zur heiligen Rosa« firmierte. In einem weiteren Brief wird der besondere Bezug Hesses zu Blaubeuren – wahrscheinlich ohne Absicht – berührt.

Rümelin will, daß ihm Hesse einen launigen Vortrag zusammenstelle, etwa wie die Nixe der Aach der Nixe der Blau, also der schönen Lau, von den Streichen der Seminaristen in Weiler erzähle. Hesse reagiert enthusiastisch: *Ich soll dichten, beim Styx, bei dem wir Olympier nie vergebens schwören, das ist lang nicht von mir verlangt worden.* Hesse schrieb auch, denn Rümelin beantwortete den Brief sich wie folgt: *Ich bin mehr als als zufrieden und höchst beglückt. Du hast mir so viel geschickt, daß ich selber nicht mehr viel Mühe haben werde.* Später sendet Hesse erneut Manuskripte nach Blaubeuren, den angehenden Dichter interessiert auch, welchen Anklang seine Verse fanden. Eine gut gelaunte Seminaristenkneipe in Blaubeuren wurde so das erste Auditorium, vor dem Texte Hermann Hesses vorgetragen wurden. Bereits oben wurde zitiert, welch innig-erotisches Verhältnis Hermann Hesse zur schönen Lau unterhielt, daher kann man sich denken, daß er das Zwiegespräch der beiden Nixen mit besonderer Liebe gestaltet hat – leider hat sich das »Material« nirgends erhalten.

Wilhelm Häcker war mit in der fröhlichen Runde; er wurde in Ebersbach/Fils am 9.5.1877 geboren, vollendete im Unterschied zu Hesse die Schulzeit bis zum Konkurs hier in Blaubeuren, studierte am Stift in Tübingen Theologie und Altphilologie, ging in den Schuldienst, er war von 1912–1923 Professor in Maulbronn. 1923 wurde er an das höhere Seminar Blaubeuren versetzt und war hier Professor bis zur Auflösung des Seminars 1941/42. Danach war er Oberstudienrat am Progymnasium Blaubeuren. Weshalb er nicht an das neueröffnete Seminar zurückkehrte, ist zur Zeit nicht geklärt; möglicherweise zog er es vor, als Schulleiter an einem Progymnasium bis zu seiner Pensionierung 1948 zu amtieren.

Professor Dr. Häcker war eine stadtbekannte Erscheinung, den würdigen professoralen Gelehrten verkörpernd, streng auf seine Reputation bedacht, der sich z. B. gerne bei den Eltern der Kinder beschwerte, die ihn im Vorüberrennen nicht korrekt mit »Herr Professor« gegrüßt hatten. So bekannt er war, so wenig kannte man ihn. Er lebte im Klosterareal sein eigenes, zurückgezogenes Leben, von Freundschaften mit Bürgern der Stadt ist nichts bekannt. Erst gegen Ende seines Lebens erfuhr die Stadt allmählich, daß er ein Freund Hermann Hesses war. Seine Schüler erzählen allerlei Geschichten über ihn: Er war gefürchtet, denn er galt als äußerst streng, auch soll er vor körperlichen Züchtigungen nicht zurückgeschreckt sein; andrerseits soll er in der Kriegszeit um Schüler, die aus sozialdemokratischen Häusern stammten, besonders besorgt gewesen sein. Am 18.10.1959 ist Prof. Dr. Wilhelm Häcker in Blaubeuren verstorben.

Wilhelm Häcker ist in das dichterische Werk Hesses eingegangen, und das nicht allein in nebensächlicher Weise, wie dies in der oben zitierten *Nürnberger Reise* der Fall ist, eben so, daß Blaubeuren als Reiseziel nicht nur der schönen Lau halber unternommen, sondern Hesse wußte, daß er in Blaubeuren ein offenes Haus hatte – bei Wilhelm Häcker. Zweimal hat Hermann Hesse sich mit seiner Schulzeit, seiner Klosterzeit literarisch befaßt: Sein erstes Werk – *Unterm Rad* (geschrieben 1903/04, veröffentlicht 1906) thematisiert die Maulbronner Erfahrungen – die Stube *Hellas* in Maulbronn wird mit ihren Bewohnern charakterisiert; da zu diesen Häcker zählte, ist man versucht, in den Mitschülern, die Hesse beschreibt, ihn herauszufinden.

Nun ist es nicht statthaft, in autobiographisch unterfütterten Erzählungen exakte Beschreibungen nach dem Leben finden zu wollen. Hesse hat sicher aus der Summe seiner Bekanntschaft mit Personen aller Art, auch literarischer, die Gestalten seiner Erzählung konstruiert. Daher ist verfehlt, hinter einem literarischen Konstrukt den Menschen Häcker zu entdecken. Aber dennoch darf man annehmen, daß der Freund mit Facetten seines Wesens ein menschliches Vorbild für dichterische Fiktionen geliefert hat.

Merkwürdiger- oder bezeichnenderweise wendet sich Hermann Hesse in einer seiner letzten Prosaschriften – *Ein Maulbronner Seminarist* – erneut seiner Jugend zu. Geschrieben 1954, steht wieder die Stube *Hellas* im Mittelpunkt des Erzählens. Von einem Seminaristen namens Alfred berichtet Hesse, der am selben Pult wie einst Hesse arbeitet und die eingeritzten Buchstaben studiert, welche die Vorgänger am Arbeitsplatz hinterließen. *Es war unter ihnen der verdienstvolle Otto Hartmann und auch jener Wilhelm Häcker, der heute im Kloster als Professor für Griechisch und Geschichte amtete. Und im gedankenlosen Starren auf das Durcheinander der alten Schriften zuckte er plötzlich auf: Da stand in ungefüger Handschrift mit Tinte ins helle Holz des Pultdeckels gekritzelt ein Name, den er kannte und hochhielt, der mit H beginnende Name jenes Dichters, den er zum Liebling und Vorbild erkoren hatte.* Alfred ist davon tief berührt, denn Hermann Hesse ist sein Lieblingsschriftsteller, und Wilhelm Häcker ist sein Lehrer. Hesse läßt die Episode im Jahr 1910 spielen; das kann in Wirklichkeit schon deshalb nicht stimmen, weil Wilhelm Häcker erst 1912 sein Lehramt in Maulbronn antrat.

Aber gerade dieses »Versehen« macht die Beziehung Hesses zu Häcker recht deutlich – ihn reizt der Gedanke, Maulbronn, sein alter Jugendfreund und Lehrer seines jugendlichen Verehrers in einen Zusammenhang zu stellen.

All dies läßt auf tiefe Verbundenheit der Freunde schließen; wie tief sie tatsächlich reichte, das allein wäre dem Briefwechsel der beiden zu entnehmen, der noch nicht gedruckt ist, falls er überhaupt noch vorhanden ist. Persönlich sind sich Schulmeister und Dichter mehrfach begegnet. 1914 besuchte Hesse den Freund in Maulbronn; 22 Jahre waren verstrichen, seit Hermann Hesse aus Maulbronn geflüchtet war. Offenbar bedurfte es einiger Überwindungskraft, um den gehaßten, aber doch insgeheim geliebten Ort wiederzusehen. Der Freund Häcker war nun Lehrer am Seminar, lehrte alte Sprachen, verkörperte den Lehrer-Typ, vor dem Hesse gewichen war. Zu gerne wüßte, über was sie damals sprachen! Einiges davon verrät das Gedicht, das Hermann Hesse ins Gästebuch des Wilhelm Häcker geschrieben hat. Es trägt die Überschrift *Im Kreuzgang*, und Hesse gedenkt darin seiner Maulbronner Erlebnisse *ohne Groll*. 1925 besuchte Hesse Freund Häcker in Blaubeuren, in der *Nürnberger Reise* berichtet Hesse von diesem Besuch. Wilhelm Häcker war umgekehrt Gast bei Hermann Hesse in der Schweiz, so etwa 1925 und 1937.

Soweit ich sehe, hat sich Häcker nur einmal öffentlich über Hermann Hesse geäußert – im Schwäbischen Merkur des Jahres 1938: *Auch Maulbronner Erinnerungen. Von einem der dabei war.* Darin rückt Häcker die näheren Umstände ins rechte Licht, unter denen Hesse Maulbronn verlassen hatte – gegen eine verzerrte Darstellung, die ein paar Tage zuvor im selben Blatt kolportiert wurde.

Literatur:

HESSE, NINON; KIRCHHOFF, GERHARD (Hg.), Kindheit und Jugend vor Neunzehnhundert. Hermann Hesse in Briefen und Lebenszeugnissen. 2 Bde. Frankfurt: Suhrkamp 1984–1985.
MICHELS, VOLKER (Hg.), Hermann Hesse in Augenzeugenberichten. Frankfurt: Suhrkamp 1987.
ZELLER, BERNHARD (Hg.), Hermann Hesse 1877–1977. Stationen seines Lebens, des Werkes und seiner Wirkung. München: Kösel 1977.

Friedrich August Gfrörer – ein Konvertit (1803–1861)

Ein Mann, gebaut wie Herkules, mit einer prachtvollen Stimme ... – so urteilt die eine, ... die alte fette Sau Gfrörer ... so die andere Partei. In einem haben beide recht: Gfrörer war außerordentlich korpulent.

Das erste Zitat stammt aus einem öffentlichen Nachruf, das zweite aus einem Brief Friedrich Theodor Vischers an David Friedrich Strauß. Vischer, Strauß und Gfrörer kannten sich seit der Studienzeit im Tübinger Stift; alle drei bereiteten sich auf ihr Studium der Theologie im Blaubeurer Seminar, allerdings war Gfrörer eine Promotion vor den *Dioskuren* hier, 1817–1821 – die Geniepromotion folgte 1821–25. Gfrörer war Repetent am Stift zu Tübingen, so lernte ihn Vischer kennen, auch Vischer wurde später Repetent. Wer diese Position erreicht hat, von dem wußte das ganze Land, daß der zu Höherem berufen war. Im Seminar zu Blaubeuren war Gfrörer in der Lokation stets unter den ersten Plätzen – ja er wurde zum Primus erklärt, obwohl ein Mitkonkurrent in den schriftlichen Teilen der Prüfung besser war, sein rhetorisches Talent wird ausdrücklich gewürdigt – der Parlamentarier in spe kündigte sich früh an!

Ihre Lebenswege, inbesondere die Vischers und Gfrörers, gleichen sich, obgleich examinierte Theologen, werden sie nicht Pfarrer, sondern ihre Lebensleistung erbringen sie an der Unversität und in der Politik. Gfrörer wird Professor für Geschichte an der Universität Freiburg, Vischer erhält eine Professur für Literaturgeschichte in Zürich, später für Philosophie am Polytechnikum in Stuttgart, der späteren Technischen Hochschule.

Beide geraten in Konflikt mit der evangelischen Kirche in Württemberg, Vischer, weil er seinem Freund Friedrich David Strauß literarisch zur Seite stand, als dieser sein kirchliches Amt verlor. Gfrörer hat wohl nur auf Wunsch seiner Eltern das Theologiestudium aufgenommen, ohne eine innere Neigung zum Pfarrberuf zu fühlen.

Friedrich August Gfrörer

Beide engagieren sich in der Revolution 1848/49, beide kandidieren für die Paulskirche in Frankfurt, beide werden gewählt: Vischer im Wahlkreis Reutlingen mit 56,2 % aller Stimmen, Gfrörer im Wahlkreis Ehingen mit 67,5 %. Einer sein Gegenkandidaten war Pfarrer Eduard Süskind aus Suppingen, auch mit ihm war er aus dem Stift bestens bekannt. Süskind freilich zählte zu den entschiedenen Demokraten im Lande; das erklärt, daß im überwiegend katholischen Wahlkreis Ehingen, der konservative Protestant Gfrörer dem ebenfalls protestantischen, aber eben radikalen Pfarrer vorgezogen wurde.

Vischer und Gfrörer gehörten allerdings verschiedenen Parteiungen an, richtige Parteien im modernen Sinn kannte die Paulskirche nicht, Friedrich Theodor Vischer zählte zur Gruppe »Westendhall«, deren Anhänger wurden als *Linke im Frack* belächelt, ein Hinweis auf ihr gemäßigtes republikanisches Denken. Friedrich August Gfrörer wurde den »Ultramontanen« zugeordnet, der Gruppe im Parlament, die dazu tendierte, die Sache der katholischen Kirche zu vertreten. Gfrörer hatte deshalb als *katholisierender Protestant* z. T. massive Kritik auszuhalten.

Friedrich August Gfrörer wurde am 5.3.1803 in Calw geboren, sein Vater gehörte zu den Kompagnieverwandten der dortigen Handelsgesellschaft. Finanzielle Schwierigkeiten führten zur familiären Krise, die Eltern lebten getrennt; die Mutter mit den Söhnen in der Nähe von Schorndorf, hier besuchte der jüngste – unser Gfrörer – die Lateinschule. 1817 bezog er das neuerrichtete Evangelisch-theologische Seminar in Blaubeuren, zu seiner Promotion gehörten Wilhelm Hauff und Ludwig Amandus Bauer, der Dichter. Neben diesen zählten zu seinem Bekanntenkreis in Tübingen Wilhelm Waiblinger und Eduard Mörike, der bekannte Presselsche Garten am Österberg war ein Treffpunkt der Freunde. Noch Hermann Hesse, der sich allerdings bei den württembergischen Stiftlern bestens auskannte, erwähnt in der entsprechenden Erzählung *Im Presselschen Gartenhaus* den Gfrörer – als Saufkumpan des exzentrischen Wilhelm Waiblinger; und es ist durchaus glaubhaft, daß die beiden zusammen mit Eduard Mörike den kranken Hölderlin zu Spaziergängen ins Presselsche Gartenhaus abgeholt haben.

Zum Theologen bestimmt, wollte sich Gfrörer in diese Laufbahn nicht schicken – zu genialisch fühlte er seine Begabung, zu Höherem berufen als zum stillen Seelsorger bescheidener Landleute. Darin gleicht er seinem Freund Wilhelm Waiblinger, dem beschieden war, wie Hesse schreibt, *das Glück und das Elend der Freiheit in raschen, durstigen Zügen zu trinken und früh zu verlodern.*

Gfrörer war aus soliderem Holz, aber Pfarrer wurde er ebenfalls nicht. Seine Kontakte waren auch weitgespannt, er verfügte über beste Sprachkenntnisse, so wurde er Bibliothekar an der Landesbibliothek in Stuttgart, daneben war er Schriftsteller politisch-historischen Zuschnitts: im Laufe seines Lebens hat er Bücher über Bücher, Schriften über Schriften veröffentlicht – er war unglaublich produktiv! Heute sind seine Arbeiten im ganzen überholt, dennoch legte er Grundlagen; die legten zum mindesten den wissenschaftlichen Rahmen und gaben das Niveau vor, unter das nicht mehr zurückgewichen werden konnte.

Vischer und Gfrörer haben weitere »Blaubeurer« in Frankfurt getroffen, Wilhelm Zimmermann gehörte mit Vischer zur »Geniepromotion«, Zimmermann zählte zum Klub »Donnersberg«, zur äußersten Linken. Der vierte heißt Christian Friedrich Wurm (1803–1859), er ist in Blaubeuren geboren, war Professor für Geschichte in Hamburg, als württembergischer Staatsanghöriger wurde er für den Bezirk Esslingen gewählt, er war Mitglied im »Augsburger Hof« – ein liberal-konservativer Kreis. Erstaunlich genug – vier »Blaubeurer« in der Paulskirche vertraten das ganze Spektrum der damaligen politischen Strömungen, sieht man ab von der äußersten Rechten.

So bekannt sie miteinander waren, so selten stimmten sie gemeinsam für dieselbe Sache, meistens votierte Gfrörer anders als Vischer. Einige Beispiele: Vischer stimmte am 2. August 1848 für die Abschaffung des Adels, Gfrörer wollte ihn beibehalten. Daß Vischer die kirchliche Aufsicht über die Volksschulen bekämpfte, das war von einem Liberalen nur zu erwarten; Gfrörer als Ultramontaner engagierte sich für die Interessen der Kirchen.

So unterschiedlich ihre poltische Standpunkte waren, so stimmten Vischer und Gfrörer in einem überein – sie haßten aus tiefstem Herzen die norddeutschen Preußen, poltisch wollten beide in der Revolution von 1848/49 eine Großdeutsche Lösung, also unter Einschluß Österreichs. Daher zitiert Vischer den Spruch Gfrörers mit großem Behagen: *Ihr Preußen seid ein von Sorben, Wenden, Wilzen, Obotriten zusammengev … Lumpenpack.*

Beide enthielten sich konsequenterweise am 27.Mai 1849 der Stimme, als König Friedrich Wilhelm IV. von Preußen zum deutschen Kaiser gewählt wurde. Vischer hat später seinen Frieden mit der kleindeutschen Lösung der deutschen Frage unter preußischer Führung gemacht, Gfrörer starb bereits 1861; ob er die deutsche Einheit von 1870/71 begrüßt hätte, steht dahin.

Dies ist wenig wahrscheinlich, denn als politischer Publizist vertrat er vehement die Interessen der katholischen Kirche, vor allem als bekannt wurde, daß er konvertiert war.

Dieser Schritt wurde von ihm in zögerlicher Weise vollzogen. Zwar wurde er seit einem Buch über Gustav Adolf, das dessen machtpolitischen Ansprüche über dessen altruistischen, den evangelisch Glauben vorgeblich rettenden Anspruch stellte, verdächtigt, Neigung zum Katholizismus zu zeigen, denn Gfrörer brach mit dem in evangelischen Kreisen verbreiteten Bild des schwedischen Königs als *Retter aus dem Norden*. Er stellte die machtpolitischen Interessen des Königs in das Zentrum seiner Darstellung, allerdings geht er zu weit, wenn er unterstellt, der schwedische König hätte die Absicht gehegt, deutscher Kaiser zu werden.

Gfrörers Freunde spürten früh seine indifferente Haltung zum Protestantismus. Bereits im Dezember 1839 will Mörike wissen, daß Gfrörer *Schwedenborgianer* geworden sei. Das bedeutete allerdings das schiere Gegenteil zu seiner späteren Konversion zum Katholizismus – aber ist doch als Anzeichen zu fassen, wie fremd ihm die evangelische Theologie geworden war.

Bereits erwähnt wurde, daß er in der Paulskirche zu den Ultramontanen gezählt wurde. 1850 waren die Frau und die Kinder zur katholischen Kirche übergetreten, er selbst konvertierte im November 1853. Im protestantischen Lager wurde ihm dieser Schritt sehr verübelt, die oben genannte Beschimpfung durch Vischer ist von daher zu erklären. Berechnung wurde ihm unterstellt: nur unter der Zusage der Konversion habe er den historischen Lehrstuhl an der von Katholiken dominierten Universität Freiburg erhalten. Heute beurteilt man seinen Schritt anders, das Studium der Geschichte, vor allem das Studium der römischen Kirchengeschichte habe ihn vom größeren Recht der katholischen Konfession überzeugt.

Wie wird nun seine Leistung als Historiker beurteilt? Auch da prägt der religiöse Hader das Urteil. Die katholische Seite nennt ihn schlicht *genial* (Ludwig von Pastor), die protestantische Partei bezeichnet sein Hauptwerk, die Geschichte Gregors VII., die weit mehr als eine Biographie des Papstes ist, als *phantastisch entstellend* (Johannes Haller).

Religiös bestimmte Animositäten spielen heute eine geringe Rolle, und so kann man Gfrörers Leistung unbefangener betrachten. Zunächst beeindruckt die Materialfülle, mit der Gfrörer aufwarten kann, das Buch über Papst Gregor VII. umfaßt sieben Bände mit tausenden an Seiten. Es ist heute gewiß veraltet, war parteiisch – aber dennoch stellt sie einen Meilenstein der Geschichtsschreibung dar, zumindest insofern, daß hinter den Aufwand, den Gfrörer vorgelegt hat, in Zukunft niemand mehr vorbeigehen konnte. Und auch seine Kritiker haben das Material, das Gförer bot, mehr oder weniger dankbar benutzt.

So veraltet die wissenschaftlichen Erkenntnisse sein mögen, beeindruckend ist jedenfalls der sprachliche Duktus und das emotionale Engagement, mit dem sich Gfrörer der historischen Ereignisse annimmt.

An die Zerstörung des Tempels in Jerusalem knüpft er folgende Betrachtung: *Roms Soldaten vollstreckten, als sie den Feuerbrand in den Tempel schleuderten, nicht bloß ein Werk der Zerstörung, sie halfen zugleich an einer neuen erhabeneren Schöpfung bauen: sie hieben die bisher verschlossenen Thore ein, durch deren weit geöffnete Flügel von nun an die Masse der Heiden in das geistige Heiligthum der Weltreligion einzog. Denn erst nach der Zerstörung Jerusalems erfolgte jener reißendschnelle Uebertritt der Völker des römischen Reichs zur neuen Religion, weil nun das Judenthum seine Kraft verloren hatte, das Christenthum eines Nebenbuhlers entledigt war.*

Nun ist es Zeit, daß wir uns zur Geschichte Jesu Christi wenden. Ueber Trümmer führt Anfangs der Weg, aber unerschüttert winkt uns am Ziele das Allerheiligste, die ewige Flamme, der keine, auch die kühnste, unerbittlichste Untersuchung – sobald sie nur gerecht ist – etwas von ihrem Glanz nehmen kann. Nur die Säulen des Vorhofes, die, wie ich glaube, manchmal das herausströmemde Licht verdunkelten, stürzen zum Theile ein; die ewige Flamme auf dem Hochaltare strahlt fort in ungetrübter Glorie.

Literatur:

ADB 9, S.139–141; LThK 4, S.879.
GMELIN, M., August Friedrich Gfrörer. In: Badische Biographien 1875, S.300–304.
HAGEN, AUGUST, August Friedrich Gfrörer 1803–1861. In: Gestalten aus dem Schwäbischen Katholizismus. Dritter Teil. Stuttgart: Schwabenverlag 1954, S.7–43.

H. E. G. Paulus (1761–1851) – der rationalistische Theologe

Heute fast vergessen, gehörte er einst zu den gefeiertsten Theologen seiner Zeit, er war gut bekannt mit Schiller, der sich freute, an der Universität in Jena einen schwäbischen Landsmann und Kollegen zu treffen. Mit Goethe war er zeitweise befreundet, August Wilhelm Schlegel, der Übersetzer Shakespeares, heiratete die Tochter, und jeder gelehrte Besucher, den der Weg nach Jena, später nach Heidelberg führte, sprach bei ihm vor, und er war willkommen, denn Paulus führte ein offenes Haus. Sein umfangreicher Briefwechsel wird in der Universitätsbibliothek Heidelberg verwahrt, er ist nur teilweise veröffentlicht – manches interessante Detail dürfte noch zu entdecken sein.

Als »Rationalist« wird er in den theologischen Handbüchern und in den Kirchgeschichten geführt; und dabei wird allzugern vermerkt, daß seine Position überholt und längst abgetan sei. Dies ist gewiß richtig, wird aber seiner Intelligenz und seinem Scharfsinn nicht gerecht. Zu rühmen ist ferner sein Freiheitsgeist, sein Eintreten für die liberale Bewegung; charakteristisch für ihn ist das Wohlwollen David Friedrich Strauß' gegenüber, obgleich der ihn einer vernichtenden Kritik unterzogen hatte. Paulus erkannte die Leistung Strauß' ohne Vorbehalte an und zwar so, daß Strauß selbst hoch erstaunt über die Liberalität des so massiv Kritisierten war. Strauß wußte, daß seine Kritik an den Schriften Paulus' *zermalmender* war, als was zuvor an Paulus bemängelt worden war.

Als Strauß 1839 seine theologische Professur in Zürich nicht antreten konnte, hat H. E. G. Paulus in einer Broschüre sich massiv und engagiert für den von fundamentalistisch orientierten Kreisen bekämpften Gelehrten eingesetzt; obgleich sich seine rationalistisch orientierte Theologie von der Auffassung Strauß' eindeutig unterschied.

Unter »Rationalismus« in der evangelischen Theologie des 18. Jahrhunderts versteht man eine Strömung, die sich

H. E. G. Paulus

der Aufklärung und insbesondere der Kantschen Philosophie verpflichtet fühlte. Von der Wahrheit der Evangelien war Paulus zutiefst überzeugt, aber er konnte an nichts Übersinnliches, an keine Wunder glauben. *Bibelglauben mit dem überzeugenden vollen Vernunftgebrauch* – Paulus hielt beides miteinander vereinbar. Also machte er sich daran, die Wunder, von denen im Neuen Testament berichtet wird, auf natürliche Weise zu erklären. Das führt zu häufig recht merkwürdigen Erläuterungen von Bibelstellen, in denen dem Wortlaut nach eindeutig von übernatürlichem Geschehen berichtet wird. So muß Paulus die Auferstehung Christus' leugnen, er erklärt den Tod Jesus' als einen scheinbaren, Christus sei also scheintot vom Kreuz genommen worden, aber doch so geschwächt, daß er einige Tage danach eines natürlichen Todes gestorben sei.

Oder Paulus erklärt die wundersame Heilung des Kranken am Teich Bethesda einfach damit, der Kranke sei Simulant gewesen – allerdings müßte Paulus nun erklären, weshalb der Kranke 38 Jahre lang simuliert haben sollte!

Ein Gelehrtenleben lang beschäftigte er sich mit der überlieferten Meldung, daß Christus durch die Füße hindurch ans Kreuz genagelt wurde; da seiner Auffassung nach Christus am Kreuz nur scheintot war und sehr geschwächt noch einige Zeit lebte, war für H. E. G. Paulus unvorstellbar, daß Jesus noch auf seinen schwerst verwundeten Füßen nach Emmaus laufen konnte, wie im Neuen Testament zweifelsfrei zu lesen ist. Andrerseits nimmt er die Begegnung zu Emmaus an als sich real ereignet. In mehreren Aufsätzen und Büchern – Hunderte Seiten lang – bespricht, diskutiert und räsonniert Paulus über die Bibelstellen und wie sie im *rationalen Licht* zu verstehen seien. An unfreiwilliger Komik fehlt es nicht.

Vielleicht sind es diese »Verrenkungen« der rationalistischen Deutung der Evangelien, welche die harsche (und glänzende!) Kritik David Friedrich Strauß' provozierten und in zu seiner Deutung des *Lebens Jesu* brachten, die einen Sturm in der evangelischen Christenheit des 19. Jahrhunderts erregte. Strauß soll eine Biographie des H. E. G. Paulus geplant haben, als er von 1854–1860 in Heidelberg lebte. Alexander von Reichlin-Meldegg (1801–1877) freilich, der letzte Freund am Lebensabend des Paulus und sein späterer Biograph, soll jenem den Einblick in den Nachlaß des Gelehrten verwehrt haben.

Paulus stieß mit seinen Thesen in Kirchenkreisen gewiß auf Widerspruch, aber da er den Wortlaut des Textes, die Glaubwürdigkeit des Neuen Testaments nicht in Frage zog, ja sogar mit »rationalistischen« Gründen eher untermauerte, blieb er in seinem Amt als Professor der Theologie unbehelligt, in Heidelberg wurde er gar zum Geheimen Kirchenrat ernannt. Das war allerdings ein bloßer Titel, der Paulus zu keinen weiteren Dienstpflichten anhielt; dennoch machte Paulus gern von ihm Gebrauch, schließlich galt ein *Geheimer Kirchenrat* mehr als ein Ordinarius.

Paulus ging es in seiner theologischen Arbeit um den Jesus ohne die Wundertaten, deshalb verweist er auf die Bergpredigt und auf das Gespräch mit der Samariterin, in einem gewissen Sinne stören ihn die Berichte über die übernatürlichen Fähigkeiten des Jesus, die eigentlich doch nicht verwundern dürften, wenn Jesus Christus als leiblicher Sohn Gottes gedacht werden soll. Daran hat Paulus konsequenterweise gezweifelt, nach ihm wurde Maria von einer Person auf natürliche Art und Weise geschwängert, von einer Person, die sich als Erzengel Gabriel ausgab oder die Maria dafür hielt. Für diese Auffasung mußte Paulus manche herbe Kritik – selbst aus dem ihm gewogenen Lager – einstecken; Paulus scheint das Angreifbare seiner Interpretation geahnt zu haben, denn er versucht den Betrug an Maria zu umschreiben, sie sei aus *reiner, gottesergebener Begeisterung* schwanger geworden.

Für Paulus hatte die Lebenspraxis hier auf der Erde Vorrang vor allen Fragestellungen der dogmatischen Theologie. *Wie soll es besser werden,* so konnte er schon formulieren; den Schlüssel für einen bequemen Weg in die Zukunft, lieferte er gleichwohl nicht. *Magis amica veritas* – so unterzeichnet er einen umfangreichen Band (über 1000 Seiten), in dem er sich mit allerlei Problemen und Personen seiner Zeit auseinandersetzt – ein entschiedener Freund der Wahrheit.

Geboren wurde Heinrich Eberhard Gottlob Paulus 1. 9. 1761 in Leonberg; der Vater war dort zweiter Pfarrer, die Mutter eine geborene Köstlin, er wurde also in eine Familie hineingeboren, in der es als selbstverständlich galt, daß die Söhne zu Theologen erzogen werden sollten. Die Mutter starb früh, der Vater wurde von Visionen und Erscheinungen heimgesucht, tendierte zum Pietismus; der Vater wurde schließlich auch ohne Pension aus dem Amt entlassen. Vielleicht liegt in diesen Verhältnissen der Schlüssel zu Paulus' theologischer Lehre: von der Wahrheit der Bibel durch das väterliche Vorbild zutiefst überzeugt, wehrte er sich als Knabe schon gegen die schwärmerische, an alltäglich agierende Geister glaubende Art seines Vaters, er wollte die Größe Gottes und die Wahrheit des Glaubens im Lichte der Vernunft, in für jedermann nachvollziehbarem Kalkül erscheinen lassen.

1775 kam Paulus nach Blaubeuren, *in das stille Alpthal des eben so stillen Klosters Blaubeuren,* zusammen mit insgesamt nur 18 Zöglingen; als Bester des Kurses verließ er das Städtchen, um von Bebenhausen aus in Tübingen Theologie zu studieren. Paulus hat mehrere autobiographische Schriften hinterlassen; aus einer sei eines seiner Blaubeurer Erlebnisse zitiert.

Ich freue mich noch der lebhaften Erinnerung wie ich dort mit meinem treuen Jugendfreund, dem als Prälat und Generalsuperintendent zu Tübingen gestorbenen Dr. [Johann Friedrich] Gaab [1761–1832], bei annähernder Dämmerung – da kein Licht angezündet werden durfte – die ersten zwölf Gesänge des Messias mit gedämpfter Stimme vorlas und wie wir bei den Schlussworten: ›Rufts, trank, dürstete, bebte, ward bleicher, blutete, rufte: Vater! in deine Hände befehle ich meine Seele‹ – zusammenschauderten.

Seiner Blaubeurer Lehrer gedenkt er mit Wohlwollen, überhaupt behält er die Blaubeurer Zeit im guten Gedächtnis, aber er ist, soweit wir sehen, niemals in die Blautopfstadt zurückgekehrt. Noch 1811 erinnert er sich an seine Blaubeurer Zeit, an den Blick aus dem großen Fenster des Dormentes auf die Blaubeurer Berge, die er *fast noch lachender und lieblicher* vor Augen hatte als die Berge Heidelbergs.

Wie der Textausschnitt oben zeigt, kam Paulus in Blaubeuren mit der Literatur der Zeit in Berührung, mit allen Größen der Zeit hatte er später Kontakt, so wurde seine *künstlerisch, genial-dichterische Natur* etwa von Goethe anerkannt, mit dem der stundenlange Gespräche über Gott und die Welt führte. In Blaubeuren überließ Professor Johann Ferdinand Gaum (1738–1814) ihm den Gebrauch seiner Bibliothek, Paulus berichtet noch Jahre danach mit Hochachtung von dieser wohl ungewöhnlichen Gunst eines Lehrers einem Schüler gegenüber. Wahrscheinlich hatte Professor Gaum das Talent des jungen Paulus erkannt.

1784 legte H. E. G. Paulus ein glänzendes theologisches Examen ab, nach der wissenschaftlichen Reise 1787–1788 (in der Zwischenzeit war er Hauslehrer gewesen) war für ihn eine Repetentenstelle am Tübinger Stift parat. Dazu kam es nicht mehr, denn er wurde 1789 auf eine Professur für orientalische Sprachen an die Universität Jena berufen, die 1793 in eine theologische umgewandelt wurde. Eine kaum zu übersehende Fülle an Publikationen entsteht in der Folge – Hunderte von Aufsätzen zur Theologie, Philosophie und Literatur flossen aus seiner Feder –, später nahm er auch zu politischen Fragen eifrig Stellung. So wurde er beispielsweise 1819 aus Württemberg ausgewiesen, als er sich dort besuchsweise aufhielt – die Landesregierung glaubte, er wolle seine liberalen Gedanken im Heimatland gleich in die Tat umsetzen.

Damals war er bereits Professor für Theologie in Heidelberg, zuvor war er seit 1803 auf einen Lehrstuhl an der neugegründeten Universität Würzburg gerufen worden. Allzu esprießlich waren die Verhältnisse hier nicht; im katholischen Würzburg wurde der protestantische Theologe, der im eigenen Lager wegen seiner Liberalität umstritten war, wenig geschätzt.

Hinzu kam, daß der *Damenkrieg* wieder auflebte; ein Streit zwischen den Ehefrauen der Professoren Paulus und Schelling. Sie stritten sich bereits in Jena, in Würzburg trafen sie wieder aufeinander, sie wohnten auch im selben Haus. Carolina Paulus (1767–1844), geb. Paulus (die Base des Theologen) war eine hochgebildete Frau, unter ihrem Pseudonym Eleutheria Holberg war sie literarisch hervorgetreten – ihre Konkurrentin hieß ebenfalls Caroline (1763–1809), geb. Michaelis, geschiedene Böhmer, verheiratet mit August Wilhelm Schlegel (1796), erneut geschieden (1803), dann in dritter Ehe (1803) mit Friedrich Wilhelm Schelling (1775–1854) verheiratet. *Madame Luzifer* – so wurde Frau Professor Schelling tituliert –, *schwäbische Küchenmagd* so lautete die Retourkutsche für die *Madame* Paulus. Wer die Ursache zum Streit gab und gar was sein Inhalt war, das ist nicht mehr zu ergründen. Bereits August Wilhelm Schlegel – der geschiedene Ehemann der Böhmer-Schelling, und der zukünftige Schwiegersohn der Paulus – urteilt diplomatisch: *Caroline sprach natürlich ebenso schlimm von der Paulus als diese von ihr.*

Seit 1798 war Friedrich Wilhelm Schelling auf Goethes Anraten hin, Professor in Jena geworden, begegnete hier der Caroline Schlegel, seit 1799 lebten beide auch für die Öffentlichkeit zusammen, aber erst 1803 als Ehepaar.

Da Schelling erheblich jünger als Caroline war, könnte das Ehepaar Paulus – gute schwäbische Naturen – Anstoß an diesem Verhältnis genommen haben, denn Caroline war bis noch 1803 mit August Wilhelm Schlegel (1767–1845) offiziell verheiratet. Verschärft wurden die Beziehungen über die Gerüchte, die sich um den Tod der Auguste, der 15jährigen Tochter der Caroline aus der ersten Ehe mit Johann Franz Wilhelm Böhmer (1753–1788) rankten.

Schelling habe das junge Mädchen falsch behandelt und so ihren Tod verursacht. Dieser Vorwurf wurde öffentlich erhoben, und das Ehepaar Paulus hat sich offenbar dieser Version angeschlossen. Von heute her ist das Sterben der Auguste Böhmer nicht mehr aufzuklären, aber gewiß ist, daß alle persönlichen Kontakte abgebrochen werden mußten, wenn der Liebhaber der Mutter von der Paulus verdächtigt wurde – Auguste starb 1800 – den Tod des Kindes (aus was für Gründen auch immer) verschuldet zu haben.

Ganz merkwürdig erscheint vor diesem Hintergrund, daß August Wilhelm Schlegel, der geschiedene Gatte der Caroline Michaelis – Schlegel – Schelling die Tochter aus dem Hause Paulus begehrte und erhielt. Weshalb das Ehepaar Paulus dieser Verbindung zugestimmt hat, bleibt unerfindlich, die Impotenz des August Wilhelm Schlegel war den Zeitgenossen bekannt. Ob sie dem Ehepaar Paulus verborgen war?

Wenn die Caroline Paulus es als Triumph aufgefaßt haben sollte, daß der von der Konkurrentin Caroline Böhmer geschiedene August Wilhelm Schlegel, Jahre danach (1818) die eigene Tochter Sophie Caroline (1791–1847) heiratete, so wäre sie in mehrfacher Hinsicht enttäuscht worden. Zum einen, die Rivalin lebte nicht mehr, zum andern, die Tochter wurde mit August Wilhelm Schlegel nicht glücklich – bereits vor Jahresfrist war diese Verbindung aufgelöst – nach der einen Version bereits nach zwei Tagen, nach der anderen trennte sich das Paar erst nach einigen Wochen; geschieden wurde es nie, trotz vielfältiger Bemühungen, erst der Tod August Wilhelm Schlegels 1845 beendete den Ehebund.

Wenn Goethe nach Jena kam, besuchte er gerne das Paulussche Haus, als Minister in Weimar war er schließlich für die Universität in Jena zuständig und verantwortlich. Die muntere Frau Paulus zog ihn offenbar an, er freute sich an ihrem *neckischen Wesen* und hielt lebenslange Freundschaft mit ihr, in Heidelberg hat Goethe das Haus der Familie erneut aufgesucht und darüber berichtet.

Die Feindschaft zu Schelling – dem Hausfreund von einst – nahm immer heftigere Formen an. Dabei kannten sie sich von Jugend an, sie sind sogar im gleichen Haus geboren, im Helferhaus zu Leonberg, der Wohnung des jeweiligen Stadtpfarrers; Paulus 1761 – Schelling 1775. Paulus verfolgte Schelling geradezu, von befreundeten Studenten besorgte er sich Nachschriften von Schellings Berliner Vorlesungen, gab sie unter seinem Namen heraus, versehen mit heftigen Kommentaren. Gerichtliche Auseinandersetzungen folgten, die Öffentlichkeit nahm regen Anteil am Streit. Heinrich Heine hat in seinen *Neuen Gedichten* über *Kirchenrat Prometheus* – so nannte er Paulus – ein Gedicht verfaßt, das sicherlich vordergründig als Lob zu verstehen ist, aber das ohne Zweifel ironisch unterfüttert ist.

Ritter Paulus, edler Räuber,
Mit gerunzelt düstren Stirnen
Schaun die Götter auf dich nieder,
Dich bedrohn das höchste Zürnen,

Ob dem Raube, ob dem Diebstahl,
Den du im Olymp begangen –
Fürchte des Prometheus Schicksal,
Wenn dich Jovis Häscher fangen!

Freilich, jener stahl noch Schlimmres,
Stahl das Licht, die Flammenkräfte,
Um die die Menschheit zu erleuchten –
Du, du stahlest Schellings Hefte,

Just das Gegenteil des Lichtes,
Finsternis, die man betastet,
Die man greifen kann wie jene,
Die Ägypten einst belastet.

Ob Paulus von diesem Text erfuhr, wir wissen es nicht; sicher ist, den Prozeß gegen Schelling gewann er, aber die meisten Zeitgenossen hielten seine Vorgehensweise nicht für gerechtfertigt. Paulus scheute keine Auseinandersetzung; am Ende seines Lebens verkämpfte er sich – der ausgewiesene Rationalist – für die Homöopathie (er schrieb ein Buch über 200 Seiten darüber), setzte sich für die Deutschkatholiken ein, streitbar bis zuletzt. Dabei verdüsterte sich sein Lebensabend, Tochter und Frau starben vor ihm, den einzigen Sohn mußte er lange Jahre vorher begraben. Auch mußte er erleben, daß er außer Mode kam, sein theologisches Werk wurde durch das *Leben*

Jesu des David Friedrich Strauß verdeckt; für den Druck vorbereitete Texte fanden keine Verleger mehr. Man hatte ihn satt – er starb beinahe unbeachtet. Gewiß – 1851 war die Öffentlichkeit mit den Vorgängen der Revolution von 1848–50 beschäftigt, gewiß auch, der Tod des renommierten, neunzigjährigen Gelehrten wurde vermerkt, zur Kenntnis genommen. Aber mit der Gewißheit, eine neue Zeit sei heraufgezogen, mit Dampfkraft und Eisenbahn, konnten die zwar gelehrten, aber doch als überspitzt empfundenen theologischen Deutungen des Paulus leicht abgeheftet werden.

Ein wohlwollender Biograph der Gegenwart hat das publizistische Tun des H. E. G. Paulus mit dem journalistischen Engagement Theodor Eschenburgs oder Christian Graf Krockows verglichen – meiner Meinung nach zu Unrecht. Vergleiche hinken, bräuchte man einen modernen Protagonisten des Vergleichs, dann dächte ich an Walter Jens: In allen Sätteln gerecht, rhetorisch versiert, hoch gebildet, des eigenen Verdienstes bis an die Grenzen der Eitelkeit bewußt, stets ein Herz für die kleinen Leute, ohne sie wirklich zu kennen; produktiv, was die Zahl der Veröffentlichungen betrifft, aber letzlich steril, weil die Realität anderen Gesetzen gehorcht, als sich dies gut versorgte Professoren in ihren Elfenbeintürmen vorstellen können.

Literatur:

ADB 25, S. 287–295; RE 15, S. 90–92; RGG V, S. 192.
BURCHARD, CHRISTOPH, H. E. G. Paulus in Heidelberg 1811–1851. In: Semper apertus. Sechshundert Jahre Ruprecht-Karls-Universität Heidelberg 1386–1986. Bd. II. Das neunzehnte Jahrhundert 1803–1918. Berlin, Heidelberg, New York, Tokyo: Springer 1985, S. 222–297.
DAMM, SIGRID (Hg.), Begegnung mit Caroline. Briefe von Caroline Schlegel-Schelling. Leipzig: Reclam 1989.
KLESSMANN, ECKART, Caroline. Das Leben der Caroline Michaelis-Böhmer-Schlegel-Schelling 1763–1809. München: List 1975.
PAULUS, HEINR. EBERH. GOTTLOB, Skizzen aus meiner Bildungs und Lebensgeschichte zum Andenken an mein 50jähriges Jubiläum ... Heidelberg u. Leipzig: Groos 1839.
REICHLIN-MELDEGG, KARL ALEXANDER FREIHERR VON, Heinrich Eberhard Gottlob Paulus und seine Zeit, nach dessen literarischem Nachlasse, bisher ungedrucktem Briefwechsel und mündlichen Mittheilungen dargestellt. 2 Bände. Stuttgart: Verlags-Magazin 1853.

Ferdinand Christian Baur (1792–1860) – der *Heidenbauer*

Zu seinem Spitznamen kam Ferdinand Christian Baur deshalb, weil er als Lehrer am Blaubeurer Seminar den in fundamental-biblischen Kreisen besonders verhaßten David Friedrich Strauß unterrichtet hatte, ihn auch an der Tübinger Hochschule betreut hatte und ihm – seinem Schüler – zeitlebens verbunden blieb.

Baur hat die sogenannte »Tübinger Schule der Theologie« begründet, auch die war den pietistischen Gruppen äußerst unangenehm. Pietisten neigen dazu, die Bibel wortwörtlich auszulegen; sie nehmen die lutherische Übersetzung der Bibel als authentisches Wort Gottes, übersehen dabei, daß das alte Testament in hebräischer, das neue in griechischer Sprache gehalten ist. Hinzu kommt, daß die lutherische Bibelübersetzung, so sprachschöpferisch sie war, doch mit allerhand Fehlern belastet ist.

Pietisten beharren auf dem »Wort«, das ihnen Befehl ist. Gott sprach – und seitdem schweigt er. Theologen wie Ferdinand Friedrich Baur konnten sich mit dieser zwar orthodoxen, aber doch letzlich sterilen Lehrauffassung nicht abfinden.

Gott spricht zu allen Menschen, zu jeder Zeit – die Botschaft, die einst über Moses und Jesus in die Welt gebracht wurde, bleibt in ihrem Kern bestehen, aber sie soll nicht als feststehendes Dogma, als ehern gefügte Vorschrift verstanden werden, sondern als Anleitung zu vernünftiger, menschenwürdiger Praxis – Ferdinand Christian Baurs Verdienst ist, daß der das Prozessuale der Dogmen betont hat. Damit ist gemeint, daß grundlegende ethische Prinzipien, die von Moses und Jesus formuliert wurden, nicht sklavisch kopiert, sondern geänderten Bedingungen, Zeiten und Gesellschaften angepaßt werden müssen.

Baur – so umstürzend, zumindest für die protestantische Theologie, im Grunde seine Erkenntnis war – zog nicht die logische zwingende Konsequenz daraus; die

Ferdinand Christian Baur

Bibel ist nicht das endgültige Wort Gottes, sondern nur das an die damalige Zeit und Gesellschaft adressierte Botschaft.

Baurs Schüler Strauß erkannte das Problematische der Baurschen Theologie – Baur hielt am Bibelglauben fest, auch wenn er ihn dynamisch zu interpretieren sich anschickte, Strauß erklärte die Bibel mythologisch. Auch Strauß drückt sich um die letzte Konsequenz seines Ansatzes –, ein Friedrich Nietzsche hat die Straußsche Inkonsequenz erbarmungslos aufgedeckt.

Gewiß ist Baur von der Hegelschen Fiktion von der Herrschaft des absoluten Geistes beeinflußt, der unterstellt, daß die Geschichte letztlich positiv ablaufen muß. Im Angesicht des mächtigen industriellen Aufschwungs, der im 19. Jahrhundert wahrzunehmen war, konnte diese

Auffassung, daß uns Gott oder das Schicksal zu Höherem vorgesehen habe, konnte dieser Optimismus verstanden werden. Nach Holocaust, stalinistischer Massenverbrechen oder anderen bestialischen Massakern ist diese hoffnungsfrohe Erwartung zukünftiger beglückender Zustände heute nur noch schwer zu teilen.

Heute hoffen nur wenige darauf, daß sich Probleme von selbst erledigen; dennoch ist Baur insofern Pionier modernen theologischen Denkens, als er sich von der schriftlichen Überlieferung als allgemein verpflichtendes Dokument löste und *die Freiheit und die Konsequenz des Denkens* verlangte. Er stellte damit freilich das jeweilige Denken der Menschen über die Gebote der biblischen Tradition.

Mit Blaubeuren war Ferdinand Christian Baur eng verbunden – seine Jugendjahre verbrachte er im Städtchen. Geboren zwar in Schmiden bei Stuttgart (21.6.1792), zog er mit seiner Familie 1800 nach Blaubeuren, sein Vater – Jakob Christian Baur – war zum Dekan des dortigen Sprengels ernannt worden.

Der Vater war selbst in der Blaubeurer Klosterschule herangezogen worden, als Dekan verstarb er 1817 und ist in Blaubeuren bestattet. Der Sohn bezog 1805 dieselbe Anstalt, als einer derjenigen, welche die Pfingstprüfung, die zum kostenlosen Aufenthalt berechtigte, mit Erfolg bestanden hatte. Nach zwei Jahren hier wechselte der junge Baur nach Maulbronn, 1809 schließlich studierte er bis 1814 als Stiftler an der Universität in Tübingen.

Nach Baurs eigenem Urteil war der theologische Lehrbetrieb damals recht orthodox, er meint damit, daß Gelehrtheit der Professoren (der Storrschen Schule) in einem Gegensatz zu ihren theologischen Aussagen stand; sie sahen die Schwächen des festgefügten protestantischen Dogmas, hüteten sich jedoch, die Orthodoxie anzuzweifeln, allenfalls beiläufig im Gespräch oder in Vorlesungen wurde ihre kritische Kenntnis von der Ungesichertheit des evangelischen Dogmas erkennbar. Baur hat gewiß vom Wissen seiner Tübinger Lehrer pofitiert, auch wenn er ihnen in wissenschaftlicher Hinsicht kein allzu gutes Zeugnis ausstellt.

Sein Examen jedenfalls war glänzend – mit 25 Jahren erhielt er eine Professorenstelle am neueingerichteten Seminar in Blaubeuren, seiner alten Heimat. Rang- und besoldungsmäßig entsprach diese Position der eines außerordentlichen Professors an einer Hochschule; bis 1826 unterrichtete er am Blaubeurer Seminar.

Diese neun Jahre rechnete Baur zu den glücklichsten seines Lebens – das ist auch gut zu verstehen: Württemberg reformierte sich gründlich; die napoleonische Flurbereinigung gab den Anstoß, der »schwäbische Zar« – König Friedrich – erzwang, autoritär, wie er war, ungestüme, oft überhastete Reformen; der Sohn – König Wilhelm I. – lenkte sie in moderate, dem Land erträgliche und lang nachhaltende Formen.

König Friedrich wollte möglicherweise die Klosterschulen ganz abschaffen; sein Nachfolger schuf die Evangelisch-theologischen Seminare auf neuer Grundlage. »Neuhumanismus« – unter der Devise wurde in der alten Klosterschule Blaubeuren neue Lehrinhalte, neue Unterrichtsformen erprobt, gewagt und gemeistert. Welch ein Feld für einen jungen, engagierten Theologen und Pädagogen!

Begeisterung – einfach Begeisterung, so läßt sich die Erinnerung beschreiben, die mit den ersten Jahren des Blaubeurer Seminars verbunden sind. Und immer fällt Baurs Name – die Denkwürdigkeiten der Blaubeurer Geniepromotion (1821–1825) liefern Belege für Beliebtheit des jugendlichen Professors zuhauf. Freilich verspottete man auch seine Schwächen. Soweit dies heute nachvollziehbar ist, behandelte er seine Schüler nicht als unreife, ungebildete Burschen, sondern er sah sie als Anfänger, für die es galt, in die Wissenschaften und deren Probleme einzuleiten, Schwierigkeiten versuchte er nicht autoritär zu überspielen, vielmehr suchte er diese in Gesprächen aufzulösen.

Jedenfalls, vom Chor der Schüler wurde er über das übliche Maß hinaus gelobt. Ja, man freute sich, als er 1825 die Professur für Historie an der theologischen Fakultät erhält. 124 Unterschriften stehen unter dem Gesuch Tübinger Studenten, die um ihn als akademischen Lehrer bitten!

Einen gleichgesinnten Blaubeurer Kollegen hatte er in Friedrich Heinrich Kern (1790–1842), der ebenfalls im selben Jahr wie Baur eine Professur in Tübingen erlangen konnte.

In Blaubeuren soll Ferdinand Baur zu seiner theologischen Standpunkt gefunden haben. Die suprarationalistische Auffassung, die noch seine Tübinger Dissertation geprägt hatte, also der Glaube, daß die Wunder der Bibel als authentisch, also auch gegen die Naturgesetze für wahr zu halten seien; diesen naiven Ansatz verwarf er nun. *Symbolik und Mythologie* – so lautet der Titel des Buches, das Baur in seiner Blaubeurer Zeit schrieb. 1824 erschien der Band; allein der Titel des Buches lehrt, daß Baur dem Wahrheitsgehalt der Bibel nicht die Zuverlässigkeit zuwies, die ein historisch als glaubwürdig zu geltendes Dokument zu fordern hat.

Aus diesem Buch – besser aus dem Manuskript dazu – hat Baur die *Geniepromotion* unterrichtet, wie intensiv, das ist nicht mehr auszumachen, aber es scheint, daß der Mythos-Begriff, wie er ihn prägt, bereits in Blaubeuren vorgetragen wurde und auf fruchtbaren Boden fiel.

Seinem Blaubeurer (und Tübinger) Schüler David Friedrich Strauß blieb es vorbehalten, den großen Skandal in der evangelischen Theologie zu provozieren. Dessen *Leben Jesu* war auf Jahrzehnte ein Streitpunkt im evangelischen Lager – die Reaktion der Pietisten wurde bereits geschildert. Strauß mußte für sein Buch büßen, eine akademische Laufbahn war ihm seither verschlossen, als Privatgelehrter mußte er sich durchs Leben schlagen.

Strauß zog die Konsequenz aus Baurs Vorstellung; er erklärte die Geschichten des Neuen Testamentes zum Mythos, das bedeutet, sie sind nicht im überlieferten oder wörtlichen Sinn »wahr«, aber deshalb sind sie nicht »falsch«, sondern sie bleiben in einem höheren Sinne »wahr«, sobald erkannt wird, daß die biblischen Geschichten nicht historische Gewißheiten transportieren, sondern religiöse Wahrheiten eben in der Fassung, wie sie in den ersten Jahrhunderten nach Christus verstanden wurden: der historische Jesus und der Christus des Glaubens lösen sich.

Vor seinen Schüler Strauß hat sich Baur gestellt, er verteidigte ihn zwar nicht öffentlich, aber er er verteidigte die Freiheit der theologischen Forschung. Strauß hat mehr erwartet; auch berührt merkwürdig, daß Ferdinand Baur in seinen späteren theologischen Schriften das Werk seines Schülers so gut wie ausblendet.

Baur blieb unangefochten Hochschullehrer in Tübingen; er predigte an der Stiftskirche, über 200 Predigten sind erhalten. Darin zeigt sich, daß Baur dem konventionellen, überkommenen Stil pflegte, er wußte also wissenschaftliche Forschung und homiletische Praxis zu trennen. Mit dem Vorwurf »Heidenbauer« freilich mußte er und konnte er leben; in Tübingen war er vor den Anfeindungen der Pietisten geschützt – am 2. Dezember 1860 ist er dort verstorben.

Friedrich Theodor Vischer, der zusammen mit seinem Freund David Friedrich Strauß ein Schüler des Verstorbenen war, rühmte den alten Lehrer so: *Das Beste des altschwäbischen Wesens, …, faßte sich in ihm mit der ganzen Schärfe des kritischen Geistes der neuen Welt, mit heldenmäßigem Wahrheitsmut und nicht ermüdendem Fleiß in eins zusammen. Unser Patriarch hat uns verlassen. Er durfte leben, bis seine Locken weiß waren, um als Monumentalbild eines innerlich frischen Greises unter uns zu stehen. Er durfte sterben, als Leiden dieses Bild entstellt hätten.*

Literatur:

BORST, OTTO, Die Kehrseite: Baurs Schwäbische Historische Schule. In: BORST, OTTO (Hg.), Aufruhr und Entsagung. Vormärz 1815–1848 in Baden und Württemberg. Stuttgart: Theiss 1992. (= Stuttgarter Symposion, Bd. 2), S. 336–365.

KÖPF, ULRICH (Hg.), Historisch-kritische Geschichtsbetrachtung. Ferdinand Christian Baur und seine Schüler. 8. Blaubeurer Symposion. Sigmaringen: Thorbecke 1994. (= Contubernium. Tübinger Beiträge zur Universitäts- und Wissenschaftsgeschichte Bd. 40).

MÜLLER, GOTTHOLD, Ferdinand Christian Baur und David Friedrich Strauß in Blaubeuren (1821–1825). In: MÜLLER, GERHARD; ZELLER, WINFRIED (Hg.), Glaube, Geist, Geschichte. Festschrift für ERNST BENZ. Leiden: Brill 1967, S. 217–230.

SCHNEIDER, ERNST, Ferdinand Christian Baur in seiner Bedeutung für die Theologie. München: Lehmanns 1909.

WEIZSÄCKER, CARL, Ferdinand Christian Baur. Rede zur akademischen Feier seines 100. Geburtstags 21. Juni 1852. Stuttgart: Frommann 1892.

Friedrich Theodor Vischer: Jugendtal

Da bist du ja im Morgenstrahl,
Mein nie vergess'nes Jugendtal!
Der Berge Kranz, die wunderblaue Quelle,
Städtchen und Kloster, alles ist zur Stelle.

Noch immer steigt, gezackt und wild,
Empor seltsames Felsgebild,
Burgtrümmer schauen über Höhlenschlünde
Auf stillen Fluß und zarte Wiesengründe.

So oft hab' ich geträumt von dir;
Fast, liebes Tal, erschienst du mir
Als Traum, als Märchen, alte, alte Sage
Vom Morgenland, vom jungen Erdentage.

Hier kennt mich keine Seele mehr,
Fremd sehn die Leute nach mir her,
Doch bring' ich mit, was Einsamkeit versüßet:
Ein Völkchen, das mich kennt und das mich grüßet.

Laut reget sich ein Knabenschwarm,
Zu zweien manche, Arm in Arm,
Mit hellem Aug' und rosenroten Wangen
Dort aus dem Kloster kommen sie gegangen.

O Duft, o Kelch der Blütezeit:
Der Jugend süße Trunkenheit!
Die Liebe weint, der holde Mutwill sprühet,
Die Seele singt, der goldne Himmel glühet.

Wo sind sie hin? Zersprengt, verweht,
Wie Gras des Feldes hingemäht!
Nur wenige Greise sind noch übrig blieben,
Zu zählen, wer noch lebt von all' den Lieben.

Du dort in der gedrängten Schar,
Du mit dem weichen Lockenhaar,
Dich kenn' ich näher, munterer Geselle,
Ja, du bist ich auf meiner Jugend Schwelle.

Wie lachte ich das Leben an!
Wie sprang ich jauchzend in die Bahn!
Wie arglos wohnte neben wilden Scherzen
Gesunder Ernst im frischen, schlichten Herzen!

Fern leuchtet Rom und Griechenland
Durch die geteilte Nebelwand,
Von Platos Silberfittichen gehoben
Schwebt fromm und stolz der junge Geist nach oben.

Wie licht so hell, wie Schnee so rein,
Gelobt' ich, soll mein Leben sein!
Was wußt' ich von des Weltgangs irren Pfaden!
Da bin ich nun, und bin so schuldbeladen.

Nicht, daß es bleiern mich beschwert,
Ich kenne meines Lebens Wert,
Ich weiß, wie ich gestrebet und gerungen
Und was der sauren Arbeit ist gelungen.

Doch heute, wo herauf zum Wald
Das alte Klosterglöckchen schallt,
Heut, wo ich aus so ungeteilter Nähe
Dem frohen Knaben in die Augen sehe,

Der ich einst war, der so vertraut,
So schuldlos mir entgegenschaut,
Heut weiß ich nichts von meinem Tagewerke,
Hin taut der Stolz, es beuget sich die Stärke.

Zur Felsenhöhle wandl' ich hin –
Vor Zeiten träumt' ich oft darin –:
Laß, alt Gestein, mich heut in meinen Tränen
Ganz still an deine graue Wand mich lehnen.

Die Dioskuren: David Friedrich Strauß und Friedrich Theodor Vischer

Dioskuren – ein Begriff, der jedem Gebildeten des 19. Jahrhunderts geläufig war, der heute erläutert werden muß, denn griechische Mythologie gehört nicht mehr zu den Bildungsgütern der höheren Lehranstalten. Die Dioskuren sind ein Zwillingspaar, ihre Mutter ist Leda, dabei gilt Kastor als sterblicher Sohn des Tyndareos, Polydeukes (Pollux) jedoch ist unsterblich, weil Zeus in zeugte, als er in Schwanengestalt der Leda begegnete. In unzertrennlicher Bruderliebe verbunden erbat sich Polydeukes – als Kastor starb – die Gnade, das Schicksal mit dem toten Bruder teilen zu dürfen: abwechselnd leben sie von nun an den einen Tag im Olymp, dem heitern Sitz der Götter, den anderen verbringen sie im Hades, dem trüben Aufenthalt der Abgestorbenen.

Bereits im Seminar zu Blaubeuren wurden David Friedrich Strauß und Friedrich Theodor Vischer mit den Dioskuren verglichen, ihre Mitschülern spürten wohl die genialische Veranlagung beider junger Männer; sie selber sahen ihre Beziehung ebenso. Und es ist nicht zuletzt die Lebensleistung von Vischer und Strauß, die den Seminaristen, die von 1821 bis 1825 im Blaubeurer Kloster lebten und lernten, den ehrenden Namen *Geniepromotion* einbrachte. Damals fand sich eine ungewöhnlich große Zahl an Hochbegabungen zusammen, die später in Kunst und Politik, in Theologie, Historie und Philosophie, aber auch in praktischer Landwirtschaft bleibende Leistungen vorlegte.

Unter Dioskuren verstehe man nicht einfach gleichgestimmte Seelen, das würde der Freundschaft zwischen Strauß und Vischer nicht gerecht: es war eine spannungsreiche, polare Beziehung, welche die beiden aneinander zwang, vom Bruch, der dann zuletzt schmerzlich genug erfolgte, oft bedroht. Bereits im Sommer 1832 schreibt Vischer an Eduard Mörike, er sei mit Strauß zerfallen, damals – dem sanquinischen Temerament Vischers entsprechend – nur Ausdruck einer Mißgestimmtheit.

David Friedrich Strauß

Um beider Charaktere kennenzulernen, lese man ihre Briefe: Vischer braust oft, ist leidenschaftlich, verwendet Kraftausdrücke – *Sauseckel, Arsch* – alles Worte, die man bei David Strauß vergeblich suchen wird, der elegant und geschliffen formuliert, Härten zu vermeiden trachtet. Er neigt zu gewandter Diplomatie, manchmal emotionaler Kälte verdächtigt; Vischer hingegen macht aus seinem Herzen keine Mördergrube, freies Bekennen gradaus, das ist sein Stil. Strauß hat den Unterschied zu Vischer in bildhafter Weise erfaßt: er – Strauß, als Diplomat – liebe Katzen, Vischer, ein Biedermann – die Hunde! (Vischer hat dann diese Gegenüberstellung von Hund und Katze in seine Ästhetik aufgenommen!)

Unsere Dioskuren wuchsen in einem Kreis hochbegabter und hochgemuter junger Männer heran, geleitet von entsprechenden Lehrern: Strauß charakterisiert sie so:

Was nun die Lehrer betrifft, deren Unterricht wir genossen, so waren wir hierin vor Allen, die damals und hernach in Württembergischen Klöstern erzogen wurden, glücklich zu nennen, denn ein solches Paar von Männern, wie unsere Lehrer Kern und Baur, jeder so trefflich für sich selbst, und überdies so schön sich ergänzend, mag wohl selten an einer Anstalt sich zusammenfinden.

Beide, Friedrich Heinrich Kern (1790–1842) und Ferdinand Christian Baur (1792–1860), wurden später von Blaubeuren hinweg auf theologische Lehrstühle an der Universität Tübingen berufen.

Der Ephorus – Jeremias Friedrich Reuß (1775–1846) selbst wird nicht lobend erwähnt, mit ihm stand die Geniepromotion – wie auch alle Promotionen danach nicht auf dem besten Fuße. Als *Phas* wurde er viel verspottet, die Friedrich Strauß hat ihm eine Farce gewidmet: *Friedrich Jeremias Reußens 3. Heirat,* die sich unter dem Titel *Zauberer und Spengler* im Lagerbuch der Promotion erhalten hat. Reuß leitete das Seminar als Ephorus ab der Wiedereröffnung 1817 bis 1846.

Jeremias Reuß hatte – und das wird auch von seinen Spöttern anerkannt – Verdienste um das Seminar: als Student war er mit dem Turnvater Jahn und den sportlichen Übungen in der Berliner Hasenheide bekannt geworden, und er richtete auf der »Seewiese« in einem ihm zur privaten Nutzung überlassenen Grundstück einen Turngarten ein.

Reuß hat als erster das Turnen in Süddeutschland dauerhaft eingeführt. Auf jeden Fall wurde im Seminar in Zukunft fleissig geturnt. Blaubeuren besaß auch eine der ersten Turnhallen des Landes, man kann sich gut vorstellen, wie damals – wie hernach – im leerstehenden, heutigen Klosterkirchensaal im Winter geturnt wurde.

Unter solchen Vorzeichen ist gut lernen, und so denken viele Zöglinge der Geniepromotion an Blaubeuren mit Freude zurück. Im Literaturarchiv in Marbach wird heute noch das Lagerbuch der Promotion aufbewahrt, ein Buch, in dem die Seminaristen in heiter-humorvoller Weise den Alltag mit seinen kleinen Begebenheiten festhielten, darin werden die Lehrer karikiert, die Eigenarten der Mitschüler verulkt und auch manche Schnurre aus dem Kleinstadtleben Blaubeurens vermerkt. Noch nach Jahrzehnten werden Nachträge gedichtet – der schönste lautet: *Die Liebe in Blaubeuren;* er wird in einiger Zeit im Druck erscheinen. An solchen humorigen Anlässen waren unsere Freunde wie selbstverständlich führend beteiligt, auch war ihnen Blaubeuren und seine Landschaft ein unauslöschliches Erlebnis. Wir werden davon noch hören.

Oben wurde gesagt, Dioskuren seien unzertrennliche Freunde – und in der Tat, die Parallelen im Leben von Strauß und Vischer sind unübersehbar und frappierend zugleich. Beide stammen aus Ludwigsburg – Vischer 1807, Strauß 1808 geboren – beide gehören zu den Familien, aus denen sich die württembergische Pfarrerschaft zu rekrutieren pflegte, bis sie ins Seminar kamen, sie wuchsen in vaterlosen Haushalten heran, ihre überdurchschnittliche Begabung wurde früh erkannt und bewundert. Glänzende schulische Zeugnisse begleiteten sie, die Studien an der Universität wurden mit Auszeichnung absolviert, beide traten dichterisch hervor, ihre eigentliche Leistungen lagen freilich auf anderen Gebieten, wurden jedoch von den Zeitgenossen, zumal von denen im »Ländle« nicht anerkannt, ja beide wurden sogar gehaßt und von aufgebrachten Volksmassen körperlich bedroht: Dioskuren leben nun mal in Himmel und Hölle zugleich! Auch ihr Privatleben gestaltete sich dioskurenhaft – parallel und unglücklich zugleich!

Ihre Beziehungen zu Frauen sind gestört, beide wissen das und beide führen dies auf ihre Sozialisation in Seminar und Stift zurück, das Großwerden in praktisch reinen Männergesellschaften hätten sie blöde fürs andere Geschlecht werden lassen. Dennoch heiraten sie – als Zwillinge im Unglück – Österreicherinnen, Katholikinnen, und sind nicht in der Lage, ein dauerndes Glück zu begründen, obwohl sie von ihren Frauen innigst geliebt werden. Beide Ehen scheitern; die Freunde ahnen ihr gegenseitiges Unglück. Strauß, dessen Ehe (1842) mit einer gefeierten Sängerin – Agnese Schebest – bereits brüchig war, schreibt, als sich Vischer (1844) verehelichte, an den gemeinsamen Freund Rapp: *An Vischer's Glück nehm' ich mit Furcht und Zittern Anteil.* Charakteristisch genug war, daß unter den Hochzeitsgästen bei beiden Feiern der jeweilige Freund fehlte.

Strauß läßt sich später scheiden, obgleich die Frau heftig widerspricht; Vischer trennt sich von seiner Gemahlin und verbietet ihr jeden Umgang mit ihm und dem gemeinsamen Kind, auch Strauß entzieht Sohn und Tochter der darüber tief betrübten Mutter.

Doch zurück zum Lebenswerk der Dioskuren. Ohne Zweifel war Friedrich Theodor Vischer der dynamischere, auch der zumindest im äußerlichen erfolgreichere: am Ende seines Lebens war er Professor am Polytechnikum Stuttgart, dem Vorläufer der nachmaligen TH Stuttgart, der heutigen Universität, seine Vorträge im Königsbau waren gesellschaftliche Ereignisse: was Rang und Namen hatte oder glaubte zu haben, war zugegen, wenn er sprach, und er sprach gerne vor öffentlichem Publikum. Zu seinem achtzigsten Geburtstag wurde ihm in Stuttgart ein grandioses Fest bereitet – Festbankett in der Liederhalle, Ordensverleihung, Festkommers in der Silberburg, von allen Seiten Glückwünsche (der schönste stammt aus der Feder von Gottfried Keller) – Vischer kommentiert den Trubel so: *Ich habe bei solchen Verehrfesten für Lebende auch einen Aberglauben. Die Götter können so etwas nicht leiden. Nachher strafen sie für die Übertreibung durch Absinken, durch Krankheit etc., mich mindestens durch Riesenkatarrh.* Die Ahnung trog nicht, es war der letzte große Auftritt in der Öffentlichkeit: zehn Wochen später war Vischer tot.

Vischer hat die Verehrung in aller Öffentlichkeit sehr genossen, vielleicht entschädigte sie ihn für manchen Unbill, den er zu erdulden hatte, weil er den Freund vehement und couragiert verteidigte. Heute ist Vischer fast nur noch seiner Dichtungen halber bekannt, dabei seine Parodie auf Goethes Faust *III. Theil* noch am bekanntesten, auch seine komischen Heldengedichte, unter dem Pseudonym des *seligen Philipp Ulrich Schartenmayer* veröffentlicht, haben noch ihre Leser. Sein philosophisches Hauptwerk jedoch – *Aesthetik oder die Wissenschaft des Schönen* – gehört bereits der Wissenschaftsgeschichte an, in Fachwerken gewissenhaft zitiert, von Fachgelehrten noch genannt, blieb es eine gelehrte Arbeit, der niemand seinen Respekt versagt, aber die doch nicht die Resonanz gewann, die sich ihr Autor erhoffte.

Unerwartete, ja geradezu stürmische Resonanz hingegen erlebte der *Zwillingsbruder* Strauß, als er 1835 sein Hauptwerk *Das Leben Jesu* veröffentlichte. Das Werk erregte gewaltiges Aufsehen; nach Erscheinen des ersten Bandes verlor Strauß sofort seine Repetentenstelle in Tübingen, auch gelang ihm zeitlebens nie mehr, eine ihm angemessene Stelle im öffentlichen Dienst zu erwerben: als er 1839 eine Professur in Zürich erhalten sollte, kam es im Kanton zu solch gewalttätigen und bewaffneten Unruhen, daß darüber die Regierung, die es gewagt hatte, ihn zu berufen, stürzte und zurücktreten mußte. Unter solchen Bedingungen konnte Strauß sein Amt freilich nicht antreten.

Auch im Land drohen im Gefahren. Aufgebrachte Pietisten wollten das Haus des alten Freundes Rapp anzünden, als sie erfuhren, daß Strauß Gast im Pfarrhaus war; dem Freund Vischer wurden in Tübingen die Fensterscheiben eingeworfen. Ein anderes Beispiel – den Kindern der Ludwigsburger Verwandtschaft war strikt untersagt, etwas verlauten zu lassen, wenn der angefeindete Onkel zu Besuch weilte. Man fürchtete unangenehme Auftritte. Strauß selbst wußte darum: er vermied Besuche bei alten Freunden – die ja oft Pfarrer waren –, um ihnen Peinlichkeiten zu ersparen.

Wo liegt nun das die Gemüter so außerordentlich erregende Element seines Buches? Strauß löste ein altes Problem der christlichen Theologen auf geniale Weise. Das Neue Testament ist ein Werk, das sich in vielen Punkten widerspricht; da aber die Bibel das Wort Gottes sein soll, und das Wort Gottes als eindeutig und wahr erachtet wurde, war zu erklären, wie diese Widersprüchlichkeiten zu deuten seien. Die theologische Literatur vor Strauß' Werk ist voll allerhand Spekulationen und verwegenen Interpretationen – alle hatten sie eines gemeinsam: sie hielten am *Wort*, d. h. an der unumstößlichen Richtigkeit jedes Satzes der Bibel fest. Damit brach Strauß: nach ihm ist die Bibel mythologisch zu verstehen, das bedeutet, daß den Berichten der Evangelien keine historische Wahrheit zukommt; die Wunder Christi etwa haben sich nicht so wie geschildert unmittelbar zugetragen; sondern besitzen wie Dichtungen nur eine mythische, eine innere Wahrhaftigkeit.

Die biblischen Erzählungen sind, so wie sie erzählt werden, ganz im Geist der Zeit des Niederschreibens gehalten, mit Irrtümern und Widersprüchen behaftet; Aufgabe einer Theologie muß es sein, den wahren Kern herauszuschälen. An diesem Kern der biblischen Botschaft zweifelt Strauß zunächst überhaupt nicht.

Für die damalige orthodoxe protestantische Christenheit waren diese Aussagen schlichte Ketzerei – ein Sturm der Entrüstung erhob sich, Strauß mußte seine Repetentenstelle aufgeben. Vor allem pietistische Kreise griffen ihn vehement an, als *Judas Ischarioth* wurde er gebrandmarkt, und in Zukunft waren ihm alle staatlichen und kirchlichen Stellen verschlossen. Kein Wunder, daß Strauß unter dem Druck dieser Anfeindungen im Laufe der Jahre immer weiter der Kirche entfremdet wurde.

In seinem letzten Werk *Der alte und der neue Glaube* brach er mit dem Christentum und versuchte, aus den Ergebnissen der modernen Naturwissenschaften, insbesondere der Lehre Darwins ein neues religiöses Konzept zu entwickeln, wobei er die traditionellen ethischen und moralischen Werte der Christenheit vorbehaltlos übernahm. Dieser Versuch trug Strauß Kritik aus einer ganz anderen Richtung ein: Friedrich Nietzsche unterzog Strauß' Schrift einer unbarmherzigen Kritik, sie erschien 1873, im Jahr darauf starb Strauß. Nietzsche selbst hoffte, daß seine bittere Abrechnung dem todeskranken Strauß nicht mehr zu Gesicht käme. Er empfand sehr wohl die Ungerechtigkeit, er wollte auch nicht Strauß persönlich treffen; sondern er wollte die *selbstsichere, optimistische Behäbigkeit eines national hochgestimmten und kulturselig berauschten Bürgertums* (Theodor Heuss) nach der Reichsgründung 1871 treffen. Dabei prägte Nietzsche für Strauß eine negative Formulierung, die fortan in intellektuellen Zirkeln galt und gilt – Strauß *der Bildungsphilister*.

Strauß las noch die Schmähschrifft Nietzsches, er urteilt milde, war er doch Pasquille aller Art gewohnt, ihm blieb jedoch ein Rätsel, wie sich einer so in Wut und Zorn schreiben konnte. Viel schlimmer traf es den kränkelnden Strauß, daß Vischer, der *Urfreund* von ihm abrückte; zumindest erschien es dem Verbitterten so. Dunkle und tragische Züge begleiten das Ende der Dioskurenfreundschaft: Strauß will die Briefe Vischers nicht mehr lesen, ja – als Vischer den Sterbenden wenige Tage vor dessen Tod aufsuchen will, um Abschied zu nehmen und Mißverständnisse zu klären, läßt ihn Strauß schnöde unter der Tür abweisen.

Für die Außenstehenden blieben sie die Dioskuren, das eng verbundene Freundespaar, obgleich bereits im Stift die ersten Zerwürfnisse zwischen den beiden entstanden. Am Grabe hielt der Mitschüler aus Blaubeuren – Gustav Binder – die Laudatio und nicht wie erwartet Vischer. Erst zehn Jahre später, als eine Gedenktafel für Strauß in Ludwigsburg eingeweiht wurde, formulierte er seinen Nachruf auf den alten Freund – er ist ein würdiges Dokument der Freundschaft. Vischer selbst überlebte den Freund um Jahre: 1887 starb er in Gmunden am Traunsee, dort ist er auch bestattet.

Als Strauß seine Stelle als Siftsrepetent verlor, hat sich Vischer vehement für ihn eingesetzt. Und er selbst erregte Anstoß genug. Wenn der *Blaumann*, das bescheidene Amtsblatt des Oberamtes Blaubeuren, über eine Tübinger Antrittsvorlesung berichtet, dann kann daran abgelesen werden, in welche Aufregung die berühmt-berüchtigten Worte Vischers das Land versetzt hatten: *Meine Herren, ich setze bei ihnen voraus, daß sie den Glauben an die Unsterblichkeit hinter sich haben.* Freilich, ein paar Tage später berichtet das Blatt, daß Vischer diesen Ausspruch dementiert habe. Er hat dennoch als authentisch zu gelten.

Friedrich Theodor Vischer war ein freundlicherer Lebensabend beschieden als dem zuletzt doch arg frustrierten Freund – zumindest äußerlich: Mit Ehrungen wurde er in Stuttgart geradezu überhäuft, seine Vorlesungen vornehmlich zu literarisch-künstlerischen Themen, die er für die Allgemeinheit hielt, waren für die gebildeten Stuttgarter ein Muß und für ihn ein stiller Triumph; privat kämpfte er – von chronischem Schnupfen geplagt – mit der *Tücke des Objekts*, mit den kleinen Widrigkeiten des Alltags.

Jeder Leser hat gewiß die Vertracktheiten des Lebens erfahren: daß just in dem Moment, als man sich zu einer Reise anschickte, der Schnürsenkel riß und kein Ersatz zu finden war, oder daß das Klebeband ausgerechnet dann alle war, als man die Weihnachtsgeschenke verpacken wollte. Vischer fühlte sich als ein besonderes Opfer der Tücke des Objekts:

So lauert alles Objekt, Bleistift, Feder, Tintenfaß, Papier, Cigarre, Glas, Lampe – alles, alles auf den Augenblick, wo man nicht Acht gibt.

Oft genug erlebte er Mißgeschicke am eigen Leibe: War es in Säckingen oder in Schaffhausen, als er sich im heitersten Frühsommertage, aufs charmanteste mit einer jungen Dame plaudernd mitten in einen Ameisenhaufen setzte – und schleunigst die Flucht ergreifend, solchen Lacherfolg auslöste, daß der keimende Liebesroman jäh zu Ende war:

Vischer entwickelte schließlich eine Theorie von der Tücke des Objektes, so nannte er die jedermann irritierende Macht, *die überall mithandelnd die Welt des Bewußtseins und Wollens durchkreuzt, ihre Beschränktheit aufdeckt, und sie daran erinnert, damit sie sich nicht überhebe.* Mit Mißlichkeiten und Hemmnissen aller Art belästigt, als Kleinwüchsiger besonders cholerisch veranlagt, liebte er den Streit und provozierte ihn geradezu, blieb unversöhnlich auch in kleinen Dingen – in seinen Widersprüche verstrickt, wie selten einer. Professor Fritz Martini erzählte einst die hübsche Anekdote, daß Vischer die antiken Statuen, die er auf seinen Reisen nach Italien und Griechenland besichtigte, danach untersuchte, ob sie nicht etwa Hühneraugen hätten …

Vischer wußte, daß zwischen dem Komischen und Erhabenen nur scheinbar ein weiter Raum ist. In seinem Roman *Auch Einer* (1879) hat er sich selbst karikiert und sich so ein Denkmal gesetzt. In diesem Roman hat Vischer ein ganz grotekes Beispiel für die Tücke des Objekts« geschrieben:

Wer sollte zum Beispiel einem simplen Knopf Verruchtheit ansehen? aber ein solcher Racker hat mir neulich folgenden Possen gespielt. Ich ließ mich gegen meine Grundsätze zur Theilnahme an einem Hochzeitschmaus verleiten; eine große silberne Platte, bedeckt mit mancherlei Zuspeisen, kam vor mich zu stehen; ich bemerkte nicht, daß sie sich etwas über den Tischrand heraus gegen meine Brust hergeschoben hatte; einer Dame, meiner Nachbarin, fällt die Gabel zu Boden, ich will sie aufheben, ein Knopf meines Rockes hatte sich mit teuflischer List unter den Rand der Platte gemacht, hebt sie, wie ich schnell aufstehe, jäh empor, der ganze Plunder, den sie trug, Saucen, Eingemachtes aller Art, zum Theil dunkelrothe Flüssigkeit rollt, rumpelt, fließt, schießt über den Tisch, ich will noch retten, schmeiße eine Weinflasche um, sie strömt ihren Inhalt über das weiße Hochzeitskleid der Braut zu meiner Linken, trete der Nachbarin rechts heftig auf die Zehen, ein Anderer, der helfend eingreifen will, stößt eine Gemüseschüssel, ein Dritter sein Glas um – o, es war ein Hallo, ein ganzes Donnerwetter, kurz ein echt tragischer Fall: die zerbrechliche Welt alles Endlichen überhaupt schien in Scherben gehen zu wollen …

Mit Blaubeuren waren beide Freunde eng verbunden: Strauß hat in seiner Märklin-Biographie vom Leben am Seminar ein heiteres und würdiges Bild entworfen. Lesen wir nur, wie er die Landschaft um Blaubeuren beschreibt:

… bestieg man nun die Berge, erreichte die Wälder: welch gesunde Bewegung, welch reine Luft! wie kräftig sprachen die schroffen, kühnen Felsen zu dem jugendlichen Sinn! Wie umwehte uns der Geist einer gewaltigen Vorzeit in den Trümmern der Burg, die über Wald und Felszacken, ein fabelhafter Bau, in das friedliche Blauthal herunter sah. Die Blau war der Eurotas dieser ihrem Charakter und Einflusse nach wahrhaft spartanischen Gegend; nur daß in diesem Eurotas zu baden uns verboten war, weil er die jungen Spartiaten gar zu sehr als gesottene Krebse wiedergab, wogegen das kleine Nebenflüßchen, die Ach, ein milderes Bad gewährte.

Vischer entwirft im hohen Alter ein ungemein freundliches Panorama der Blaubeurer Zeit, die gewiß zu idyllisch erscheint, aber doch schön zeigt, wie der alte Mann seine Jugendjahre in Blaubeuren verklärt:

Freundlich standen uns mehrere Häuser des Städtchens offen, unser starker Appetit wurde gastlich bedacht, wenn wir kamen, und seine reichliche Stillung hinderte uns nicht, für die Töchter, wo es solche gab, uns gefühlvoll zu erwärmen. Es wurde gesungen, getanzt, Pfänder gespielt und hiebei die Gelegenheit zu küssen nicht versäumt. Die Zeit und die Sitte war noch unschuldig wie wir. Es konnte nicht fehlen, daß Liebschaften daraus erwuchsen, und läßt sich denken, mit welchem Aufwand von Sehnen und Tränen sie geführt wurden … All dieses ›Freudvoll und Leidvoll‹ hielt uns im Geringsten nicht ab, Fohlenmutwillen aller Art zu treiben, aus kolossalen ›Kloben‹ verbotenerweise zu rauchen, unter Karzergefahr zu kneipen, nächtlichen Maskenball zu halten, …, kurz: beständigen Krieg gegen die Klostergesetze zu führen, uns untereinander und vor allem unseren Ephorus höchst ko-

misch zu finden und mimisch wiederzugeben, überhaupt im Elemente des Gelächters zu schwimmen. Doch genug, man kennt die Jugend.

Vor allem Vischer zog es gerne nach Blaubeuren, als Strauß seine Ehekrise durchlitt, schlug Vischer vor, zur Ablenkung über Ostern 1849 in Blaubeuren *zu schwärmen.* Aus diesem Plan wurde jedoch nichts, denn Vischer war mittlerweile Abgeordneter in der Paulskirche zu Frankfurt, dem ersten demokratischen Parlament in Deutschland, und Strauß spielte eine ähnliche Rolle, obgleich erheblich widerwilliger, als Abgeordneter im Stuttgarter Landtag.

In den Jahren zuvor waren die Freunde öfters zu Besuch hier: vor allem solange Eduard Süskind Pfarrer in Suppingen war. Vischer war später Gast im Pfarrhaus zu Asch: Hermann Lang hat über diese Visite einen humorvollen Aufsatz verfaßt, gerade aus der Sicht des kleinen Lateinschülers zu Blaubeuren, der den berühmten Professor ins Seminar begleiten mußte und der auf dem Heimweg geradezu begeistert seine Lateinhefte verbrennen durfte, weil so dichter Nebel lag und die kleine Gesellschaft anders nicht den Weg durchs Fleinsenlau nach Asch finden konnte.

Selbst was in der Stadt Blaubeuren vorging, hat Vischer interessiert, und er hat seine Stimme kräftig erhoben, wenn er glaubte, daß der Stadt im geliebten *Jugendtal* Unbill drohe. So wendete er sich gegen das Hammerwerk am Blautopf, gegen die Sperrung des Blautals durch die Bleiche, und ganz energisch wird sein Ton, als in Blaubeuren die fließenden Brunnen abgeschafft werden sollen. Ja –, er will nie mehr nach Blaubeuren kommen, wenn die Brunnen beseitigt werden. Seiner Minimalforderung, daß wenigstens Kloster- und Marktbrunnen erhalten werden sollten, wurde entsprochen – alle anderen Brunnen wurden zerstört.

Sein geradezu pathetischer Aufruf für Brunnen, verhallte ungehört, deren Sinn es sei, *das allererfrischende, heilungsreiche, aus dem Schoße der Erde wie eine heilige Gabe quillende Element in Fülle der lechzenden Menschheit zuzuführen, das Auge durch seine spielenden, spiegelnden Schimmer, das Ohr durch sein Rauschen zu letzen, ringsumher Kühlung von Tagesglut und Qualm der Stadt zu verbreiten ...*

Aus der Welt der griechischen Mythologie führte der Weg in die Blaubeurer Kommunalpolitik, von den Dioskuren zu der leidigen Brunnenfrage, nur Spötter können dies unangemessen belächenswert finden; der Mythos bindet Großes und Kleines zusammen: wem die Dioskuren, wem Kastor und Pollux fremd sind, kennt sie doch, vielleicht, weil er das Sternbild der Zwillinge am nächtlichen Himmel ausfindig machen kann, gewiß, wenn er sein Schicksal unter dem entsprechenden Zeichen im Horoskop zu erkunden versucht. Für das kleine Blaubeuren sind Friedrich Theodor Vischer und David Friedrich Strauß Persönlichkeiten, die in ihrer Liebe zum Städtchen Blaubeuren bekanntgemacht haben – und die man hier kaum noch kennt, aber sie sind zugegen – als Kastor und Pollux leuchten sie über uns.

Literatur:

BERGER-FIX, ANDREA, »Auch einer.« Friedrich Theodor Vischer zum 100. Todestag. – Düsseldorf: Albers [1987] (= Katalog zur Ausstellung des Städtischen Museums Ludwigsburg 14. September 1987–28. Februar 1988)

FISCHER, HERMANN, Die Geniepromotion. Ein Gedenkblatt zum dreißigsten Todestag Friedrich Th. Vischers. – In: Süddeutsche Monatshefte 4,2 1907, S. 272–279.

HARRAEUS, KARL, David Friedrich Strauss. Sein Leben und seine Schriften unter Heranziehung seiner Briefe dargestellt. Leipzig 1901.

HEUSS, THEODOR, Friedrich Theodor Vischer. David Friedrich Strauß. In: Deutsche Gestalten. Studien zum 19. Jahrhundert. Stuttgart u. Tübingen: Leins 1951, S. 155–174.

KERNER, THEOBALD, Das Kernerhaus und seine Gäste. II. Teil. Weinsberg: Röck 1913.

LANG, HERMANN, Friedrich Th. Vischer als Gast. In: Süddeutsche Monatshefte 4,2 1907, S. 680–689.

VISCHER, FRIEDRICH THEODOR, Mein Lebensgang. In: Kritische Gänge, Bd. 6, 2. Aufl. München 1922, S. 439–536.

RAPP, ADOLF (Hg.), Briefwechsel zwischen Strauß und Vischer. 2 Bde., Stuttgart: Klett 1952 u. 1953. (Veröffentlichungen der deutschen Schillergesellschaft, Bd. 13 u. 19).

SCHAFFER, HEINZ u. MENDE, DIRK, Friedrich Theodor Vischer 1807–1887. Marbacher Magazin 44/1987.

SCHLAWE, FRITZ, Friedrich Theodor Vischer. Stuttgart: Metzler 1959.

Friedrich Theodor Vischer:
Und noch einmal

Noch einmal hin zum Jugendtal
Mit siebenundsiebzig Jahren!
Warum nicht dieses eine Mal
Dem Sehnen noch willfahren?

Nicht sicher sind die Schritte mehr
Und nicht mehr hell die Augen.
Doch frohe Wallfahrt ist nicht schwer,
Wohlan, sie werden taugen!

Schau, wie die Abendsonne ruht
Dort auf der Felsburg Trümmer!
Nie sah ich noch in solcher Glut
Die stolze Höhe schimmern.

Vermag des Lichtes Kraft allein
So wunderbar zu weben?
Sind's Geister, die im goldnen Schein
Von ferne grüßend schweben?

Der Pfad am kleinen, klaren Fluß
Sei rasch jetzt eingeschlagen,
Dorthin, wo an des Tales Schluß
Der Turm, die Giebel ragen.

Dorthin, wo jeder Stein mich kennt,
In die verträumten Räume,
Hinauf ins dämmrige Dorment –
Da träum' und träum' und träume!

Erscheinet, seid zur Stelle gleich,
Ihr frischen, wilden Knaben,
Und müßt' ich aus dem Totenreich
Bald auch den letzten graben!

Empfang, o altersbraunes Haus,
Die muntern Gesellen!
Horch, schon durchhallt der Jugend Braus
Die klösterlichen Zellen!

Friedrich Theodor Vischer

Sie schwärmen aus dem engen Tor
Hinaus in Bergesklüfte,
Wie Gemsen klettern sie empor
An steiler Felsenhüfte.

Sie ziehn mit Jauchzen und Gesang
Durchs Wiesental zum Walde,
Und weiter rollt der helle Klang
Von Halde fort zu Halde.

Die Augen leuchten, Lust und Schwung
Strahlt aus den offnen Mienen,
O, sie sind glücklich, sie sind jung,
Und ich, und ich mit ihnen!

Nun aber hin zum kühlen Grund,
Am Überhang der Buchen
In dem geheimnisvollen Rund
Die Nixe zu besuchen!

»Bist wieder da? Mich freut's, du weißt,«
Hör'ich die Gute hauchen,
»Komm nur, den todesreifen Geist
Ins reine Blau zu tauchen!«

Primus der Geniepromotion: Wilhelm Zimmermann (1807–1878)

Primus, das ist der Erste, der Beste eines Jahrgangs, und wer das in einer *Geniepromotion* ist, der muß außerordentliche Leistungen bringen. Bei Wilhelm Zimmermann traf dies zu, obgleich er eigentlich nicht zu dem Personenkreis gehörte, aus dem üblicherweise die Seminaristen stammten. Er war bescheidener Herkunft, sein Vater war Lackierer, und es war sehr ungewöhnlich, daß 1821 ein Arbeiterkind ins Seminar aufgenommen wurde. Da mußte es schon weit über den Durchschnitt hinaus befähigt sein, und zwar so, daß es eine in der gemeinen Bevölkerung doch bedenkliches Aufsehen erregt hätte, die herrschende akademische Schicht hätte den überaus begabten Stuttgarter Arbeitersohn zurückgesetzt. In Württemberg war es an sich üblich, daß sich der Pfarrerstand aus sich selbst rekrutierte, offiziell stand die Berufslaufbahn eines Pfarrers jedem offen; aber das war Theorie, praktisch verteilten die Pfarrsfamilien und die hohen Staatsbeamten die freien Plätze unter ihresgleichen.

Zimmermann blieb auch zeitlebens Außenseiter, seine besondere Befähigung wurde stets anerkannt, aber ihm fehlte einfach der familiäre Hintergrund, schlicht die Beziehungen, die anderen – weitaus weniger talentierten – Seminaristen zur Seite standen. Wie oft hat er sich – häufig vergebens – um ein Pfarramt beworben! (Auch um eine Professorenstelle am Seminar in Blaubeuren mühte er sich ohne Erfolg.)

Im Blaubeurer Seminar verhielt sich Zimmermann recht zurückhaltend, er war sich seiner bescheidenen Herkunft bewußt, im Strafregister taucht er ganz selten auf – ganz im Gegensatz zu seinem späteren politischen gleichgesinnten Freund Eduard Süskind, der sich freilich Verstöße gegen die Seminarsordnung leisten konnte, dessen Vater war schließlich Vorgesetzter des Ephorus!

Wilhelm Zimmermann

Allerdings war Wilhelm Zimmermann politisch verdächtig, in vielen seiner Schriften bekannte er sich als Demokrat, als Parteigänger der kleinen Leute, als Anhänger der Französischen Revolution. Politisch beargwöhnt war Pfarrer Zimmermann deshalb, weil er neben dem Pfarramt sich als Schriftsteller profilierte und Beiträge für als politisch unzuverlässig geltenden demokratischen *Hochwächter* schrieb.

Jedenfalls bereits noch im Vormärz – 1847 – sah sich der Kirchenrat veranlaßt, seine Amtsführung zu überprüfen, ohne daß Zimmermann etwas politisch Diskriminierendes nachzuweisen war. Im Gegenteil, er betrachtete sich anschließend als voll rehabilitiert, jedoch rechnete er nicht mit der Hartnäckigkeit seiner konservativen Gegner.

Im Jahr darauf wurde er als Abgeordneter für den Wahlkreis Crailsheim – Schwäbisch Hall – Gaildorf in die deutsche Nationalversammlung gewählt, das machte ihn für einige Zeit unangreifbar. Im Frankfurter Parlament wurde er zur *äußersten Linken* gezählt, er gehörte dort zu den einflußreichen Persönlichkeiten, obwohl er als Redner im Parlament nicht sonderlich hervortrat. Möglicher Grund für die Zurückhaltung Zimmermanns als Redner war seine vom schwäbischen Dialekt geprägtes Sprechen: Bei seinem ersten Auftritt verzeichnet das Protokoll – anhaltende Heiterkeit. Sein Name war jedoch im Gespräch, als über eine Zentralgewalt, über künftige Ministerien, zu denen es freilich nie kam, diskutiert wurde.

Im Frankfurter Parlament gab es noch keine Parteien im modernen Sinne, dennoch orientierten sich die meisten Abgeordneten in sogenannten *Clubs*, um im 400köpfigen Parlament überhaupt etwas erreichen zu können. Wilhelm Zimmermann gehörte zur Gruppe »Donnersberg« (genannt nach dem Lokal ihrer Zusammenkünfte) – sie war entschieden republikanisch und demokratisch orientiert; man hat ihr das Etikett *kleinbürgerlich«* verpaßt. Das ist insofern richtig, als Donnersberg für die kleinen Leute eintrat (z. B. stimmte Zimmermann mit Nein, als versucht wurde, Bürgern, die auf Armenunterstützung angewiesen waren, das Wahlrecht zu nehmen). Häufig schwingt jedoch im Begriff *kleinbürgerlich* ein Unterton mit, der an *kleinmütig,* an *kleinkariert* erinnert; und vor solchen Anmutungen gilt es Zimmermann und die Linke der Paulskirche in Schutz zu nehmen.

Von heute her gesehen erscheint das Urteil *äußerste Linke«* ungerecht, richtig ist eher, daß viele Vorstellungen der »Linken« damals als illusionär und utopisch abgetan werden konnten – heute ist vieles seit langem politischer Alltag: Der Adel hat seine Privilegien verloren, die Monarchen in Deutschland haben längst abgedankt, direkte, geheime und allgemeine Wahlen sind völlig selbstverständlich, Pressefreiheit, öffentliche Gerichtsverfahren, Abschaffung des Schulgeldes, Trennung von Kirche und Staat – damals waren dies kühne Vorstöße, die von der liberal-konservativen Mehrheit in der Paulskirche abgelehnt wurden. Für die entschiedenen Demokraten stellte sich – angesichts der permanenten parlamentarischen Niederlagen – die Frage, ob man nicht mit Gewalt die als richtig erkannten Ziele verfolgen solle. Zimmermann warnte vor *jedem unüberlegten Beginnen,* blieb also streng beim legalen Weg des Handelns, auch wenn so das Scheitern des ersten Demokratieversuchs auf deutschem Boden vorprogrammiert war.

Wilhelm Zimmermann war eine führende Persönlichkeit im »Donnersberg« – von Anfang bis zum bitteren Ende in Stuttgart dabei. Infolge der Aussichtslosigkeit der deutschen Revolution war die Zahl der Abgeordneten stetig gesunken und sank im Mai 1849 von Tag zu Tag – Ende Mai verlegte das Parlament seinen Sitz nach Stuttgart, am 6. Juni 1849 versammelten sich im Stuttgarter Landtag noch 105 Volksvertreter (davon 45 »Donnersberger«), am 18. Juni löste württembergisches Militär das Rumpfparlament auf – Zimmermann war dabei.

Die radikaldemokratischen Abgeordneten vom »Donnersberg« traf nun der besondere Zorn der monarchischen Sieger, strenge Urteile wurden verhängt, allein 10 Todesurteile wurden gefällt, vollstreckt allerdings nur eines – den meisten gelang eine rechtzeitige Flucht, viele blieben zeitlebens im Exil.

Wilhelm Zimmermann hatte mehr Glück. Seine Pfarrstelle als Helfer in Dettingen und Pfarrer von Hülben hatte er bereits 1847 mit einer Professur am Polytechnikum in Stuttgart (der späteren TH) vertauscht, im Oktober 1849 wurde seine Versetzung angeordnet, im März 1851 schied er aus dem Amt und war nun ganz auf seine schriftstellerischen Fähigkeiten angewiesen.

In den Pfarrberuf mußte er sich schließlich wieder bequemen, obgleich fleißigster Schriftsteller bis ans Ende, brauchte er doch die finanzielle Sicherheit einer bürgerlichen Existenz; demütigend genug war, sich nach der gescheiterten Frankfurter politischen Laufbahn wieder für den württembergischen Pfarrdienst bewerben zu müssen. Freund Süskind hatte es da leichter, ihm ermöglichten familiäre Beziehungen und deren finanziellen Hilfsmittel das Kirchenamt zu beenden.

Auch Zimmermann verfolgte zunächst seine politische Laufbahn weiter, bis 1854 war er noch als württembergischer Landtagsabgeordneter für das Oberamt Leutkirch aktiv. Aber damals konnte ein Abgeordneter seine Familie unmöglich von der geringen Vergütung für seinen Einsatz ernähren. Zimmermann schickte sich ins Unvermeidliche, er mußte – recht unterwürfig – um Wiederanstellung im Kirchendienst bitten: 1854 erhielt er die kleine Pfarrei Leonbronn im Zabergäu, zehn Jahre später die von Schnaitheim bei Heidenheim, am Ende war er Stadtpfarrer von Owen. Politisch trat er in dieser Zeit nicht mehr hervor, obgleich nicht der geringste Zweifel besteht, er hätte von seinen Überzeugungen gelassen.

Er hat alle diese Dienststellen mit großem Fleiß versehen, sonst hätte er sie sich nicht erhalten können, beim Studium der Akten gewinnt der Leser den Eindruck, im Kirchenrat wäre man froh gewesen, Zimmermann hätte Anlaß geboten, ihn zu entfernen.

Zimmermann war Schriftsteller, Intellektueller, aber er hat nie die Bodenhaftung verloren, überall wo er Seelsorger war, beeindruckte er infolge seiner Geradlinigkeit, selbst im Kirchenrat war man zumindest zeitweise froh, auf einen Mann verweisen zu können, der Volksmann und Mann der Kirche zugleich war.

Kein Zweifel kann daran bestehen, daß Zimmermann den Pfarrberuf liquidiert hätte, wenn er seinen Talenten entsprechend beschäftigt worden wäre. Sein Lehrstuhl am Stuttgarter Polytechnikum war besetzt, für andere Lehrkanzeln bestand nicht die geringste Aussicht. Da Beziehungen fehlten, mußte Zimmermann Pfarrer bleiben, denn das beendete seine bürgerliche Existenznot.

Als historisch-politischer Schriftsteller hat er ein umfangreiches Werk hinterlassen, das insgesamt weit über die Leistung eines seiner zeitgenössischen Professoren hinausreicht. Gewiß – er neigt zum Vielschreiber, er fühlte sich in alle literarischen Sättel berufen, schrieb Dramen (»Masaniello«) und Lyrikbände, die längst vergessen sind, gab zusammen mit Eduard Mörike literarische Almanache heraus. Bekannt wurde er vorzüglich durch seine Geschichtsschreibung, die zum Teil mehrfache Auflage erfuhren und in andere Sprachen übersetzte wurden:

– Geschichte Württembergs
– Geschichte der Hohenstaufen
– Geschichte der deutschen Nationalliteratur
– Die deutsche Revolution
– Weltgeschichte für gebildete Frauen und Jungfrauen
– Lebensgeschichte der Kirche Jesu Christi
– Illustrierte Kriegsgeschichte des Jahres 1866
– Geschichte der Jahre 1840–1860
– Geschichte der Jahre 1860–1871
– Illustrierte Geschichte des Deutschen Volkes

Am nachhaltigsten wirkte seine *Geschichte des Bauernkriegs*; keine Darstellung des Bauernkriegs ist existent, die nicht ausdrücklich auf Zimmermanns Vorarbeit hinwiese; Kenner wissen, wie stark Zimmermanns Arbeit geplündert wurde. Friedrich Engels zum Beispiel bequemt sich zu einem arg herablassenden Lob, übernimmt, ja schlachtet geradezu große Teile aus. Und er ist nicht der einzige.

Noch heute wird das Buch aufgelegt – wenngleich in einer gekürzten Fassung – und noch immer fesselt die dramatische Gestaltung der Ereignisse: *Auch zu Langenau wurden zwei Gefangene mit dem Schwert gerichtet. Gleich nach der Versprengung des Langenauer Haufens hatte der alte, von der Gemeinde abgesetzte Rat das Regiment wieder ergriffen, und der Truchseß war zur Exekution selbst von Leipheim nach Nau geritten. Thomas Paulus, der Bauern Ammann, Hans Ziegler, ihr oberster Hauptmann, und Jakob Finsterauer, der Pfarrherr, waren glücklich entwichen. Auch zu Ulm verfuhr der Rat mit einem Teile der eingebrachten Gefangenen peinlich; denn Donnerstag nach Judika schrieb er an den Altbürgermeister Bernhard Besserer und den Ratsfreund Sebastian Renz nach Nau, sie sollen den Nachrichter fördern, man brauche ihn zu den Gefangenen, welche die Bundesstände hereingeschickt haben. Die Herren waren eifrig, Blut zu vergießen, und wäre es nicht natürlich, daß die Bauern an Repressalien dachten? Ulm machte sich dadurch so verhaßt bei den Bauern, daß eine Sage sich verbreiten konnte, die Bauern wollen Ulm zerstören und alle Einwohner töten.*

Als Primus der Geniepromotion hatte Zimmermann den Auftrag zu meistern, einen Text zum Abschied aus Blaubeuren zu dichten – seitdem hat dies wahrscheinlich jede Promotion geleistet. Aber man wird keiner zu nahe treten, wenn die herrlichen Stanzen Zimmermanns als den gelungsten Abgesang auf Blaubeuren genannt werden. Daher sollen sie in diesem Büchlein zum erstenmal gedruckt werden.

Wilhelm Zimmermann starb am 27. September 1878 in Bad Mergentheim, sein Grab fand er in Owen.

Literatur:

Borst, Otto, Wilhelm Zimmermann. – In: Die heimlichen Rebellen. Schwabenköpfe aus fünf Jahrhunderten. – Stuttgart: Theiss 1980, S. 141–159.
Bundesarchiv, Aussenstelle Rastatt, Erinnerungsstätte für die Freiheitsbewegungen in der deutschen Geschichte. Katalog der ständigen Ausstellung. – Koblenz: Bundesarchiv 1984.
Hildebrandt, Gunther, Parlamentsopposition auf Linkskurs. Die kleinbürgerlich-demokratische Fraktion Donnersberg in der Frankfurter Nationalversammlung 1848/59. Berlin: Akademie 1975 (= Akademie der Wissenschaften der DDR. Schriften der Wissenschaften der DDR. Schriften des Zentralinstituts für Geschichte Bd. 41).
Zimmermann, Wilhelm, Der Große Deutsche Bauernkrieg. Volksausgabe. Berlin: Dietz 1989.
Randecker, Günter u. Scheuffelen, Thomas, »Mein ganzer Name ist Balthasar Friedrich Wilhelm Zimmermann.« Marbacher Magazin 31/1984.
Rapp, Adolf, Wilhelm Zimmermann. Dr. phil. Pfarrer und Fachlehrer. In: Schwäbische Lebensbilder, Bd. 6 1957.

Gustav (von) Binder (1807–1885) – ein Schulmann

Die alten württembergischen Klosterschulen und die Evangelisch-theologischen Seminare waren bis in unser Jahrhundert hinein Eliteschulen ersten Ranges; jede einzelne kann eine eindrucksvolle Liste bedeutender Zöglinge vorlegen. Die Blaubeurer Ehrentafel ist besonders lang, da hier die schulische Tradition bis 1556 zurückreicht (wie in Maulbronn), während Urach und Schöntal erst zu Beginn des 19. Jahrhunderts Seminarorte wurden.

Berühmte Leute hinterlassen Spuren in der Geschichte – und das nicht nur in ihren Werken und Taten, meistens finden sich auch literarische Niederschläge, sei es, daß ihre Briefwechsel erhalten blieben, sei es, daß sie ihre Lebenserinnerungen schriftlich faßten oder daß sich Freunde oder Wissenschaftler fanden, welche den Lebensweg biographisch schilderten. Ein besonders reizvolles Dokument dieser Art sind die Erinnerungen Gustav von Binders. Auszugsweise wurden sie 1975 gedruckt, komplett liegen seine Aufzeichnungen im Literaturarchiv zu Marbach/Neckar. Sie sind sehr persönlich gehalten, denn Binder hatte seine Niederschrift nicht veröffentlichen wollen, die Schrift war für den engsten Familienkreis bestimmt.

Gerade deshalb ist sie als historische Quelle wertvoll, neben vielem anderen behandelt Gustav von Binder seine Zeit am Seminar in Blaubeuren recht ausführlich. Doch zunächst soll seine Person vorgestellt werden. Geboren wurde er – noch ohne Adelsprädikat – als Sohn eines Bankkaufmanns in Augsburg. Sein Vater jedoch war Württemberger und kannte den Wert der württembergischen Schulen und sorgte dafür, daß der Sohn Seminar in Blaubeuren und Stift in Tübingen bis zur Prüfung als Pfarrer durchlief. Über zehn Jahre war dann Binder im Dienst der Kirche, als Repetent in Schöntal und am Stift, als Vikar in Stuttgart und als Diakon in Heidenheim. Er wechselte dann in den Schuldienst, war Gymnasialprofessor in Ulm.

Gustav (von) Binder

Seit 1857 war er in der Kultusverwaltung tätig, deren Direktor er von 1866–1880 schließlich war. Heute ist seine Position am besten mit dem Amt eines Kultus- oder Unterrichtsministers zu vergleichen.

An seinem Grabe, am 26. Januar 1885, formulierte Hermann Planck, (der später Ephorus in Blaubeuren wurde) folgenden Nachruf: *Was er war, das wissen wir, was er uns war, das empfinden wir, was er wirkte bis in sein Greisenalter, was er geschaffen, wird ewig fortdauern. Er lieferte die Bausteine zu dem Gebäude des württ. Schulwesens, er war ein ganzer und voller Mann, ein Mann aus einem Gusse, ...*

Worin liegen seine Verdienste? Neben der gewöhnlichen Verwaltungsarbeit, von der wir alle neigen, sie zu gering zu achten, weil wir für selbstverständlich halten, daß alles reibungslos abzulaufen hat, erwarb sich Gustav von Binder zwei Verdienste um das württembergische Schulwesen: Zum einen förderte er den Ausbau der Gymnasien, insbesondere der Realgymnasien; er erkannte die Bedeutung der naturwissenschaftlichen Fächer für ein Land, das sich eben damals zu Industrialisierung anschickte. Das war kein leichtes Unterfangen; zu sehr war man gewohnt, Latein, Griechisch und Philosophie als Grundlage humaner Bildung zu sehen, praktische Kenntnisse und Fertigkeiten blieben der handwerklichen Ausbildung vorbehalten und für die war kein schulischer Unterricht vorgesehen. Die aufkommende Industrie verlangte nach Ingenieuren, nach Physikern und nach Chemikern. Um diese Disziplinen zu studieren, dazu taugt als Grundlage der klassische, humanistische Fächerkanon wenig, hier sind moderne Fremdsprachen, Mathematik und Grundzüge naturwissenschaftlicher Kenntnisse erwünscht. Binder hat dies erkannt und den »Realien« im Lande zu ihrem Recht verholfen, unter seiner Amtszeit wurden Realgymnasien und Oberrealschulen eingeführt.

Binder ist weiter ein ganz wichtiger Förderer des Sportunterrichts an unseren Schulen. Damals verstand man darunter Turnunterricht. Und dieser war recht militärisch gestaltet. Ursprünglich nur auf Gymnasien beschränkt, hat er heute Einzug in alle Schularten gehalten. Daß sich Binder so für den Sportunterricht engagierte, ist sicher ein Ergebnis des Turnunterrichts, den Binder im Blaubeurer Seminar genießen durfte.

Das Seminar in Blaubeuren darf sich rühmen, als eine der allerersten Schulen planmäßig Turnunterricht angeboten zu haben, von den Zöglingen wurde dieses Angebot begeistert angenommen – so auch von Binder. 1817 war überhaupt das Jahr einschneidender Reformen: die alten Klosterschulen waren von König Friedrich aufgelöst und geschlossen worden, sein Nachfolger König Wilhelm eröffnete sie wieder als Evangelisch-theologische Seminare. Vier Jahre lang wurden die Schüler, welche das Landexamen bestanden hatten, bis zum Konkurs in Blaubeuren gebildet. Blaubeuren eröffnete die Reihe im Jahre 1817, im Jahr drauf begann Urach, dann Maulbronn und schließlich Schöntal.

Die ersten Jahre der Neueröffnung sind gekennzeichnet von einem Schwung, einer Dynamik, die gleichermaßen von Lehrern und Schülern erfaßte und die ganz besondere Leistungen zeitigen sollte. Am bekanntesten ist die Blaubeurer Genie-Promotion, die von 1821–1925 in den Mauern des Klosters heranreifte. Binder gehörte zu ihr, und deshalb sind seine Aufzeichnungen aus Blaubeuren so aufschlußreich, zeigen sie doch, wie nachmals berühmte Männer sich als junge Leute aufführten, wie sie lernten und studierten und wie sie in Freundschaft untereinander verbunden waren.

Wie hoch der Rang der Seminarien stand, erweist sich am besten darin, betrachtet man die Bedingungen der Aufnahme: das Landexamen war dreimal zu bestehen, Lateinisch, Griechisch, sogar Hebräisch wurden damals geprüft. Binder ist stolz darauf, daß er *zum Argument* (= Aufgabe) im ersten Landexamen sechs Distichen, im zweiten zwei sapphische, im dritten zwei alkäische Strophen lieferte. Man frage einen Gymnasiasten von heute, ob er die Unterschiede zwischen diesen griechisch-lateinischen Strophenformen kenne, die damals von einem 14jährigen Bewerber um einen Freiplatz als selbstverständlich vorausgesetzt wurden. Binder erzählt recht anschaulich seine Aufnahme in Blaubeuren, z. B. kritisiert er die schlechte Gastronomie, die er dort vorfand. So mußte er zusammen mit seinem Vater in einem Bett übernachten – das Lokal existiert noch heute. Er beschreibt seine Altersgenossen und ihre späteren Schicksale, er charakterisiert die Lehrer und deren Arbeit im Unterricht. Besonders vergnüglich sind die Stellen zu lesen, die über das Leben im Kloster berichten: Klagen über das Essen, Dauerlauf im Kreuzgang, nächtliche Maskerade, Nachahmung der Lehrer, Ärgern der Blaubeurer Bürger, musikalische Aufführungen – Binder blies das Fagott – Klettern auf den Felsen um Blaubeuren.

Ein längeres Zitat soll Art und Weise der Binderschen Aufzeichnungen charakterisieren:

Die sittliche Haltung der Promotion war nicht schlecht, wenn auch manche Übertretungen des Wirtshausverbotes vorkamen, an denen ich mich nur in einzigen Falle beteiligte. Es war in Sonderbuch bei einem Gassenwirt Maier, der gepfropftes Weißbier schenkte. Wir trafen da mit einem alten, aber noch rüstigen und schlauen Bauern zu-

sammen, der im Verlauf der Unterhaltung sich als Wilderer herausstellte, der seine unerlaubte Jagdbeute an die Gastwirte in Ulm zu verkaufen pflegte, und dafür nach mancherlei Strafen auch damals wieder von den Förstern kurze Zeit darauf erwischt und vier Monate eingetürmt wurde. Bei unserer Unterhaltung versuchten wir uns auch mit Rätseln: Eins der seinen war, welcher Unterschied sei zwischen einem Schultheißen und dem Monde : Letzterer, so gab er zuletzt als Lösung an, sei nur alle vier Wochen voll, der Schultheiß aber alle Tage.

Mit Blaubeurer Bürgern kam Binder kaum in Kontakt: das lag vor allem an der strengen Seminarordnung, die den Schülern nur geringe Freizeit zugestand, eher waren Besuche in den benachbarten Pfarrhäusern gestattet. Selbstverständlich wurde davon gerne Gebrauch gemacht, insbesondere wurden die Häuser besucht, die mit ledigen Töchtern gesegnet waren. Die Geniepromotion drängte nach Bermaringen, denn dort besaß Pfarrer Rößler gleich drei unverheiratete Töchter. Ein Promotionsmitglied spottete noch nach Jahren:

Um die schönen Pfarrerkinder
Wurden viele Herzen weich;
Walther, Krais und Mehl und Binder
Huldigten dem Feenreich.
Krais trug Sträuße einst zwei Stund
Wohl in jeder Hand zwei Pfund.

Binder war der erfolgreichste unter den Bewerbern; mit der jüngsten der Rößler-Töchter war er verlobt, bis das Mädchen die Verlobung löste, weil ihr Binder allzu gelehrt erschien.

Blaubeuren hat Binder nie vergessen und der Stadt und dem Seminar stets lobend gedacht. Als er dienstlich einmal das Seminar visitieren mußte, hat es ihn *doch eigentümlich angewandelt*, wieder in Blaubeuren zu sein:

Und draußen der Klosterhof und die Felsen und Ascher Steig glückseligen Gedenkens, und der Blautopf, die Quelle nicht nur reinsten lebendigen Wassers, sondern auch der tiefsten mystischen Gefühle und Gedanken, und das herrliche Rusenschloß, kurz all jener Zauber der Gegend und der einzelnen Plätzchen, welcher die erwachende Jünglingsseele erfüllt hatte, alles war noch da, wie einst.

Vorstehende Sätze schrieb Gustav von Binder im hohen Alter auf einem Stehpult, das ihm einst ein Blaubeurer Schreiner gefertigt hatte und das den Gelehrten ein Leben lang begleitete.

Literatur:

NEUNHÖFFER, MAX (Hg.), Ein liberaler Theologe und Schulmann in Württemberg. Erinnerungen von Dr. Gustav v. Binder 1807–1885. Stuttgart: Kohlhammer 1975. (= Lebendige Vergangenheit. Zeugnisse und Erinnerungen. Schriftenreihe des Württ. Geschichts- und Altertumsvereins Stuttgart 6. Band).
LITERATURARCHIV MARBACH, Originalmanuskript Binders.

Adolf Bacmeister – Journalist ohne Glück (1827–1873)

Der Beruf des Journalisten hat erst heutzutage ein Profil erreicht, das ermöglicht, das Handwerk eines Zeitungsmannes von Grund auf zu erlernen. Früher war das ganz anders: Das Pressewesen kam erst im Laufe des vergangenen Jahrhunderts auf, kein Wunder, daß es keine geregelte Berufsausbildung geben konnte, sein Glück in diesem neuen Berufsfeld konnte der machen, der beweglich und clever genug war, Leser und Verleger bei Laune zu halten.

Die Zeitungen erschienen und verschwanden so schnell, wie sie kamen – Journalisten mußten auf rasche Kündigung, auf fremde Orte, auf ein neues Publikum gefaßt sein und sich entsprechend anpassen. »Gazettenmacher« so wurden sie von manchem verächtlich genannt, der sich wohlversorgt keine Sorgen um seinen Lebensunterhalt machen mußte.

Dabei waren die Presseleute von früher, die Pioniere des Journalismus fast immer hoch gebildet, denn ein wohlgefüllter *Schulsack* – heute sagen wir dazu: Allgemeinbildung – gehörte damals unbedingt zur Grundausstattung eines Zeitungsmannes.

Das theologische Seminar in Blaubeuren lieferte mit Sicherheit einen solchen *Schulsack*. Adolf Bacmeister hat in Blaubeuren eine gediegene humanistische Bildung erhalten, für die er immer dankbar war, auch wenn er mit der Lehrerschaft einige Konflikte auszutragen hatte. Eigentlich war mit Besuch der Blaubeurer Anstalt das zukünftige Leben Bacmeisters vorgezeichnet: Pfarrer, Professor an einem Gymnasium oder gar Hochschullehrer.

Wie war da möglich, daß einer, der solche sicheren Zukunftsaussichten hatte, sich auf den »windigen«, zudem mit finanziellen Risiken beladenen Posten eines Redakteurs begab? Bacmeisters Lebensgang erklärt dies.

1827 in Esslingen geboren, gehörte er, auch wenn sein Vater kein Pfarrer war, infolge anderer Verwandtschafts-

Adolf Bacmeister

beziehungen zu der Schicht, die gemeinhin zum theologischen Beruf in Württemberg bestimmt war. So bezog er auch vier Jahre lang von 1841 bis 1845 das Seminar in Blaubeuren, hatte zahlreiche Kameraden um sich, die später bedeutende Persönlichkeiten, Pfarrer, Gelehrte und Professoren wurden. Obgleich nicht der Primus, der Allerbeste der Promotion, so war er doch so etwas wie der geistige Mittelpunkt der Zöglinge, die mit ihm die Jahre in Blaubeuren verbrachten.

Einen Hang zum Genialen hatte Adolf Bacmeister, er spürte eine dichterische Kraft in sich, die ihn weit über die engen klösterlichen – zwar protestantischen, aber doch pedantisch-kleinlichen Verhältnisse am Seminar hinaushob. Der Drang zum Künstlerischen, das Wissen um poetische Potenz, das alles vertrug sich nur schlecht mit einer Schulordnung, die bis ins Private hinein alles regulierte. Selbst die knappe Freizeit war so über den Tag verteilt, daß wenig Raum für eigenständiges Unternehmen war, die private Post wurde kontrolliert, die Privatlektüre der Schüler sorgfältig, wenn auch letztlich erfolglos, überwacht. Schriften des – wie man es später nannte – »Jungen Deutschlands«, also Werke Heinrich Heines, Karl Gutzkows, Georg Herweghs waren streng verpönt, und doch wurden sie im geheimen gelesen. Bacmeister verschlang sie geradezu, und die Genannten wurden seine literarisch-journalistischen Vorbilder.

Bacmeister geriet so zwangsläufig in Konflikt mit der Lehrerschaft, die den jungen Mann, der so schwärmerisch sich für Fortschritt und Demokratie begeisterte, nur unter Androhung disziplinarer Gewalt zu zähmen vermochte. Die innere Opposition zu seinen Lehrern und zur Obrigkeit blieb jedoch bestehen.

Dies setzte sich nicht nur in der freieren Luft im Tübinger Stift fort, sondern an der Universität steigerte sich der Oppositionsgeist bis zur Katastrophe. Begeistert begrüßte er den nationalen und demokratischen Aufbruch von 1848, er entwich dem Stift und glaubte, mit Waffengewalt die nationale Demokratie herbeikämpfen zu können. Mitte März 1848 verließ er Tübingen, schloß sich Freischärlern im badischen Land an, nach dem Gefecht bei Dossenbach, am 27. April, geriet er in Gefangenschaft. Zunächst wurde er ins Zuchthaus Bruchsal eingeliefert, dann auf den Asperg verlegt. In der Zelle dort dichtete er:

Auf Bergeshöhen schweift' ich gestern,
Dem Adler bot ich Brüderschaft.
Die Wolken nannt' ich meine Schwestern, –
Heut' lieg ich tief in Kerkershaft.

Die Tiefe seines Sturzes verspürte er erst, als er gnädig entlassen ward. Was tun? An eine Pfarrerslaufbahn war infolge *selbstherrlichen Entweichens* aus dem Stift nicht zu denken, das Professoratsexamen, das ihm eine Laufbahn als Gymnasiallehrer eröffnet hätte, wurde dem Revolutionär verwehrt – ein Radikaler im öffentlichen Dienst, als Erzieher der Jugend – bereits damals undenkbar!

Hauslehrerstellen, das waren die Posten, mit denen er sich zunächst durchschlagen mußte. Imgrunde war dies ein bequemes Dasein, und viele Geistesgrößen aus Schwaben – Schiller, Hölderlin – hatten so ihre Karriere begonnen. Als Hauslehrer wurde man nämlich in den Kreis einer wohlhabenden Familie aufgenommen, deren Kinder zu unterrichten und zu beaufsichtigen waren. Aber es läßt sich leicht denken, daß Bacmeister die abhängige Stellung (ein Hauslehrer konnte jederzeit entlassen werden) schmerzlich fühlte – immerhin schätzte er später die Zeit als seine Lehrjahre. Mußte sich doch der schäumende Geist in die Gegebenheiten bürgerlicher Existenz fügen.

So war er froh, daß er doch noch zum Examen für das Lehramt zugelassen wurde. Bacmeister war dann auch zehn Jahre lang Lehrer an Gymnasien des Landes, zuletzt in Reutlingen, wo er 1857 endlich eine feste Stellung fand. Nun war er selbst Lehrer, und er schickte sich auch in das vom Lebensunterhalt her gesehen Unvermeidliche. Zwar finden sich in seinen Briefen selten Klagen; das ist von einem Mann seiner Statur nicht zu erwarten, denn Bacmeisters charakterliche Lauterkeit verbot ihm Beschwerden über mißliche Umstände, die er sich selbst zuzuschreiben hatte.

So sehr er sich fügte, ganz hatte er nicht vergessen, daß er von Begabung und Bildung her zu Höherem berufen war. Und er ließ sich dies sauer werden: Die geringe Freizeit, die neben Schul- und Korrekturarbeit blieb, nutzte er in einem Ausmaß, das Staunen erregt. Er selbst beschreibt seine Art zu arbeiten mit der Formel $7+x$, mit x meint er die Stunden, die ihm nach 19 Uhr, nach getaner Pflicht, nach Schul- und Korrekturarbeit, blieben.

Hauptsächlich hat er auf wissenschaftlichem Gebiet gearbeitet, vor allem Sprachwissenschaften waren sein Arbeitsfeld – von schwäbischer Ortsnamenkunde bis hin zur Sprache der Bantu-Völker reichte seine wissenschaftliche Neugier. Daneben hat er ins Deutsche übersetzt, Tacitus und Horaz, aber auch aus dem Englischen das Tagebuch von Thomas Moores Tochter.

Aus der Tätigkeit als Lehrer erlöste ihn 1864 ein Angebot der *Augsburger Zeitung,* als Redakteur einzutreten. Das kam nicht von ungefähr; in seiner durch nichts gesicherten Stellung als Hauslehrer mußte sich Bacmeister nach einer weiteren Einkommensquelle umsehen. So kam er bald in Kontakt mit den damals führenden Zeitungen Süddeutschlands: *Speyrer Zeitung, Stuttgarter Beobachter, Schwäbischer Merkur* – sie, und vielen mehr hat Bacmeister mit Artikeln aus seiner Feder beliefert, und so mit Zeilengeld – Journalisten werden nach der Zahl der gedruckten Zeilen bezahlt – sein Salär als Hauslehrer aufgebessert. Und auch als Gymnasiallehrer hat er für viele Blätter geschrieben.

Mit der Übersiedlung nach Augsburg gab es nun *heiße, aber meist fröhliche Arbeit*. Zwar litt er unter der Routinearbeit, der ein Redakteur unterliegt, anderseits war er froh, den Machenschaften unreifer Jugendlicher entronnen zu sein. Als Mann der Presse kehrte er zu seinen Idealen seiner Studienzeit zurück: Liebe zum Vaterland und Liebe zur Demokratie.

Den Krieg 1870/71 und die sich anschließende Gründung des Deutschen Reiches begrüßte er aus nationaler Überzeugung uneingeschränkt. Im Gegensatz zu vielen seiner früheren Mitstreiter von 1848 hat er als alter Demokrat jedoch seine politischen Vorstellungen nicht auf dem *Altar der Bismarck-Seligkeit* geopfert; zudem blieb er großdeutsch: daß Österreich nicht zum Deutschen Reich gehören konnte, das hat er nie eingesehen.

Vielleicht ist deshalb zu verstehen, daß der die *Augsburger Allgemeine* verließ und zur Wiener *Presse* wechselte, denn die beschäftigte ihn als ihren Korrespondenten aus Stuttgart. Die Umsiedlung dorthin Ende 1872 war für Bacmeister nicht nur deshalb wichtig, weil er nun wieder im vertrauten württembergischen Umfeld arbeiten konnte, sondern Stuttgart war damals (wie heute) ein Zentrum der Verlage. Und wer Bücher schreiben konnte und wollte und noch etliches vorhatte zu veröffentlichen, für den konnte Stuttgart eine ideale Wirkungstätte sein.

Die Stimmung Bacmeisters war entsprechend. Sein Biograph Rudolf Schmid (selbst ehemaliger Blaubeurer Seminarist) schildert sie wie folgt, ... *den Geist voll großer Entwürfe, die Mappe voll reicher Arbeit, von Verwandten und Freunden warm und freudig aufgenommen – aber den Todeskeim im Herzen.*

Anfang 1873 starb Adolf Bacmeister. Mitten in der Arbeit, denn das, was er sich vorgenommen hatte, konnte er nicht mehr abschließen, weder seine *Alemannische Wanderungen*, von denen nur ein erster Teil gedruckt werden konnte, noch die *Keltischen Briefe*, die erst – unvollendet – nach seinem Tod erschienen.

Literatur:

BACMEISTER, ADOLF, Abhandlungen und Gedichte. Mit einer Biographie Bacmeisters, hrsg. v. J. HARTMANN, J. KLAIBER und RUD. SCHMID. Stuttgart: Kohlhammer 1886.
SCHMID, RUDOLF, Erinnerungen aus meinem Leben. Aufzeichnungen für die Seinigen. Konstanz: Geß 1909.

Schwarzwald und Arabien – Julius Euting (1839–1913)

Als *Abd al Wahhab*, zu deutsch als *Knecht des Allmächtigen*, zog er durch die Wüsten Innerarabiens und erlebte dort Abenteuer, die in dem zweibändigen Tagebuch jener Reise so frisch und lebendig erzählt werden, daß sich das Buch heute noch zu lesen lohnt.

Als Julius Euting wurde er 1839 in Stuttgart als Sohn eines Kanzleirates geboren – und schon in frühester Jugend wurde ihm prophezeit, dereinst einmal Weltreisender zu werden. Das kam so: Als Kleinkind verlor er auf einer Reise zum Rheinfall eines seiner *Täpperle* und sah sie unter Tränen im Rhein davonschwimmen. Die Eltern deuteten das Ereignis in obigen Sinne, kannte man doch aus der griechischen Mythologie das Schicksal des Argonauten Jason, der sich – eben weil er eine Sandale im Fluß verlor und seitdem nur mit einem Schuh einherschritt – zu seinen Fahrten quer durch das Mittelmeer genötigt sah. Die Familie sollte mit ihrer Vorhersage recht behalten. Reisen, das war Eutings Element, ganz besonders, wenn damit der Reiz des Abenteuerlichen verbunden war.

So startete er zu seiner ersten Reise in den Orient von Ulm aus mit einer eigens gebauten Ulmer Schachtel, die er dann in Ungarn verkaufte. Noch im hohen Alter von über 70 Jahren beteiligte er sich an Ballonfahrten, und in Straßburg organisierte er die ersten Flüge mit bemannten Drachen. Von seinen Freiflugversuchen ist folgende Anekdote überliefert:

Sehr populär ist der Bericht geworden, den Euting nach seiner ersten Freiballonfahrt über seine Eindrücke in einem öffentlichen Vortrag erstattete. Um ganz anschaulich zu schildern, daß die Erhöhungen auf der Erde in größeren Höhen verschwinden, rief Euting aus: »Sie werda es kaum glauba, aber s'Münster schtellt sich dar so flach wia a Bettwanz.«

Seine eigentliche Bedeutung liegt auf wissenschaftlichem Gebiet. Neben der Theologie studierte Julius Euting

Julius Euting

Orientalistik in Tübingen, Paris, London und Oxford. Der Erforschung der arabischen Schrift und der arabischen Sprachen war seine Lebensarbeit gewidmet, und das gewissermaßen nebenher, denn im Hauptberuf war Euting Bibliothekar, zuletzt Direktor der Straßburger Universitätsbibliothek. Diese Aufgabe hinderte ihn jedoch nicht, über 200 wissenschaftliche Arbeiten zu veröffentlichen, was ihm große Anerkennung und die Mitgliedschaft angesehener ausländischer wissenschaftlicher Gesellschaften einbrachte, so beim Institute de France und der Geographischen Gesellschaft in Wien.

Im Blaubeurer Seminar lebte er von 1853–1857. Damals galt noch der vierjährige Kurs, und in diesen vier Jahren erhielt Euting den Grundstock seiner soliden, vor allem sprachlichen Bildung. Auch seine Abenteuerlust zeigte sich bereits hier: Er mußte einige Stunden Arrest absitzen, weil er den Versuch unternahm, ein außerhalb Blaubeurens gelegenes Wirtshaus (vermutlich das Schützenhaus) zu betreten. Besuch einer Gaststätte, das war den Seminaristen streng untersagt, und sogar der bloße Versuch wurde, wie man sieht, bestraft.

Noch kühner, ja geradezu verwegen verhielt sich Julius Euting in folgender Geschichte, die über ihn erzählt wird. Er soll die Tochter des Ephorus Schmoller geküßt haben, als sie – Gießkannen in jeder Hand tragend – ihres Vaters Garten gießen wollte und sich so nicht wehren konnte, als Euting sie umarmte. Das war natürlich ein ungeheuerlicher Vorgang, so harmlos er uns heute anmutet, und der gütige Ephorus Schmoller hätte den Eklat nicht verhindern können; Euting hätte das Seminar sofort und mit aller Schande verlassen müssen, wäre die Sache aufgekommen. Aber das kluge Mädchen schwieg – und Euting war gerettet!

Ähnliche Kaltblütigkeit bewies Euting später in der arabischen Wüste, wo er bei einem räuberischen Überfall zwei Angreifer erschoß und die Verwirrung zur Flucht nutzte. Erzählt hat er seine Erlebnisse in dem *Tagbuch einer Reise in Inner-Arabien,* das in zwei Bänden 1896 und 1914 erschienen ist und das sich an interessierte Laien wendet.

Wer solche Abenteuer bestanden hat, bei einem solchen Mann ist dann verständlich, daß er schlagfertig und gereizt retourniert, wenn an seinem Mut und seiner Entschlossenheit angesichts seiner geringen Körpergröße gezweifelt wurde. Der spätere Kaiser Friedrich mußte dies erfahren, als er noch als Kronprinz die Straßburger Universität besuchte, sich von Euting über dessen Reisen berichten ließ, und den Gelehrten etwas hinterhältig fragte, ob er denn auch Löwen gejagt hätte; offenbar glaubte er diesem kleinwüchsigen, schwäbelnden, unscheinbaren Gelehrten nicht so recht. *Nein, Majestät, die hatten gerade Schonzeit!* so lautete die Antwort. Der Hofstaat war betroffen, die anderen Straßburger Gelehrten feixten, und seine Hoheit soll beleidigt gewesen sein.

Seinem Kompromotionalen blieb er zeitlebens in Erinnerung, bemalte er doch eigenhändig die Pfeifen-

Inschriften an Eutings Grab auf dem Ruhestein

köpfe mit Blaubeurer Motiven, Pfeifenköpfe, die sich die Seminaristen zum Abschied aus Blaubeuren gegenseitig schenkten und als Andenken an ihre Seminarszeit in Ehren hielten. Mit diesen sogenannten *Promotionpfeifen* hatte es folgende Bewandtnis:

Selbstverständlich war das Rauchen im Seminar streng untersagt und wurde entsprechend bestraft. Bereits 1705 findet sich im Strafbuch von Blaubeuren der erste entsprechende Eintrag. Und bis in unser Jahrhundert setzte sich der unerbittliche, jedoch stets vergebliche Kampf der Lehrerschaft gegen das *Rauchlaster* fort. Verhöre homerischen Ausmaßes über die leidige Rauchfrage sind überliefert – und auch die dann doch recht mild ausfallenden Strafen. Kurz: beim Abschied aus Blaubeuren, da wurden dann die Pfeifen demonstrativ in aller Öffentlichkeit geraucht, *als äußeres Sinnbild, als Panier ..., um den Anbruch der Freiheit, der Selbstbestimmungsrechte zu verkünden.*

Julius Euting wurde zum *Hauptraucher*, wie ihn einer seiner Freunde aus dem Seminar benannte, und – ganz seinen orientalischen Neigungen gemäß – leidenschaftlicher Kaffeetrinker, dabei entschiedener Gegner des Alkohols.

Beliebt bei jedermann, entwickelte er sich im Laufe seiner Straßburger Tätigkeit zum Original:

Ein kleingestaltiger Professor und Geheimrat mit großem Schlapphut und langem Mantel, mit seinen oft neckisch und schelmisch blitzenden, wohlwollenden Augen, welcher in Straßburg jung und alt, besonders der Kinderwelt, die er als Junggeselle besonders liebte, im Elsaß und Schwaben weit und breit so vielen bekannt war, der humorvolle Erzähler und drastische Schilderer, über dessen Taten und Worte sich so fast wie eine Legende bildete ...

Zäh, ausdauernd und rüstig, wie er war, gehörte er zu den Pionieren, welche die Vogesen dem Wanderer erst richtig erschlossen. Als Mitbegründer des Vogesenclubs (36 Jahre war er Präsident dieses Wandervereins) war er sich nicht zu schade, neue Wege zu erkunden, auszubauen und mit Markierungszeichen zu versehen. Der Vogesenclub hat ihm auf dem Climont zwischen Elsaß und Lothringen mit dem nach ihm benannten Juliusturm ein bleibendes Denkmal gesetzt.

Ähnlich aktiv war Euting im Schwarzwaldverein. Besonders lag ihm der Ruhestein zwischen Baiersbronn und Ottenhöfen am Herzen, als *Ruhesteinvater* wurde er weit herum bekannt, weil er Ruhestein und Schliffkopf touristisch erschlossen hat. Aber auch auf der Schwäbischen Alb, insbesondere um Balingen, ist Euting viel gewandert. Eine Zeitlang wünschte er, auf dem Dreifürstenstein bestattet zu werden.

Als er 1913 starb, wurde seine Asche auf dem Ruhestein beigesetzt. Euting hatte die Grabesstätte sorgfältig ausgesucht und hergerichtet. Gerade ein Ar umfaßt die Stelle, die er sich als persönlichen Besitz überschreiben ließ, von der Höhe fällt tief der Blick zum »Wilden See« und gleitet weit hinaus ins Tal der Schönmünzach. Eine in arabischer Sprache und Schrift gehaltene Inschrift hat Julius Euting vorgesehen gehabt, er schreckte dann doch vor der Realisierung zurück, weil er fürchtete, unverständige Wanderer könnten die Tafel beschädigen oder gar zerstören. Sie kam jedoch nach seinem Tode ins Stuttgarter Lindenmuseum und leider wurde der Stein neben anderen Erinnerungen an Julius Euting in den Bombennächten des letzten Krieges vernichtet. Seine wertvollen wissenschaftlichen Tagebücher blieben in der Universitätsbibliothek Tübingen erhalten. Das Grab auf dem Ruhestein wurde vom Schwarzwaldverein 1980 liebevoll restauriert und mit neuen Inschriften versehen, darunter auch in deutscher Sprache der ursprünglich arabisch gefaßte Grabspruch:

Er ist der Lebendige der Ewige.
Wenn mein Bett zu Staub geworden ist
und ich in der Nähe des allbarmherzigen Herren weile,
dann geglückwünscht mich meine Freunde und sprechet:
Frohe Botschaft dir, du bist zu einem Gütigen eingegangen.

Noch in seinem Testament erwies er sich als der liebenswürdige Kauz, der er stets gewesen war. Klar, seine Bibliothek und sein wissenschaftlicher Nachlaß kamen verschiedenen Universitäten zugute, das Vermögen verteilte er auf Verwandte und Hausangestellte. Aber er stiftete auch Preise, so für den Schüler des Eberhard-Ludwig-

Gymnasiums in Stuttgart, der die schönste Handschrift besitzt (der Preis wird seit ungefähr 1960 wieder verliehen!).

Für denjenigen, der an Eutings Geburtstag – den 11. Juli – den Ruhestein besuchen sollte, hatte der alte Arabienreisende eine besondere Überraschung vorbereitet: Auf ihn wartete eine Tasse Mokka – zu trinken auf Eutings Gedächtnis. Leider haben Krieg und Inflation die freundliche Stiftung zum Erlöschen gebracht.

Aber jedem Heimatfreund sei empfohlen, auf den Spuren des alten Blaubeurer Seminaristen zu wandern. Gewiß, der Ruhestein ist in der Saison zu einem vielbesuchten Platz geworden; aber die Touristen bevölkern die Parkplätze und die Gaststätten, die wenigsten finden zum Grab des *Ruhesteinvaters* – vor allem, wenn der Sessellift außer Betrieb ist. Hier an der Grabesstätte herrscht unter der Woche Ruhe – wer dort still rastet, versteht, weshalb Euting hier seine letzte Bleibe haben wollte. – Noch einsamer ist es freilich auf dem Climont, wo der Aussichtsturm ihm gewidmet wurde.

Literatur:

Graner, Hans, Julius Futing. – In: Lebensbilder aus Schwaben und Franken. Bd. 8 Stuttgart: Kohlhammer 1962, S. 305–334.
Notz, Hermann, Sechzehnsprachenmännle, Ruhesteinvater und Feuerteufel: Professor Dr. phil. Julius Euting. Freudenstadt: Schwarzwaldverein 1983.
Pfister, Albert, Pfarres Albert. Fundstücke aus der Knabenzeit. Stuttgart, Berlin, Leipzig: DVA 1901.
Zenneck, Jonathan, Erinnerungen eines Physikers. München o. J.

Oskar Fraas (1824 –1897) – ein Pionier der Vorgeschichte

So lang es darum Leute gibt, welche die Alb lieb haben, werden auch die beiden Namen »Quenstedt« und »Fraas« unter ihnen unvergessen bleiben.

Schon öfters wurde von Kennern der deutschen Geistes- und Kulturgeschichte der kuriose Umstand vermerkt, daß im Württembergischen die eigenen bedeutenden Geister wenig zählen. Und in der Tat, im »Ländle« war für die Kepler, Schiller, Hegel, Schelling und List kein Platz – sie erwarben ihren Ruhm in Prag, Wien, Weimar, Berlin, München und überall sonst in der Welt. Manche sind sogar im Zorne geschieden, weil sie im Lande nicht gerne gesehen wurden. Vielleicht war für diese genialen Persönlichkeiten der Staat »Beutelsbach« einfach zu klein, sie mußten gehen, wenn sich ihre Genialität entfalten sollte, obgleich wir wissen, daß sie alle mit ziemlicher Anhänglichkeit der Heimat zugetan waren.

Und wie ging's denen, die im Lande blieben oder bleiben mußten? Gemeint sind nicht allein die Begabungen zweiten und dritten Ranges, denen das Land hinlängliche Nahrung und Auskommen bot, sondern es ist an die Persönlichkeiten zu denken, die mit dem Land so verbunden waren, daß sie auch hier leben wollten.

Johann Jakob Moser (1701–1785) und Christian Friedrich Daniel Schubart (1739–1791) wurden auf dem Twiel und dem Asperg jahrelang inhaftiert, ohne das so richtig erkennbar ist, was die Ursache der langen Haft war. Robert Gradmann, Verfasser der grundlegenden Arbeit über die Pflanzen Südwestdeutschlands, erhielt die ersehnte Professur erst im bayrischen Erlangen, Julius Euting, der berühmte Orientalist war Professor in Straßburg; und Oskar Fraas, über dessen Lebenswerk hier berichtet werden soll, blieb im Lande, das ihn *redlich* nährte, wie gleich zu lesen sein wird.

Oskar Fraas (geboren in Lorch 17. 1. 1824) stammt aus einer württembergischen Pfarrersfamilie, sein Vater war

Oskar Fraas

zuletzt Dekan in Balingen. Damit war sein schulischer Weg vorgezeichnet; von 1837 bis 1841, vier Jahre lang, lebte Oskar Fraas im Seminar zu Blaubeuren. Er selbst bezeichnet diese Zeit als die schönste seines Lebens, und diese Aussage ist nicht nur als floskelhafte Referenz den Jugendjahren gegenüber zu werten, sondern sie ist ernst gemeint. Dem jugendlichen Gemüt erschloß sich die Schönheit und Vielfältigkeit der Blaubeurer Landschaft derart, daß sie seine naturwissenschaftlichen Neigungen bestärkte und förderte, obgleich er zum Theologen bestimmt war.

Zoologie, Botanik, Geologie – Blaubeuren bietet für diese Wissenschaften beste Anschauungs- und Übungsmöglichkeiten, die der junge Fraas begeistert nutzte, obwohl die strenge Seminarordnung nur geringe Freizeit bot, in der er seiner Neigung nachgehen konnte. Der Unterricht damals war eng humanistisch ausgerichtet, d.h., Naturwissenschaftliches wurde nur ganz am Rande geboten. Und einer, der sich mit Naturwissenschaftlichem beschäftigte, mußte schon damit rechnen, daß sein Tun von altphilologischer borniert-humanistischer Warte als *dummes* Zeug abgetan wurde.

Noch als Seminarist sammelte Oskar Fraas Material für eine pflanzenkundliche Beschreibung des Blaubeurer Raumes. Als Student durchstreifte er mit Friedrich August Quenstedt (1809–1889), dem nachmals bekannten Erforscher der Geologie der Alb, den schwäbischen und Schweizer Jura, bis beide *abgebrannt* in Basel nach wochelangem Wandern anlangten.

Der Geologie hatte sich Fraas zunächst verschrieben – und sie bleibt auch ein wichtiges Element seines Forscherlebens. Er beteiligte sich an der ersten geologischen Landesaufnahme in Württemberg. Sechzehn Kartenblätter hat er alleine geliefert, darunter war die so schwierige Aufname der geologischen Verhältnisse im Ries, weil die damals wissenschaftlich nicht zu erklären waren. Gelobt wurden seine Arbeiten allenthalben, so war z.B. Viktor von Scheffel von Fraas' geologischer Beurteilung des Hohentwiels begeistert (Scheffel war aufgrund seiner literarischen Arbeiten – *Ekkehard* – mit dem Twiel eng verbunden). Fraas promovierte sich auch mit einem geologischen Thema 1851, in Würzburg – nicht in Tübingen!

Dabei muß man sehen, daß seine geologischen Arbeiten Nebenfrüchte waren, Freizeitarbeiten, denn als Blaubeurer Seminarist und als Stiftler in Tübingen war Fraas selbstverständlich Theologe geworden. Und als Pfarrer von Eyach bei Balingen war er nicht allein Prediger und Seelsorger, sondern er kümmerte sich auch um das weltliche und leibliche Wohl seiner Pfarrkinder. Die materielle Not war in den fünfziger Jahren des vergangenen Jahrhunderts groß, und Fraas suchte die Not zu lindern. In geologischen Fachzeitschriften ließ er folgende Anzeige erscheinen:

Die Noth, die unerbittliche, treibt uns, aus allen Quellen unseres Bodens zu schöpfen und den Versuch zu wagen, aus Steinen Brod zu schaffen. Mehrere Familien meiner Gemeinde habe ich schon seit Jahren mit den Schichten unseres Jura vertraut gemacht und sie das Graben und Reinigen von Petrefakten gelehrt: diese werden sich nun auf ihre gefällige Bestellung hin mit Eifer und Ausdauer und Ihnen zu den billigsten Preisen die befriedigendsten Beweise ihres dankbaren Fleißes liefern.

Die Annonce hatte Erfolg, viele Museen und Institute nutzten das Angebot, um sich mit Petrefakten aus dem Schwäbischen Jura zu versehen; und so konnte Fraas die materielle Not seiner Pfarrgemeinde wenigstens im Ansatz lindern.

Im Blaubeurer *Blaumann* erschien im März 1854 ein Aufruf von ihm, in dem er zum Sammeln von Huflattich-Blüten aufruft:

Heute hat die warme Märzensonne die ersten Frühlingsblumen geweckt, die gelben Blüthen des Huflattich. Kinder aus meiner Gemeinde hatten sie entdeckt und eine Handvoll im Triumph durchs Dorf getragen, Die Fenster öffneten sich und zeigten freudige Gesichter, denn seit 2 Jahren weiß man, daß das Sammeln des Huflattichs eine Frühlingsernte ist ... Einsender hält es für seine Pflicht, in dieser verdienstlosen Zeit auch in weiterem Kreise auf dies Blümelein aufmerksam zu machen und den Armenfreunden, die es zur Beschäftigung der Ortsarmen sammeln lassen wollten, mit seinem aus Erfahrung geschöpften Rath an die Hand zu gehen. Besonders in solchen Gegenden, in welchen das Sticken stark betrieben wird, kann das Kräutersammeln nicht genug empfohlen werden, als eine Arbeit, die den am Stickstock verhockten Leib der Kinder erholen kann und Leib und Seele erfrische.

Der sozial empfindende Kinderfreund spricht hier aus ihm – Kinderarbeit hält er (noch?) für unvermeidbar, ihm ist jedoch Anliegen, die Kinder könnten in Gottes freier Natur beim Sammeln von Kräutern Pfennige verdienen, als daß sie für ähnlich kümmerliches Entgelt in stickiger Stube versauerten. Der Schluß seines Aufrufes ist ähnlich charakteristisch für seine Einstellung zur Armut, zur Arbeit und zu Gottes Segen:

Zum Schlusse mache ich darauf noch aufmerksam, wie wohlthätig es sein wird an Orten, welche Suppenanstalten etc. im Gange Haben, die Austheilung der Suppen an die Bedingung der Abgabe eines gewissen Quantums an Blumen zu knüpfen. Auf diese Weise lernt 1) der Arme, daß wer nicht arbeitet, auch nicht essen soll, und hat 2) die Gemeinde einigen Ersatz für die großen Auslagen, die ihr in dieser Zeit bevorstehen.

Wer sammeln lassen will, der gehe sogleich frisch ans Werk. Die Ernte ist reif. Das Land gibt sein Gewächs. Es segne uns Gott, unser Gott.
Laufen bei Bahlingen, 15. März 1854. Oscar Fraas

Soziales Engagement und wissenschaftliches geologisches Arbeiten neben dem pfarrherrlichen Hauptamt, das waren für Oskar Fraas keine Gegensätze. Die geologischen Nebenarbeiten sollten für ihn freilich bald den Abschied von der Pfarrerslaufbahn bedeuten. 1854 wurde er am Naturalienkabinett in Stuttgart als Gehilfe angestellt; ein Gehalt erhielt er allerdings nicht, wohl zahlte ihm der Staat 200 Gulden, aber dafür mußte Fraas seine Fossiliensammlung dem Museum übereignen!

Seit einigen Jahren verfügt Stuttgart über ein großartiges paläontologisches Museum am Löwentor – sicher wäre interessant, welche der z. T. großartigen Objekte aus der Sammlung Fraas stammen oder welche unter seiner Amtszeit erworben wurden, denn eins ist gewiß, den Ausbau des Naturalienkabinetts betrieb er mit allem Nachdruck. Trotz der im Grunde erniedrigenden Umstände begrüßte Oskar Fraas den Wechsel nach Stuttgart, konnte er doch endlich ausschließlich auf dem Gebiet arbeiten, für das er Neigung und Begabung besaß. Erstaunlich ist die Vielfalt und die Menge seiner Arbeiten!

So wurde beim Bau der Eisenbahn und der Albwasserversorgung stets sein geologischer Rat erbeten. Besonders wichtig aber wurde Oskar Fraas für die Entwicklung der Ur- und Vorgeschichte im Lande. Fraas beschäftigte sich zunächst mit fossilen Tieren und grub nach solchen in den Höhlen der Schwäbischen Alb. Dabei übersah er er zuerst die Spuren der Steinzeitmenschen. Freimütig räumt er selbst seine Irrtümer ein:

Ein Beweis, wie sehr man mit Blindheit geschlagen sein kann, war, daß ich während der ganzen Zeit der Grabarbeit noch keine Ahnung vom prähistorischen Charakter des Hohlesteins [im Lonetal 1862] *hatte. Das Paläontologische war es, worauf ich achtete, und vollständige Schädel, zusammen passende Extremitäten erfreuten mich mehr als die gespaltenen Knochen und Gegenstände mit den sichtbaren Spuren von Menschenhand.*

Erst die Grabung an der Schussenquelle 1866 lehrte ihn, daß bei uns ausgestorbebe Tiere (Wildpferde und Rentiere) zur gleichen Zeit mit Menschen gelebt haben müssen. Fraas grub erneut im Hohlestein und fand diesmal die Werkzeuge des Steinzeitmenschen, die er zuvor übersehen hatte. Die Grabung an der Schussenquelle lieferte den sichern Beweis, daß die Jäger der Steinzeit unter den der nordischen Tundra ähnlichen Bedingungen am Ende der Eiszeiten hier gelebt haben.

Auch im Blaubeurer Raum hat Fraas gegraben, so im Schelklinger Hohlefels 1871/72; die Funde sind allerdings verschollen, denn sie wurden den Mitgliedern der Deutschen Anthropologischen Gesellschaft, welche die Ausstellung besuchte, zum Andenken geschenkt. Dem Ausgräber von heute sträuben sich angesichts solcher Vorgehensweisen alle Haare, aber man muß sehen, daß damals die prähistorische Forschung in ihren Anfängen stand – und der Fortschritt in den Wissenschaften rührt zu einem großen Teil aus den Fehlern der Pioniere, welche die Wissenschaften überhaupt erst begründeten.

Fraas hat sich noch öfters geirrt: als er am Federsee grub und die Befunde zu deuten hatte, verstieg er sich arg; er dachte sich im Federsee eine künstliche Insel, *wo an hohen Feiertagen der Gottheit zu Ehren heilige Feuer entzündet und blutige Opfer dargebracht worden seien.*

Aber er konnte auch hellsichtig Funde interpretieren: So hat er glatt abgeschnittene Flügelknochen des Schwanes als *musikalisches Instrument* gedeutet; leider haben sich seine Belegstücke nicht erhalten. Seine Deutung wird jedoch glänzend bestätigt durch den im »Geißenklösterle« 1990 ergrabenen Fund einer über 30 000 Jahre alten Flöte aus dem gleichen Ausgangsmaterial.

Bedeutend bis heute sind die Funde an der Schussenquelle, damals 1866 waren sie eine Sensation schlechthin; waren doch *Rentierschwaben* entdeckt worden, der eiszeitliche Mensch war im Schwabenland anhand bearbeiteter Rentiergeweihe nachgewiesen worden. Auf der Pariser Weltausstellung 1867 wurden die Werkzeuge und Überreste von der Schussenquelle gezeigt; und noch Jahre danach wanderten sie von Ausstellung zu Ausstellung.

Seine wichtigste Ausgrabung war die des Fürstengrabes im Kleinaspergle bei Ludwigsburg 1879. Bis zum weltberühmten Fund von Hochdorf 1978 war das Aspergler Fundinventar das bedeutendste im Lande und wegen seiner gut datierbaren griechischen Keramik einer der Eckpunkte für die Chronologie der älteren Hallstattzeit. Der Dichter Eduard Paulus hat dem erfogreichen Ausgräber ein Sonett gewidmet, dessen erstes Quartett hier zitiert ist:

Ein zweiter Schliemann drangst du in die Nacht
Des Riesenhügels, wo in grauen Tiefen,
Von deinen Geist geahnt, verzaubert schliefen
Uralte Schätze von der höchsten Pracht.

Das Land nahm von seiner Tätigkeit Kenntnis, hat ihn auch geehrt, er erhielt den Titel eines Professors, auch wurde er Ehrendoktor der Universität Tübingen, aber das ihm eigentlich zustehende akademische Lehramt blieb ihm verwehrt. Zwar durfte er Vorlesungen halten an der landwirtschaftlichen Hochschule Hohenheim, jedoch nicht über Geologie oder Paläontologie – Fraas las über Weinbau! Wohl weil er Vorsitzender des Württembergischen Weinbauernverbandes war und weil er selbst eigene Weinberge in Stuttgart bewirtschaftete! Ob er des Besitzes halber und des guten Tropfens wegen im Lande blieb? – Zuletzt, als er in den Ruhestand trat, wurde ihm das Adelsprädikat verliehen, er hat kaum Gebrauch davon gemacht.

Den Altertümern zugewandt, war Oskar Fraas dennoch kein Gegner neuzeitlicher Entwicklungen; so hat er den Bau der Eisenbahn im Lande mit Interesse begleitet. Oskar Fraas reiste gern, bzw. als Geologe war er zum Reisen verpflichtet – über eine dieser Exkursionen nach Ägypten und in die Sinai hat Max Eyth (1836–1906) einen wunderschönen Bericht überliefert. Vorausgeschickt sei, daß sich beide unverhofft in Ägypten trafen und beschlossen als Schwaben, von Blaubeuren her durchaus Bekannte (Max Eyth war der Sohn des Blaubeurer Ephorus Eduard Eyth), eine Fußwanderung in den Sinai zu riskieren. Das Ende des Abenteuers – beide mußten eine Nacht, weil sie sich verstiegen hatten, im Freien zubringen – sei in Max Eyths Worten zitiert.

Wie sodann bei einem anderthalbstündigen Marsch über das höllische Geröll meine Stiefel ihre Sohlen verloren, wie Fraas am Strande des Meeres die letzte Orange verzehrte, wie von unseren Eseln keine Spur zu finden war, und wie wie wir uns zwei Stunden lang durch den Wüstensand nach Suez schleppten und uns auf dem Weg mit Phantasien unterhielten, die sich hauptsächlich um Milchtöpfe, gebrannte Suppen und Würste drehten, wie wir um halb ein Uhr ankamen und zunächst eine Flasche Champagner tranken, auch daselbst erfuhren, daß drei Mann und drei Esel ausgezogen waren, uns zu suchen, die sodann am andern Morgen mit dem Bericht zurückkehrten, daß wir tot seien – all das möchte ich mit dem Wort zusammenfassen, das mir Fraas am andern Morgen aus dem Bett zurief, dem er sich selbst erst nachmittags entwand: »Eyth, Sie verdienten ein Geologe zu sein.«

An Blaubeuren hat Fraas stets mit besonderer Anhänglichkeit gedacht – ja er hat Blaubeuren ein dichterisches Denkmal gesetzt: *Ein geologischer Traum am Blautopf*, dessen Beginn hier zitiert sein soll, um Fraas' Verbundenheit mit Blaubeuren zu dokumentieren.

Schwer beladen mit Korallen und Terebrateln [fossiler Armfüßler] führte mich an heißem Sommertag die Sehnsucht nach dem geliebten Blautopf den nächsten Weg über den Ascher Steig von der Höhe der Alb hinunter ins Thal. Da quillt noch das ewig blaue Wasser, wie vor 30 Jahren, da ich zum ersten Male unter der alten Buche gestanden. Eine Generation ist indeß dahin gegangen; die Welt ist eine andere andere geworden, unverändert aber blieb das leise Brodeln der Quelle und das Zischen der Baumblätter, die mit stummer Lust sich im blauen Spiegel beschauen. Müde von des Tages Hitze schlief ich ein ...

Literatur:

ADB 48, S. 671–674; NDB 5, S. 308.
BERCKHEIMER, FRITZ, Oskar Fraas. In: Schwäbische Lebensbilder I, 1940, S. 179–192.
BLSAV IX, 1898, S. 145–146 (Beilage).
BLAUMANN 26/1854 vom 31. März 1854.
BITTEL, KURT; KIMMIG, WOLFGANG; SCHIEK, SIGWALT (Hg.), Die Kelten in Baden-Württemberg. Stuttgart: Theiss 1981.
EYTH, MAX, Im Strom unserer Zeit. Wanderbuch eines Ingenieurs. 1. Teil (= Max Eyths Gesammelte Schriften Bd. 5) Stuttgart Berlin Leipzig: DVA, o. J.
FRAAS, EBERHARD, Erinnerung an Direktor Dr. Oskar von Fraas. In: Schwäbische Chronik vom 1.12.1897.
FRAAS, OSCAR, Die alten Höhlenbewohner. Berlin: Lüderitz 1872.

Karl (Ritter von) Goebel (1855–1932) – ein Biologe

Er hat die ganze Welt bereist: Schweden, Spanien, Brasilien, Italien, Ostasien, Korsika, Neuseeland, England, Schweiz, USA, Java und Sumatra, Südamerika – am Ende seines Lebens bereute er sogar, nicht mehr und weiter gereist zu sein. Dabei bedeutete damals das Reisen nicht das bequeme zeitsparende Flugreisen, sondern wochenlange Fahrten zur See, entsprechend längere, intensivere Aufenthalte unter tropischen Verhältnissen schlossen sich an. Er reiste auch nicht eigentlich zu seinem Vergnügen, obgleich er stets voller Begeisterung dabei war; als touristische Unternehmungen sind seine Reisen nicht aufzufassen, Ferien- oder etwa Badeaufenthalte gleich gar nicht. Harte Arbeit, das war die Devise, auch nach wochenlangem Aufenthalt drängte stets die Zeit – noch so vieles war zu untersuchen und zu erforschen!

Karl Goebel war Botaniker und sein Lebensziel bestand darin, das Wissen über die Mannigfaltigkeit des pflanzlichen Lebens auf dieser Welt zu erweitern, daher erklärt sich seine Reisewut: In den exotischen Ländern lag noch vieles verborgen, auf das sein Forschersinn hoffen konnte – noch als 70jähriger reiste er nach Java.

Die Liebe zur Pfanzenwelt, zur Botanik erwachte in ihm in Blaubeuren – genauer gesagt im Tiefental bei Weiler. 1921 schreibt er rückblickend: *Aber die Alb mit ihrer herrlichen Flora hat auch die Liebe zur Botanik geweckt – ich denke der blühenden Felsen und der geheimnisvollen Trockentäler (Tiefental!) stets mit Freude.*

Auch kehrte er – der Weitgereiste – immer wieder auf die Schwäbische Alb zurück, besonders nach Blaubeuren. Auf der Schwäbischen Alb sollte sich auch sein Schicksal erfüllen: Auf einer Wanderung der Alb entlang stürzte der Gelehrte, zog sich dabei einen komplizierten Armbruch zu, der ihn aufs Krankenlager warf, bis ihn am 9. Oktober 1932 der Tod erlöste.

Karl Goebel

Der letzte erhaltene Brief, am 24. September kurz vor der todbringenden Wanderung geschrieben, gilt einem alten Freund – Julius Schaumann – der mit ihm das Seminar in Blaubeuren besuchte.
»Lieber Freund!
Nun sind wir, wenn ich recht gezählt habe, noch dreizehn – eine Unglückszahl, die sich wohl bald vermindern wird! Du und Georgi werden wohl die letzten sein, die in Charons Nachen steigen.«

Das liest sich, wie wenn Goebel den kommenden Tod geahnt hätte; die dreizehn Lebenden, zu denen er sich noch zählte, waren Mitschüler in Maulbronner und Blaubeurer Seminarszeit. Gegen Ende seines Lebens hat sich Goebel seinen Ursprüngen wieder zugewandt; erst im hohen Alter besuchte er wieder die Zusammenkünfte der Blaubeurer Promotion, bedauert, wenn er verhindert war, teilzunehmen – und ist sich des unausweichlichen Endes stes bewußt: *una erit ultima* – eine (Stunde) wird die letzte sein.

Auch seinen letzten Briefe hat er, wie alle die zuvor, mit einem schlichten *K. Goebel* gezeichnet. Dabei hätte er leicht mit seinen Titeln prunken können, offiziell stand ihm die Anrede *Geheimer Rat Karl Ritter von Goebel* zu, er trug die goldene Bürgermedaille der Stadt München, er war mehrfacher Ehrendoktor in- und ausländischer Universitäten, Ehrenmitglied vieler wissenschaftlicher Akademien, Präsident der Bayrischen Akademie der Wissenschaften und Generaldirektor der wissenschaftlichen Sammlungen, Rektor der Münchner Universität.

In München wurde ein Platz mit seinem Namen ausgezeichnet, er liegt unweit seiner ureigensten Schöpfung – des Botanischen Gartens in München. Wenig ansehnlich ist der Karl-Goebel-Platz schon, an der Haupteinfallstraße nach München gelegen, entsprechend verkehrsumtost, staubig, von schütteren Bäumchen umstanden – immerhin willkommener Bolzplatz für die Jungs des Münchner Westens, die nicht wissen können, wer der Namenspatron ihrer Spielstätte war.

An Goebel hat sich die alte Erfahrung bewährt, daß tüchtige Schwaben, das Land verlassen müssen, wenn sie den Erfolg erreichen wollen, der ihnen von ihrer Begabung her zusteht. Er selbst schreibt: *Die Eigenbrötelei, die mich schließlich ins Elend führte, fing schon früh an … Ich bin schon außerhalb des Ländles zur Welt gekommen; drüben im Badischen' in Billigheim, wo mein Vater eine Maschinenfabrik hatte, bin ich geboren»* (8. III. 1855).

Nach dem frühen Tod des Vaters (1860) zog die Familie nach Korntal, dort ging der junge Goebel zur Schule und bereitete sich auf das Landexamen vor. *Meiner frommen Mutter sehnlichster Wunsch war, ihren Ältesten für dieses und jenes Leben geborgen zu sehen.*

Zwar bestand er das Landexamen nicht, d. h., er gewann keinen Freiplatz, aber als *Gnadenpudel* wurde er dennoch genommen, als Gast, der seinen Aufenthalt selbst zu bezahlen hatte. *Dort hat mich die herrliche Gegend sofort in ihren Bann gezogen.*

Er studierte zunächst Theologie in Tübingen, dann aber doch die Naturwissenschaften, wir wissen nicht, wie sich die Mutter zu diesem Wechsel gestellt hat, sie, die wünschte, einst ihren Sohn mit Talar auf der Kanzel zu sehen. Goebel selbst sah sich als *räudiges Schaf* und meinte, für die Kirche sei es besser gewesen, daß er sich rechtzeitig verabschiedet hätte. *Daß ich Botaniker geworden bin, war freilich ein bodenloser Leichtsinn – gerade so gut hätte ich auch vollständig scheitern können!*

Von *Scheitern* kann keine Rede sein, sein akademischer Werdegang war zielstrebig und erfolgreich. 1877 promovierte Goebel an der Universität in Straßburg. Seinen Militärdienst leistete er in Würzburg, aus keinem anderen Grund als dem, daß dort an der Universität ein renommierter Botaniker lehrte, den er besuchte und bei dem er seine Studien vervollkommnete. Er wurde Assistent, habilitierte sich, und hielt im Sommersemester 1880 seien erste Vorlesung als Privatdozent.

1881 wechselte er an die Universität Leipzig; 1882 wurde er außerordentlicher Professor in Rostock – gleichzeitig erhielt er die Zusage, in naher Zukunft ordentlicher Professor zu werden. Goebel war 27 Jahre alt und Professor – das war damals Karriere schlechthin und das wäre es auch heute noch so: Mit 27 Jahren Ordinarius an einer deutschen Universität – welch ein Traum an Karriere!

In Rostock bekam Karl Goebel die Leitung des Botanischen Gartens aufgetragen, und mit der Gestaltung wissenschaftlicher botanischer Gärten ist ein Teil seiner Lebensleistung verbunden. 1887 wechselte er an die Universität Marburg, auch dort kümmerte er sich intensiv um die pflanzlichen Gärten. Vier Jahre später erreichte in der Ruf der Münchner Universität, zunächst konzentrierte sich sein Tun – neben der akademischen Lehrtätigkeit – auf den alten Münchner botanischen Garten, der bald der städtebaulichen Ausdehnung der Stadt zum Opfer fiel. (Am Karlsplatz hat sich bis heute das alte Tor mit der von Goethe verfaßten Inschrift erhalten.)

Goebels Lebenswerk wurde gekrönt durch die Neuanlage des Gartens, dessen Planung in seinen Händen lag und dessen Erscheinungsbild in den Grundzügen heute noch steht. Über Jahre zog sich der Bau hin, das war unerläßlich, denn zunächst mußten die exotischen Pflanzen besorgt und gezogen werden, bevor sie der Öffentlichkeit präsentiert werden konnten.

Der Wissenschaftler Goebel war nämlich durchaus der Ansicht, daß der Garten einerseits höchsten wissenschaftlichen Ansprüchen genügen müsse, andererseits sei es seine Aufgabe, *weitere Kreise zu belehren und dem größeren Publikum einen Begriff von der Schönheit und Mannigfaltigkeit der außereuropäischen Pflanzenwelt zu geben.*

Seine Attraktivität hat der Münchner botanische Garten bis heute nicht verloren; er steht gewiß außerhalb spektakulärer Erwartungen und Ereignisse, aber er besitzt einen soliden Stock an Besuchern, die sich in unprätentiöser Weise am Wuchs und Gedeihen der exotischen Pflanzenpracht freuen.

Kurz vor Ausbruch des Ersten Weltkrieges – am 10. Mai 1914 – wurde der Botanische Garten eröffnet. Prinzregent Luitpold war zugegen, und Goebel – mittlerweile geadelt – konnte mit Recht stolz auf sein Werk sein.

Wozu benötigt man einen Botanischen Garten? Fürs breite Publikum ist er eine Augenweide, zumal in kalten Wintertagen läßt sich hier Farbenbuntes in Hülle und Fülle bestaunen. Freude am Reichtum der Natur empfindet auch der Wissenschaftler, aber wenn der Laie sich an der Begonie freut, beschäftigt sich der Botaniker mit den Begonien, über 80 Varianten kann der Münchner Garten zeigen. Den wissenschaftlichen Bezeichnungen (Begonia convolvulacea, B. manicata, B. serratipela, B. cathayana usw.) kann der durch die Anlage schlendernde Besucher wenig abgewinnen, für den Fachmann hingegen ist die Müncher Sammlung ein willkommenes Studienobjekt – die Farbenpracht unserer Winterbegonien z. B. ist ohne die vielen Kreuzungen mit Begonien aus aller Herren Länder nicht denkbar.

Karl Goebel hinterließ ein stattliches wissenschaftliches Werk. Sein wichtigstes Buch ist die *Organographie der Pflanzen,* welches in mehreren Auflagen gedruckt wurde. Ein Biologiestudent heutzutage kann es kaum kennen. Heute wird nach dem *Strasburger* gelernt und studiert, dem wohl verbreitetsten Lehrbuch zur Morphologie und Systematik der Pflanzen; ein Vergleich beider Bücher lehrt, daß Strasburgers Leistung in weiten Strecken auf der Vorarbeit Goebels beruht. Aufbau der Pflanzenorgane, Symmetrieverhältnisse, Kausalanalyse der Umweltfaktoren – dies alles hat Karl Goebel eingehend beschrieben. Ein Gymnasiast, dem man die modifizierende Wirkung des Lichtes bei Sonnen- und Schattenblättern der Buchen zeigt, wird im Unterricht den Namen des Entdeckers nie oder selten erfahren – Karl Goebel hat den Zusammenhang zum erstenmal nachgewiesen.

Über Naturwissenschaftler wird hinweggeschritten, ihr Werk, ihre Arbeit veraltet bereits in der nächsten Generation. Dichter und Schriftsteller haben es leichter, ihr Werk bleibt und findet – auch wenn antiquiert – seine Leser und Liebhaber. Chemiker, Physiker und Botaniker, ihre Mühe und Arbeit ist schnell überholt, was sie erarbeiteten, ist die Stufe zum weiteren Fortschreiten. Für sie gilt die alte Formel, *daß der Zwerg auf der Schulter eines Riesen weiter sieht* – auf Karl Goebel bezogen heißt das: seine Arbeiten sind vergessen, verstauben in Bibliotheken und Archiven, jedoch legten sie Grund für die botanischen Kenntnisse heutiger Tage.

Literatur:

BERGDOLT, ERNST (Hg.), Karl von Goebel. Ein deutsches Forscherleben in Briefen aus sechs Jahrzehnten 1870–1932. Berlin, Ahnenerbe 1941.
DIELS, LUDWIG, Nachruf auf Karl von Goebel. In: Forschungen und Fortschritte 8/32, S. 416.

Robert Gradmann (1865–1950) und das Pflanzenleben der Alb

Der Lebenslauf Robert Gradmanns ist in mehrfacher Hinsicht beispielhaft für einen Zögling des Blaubeurer Seminars. Wird doch an seiner Person deutlich, wie solide und weitgespannt die Ausbildung an den theologischen Schulen damals war. Berühmt und bedeutend bis auf den heutigen Tag wurde Gradmann durch seine grundlegende botanische Arbeit *Das Pflanzenleben der Schwäbischen Alb,* die seit dem ersten Erscheinen 1898 mehrere Auflagen erlebte und die auch heute noch zur Grundausstattung dessen gehört, der sich einigermaßen ernsthaft mit dem Reichtum an Pflanzen in unserem Raum beschäftigen will.

Dabei hätte Robert Gradmann beinahe für immer sein Manuskript in der Schublade verschlossen, weil er keinen geeigneten Verleger für sein zweibändiges Werk fand – allein dem Engagement des Schwäbischen Albvereins ist es zu verdanken, daß das Buch in Druck gehen konnte. Die etablierte Wissenschaft geriet, als das Buch endlich herauskam, *aus dem Häuschen,* vor allem als sie erfuhr, daß der Verfasser kein studierte Biologe, sondern Theologe war, der den üblichen Weg eines württembergischen Pfarrers über Seminar, Stift, verschiedenen Vikariaten bis hin zur bescheidenen Pfarrei in der Kleinstadt Forchtenberg am Kocher beschritten hatte.

Gradmann hatte seit frühesten Seminarstagen sich für die Pflanzenwelt interessiert, hatte Blumen gesammelt, gepreßt und in Herbarien abgelegt. Diese Leidenschaft pflegte er als Vikar und junger Pfarrer weiter, und zwar so intensiv, daß er sich durchaus getrauen durfte, die gesamte Flora der Schwäbischen Alb zusammmenfassend vorzustellen. Dabei ist ein Buch nicht eine trockene Auflistung derjenigen Pflanzen, die bei uns nun mal vorkommen – obgleich dies Verdienst genug gewesen wäre –, Gradmann beobachtet darüber hinaus die geographischen Gegebenheiten, integriert sie seinem Werk und

Robert Gradmann

schafft das, was man heutzutage »Pflanzensoziologie« nennt.

Pfarrer Gradmann entwickelte ein Gespür dafür, daß Pflanzen nicht einfach wachsen, sondern daß sie in ein System gegenseitiger Abhängigkeit eingefügt sind. Für solch übergreifende Ordnungen hat Gradmann bezeichnende Begriffe glücklich finden können – *Kleebwald* und *Steppenheide* sind wissenschaftlich fundierte Ausdrücke, die auch dem interessierten Laien geläufig sind. So wissenschaftlich zuverlässig Robert Gradmann arbeitete, so begeisternd emotional konnte er formulieren, wenn die geliebte Schwäbische Alb und die Steppenheide zu beschreiben waren.

Zu den reizendsten Überraschungen einer Albwanderung zählt unstreitig der Augenblick, wo der Fuß aus dem Dunkel des Waldes hinaustritt auf eines der frei vorspringenden und schroff abstürzenden Felsenhäupter des Steilrands. Wer vom Innern der Alb herkommt, durch die Eintönigkeit der Hochfläche ermüdet, der ist wie berauscht von der Lichtfülle, die ihn hier plötzlich umfängt, die über die ganze weite und reichgegliederte Landschaft zu seinem Füßen ausgegossen ist. Hinter uns die ernste Stimmung des Hochlands, die Einsamkeit des Waldes und der Felsenwildnis, und hier der Ausblick auf das lachende Tal in üppigem Grün, reich bewässert und reich bebaut, mit uralten Städtchen und heimelig zwischen Obstwäldern versteckten Dörfern – dieser oft gerühmte Gegensatz verfehlt seine Wirkung nie, auch auf den nicht, der sie schon oft an sich erprobt hat. Wenn aber das Auge müde vom Schauen aus der großen Landschaft wieder zurückkehrt, dann hat die Albnatur noch einen Genuß von anderer Art bereit. Hier, auf dem Scheitel und an den Flanken der altersgrauen Felsen, in ihren Ritzen und Spalten, auf ihren Bändern und Vorsprüngen wohnt zugleich eine Pflanzengesellschaft, die durch ihre edle Eigenart, durch die sinnreiche Ausrüstung, mit der sie der schwierigen Lebenslage sich anzupassen versteht, und nicht zuletzt durch die Schönheit und dem Reichtum ihrer Formen und Farben unsre Liebe und Bewunderung verdient.

Und in der Tat sind Küchenschelle, Rindsauge, Graslilie, Schwalbenwurz, Hufeisenklee und Gamander, Kartäusernelke und einige Heckenrosenformen nicht nur schön anzusehen, sondern sie sind auch die Charakterpflanzen. Gradmann prägte für diese Pflanzengesellschaft den Begriff *Steppenheide*. Er hat sich allgemein durchgesetzt, obgleich der Wortteil *Steppe* eine Weite suggeriert, die der ausgesprochenen Kleinräumigkeit der Felsköpfe der Schwäbischen Alb widerspricht.

Gradmanns wissenschaftliche Leistung wurde in Württemberg nicht genügend gewürdigt – auch das ist typisch fürs »Ländle«: allzuviele große Männer fanden ihre Anerkennung erst jenseits der Landesgrenzen! So bedeutend Gradmanns botanische Arbeiten auch waren, niemand im Staat Württemberg kam auf den eigentlichen naheliegenden Gedanken, Gradmann einen akademischen Wirkungskreis zu verschaffen. Das blieb Bayern vorbehalten! Württemberg beschäftigte den Gelehrten noch jahrelang als Pfarrer in Forchtenberg, erst 1901 – Gradmann war bereits 36 Jahre alt wurde er als Bibliothekar an der Universitätsbibliothek zu Tübingen angestellt.

So gerne Gradmann Seelsorger gewesen war, so sehr begrüßte er die Freiheit zum Forschen, die ihm sein neues Amt wenigstens teilweise bot:

Welche Wonne, das schwarze Röcklein und die pastorale Würde ablegen und sich einfach geben zu dürfen wie man ist, wieder einen freien Sonntag zu haben und mit den Kindern durch die Wälder zu streifen, im Winter mit ihnen Bergschlitten zu fahren, so viel man wollte!

Leider wurden in Tübingen seine wissenschaftlichen Leistungen nicht recht anerkannt, die Fachgelehrten sahen in ihm eben nur den Außenseiter und behandelten ihn von oben herab – kein Wunder, daß Gradmann; obgleich begeisterter Schwabe und überzeugter Württemberger, angesichts dieser schäbigen Haltung den Ruf der Universität Erlangen annahm, das Fach Geographie als ordentlicher Professor zu vertreten. Geradezu enthusiastisch äußerte sich Gradmann, wenn er auf die neuen wissenschaftlichen, aber auch finanziellen Möglichkeiten zu sprechen kam, die ihm der bayrische Staat bot!

Sein Herz hing jedoch weiterhin am Schwabenland, im Ruhestand, nach der Emeritierung kehrte er nach Tübingen, später nach Sindelfingen zurück – wissenschaftlich tätig wie eh und jeh: Am 14. September 1950 hielt er seinen letzten Vortrag – zwei Tage später war er nicht mehr.

Blaubeuren behielt er stets in guter Erinnerung. Noch im hohen Alter gedenkt er der Landschaft um Blaubeuren, der *Felsen- und Burgenromantik und dem Märchenwunder des Blautopfs, gedenkt des hochgewölbten Dorment, der getäferten Erkerstube und dem vielgerühmten Hochaltar.* Sicher hat Gradmann hier die Pflanzenvielfalt Blaubeurens kennengelernt – in seinem großen Werk wird häufig bei seltenen Pflanzen der Raum um Blaubeuren als Fundort angegeben. So kannte er noch einen Standort der sehr seltenen Spinnenragwurz (Gradmann nennt sie noch

Wespenragwurz) im Raum um Blaubeuren – die Stelle freilich ist längst erloschen.

So sympathisch er die Landschaft um Blaubeuren fand, so sehr war er mit dem Schulbetrieb im Seminar nicht einverstanden; er fühlte sich zu sehr gegängelt. Er wechselte ans Stuttgarter Obergymnasium, und brachte es dort zu sehr guten Leistungen, obgleich er stets darauf bedacht war, *seine Ziele mit möglichst geringem Kraftaufwand zu erreichen*. Seine Kritik am Schulbetrieb des Seminars ist moderat, jedoch bestimmt und auf jeden Fall bedenkenswert:

Ich muß hier noch einmal auf die pädagogische Bedeutung des Erfolgs zu sprechen kommen. Einer Elite anzugehören ist nicht unbedingt von Vorteil. In der durchs Landexamen unnatürlich ausgesiebten Gesellschaft des Seminars brachte ich es, auch wenn ich mich zeitweilig anstrengte, nie über eine bescheidene Durchschnittsleistung hinaus. Das wirkte auf mich wenigstens entmutigend. Im Stuttgarter Gymnasium gab es mindestens ebenso ausgezeichnete Köpfe; aber sie waren geringer an der Zahl, es war sozusagen ein normaleres Sortiment. Wer nicht ganz auf den Kopf gefallen war, für den war es nicht allzu schwer, zu den besten Schülern der Klasse zu gehören. Und das belebt den Lerneifer doch mächtig. Im Seminar hatten die Lehrer zum Teil allzu schwere Aufgaben gestellt, bei denen unmöglich befriedigende Ergebnisse herauskommen konnten.

Literatur:

SCHRÖDER, KARL HEINZ (Hg.), Robert Gradmann. Lebenserinnerungen. Zur 100. Wiederkehr seines Geburtstages. Stuttgart: Kohlhammer 1965 (= Lebendige Vergangenheit. Zeugnisse und Erinnerungen. Schriftenreihe des Württ. Geschichts- und Altertumsverein. Bd. 1).

GRADMANN, ROBERT, Das Pflanzenleben der Schwäbischen Alb. 2 Bde. Stuttgart: Strecker & Schröder 3. Aufl. 1936.

Jonathan Wilhelm Adolf Zenneck
(1871–1959) – Pionier der Funktechnik

Wie viele Württemberger, wie viele Blaubeurer mögen es gewesen sein, die im Lauf der Jahrzehnte das Deutsche Museum in München besucht haben? Einer der Wege zum weltberühmten technischen Museum führt über die Zenneck-Brücke: Zenneck? – gewiß ein Name, aber wer weiß schon mit ihm etwas anzufangen? Oder – wie wär's mit Cuxhaven, dort gibt es eine Zenneck-Straße, ja unweit der berühmten Landungsbrücken wurde ihm ein Denkmal errichtet, übrigens bereits das zweite!

Sein Leben in Kürze:

1871 in Ruppertshofen (bei Schwäbisch Gmünd) geboren, Studium der Biologie in Tübingen
1901 Privatdozent für Physik in Straßburg
1905 o. Professor für Physik in Danzig
1909 o. Professor für Physik in Braunschweig
1911 Laborleiter bei der BASF in Ludwigshafen
1911 o. Professor für Physik in Darmstadt
1913 o. Professor für Physik in München
1917 Mitglied der Bayrischen Akademie der Wissenschaften
1923 Geheimer Regierungsrat
1933–1956 Vorsitzender des Vorstandes des Deutschen Museums als Nachf. Oscar von Millers.

Eine nicht endende Kette von Ehrungen aller Art wäre mitzuteilen, aber dazu fehlt der Platz: Zenneck gehört zu den großen Vertretern der Physik, die Deutschland in der ersten Hälfte des Jahrhunderts der Welt stellte.

Seine Lebensleistung liegt auf dem Gebiet der Funktechnik, heute eine allgegenwärtige und als wie selbstverständlich gehaltene Technik, dabei ist sie noch keine hundert Jahre alt. Pioniere pflegen geehrt zu werden; die Deutsche Bundespost hat zwei davon auf Marken gewürdigt – Adolf Slaby (1849–1913) und Guglielmo Marconi

Jonathan Wilhelm Adolf Zenneck

(1874–1937); Jonathan Zenneck und sein genauso bedeutender Lehrer Karl Ferdinand Braun (1850–1918) galten bislang als (noch?) nicht auszeichnungswürdig (dabei hat Braun zusammen mit Marconi 1909 den Nobelpreis für Physik erhalten!).

In seiner Persönlichkeit vereinigten sich in glücklicher Weise wissenschaftliche Fähigkeiten mit menschlichen Qualitäten, verbunden mit großer Härte gegenüber den Strapazen, die der Versuchsbetrieb forderte.

So lautet ein Urteil über die Arbeitsleistung Zennecks – wie ist seine wissenschaftliche Leistung einzuordnen?

Der Engländer James Clerk Maxwell (1831–1879) hatte um 1875 prognostiziert, daß sich elektromagnetische Wellen, ohne an Draht gebunden zu sein, im Raum bewegen könnten. Heinrich Hertz hat Maxwells Theorie experimentell bestätigt; in seinem Karlsruher Labor konnte er die drahtlose Sendung und den drahtlosen Empfang elektromagnetischer Wellen demonstrieren.

Hier wurden Nachrichten nur auf etlichen Metern mitgeteilt, sollte das Prinzip praktische Bedeutung gewinnen, mußte es auf große Entfernungen übertragen werden. Ideales Versuchsfeld war die deutsche Nordseeküste, kein Hindernis stand über der weiten See den »Funken« im Wege. Cuxhaven war günstiger Standort, als Ansprechspunkte lagen die Feuerschiffe vor der Elbemündung, eine Gegenstation wurde auf Neuwerk errichtet. Später wurde Helgoland angepeilt. Ferdinand Braun war der Leiter des Unternehmens; mit der praktischen Durchführung beauftragte er seinen Assistenten Jonathan Zenneck.

Am 25. September 1900 hat Zenneck sein Ziel erreicht – gegenseitiger einwandfreier drahtloser Funkverkehr zwischen Helgoland und Cuxhaven – das war Rekord damals weltweit: ca. 60 km konnten problemfrei nachrichtentechnisch überbrückt werden.

Jonathan Zenneck kehrte zur Hochschule zurück, für ihn war klar, die Theorien eines Maxwell und Hertz waren praktisch zu realisieren; die Verfeinerung, die Vervollkommnung der Grundidee konnte er getrost seinen Schülern und den Technikern überlassen.

Welche Bedeutung der Funktechnik insbesondere für die Schiffahrt hatte, zeigt sich beispielhaft im Jahr darauf, als ein Feuerschiff mit Hilfe der Zenneckschen Anlage um Hilfe für einen gestrandeten Viermaster rufen konnte. Aber auch ohne dieses Ereignis war der Vorzug der drahtlosen Telegraphie so überzeugend, daß sich diese Technik in Windeseile durchsetzte, bereits vor 1910 konnten Entfernungen von Tausenden Kilometern überbrückt werden.

Zenneck sah fortan seine Aufgabe auf der akademischen Lehrkanzel – als erfolgreicher Praktiker ausgewiesen, konnte er die um so überzeugender auf seine Studenten wirken. Seine Leistung als Hochschullehrer wird allgemein als glänzend beurteilt.

Jedoch ein beschauliches Dasein als Hochschulprofessor war kaum im Sinne des gelehrten Forschers. Seine pionierhaften Kenntnisse in der Funktechnik brachten ihm einen besonders delikaten Auftrag ein. Im ersten Weltkrieg – Zenneck war als Hauptmann d. Res. gleich von Anfang mit dabei, mit vollem Engagement und Erfolg, wurde er mit Ferdinand Braun in die USA abgeordnet. Es galt, eine Funklinie aus den Staaten ins Deutsche Reich aufrechtzuerhalten; Zenneck hat sich dieser Aufgabe nicht entzogen, obgleich er viel lieber bei seinen Soldaten im flandrischen Schützengraben weiter gekämpft hätte.

Sein Auftrag in Amerika geriet zu einem Abenteuer besonderer Art – Jonathan Zenneck hat auch diese Episode seines Lebens genossen. Von der Nachbarschaft in Boonton, New Jersey, als Spion angefeindet, wurde er nach dem Kriegseintritt der Staaten gegen Deutschland interniert. Im Lager Oglethorpe, Georgia, wußte er, daß die Lethargie, die Trauer um das Gefangenendasein bekämpft werden müsse. Folglich gründete er eine *Universität*, war einer der treibenden Kräfte, hielt Vorträge, organisierte, und hat so mit Sicherheit Personen stabilisiert, die sich mit der allgemeinen Tristesse des Lagers nicht abfinden wollten.

Zur Physik war Zenneck eher durch Zufall gekommen, sein Studienschwerpunkt war die Zoologie; auf diesem Gebiet hat er promoviert: *Die Anlage der Zeichnung von Ringelnatter-Embryonen*. Sein Doktorvater wollte ihn als Assistenten für das zoologische Institut in Tübingen gewinnen, aber er kam 14 Tage zu spät: Ferdinand Braun hatte den begabten Naturwissenschaftler in sein physikalisches Labor in Straßburg verpflichtet – so wurde Zenneck Physiker.

Zenneck war Blaubeurer Seminarist; ja noch mehr – entscheidende Jugendjahre verbrachte er in unmittelbarer Nähe – in Wippingen, allwo sein Vater Pfarrer war.

Jonathan Wilhelm Adolf Zenneck entstammt einer alten schwäbischen Pfarrsfamilie; Vorfahren und Seitenverwandte waren in Blaubeuren, als das Seminar noch *Klo-*

sterschule hieß, Familienangehörige waren auch als Pfarrer im Raume tätig, z. B. in Bermaringen.

Jonathan Zenneck wurde in Ruppertshofen (15. 4. 1871) geboren, sein Vater verließ den Ort, als der Sohn Jonathan 1½ Jahre alt war, um ordentlicher Pfarrer in Wippingen zu werden, in Ruppertshofen hatte er nur als Pfarrverweser geamtet.

Wippingen wurde das eigentliche Jugendparadies des kleinen Jonathan, noch im hohen Alter schwärmte er von der Schönheit der Schwäbischen Alb:

Im Sommer ist es dort herrlich: Wunderschöne Buchenwälder mit einer Menge von Waldblumen, darunter vielen Orchideen, Steilabfälle in die Täler mit malerischen Felspartien und Jurakalk, die häufig Höhlen und Schluchten, in denen man wohl noch bei Nacht den tiefen Ton des Uhus hörte, enthalten.

Zu Wippingen bemerkt Zenneck in seinen Erinnerungen:

Die Bewohner sind Kleinbauern mit harter Arbeit, bescheidenem Wohlstand und ziemlicher Schwerfälligkeit: Eine Wirtsstube, in der die richtigen Bauern des Dorfes zusammensitzen, kann es an Schweigsamkeit mit dem vornehmsten Londoner Klub aufnehmen. Man behauptet, daß bei den Albbauern die schwäbische Dickköpfigkeit besonders ausgebildet sei.

Patriarachalische Zustände gehörten zum Pfarrhaus, etwa die *Kätter*, das Dienstmädchen, das von den Großeltern übernommen wurde und noch weitere 40 Jahre in der Pfarrfamilie blieb. Sechs Kinder wurden in Hause groß – Zenneck vermerkt mit Genugtuung, daß alle im späteren bürgerlichen Leben es zu etwas brachten. Haustiere wurden gehalten, daneben zahme Wildtiere – eine bunte Menagerie, zeitweise gehörten sogar Affen zum Privatzoo der Familie.

Eine weitere Besonderheit des Wippinger Pfarrhaushaltes waren die Pensionäre; das waren Studenten aus dem Ausland, die in Deutschland weiterstudieren wollten, aber zunächst die deutsche Sprache erlernen sollten. Der junge Zenneck lernte so Gäste aus aller Welt kennen.

In solcher Umgebung, dazu noch in schwäbisch-fränkischen Dörfern (1882 übernahm der Vater die Pfarrei Satteldorf bei Crailsheim) ist gut aufzuwachsen, und Zenneck sieht seine Jugendzeit in einem besonders hellen Licht:

Unsere Eltern waren fröhliche Leute und verstanden es ausgezeichnet, uns alle die kleinen Freuden zu machen, die sie sich leisten konnten. Wir Kinder waren überzeugt, daß es uns so gut geht, als es Kindern überhaupt gehen kann. Der Höhepunkt der Glückseligkeit war, wenn wir unsere Eltern nach Ulm begleiteten und mit der Eisenbahn, die wir sonst nur von der Alb aus im Tal fahren sahen, fahren durften. Wie Ulm mit seinen Läden, mit seinen Soldaten und gar Weihnachten mit seinem Weihnachtsmarkt, stellten wir uns den Himmel vor.

Bei all dieser Kindsglückseligkeit betont Jonathan Zenneck aber auch: *Daß unsere Erziehung stramm war, ist beinahe selbstverständlich.* Er vermutet ferner, *daß die Erziehung durch das Leben umso schmerzloser wird, je besser die Erziehung in der Familie vorgearbeitet hat. ... Eine gute Erziehung der Kinder erleichtert wesentlich das Leben der Eltern. Ich weiß nicht, wie meine Eltern mit uns hätten zurecht kommen können, wenn jedes von uns sechsen seinen eigenen Willen hätte durchsetzen können.*

Mut, Abenteuerlust, ja fast Draufgängertum – auch diese Zenneckschen Eigenheiten wurden in der rauhen ländlichen Welt gefördert – und er war überall vorneweg: Klettern, Schwimmen, Turnen, Jagen, Wandern, Segeln, Ski-Fahren, Reiten, Ballon-Fliegen (dies alles im Laufe des Lebens und bis ins hohe Alter betrieben), er war stets gründlich und mit ganzem Herzen dabei. In seiner Braunschweiger Zeit gehörte er zu den Pionieren, welche im Harz den Skilauf eingeführt haben. Dagegen kam die geistige Bildung niemals zu kurz, dafür bürgte das evangelische Pfarrhaus in Württemberg und der dafür vorgezeichnete Weg: Lateinschule in Blaubeuren und Crailsheim, Landexamen in Stuttgart, Aufnahme ins Seminar, zuerst in Maulbronn. Als er das Landexamen bestanden hatte, waren die Eltern erfreut, er war nur erstaunt:

Eine ganz große Freude machte mir das Landexamen erst, als meine Eltern mir einen längst gehegten Wunsch erfüllten und mir ein sehr gutes Flobert-Gewehr schenkten, aus dem nicht nur die Rundkugel 6 mm, sondern auch die Winchester-Patrone cal. 22 short mit ziemlich kräftigen Durchschlag verfeuert werden konnte. Ich habe damit nicht nur die Spatzen des Dorfes – meist fachmännisch beraten durch den ›Polizeidiener‹ des Dorfs – gehörig dezimiert, sondern damit auch meinen ersten Ha-

sen, *das erste Rebhuhn und den ersten Fischreiher und eine große Zahl von Fischen geschossen.*

Ob angesichts dieses Jagdeifers die Eltern noch glaubten, aus dem Sohn würde einst ein würdiger, gesetzter Geistlicher? Jonathan Zenneck beschritt zunächst die Laufbahn schon: Maulbronn war die erste Station, und der eben noch begeisterte Jäger fand es nun *außerordentlich interessant* neben Latein und Griechisch auch noch Hebräisch lernen zu dürfen – und hat auch davon profitiert. Als er im ersten Weltkrieg in den USA interniert war, informierte hat er sich da lieber aus jiddischen Zeitungen als aus den landesüblichen. Die berichteten viel genauer als jene, weil sie der militärischen Zensur nicht so scharf unterlagen wie englischsprachige Blätter – jiddisch ist bekanntlich ein deutscher Dialekt, durchsetzt mit polnischen und hebräischen Ausdrücken.

Am Seminarleben hat sich Zenneck rege beteiligt, er spielte Klavier, im Orchester Violine, und er hat das Leben dort, seiner Art entsprechend, genossen. *Es war im allgemeinen ein fröhliches und sorgloses Leben, das wir führten.* Und an anderer Stelle hat der die Seminarserziehung entschieden gegenüber der gymnasialen Ausbildung verteidigt:

Das Internatsleben hat zweifellos einen großen Vorteil, den der vernünftigen Zeiteinteilung. Ich glaube nicht, daß ein Schüler eines Gymnasiums ebenso viel Zeit auf das Lesen, Spazierengehen und Malen, Musizieren usw. verwenden konnte wie wir. Ein anderer Vorteil ist es, daß man lernt, mit anderen auszukommen.

Seiner Promotion fühlte sich Zenneck immer eng verbunden, soweit er konnte, nahm er stets an den Treffen teil, die in Vier-Jahres-Abständen in Maulbronn oder Blaubeuren gefeiert wurden. 1887 war Jonathan Zenneck mit seinen Kameraden nach Blaubeuren gewechselt, und aus seinem Bericht über seine Blaubeurer Zeit spricht die pure Begeisterung, die Freude am Leben – Griesgram war Zennecks Sache nicht!

Spitzbübisch registrierte er das Verlesen der *Kriegsartikel*, also all der Sachen, deren Unternehmen einem ordentlichen Seminaristen untersagt war – nun wußte die Promotion, wo und was hier zu erleben und zu bestehen war. Für Zenneck hieß dies, daß über kurz oder lang die verbotenen Abenteuer gewagt werden müssen. So wie in Maulbronn das Baden in den Weihern verboten war, erlaubte hier die Seminarordnung das Klettern nicht. Angesichts des brüchigen Kalkes hat Zenneck zwar die Anordnung als sinnvoll angesehen, aber daran gehalten hat er sich nicht im geringsten. Da man tagsüber vom Klosterpersonal und von Blaubeurer Bürgern beobachtet werden konnte, kletterte man kurzerhand nachts – Reiz einer zusätzlichen Gefahr!

Wir waren nun in dem Alter, um uns zu verlieben und im Gegensatz zu Maulbronn fehlte es auch nicht an der Gelegenheit dazu, da eine Anzahl von geeigneten Beamten- und Bürgertöchtern vorhanden waren.

Wenn der neugierige Leser nun mehr und Spezielleres erwartet, so muß ich ihn enttäuschen. Gewiß war Zenneck munter beim Flirten, beim Schwärmen für die Schönen der Stadt mit dabei; aber über derlei delikate Dinge plaudert man nicht – und Zenneck hält sich an dieses ungeschriebene Gebot!

Färbermeister Burza wird besonders erwähnt, denn der hat die ganze Promotion mit seiner Begeisterung fürs Turnen angesteckt. Burza war so etwas wie eine Institution in Blaubeuren, nicht allein Generationen an Seminaristen hat er für das Turnen gewinnen können, auch in der Stadt war er rastloser tätig, um turnerische Belange aufs höchste verdient.

In die Blaubeurer Zeit fallen Zennecks Erwägungen, welche Berufslaufbahn er denn einschlagen solle. *Ich war mir von Anfang an klar darüber gewesen, daß es für meine Gemeinde und mich besser wäre, wenn ich nicht Theologe werde. Das lag nicht daran, daß ich die Bedeutung des Pfarrberufs unterschätzte, aber ich hatte das Gefühl, daß ich zu unruhig dazu war. Was ein Pfarrer für eine Landgemeinde bedeutet, hatte ich ja zu Hause sehen können … Daß ein Pfarrer Gottesdienst, Christenlehre in der Kirche und Religionsunterricht in der Schule hält, ist für die Gemeinde eine mehr oder weniger selbstverständliche Aufgabe seines Berufes. … Aber außerhalb von Kirche und Schule ist der gebildete Vertrauensmann, an den sie sich in allen Nöten wenden, gleichgültig, ob es sich um Schwierigkeiten zwischen Mann und Frau, die Berufswahl des Kindes oder um einen Brief aus dem Ausland, den man nicht recht lesen kann, oder um ein Paket ins Ausland handelt. In all diesen Fällen und in noch vie-*

len anderen, die mit der Religion nicht das geringste zu tun haben, geht der Bauer oder die Bäuerin ins Pfarrhaus.

Zenneck schrieb diese Sätze nach 1945, genauer nach 1955, also mitten im sogenannten Wirtschaftswunder. Ob er wohl wußte oder ahnte, daß die von ihm beschriebene Aufgabe eines Pfarrers, in allen Lagen ländlicher Nöte Lebenshilfe zu bieten, mittlerweile Geschichte geworden war?

So sehr uns die schöne heile Welt der Ackerbauern mit ihrem Pfarrer auf der Schwäbischen Alb und im Frankenland, gerade weil sie Zenneck intensiv und im Detail mit Liebe schildert, anrühren vermag, so sehr sollte bewußt sein, daß diese Welt versunken ist und wohl auch nicht den glänzenden Hauch atmete, der an Zennecks Darstellung so bezaubert. Als Pfarrersbub stand er an der Spitze der Dorfjugend, Kinderarbeit in dem Sinne, wie ein Häuslerskind zum Unterhalt der Familie beitragen mußte, kannte ein Pfarrhaus nicht.

Zenneck nennt die Lebensführung im Pfarrhaus *bescheiden, nicht gedrückt,* das Monatseinkommen seines Vaters schätzt er auf 150,– Mark – einen Vergleich mit anderen Dorfbewohnern stellt er nicht an, seine privilegierte Stellung als Pfarrerskind wäre dann offensichtlich geworden.

Damals gab es ausreichend Pfarrer, und den Absolventen der Seminare war freigestellt, was sie studieren wollten, aber eines war Vorschrift, ein Examen für das Höhere Lehramt mußte abgelegt werden, wollte man sich die Vorteile der kostenfreien Ausbildung in Seminar und Stift erhalten. Zenneck hat dieses Staatsexamen abgelegt, ist aber nicht Lehrer geworden, sondern verfolgte eine akademische Laufbahn.

An Blaubeuren hat sich Zenneck immer mit Freude erinnert. Im Jahre 1950 organisierte er in Blaubeuren das letzte Treffen seiner Promotion – fünf kommen noch zusammen, fünf weitere noch Lebende waren – meist aus Gesundheitsgründen – verhindert. Die Promotion von 1950 begrüßte die *alten Knaben* mit einem kleinen musikalischen Ständchen, Zenneck hielt eine kurze Ansprache – und spendierte der Promotion einen exquisiten Nachtisch.

Wenige Tage nach dem Blaubeurer Treffen schreibt Zenneck darüber: *Ich habe mich riesig gefreut, nicht nur die alten Freunde, sondern auch die Blaubeurer-Felsen, auf denen ich manchesmal herumgeklettert bin, wieder zu sehen. Leider hat Blaubeuren durch die vielen Zementfabriken in der Nähe nicht gewonnen. Meine Frau und ich sind dann von Blaubeuren über Sonderbuch nach Wippingen, um dort meine alte Heimat zu besuchen. Es war natürlich eine gewisse Enttäuschung: das Dorf hat sich total verändert, das Pfarrhaus und der Pfarrgarten waren ziemlich vernachlässigt, und die Einwohner waren natürlich für mich vollkommen fremd.*

Am 8.4.1959 ist Jonathan Zenneck in München gestorben – als anerkannter Nestor der deutschen Physik.

Literatur:

Huss, Guido, Jonathan Zenneck (1871–1959). Vom Biologen zum Pionier der Funktechnik. In: Albrecht, Helmuth (Hg.), Schwäbische Forscher und Gelehrte. Lebensbilder aus sechs Jahrhunderten. Stuttgart: DRW 1992, S. 109–113.

Lehmann, H[ans], Internationaler Seefunkdienst. Die Entwicklung im Elbe-Weser-Raum – ein Beitrag zur Heimatkunde. Cuxhaven: Nachrichten 1983. (= Veröffentlichungen des Stadtarchivs Cuxhaven Nr. 8, 1983.)

Polleit, Reinhard, Die Geschichte der drahtlosen Telegraphie. Neustadt a. Rbge: Polleit 1979.

Zenneck, Jonathan, Erinnerungen eines Physikers. München [Manuskript] o. J.

Schmucker, Georg (eine Dissertation zu Zenneck ist in Vorbereitung.)

Ein *Apostel* der Landwirtschaft – Jeremias Höslin (1722–1789)

Jeremias Höslin war ein Kind der Schwäbischen Alb und blieb seiner Heimat ein Leben lang auf das tiefste verbunden. Sein Vater stammt aus Langenau und starb als Pfarrer von Ennabeuren, zuvor war er Pfarrer in Wippingen. Dort kam auch Jeremias Höslin am 18.5.1722 zur Welt, dort wuchs er auf, und er ist von Wippingen so beeindruckt, daß in seinem späteren Werk dieses Dorf einen ganz besonderen Platz einnimmt.

Sehr wahrscheinlich besuchte der junge Höslin in Blaubeuren die Lateinschule, wurde dort so gedrillt, daß er das Landexamen im Jahre 1736 bestand: Er erhielt einen Freiplatz an der Blaubeurer Klosterschule, über das Kloster Bebenhausen gelangte er ins Tübinger Stift und schloß dort sein Studium mit der Magisterprüfung ab, diese Prüfung war Voraussetzung für den Zugang zum Pfarrdienst. Von da an verlieren sich zunächst seine Lebensspuren, wir wissen nicht, wohin ihn seine, damals übliche wissenschaftliche Reise führte, wir wissen auch nicht, an welchen Orten er als Pfarrvikar gewirkt hat.

Ab 1752 ist Jeremias Höslin in Suppingen Pfarrer, sieben Jahre später wird er Pfarrer von Böhringen, und das bleibt er bis an sein Lebensende – immerhin dreißig Jahre lang war er dann Seelsorger in dieser Albgemeinde. Aber er war viel mehr – von Jugend auf interessierte er sich für die Landwirtschaft, sein Vater gründete in Wippingen eine der ersten Baumschulen auf der Alb. Und so wurde Jeremias einer von den Pfarrern, die sich im Lande um eine Hebung der agrarischen Verhältnisse bemühten.

In vielen Aufsätzen, meist in der *physikalisch-ökonomischen Wochenschrift,* veröffentlichte er seine Verbesserungsvorschläge. Dabei beschränkte sich Höslin keineswegs auf die Schwäbische Alb, obgleich sie im Zentrum seiner Interessen stand. Auch der Weinbau hatte es ihm angetan. Eine seiner Schriften zur Verhinderung der Frostschaden in Rebkulturen wurde sogar preisgekrönt.

Der gelehrte Pfarrer erkannte als einer der ersten, daß der Getreidebau auf der Alb *des natürlichen Düngers ermangelte,* weil nur eine unzureichende Wiesenwirtschaft bzw. Viehhaltung vorhanden war. Höslin propagierte folglich den gezielten Anbau von Futtermitteln, er hatte aber mit den Pflanzen, die er zum Anbau vorschlug (Geißraute und Luzerne) nicht den Erfolg, den er sich erhoffte. Auch erkannte Höslin sehr richtig, daß saure Böden gekalkt werden sollten, und zwar mit gebranntem Kalk, denn dadurch wird der Boden eher chemisch neutralisiert, was einem gedeihlichen Pflanzenwachstum entgegenkommt. Zu Höslins Zeiten war dieser Vorschlag jedoch theoretischer Natur, und Höslin wußte auch weshalb: es gab nicht genügend Holz, um die Mengen Kalk zu brennen, die für eine sinnvolle Bodenkalkung nötig gewesen wären.

Das Wetter, und zwar die Unsicherheit des Wetters macht den Bauern seit alters Sorgen. Und auch da wollte Höslin Abhilfe schaffen: er wollte ein System zur untrüglichen Wettervorhersage entwickeln, und zu diesem Zweck hat er über 19 Jahre hinweg täglich das Wetter beobachtet und in langen Tabellen festgehalten.

Im Druck umfaßt das Tabellenwerk über 200 Seiten, und kein geringerer als der württembergische Herzog Carl Eugen hat die Drucklegung gefördert und letztlich ermöglicht – und wenn sich der Herzog engagierte, dann muß vom Projekt Besonderes erwartet worden sein. Mit einigem Stolz hat Höslin sein Werk dann präsentiert: »Non eruditis, sed erudiendis« – so lautet das lateinische Motto: »Nicht für die Wissenden, sondern für die, welche lernen sollen«!

Welche Hoffnungen verbanden sich mit dieser Arbeit? Damals war die Auffassung weitverbreitet – und Höslin war einer ihrer Anhänger –, daß sich das Wetter am Stand des Mondes orientiere, schließlich folgt Ebbe und Flut dem Lauf des Erdtrabanten. Hinge das Wetter vom Mond ab, dann müßte es sich alle 19 Jahre wiederholen, denn so lange währt ein Mondzirkel: 19 Jahre dauert es, bis wieder am selben Tag derselbe Mond am Himmel steht. Für die Wettervorhersage wäre das natürlich eine bequeme Grundlage.

Mit mehrerer Gewißheit bin ich überzeugt, daß der Mondenzirkel ziemlich= aber niemalen ganz ähnliche

Jahrgänge hervorbringe, und daß allezeit der neunzehende Jahrgang nicht nur vieles, sondern fast alles ... voraushabe.

Nach Höslins Vorstellung ist das Wetter vom Mondzirkel abhängig, er hält allerdings den Einfuß der Planeten aufs Wetter nicht ausgeschlossen, aber für insgesamt wohl marginal. Seiner Auffassung nach sind *alle elektrischen Begebenheiten ... in den Mondzirkel so eingeflochten, daß sie mit Gewiesheit voraus gesagt werden können.*

Elektrische Phänome sind nach Höslin *Donnerwetter, Sturmwinde, Erdbeben, Nordscheine.* Elektrizität entsteht u. a. durch Reibung, Höslin glaubt, daß sich die Aether (Atmosphären) von Erde und Mond berühren und durch die unterschiedliche Rotation sich aneinander rieben, so daß Elektrizität entstünde. Vieles an seiner Theorie ist purer Glaube, so wenn er die Erdbeben als *unterirdisches Gewitter auffaßt*, ohne auch nur im geringsten zu begründen, weshalb dies ein elektrischer Vorgang sein soll.

Wir wissen heute, daß Höslins Annahme falsch war, und er selber mußte dies schmerzvoll erfahren, denn im Jahre 1782 wiederholte sich keineswegs das Wetter von 1763. Töricht und völlig unangemessen wäre nun, Höslin wegen des Fehlschlages seiner Forschungen zu belächeln. Auch im letztlich ergebnislosen Forschen liegt ein wissenschaftlicher Wert: Höslin hat bewiesen, auch wenn er gerade das Gegenteil erreichen wollte, daß der Mond keinen Einfluß auf das irdische Wetter hat. Darüber hinaus hat Höslin mit seinen Wetteraufzeichnungen die frühesten und verläßlichsten vorgelegt, die wir aus unserem Raum überhaupt besitzen, sonst ist unser Wissen über das Wetter in früheren Zeiten eher beiläufig. In Bayern beispielsweise sind meteorologische Aufzeichnungen erst seit 1781 erhalten, vollständig bis heute liegen sie nur für München seit 1820 vor.

Immerhin hat Höslin eine große Fleißarbeit hinterlassen: neunzehn Jahre hat er getreulich das Wetter aufgeschrieben, in der Hoffnung, daß sich dies alle neunzehn Jahre wiederhole. Als Beispiel diene der April 1770, nach Höslins Theorie hätte sich dieses Wetter auch im Jahr 1998 wiederholen müssen. Jeder kann prüfen, ob dies eintrat.

1. regnerisch, Sonnenschein
2. Riesel und Thauwetter. Geht viel Schnee
3. Regen, unbeständig. Abends Schnee
4. Riesel, Wolken, Wind, Nachts Schnee
5. Schnee, Sonnenblikke, stürmisch Schnee
6. viel Schnee
7. wolkich, windig
8. wolkich, Eis, trüblich, Sturm
9. Sonnenschein. Geht viel Schnee
10. trüblich, Donnerwetter in S. aus W
11. Nebel, Schnee
12. viel Schnee mit Sturm, trüb
13. Schnee, nebelich
14. Nebel trüb, Sonnenblikke
15. Eis, Schneeflocken, Sonnenblikke
16. Eis, Sonnenblikke
17. heiter, Reiffen, Eis
18. Schneegestöber
19. nebelich, trüb
20. Schnee, Sturm, Sonnenblikke, Nachts Sturm
21. Schneegestöber
22. Schnee und Kiesel
23. trüb, Nebel mit Duft
24. Schnee, nebelich
25. Nebel in der Höhe, angenehm
26. angenehm
27. einige Windwölkchen
28. angenehm
29. heiter, Donnerwetter
30. einige Wolken

Der ganze Monat war unbeständig; daher konnten die Bauren auf dem Gebirge ihr Feld nicht an einem fort bestellen. Der folgende Mai war dann recht erfreulich und brachte den Landwirten gutes Wetter.

Solange mir Gott Leben und Gesundheit schenkt, werde ich mit meinen Beobachtungen fortfahren; verspreche mir aber nicht, noch einen Mondenzirkel zu erleben. So schreibt Jeremias Höslin gegen Ende seines Buches; diese Aufzeichnungen sind nicht erhalten. Auch wissen wir nicht, wie Höslin das praktische Scheitern seiner Theorie kommentierte, wir wissen nicht, ob er seinen Mißerfolg eingestand oder ob er auf seiner Theorie beharrte.

Der obige Auszug genüge, Höslin schreibt nach den Tagen den herrschenden Druck, er mißt ihn in Zoll auf einer Quecksilberröhre, gibt dann die Windrichtung an und beschreibt kurz das vorherrschende Wetter am Tage.

Heute mögen uns diese Beobachtungen allzu bescheiden erscheinen (in späteren Jahren gibt Höslin auch die Tagestemperatur an), vieles bleibt dennoch offen: was verbirgt sich hinter der Formel *ungestümm* oder hinter der Aussage *etwas heiter*?

Für den Landmann von damals wären die Aufzeichnungen, unterstellen wir, Höslins Theorie träfe zu, von unschätzbaren Wert gewesen. Früher sorgte sich der Landwirt des Wetters halber ungleich mehr als sein Standesgenosse von heute. Und die Feldarbeit hätte sich erheblich besser planen lassen, hätte der Bauer nur die trockenen und regnerischen Tage im vorab gewußt. Höslin wollte solch eine Planungshilfe erarbeiten. Leider scheiterte er damit.

Die Liebe zur Natur und zur Naturbeobachtung hat Jeremias Höslin in der Blaubeurer Klosterschule gelernt, denn dort ging er zum späteren Prälaten Philipp Heinrich Weißensee (1673–1767) in die Schule, der sich um die Erforschung der Naturphänomene sehr bemühte.

Aus Höslins Aufzeichnungen erfahren wir, daß Weißensee nicht nur trockenen Kathederunterricht geboten hat, sondern daß er mit seinen Zöglingen Ausflüge in die Blaubeurer Gegend unternahm, um die Schüler z. B. in angewandter Geologie zu schulen. Höslin hat diese Form des Unterrichts gerne genossen und seinen alten Blaubeurer Lehrer immer mit großer Hochachtung genannt.

Der Raum um Blaubeuren findet auch liebevolle Beachtung im Hauptwerk des Jeremias Höslin: *Beschreibung der Württembergischen Alp mit landwirtschaftlichen Bemerkungen*. Das Buch wurde erst nach seinem Tod (2.5.1789) herausgebracht, und zwar 1798 von seinem Sohn, der Pfarrer in Gruorn war. Dieses Werk versucht, die Alb – soweit sie damals württembergisch war – systematisch zu erfassen. Jedes Dorf, jeder Weiler wird beschrieben, geschichtliche Nachrichten werden durch geologische, klimatische Befunde ergänzt. Im Mittelpunkt stehen Berichte über den Stand der Landwirtschaft in den jeweiligen Orten. Das Buch umfaßt die damaligen Oberämter Blaubeuren, Münsingen, Urach, Neuffen und Kirchheim, und es ist ein Vorläufer der späteren Oberamtsbeschreibungen. An Systematik hält es den Vergleich mit diesen Bänden nicht aus. Aber das ist Höslin nicht vorzuwerfen. Gewiß, er übernahm sich bei der Aufgabe, die er sich stellte, denn so ein Werk kann nicht von einer Person allein geschaffen werden. Wichtiger ist, daß Höslin erkannte, was fehlte – ausreichende Landeskenntnis, denn die ist dringend nötig, will man Agrarreformen auf breiter Grundlage vorantreiben.

Von heute her gesehen müssen wir froh sein, daß Höslin nicht gar so wissenschaftlich verfuhr, denn in seinem Buch finden sich köstliche Bemerkungen zu Land und Leuten rund um Blaubeuren.

Literatur:

WEYERMANN, S. 325.
HÖSLIN, JEREMIAS, Meteorologische und Witterungsbeobachtung auf neunzehn Jahr, sammt einer Anweisung hierzu, und den erforderlichen Tabellen. Tübingen: Cotta 1784.
HÖSLIN, JEREMIAS, Beschreibung der Wirtembergischen Alp, mit landwirthschaftlichen Bemerkungen. Tübingen 1798.

Johann Gottlieb Steeb (1742–1799) –
Apostel des Espers

Seit dem Anfang des 18. Jahrhunderts ist überall in Europa eine merkwürdige Unrast zu beobachten. Allseits in Politik, Medizin, Gewerbe und Landwirtschaft regen sich neue Kräfte, und neue Wege werden gesucht und gegangen. Das Zeitalter der Aufklärung strebte seinem Höhepunkt zu und mündete gegen Ende des Jahrhunderts in die ebenso furcht- wir fruchtbaren Ereignisse der Französischen Revolution und der Ära Napoleon. Längst hat sich die Geschichtsschreibung daran gewöhnt, in diesem Zusammenhang nicht nur von einer politischen Umwälzung, sondern von medizinischer, industrieller und agrarischer Revolution zu sprechen, um die hygienischen, technischen und gesellschaftlichen Neuerungen angemessen zu umreißen.

Zu diesen Revolutionären gehörten Söhne der Schwäbischen Alb, Zöglinge des Evangelisch-theologischen Seminars in Blaubeuren und württembergische Dorfpfarrer. Man kann dies kaum glauben – denn Pfarrer, zumal schwäbische, werden gerne zu den behäbigen, still-naiven Naturen gezählt, die Handel und Gewerbe nicht interessieren können, und die sich wenig Gedanken darüber machen, wo und wie auch ihre Einkommen erwirtschaftet werden. Und doch gab es Pastoren, Dorfpfarrer zumeist, denen nicht nur das Seelenheil ihrer Befohlenen am Herzen lag, sondern die genau sahen, wie miserabel die ökonomischen Zustände auf der Alb waren.

Von Johann Gottlieb Steeb soll berichtet werden. 1742 am 11. 9. in Nürtingen getauft, von 1757 bis 1759 an der Klosterschule Blaubeuren, Student in Tübingen, Hauslehrer, Pfarrer in Dürnau, dann über 20 Jahre hinweg Pfarrer in Grabenstetten bis zu seinem Tode am 29. 11. 1799. Ein Revolutionär?

Nach seinem Tode schreibt sein erster Biograph im *Schwäbischen Correspondenzblatt für Gemein- und Privatwohl* Steebs Tun sei so *gut eine Landwirtschaftsum-*

Johann Gottlieb Steeb

wälzung als die Französische Revolution eine Staatsumwälzung ist. Der Satz besagt nicht mehr und nicht weniger, als daß Steebs Vorschläge für die Landwirtschaft ähnliche einschneidende Folgen zeitigten, wie die Französische Revolution die politischen und gesellschaftlichen Verhältnisse in ganz Europa grundlegend veränderte.

Damit wird auch deutlich, daß Johann Gottlieb Steeb nicht zu den Revolutionären gehörte, die mit einer den Bürger schreckenden Bart- und Haartracht, mit wortgewaltigem Ungestüm und auf Barrikaden und mit Bomben versteinerte Staatsapparate bekämpften. Steebs »Kampfplatz« lag in der Landwirtschaft; und sein Kampf galt alten Wirtschaftsmethoden, an denen die Bauern seiner Zeit wohl aus Gewohnheit und geistiger Unbeweglichkeit zäh und beharrlich festhielten. Steeb formulierte dies in einer seiner Schriften:

Es ist traurig, wie hartnäkig die Anhänglichkeit an hergekommenen Gebräuchen sich auch in der Benuzung der mütterlichen Erde zeigt.

Das Übel in der Landwirtschaft jener Tage lag darin, daß Ackerbau um jeden Preis betrieben wurde – auch auf Böden, die dafür denkbar ungeeignet waren. Die Begriffe *Wechseläcker* und *Ausruhäcker* belegen dies zur Genüge. Im seinem Pfarrdorf Grabenstetten kamen auf 2200 Morgen Ackerland nur 50 Morgen Wiesen! Wiesenwirtschaft war also kaum bekannt; das Vieh wurde im Sommer, Herbst und Frühjahr geweidet (zumeist im Wald, mit den entsprechenden Schäden am Holz) – und im Winter schlecht gefüttert, eben weil der Heuertrag so gering war. Steeb beschreibt den schlechten Zustand des Viehs so:

Deswegen ist es ein jämmerlicher Anblick, wenn bei Eröffnung der Frühlings-Waide ein großer Theil des Viehs mit abgeschundenen Häuten, die kaum das magere Knochengeripe bedecken, der neuen Waide entgegen schwanken, die anfangs in blosen Blättern und Knospen der kleineren Bäume und Gesträuche besteht. Und dann erst bekommen die Milchdrüsen der mit Stroh gefütterten und bisher versiegenen Kühe wieder ihre ersten Säfte.

Wesentlich war, daß bei beschriebener Wirtschaftsweise wenig Dünger gewonnen wurde. Der Theologe Steeb erkannte den entscheidenden Punkt: Getreideanbau ohne ausreichende Düngung ist wenig ertragreich, Düngung hängt jedoch von der Viehhaltung ab. Viehdünger ist nur zu gewinnen, wenn von der Weidewirtschaft zur Stallhaltung der Tiere übergegangen wird. Dies aber setzt voraus, daß im Sommer genügend Grünfutter und im Winter ausreichend Heu zur Verfügung steht.

Also – schloß Steeb – was bietet sich mehr an, als die ertragsschwachen Ackerböden mit Grünfutter anzubauen! Johann Gottlieb Steeb rief auf zum *künstlichen Futterbau* – und das erwies sich als die Lösung in einer Zeit, in der es noch keinen Kunstdünger gab.

Der Ackerbau ohne den gehörigen Futterwachs ist Pfuscherey und auf der Alp harte Sklavenarbeit. ... Es kommt also nur darauf an, daß man eine gehörige Anzahl von Aeckern in Wiesen verwandle ...

Vor allem dachte er an die schlechten Ackerböden, die nur 3 Scheffel Dinkel (ein württ. Scheffel = 177,244 kg) pro Morgen oder gar *oft kaum etwas über oder auch nur die Aussaat*, Ertrag brachten; umgerechnet ergibt dies einen Ernteertrag von ca. 400 kg pro Morgen, also 12 dz pro Hektar. Heute erwartet man Erträge von über 40 dz/ha.

Steeb schlug auch geeignete Futterpflanzen vor. *Apostel des Esper* wird er deshalb genannt. *Esper ist Gold werth, daß eine Kuh nunmehr so viele Milch gibt, als sonst vier,* so beschreibt er die Wirkung der neuen Futterpflanze. Und in der Tat war die Esparsette die geeignete Futterpflanze im 18./19. Jahrhundert für die Alb: Sie gedeiht auf eher mageren Wiesen und ist relativ unempfindlich gegen Trockenheit, sie wurzelt tief im Boden und ist für steinige Äcker günstig; zudem ist Esper ausdauernd – fast zwanzig Jahre hält er sich nach einmaliger Aussaat. Steeb empfahl aber auch den *ewigen Klee* – die Luzerne! Sie wird heute noch angebaut – der Esper hingegen nicht mehr, andere Futterpflanzen haben ihn abgelöst. Aber als Wildpflanze hat er sich an Böschungen und Wegen bis heute gehalten.

Seine Überlegungen mußte Steeb erst praktisch demonstrieren (dabei ist zu erinnern, daß er Pfarrer war und daß er dieses Amt sehr ernst nahm). Die Grabenstetter Bauern verfolgten seine Versuche auf den zur Pfarrei gehörenden Äckern durchaus kritisch – die älteren lehnten nach bester schwäbischer Sitte die Neuerungen von vornerein ab, die jüngeren akzeptierten erst nach Jahren die neue Wirtschaftsweise, nachdem auf den Äckern und im Stall des Pfarrers der Erfolg sichtbar wurde.

Steeb hat auch Gründüngung vorgeschlagen: sogenannter grüner Klee soll als Untersaat ausgebracht und nach partieller Nutzung im Herbst untergepflügt werden. Er richtete diesen Vorschlag von vornerein an die Einsichtigeren unter den Landwirten, offenbar ging er davon aus, daß dieses Projekt sonst kaum Aussicht hatte, von den Bauern angenommen zu werden.

Bei dieser mißtrauischen Aufnahme seiner Ideen war es für Johann Gottlieb Steeb sicher eine Genugtuung und ein Ansporn für seine weitere Arbeit, daß die Reichstadt Ulm seine Schrift *Über die Verbesserung der Cultur auf der Alp* aufkaufte und kostenlos an die Bauern im Ulmer Gebiet verteilen und ihm – Steeb – ihr besonderes Wohlgefallen ausdrücken ließ. Steeb betonte darin die besonderen klimatischen Verhältnisse auf der Alb, übertreibend sprach er vom *südlichen Sibirien*.

Bezeichnenderweise waren die ersten, die Steebs Ideen aufgriffen, Pfarrer und Lehrer; und noch bezeichnender ist, daß Steeb, als er sich daran machte, eine *Landwirthschaftliche Gesellschaft* zu gründen, nicht etwa Landwirte zum Beitritt aufrief, sondern seine Amtsbrüder, Schreiber und Förster, vor allem aber die Dezimatoren. Dezimatoren, das sind die Personen, denen der Zehnt vom Ertrag der Felder zustand. Steeb umwarb diesen Personenkreis, offenbar in der Hoffnung, daß er gehörigen Druck auf die Bauern ausübe, mußten doch die Empfänger der Zehnten ein Interesse an gesteigerten Erträgen haben.

Steeb war Seelsorger, war Pfarrer. Deshalb ging es ihm nicht allein um bessere Erträge, um materiellen Gewinn. Was ihn bewegte, umreißt folgendes Zitat: *Ich getraue mir, behaupten zu können, daß der bessere Wohlstand, der auf vorhin beschriebene Weise erreicht werden könnte, seinen Einfluß auf Sittlichkeit und Aufklärung haben würde, so heterogen auch Ursach und Wirkungen zu seyn scheinen.*

Beispielsweise rechnete er mit besserem Schulbesuch, ja langfristig konnte er sich ein Bildungssystem vorstellen, in dem die Landkinder das ganze Jahr zur Schule gehen konnten. In solchen Vorstellungen wird das aufklärerische Interesse Johann Gottlieb Steebs über seine Ackerreformen hinaus deutlich. Die Verbesserungen in der Landwirtschaft sind nicht Selbstzweck, sondern sie sollen Grundlage einer ideellen, einer moralischen Verbesserung der Menschen sein. Ob Steeb diese Ziel erreicht hat? Zweifel sind erlaubt. Gewiß ist jedoch, daß sich seine Vorstellungen einer Landwirtschaft auf der Alb durchgesetzt haben, gewiß ist auch, daß der Hunger, der früher ständig die Gesellschaft bedrohte, bei uns seit über einem Jahrhundert unbekannt ist. Steeb hat diese Entwicklung, diesen Fortschrittsschub geahnt, er bedauerte vor seinem Tode *jetzt sterben zu müssen, wo die Welt anfange sich leichter zu ernähren.*

Bei uns in Europa – überhaupt in den Industriestaaten – ist die Ernährungsfrage längst kein Problem mehr; darum fehlt es uns schwer, in Steeb einen Revolutionär zu sehen. Betrachten wir aber die Ernährungslage in den ärmsten Staaten der Dritten Welt, so wüßten wir gerne einen Weg, der auf ähnliche stille revolutionäre Weise aus den Schwierigkeiten führte.

Literatur:

ADB 35, 1893.

STEEB, JOHANN GOTTLIEB, Von der Verbesserung der Kulturen auf der Alp und den ihr ähnlichen gegenden des Vaterlands. Stuttgart: Cotta 1792.

STEEB, JOHANN GOTTLIEB, Ueber die Bildung eines Landwirths nebst einer Einladung an die Liebhaber der Landwirtschaft im Vaterlande, einer Wirtembergischen landwirthschaftlichen Gesellschaft beizutreten. Stuttgart: Metzler 1799.

SCHWENKEL, HANS, Johann Gottlieb Steeb, Pfarrer und Schriftsteller der Landeskunde und Landwirtschaft, der Menschen- und Völkerkunde. In: Schwäbische Lebensbilder II, Stuttgart 1941, S. 431–439.

Bahnbau über die Berge mit Karl (von) Etzel (1812–1864)

Daß der Prophet im eigenen Lande nichts gilt, ist nicht nur eine Redensart. Besonders Württemberg tat sich schwer, Begabungen, die das Land hervorbrachte, zu halten und zu fördern. Schiller, Schelling, Hegel, List, Hölderlin, Strauß – die Liste derer, denen das Land keine angemessen bezahlte Stellung bieten konnte oder wollte, ist bedenklich lang.

Von einem weiteren Fall ist hier zu berichten: Als die württembergische Regierung so langsam die Notwendigkeit des Eisenbahnbaus erkannte, wandte sie sich an die französische Regierung, mit der Bitte, eine geeignete Fachkraft zu nennen. Selbstverständlich dachte man in Stuttgart an einen Franzosen, denn in Frankreich war mit dem Eisenbahnbau schon vor Jahren begonnen worden. Frankreich half: *Man wisse keine geeignetere Persönlichkeit als den in Wien weilenden Württemberger Karl Etzel.*

Der württembergische Staat traute also keinem Landsmann die Aufgabe zu, obwohl mit Karl Etzel eine der fähigsten Eisenbahnbauer der Zeit (das sollte sich allerdings erst später erweisen) zur Verfügung stand. Zudem konnte der Name Etzel nicht unbekannt sein, schließlich stellte diese Familie generationenlang Straßen- und Brückenbauer. Als erster ist Johann Leonhard Etzel zu nennen – herzoglicher württembergischer Hofwerkmeister. Beide Söhne folgten im Beruf, zur besseren Unterscheidung nannte man sie den *steinernen und hölzernen Etzel,* weil der eine in Stein baute, während der andere Holz als Baumaterial bevorzugte.

Die Kenntnisse und Fähigkeiten beider erbte der Sohn des *steinernen* Etzel: Bei seinem *hölzernen* Onkel ging er in die Lehre; im Hause seines Vaters Gottlieb Christian Eberhard konnte er bahnbrechende architektonische Leistungen studieren. Die Stadt Stuttgart hat dem *steinernen* Vater am oberen Ende der Neuen Weinsteige ein Denkmal errichten lassen, zum Dank und bleibender Erinnerung an den Bau dieser Straße, die damals als Meisterleistung galt. Die Straße war so günstig geplant, daß sie bis heute mit ihren maximal 7 % Steigung den modernen Verkehr bewältigen kann; dabei wurde die Trasse zwischen 1826 und 1831 gelegt. Auch in unserem Raum hat Etzel senior gebaut, so etwa die Straße von Ehingen nach Münsingen, auch den Neubau der Ulmer Herdbrücke 1829–1831 hat er geleitet. Sein Sohn also – in dritter Generation Baumeister – ist Karl Etzel.

Karl Etzel

Bei so viel Trägern desselben Namens wundert nicht, daß die Baumeister miteinander verwechselt werden, so wird manchmal Karl Etzel als Erbauer der Neuen Weinsteige genannt, nochmals sei betont, daß diese Leistung dem Vater Eberhard Etzel gehört.

Der Sohn allerdings sollte noch bedeutender werden als alle Ingenieure aus der Familie Etzel. Dabei hatte der Vater mit dem Sohn eigentlich etwas anderes vor, waren die Etzels bisher zwar angesehene Baumeister, so zählten sie dennoch nicht zur akademisch gebildeten Schicht, denn ihre Ausbildung war am Handwerk orientiert. Technische Hochschulen gab es damals noch nicht. Vater Etzel brachte es zu gut bürgerlichem Wohlstand, und so sollte der Sohn es einmal besser haben: Eine theologische Ausbildung zum Pfarrer war geplant. Vielleicht spielt bei dieser Wahl der Umstand eine Rolle, daß des kleinen Etzels Großmutter mütterlicherseits aus der berühmten württembergischen Theologenfamilie Hochstetter stammte.

Und so mußte Karl Etzel (geboren am 6. Januar 1812 in Stuttgart) die Paukerei, ja die Schinderei über sich ergehen lassen, bis er das Landexamen bestand, das zur kostenlosen Aufnahme in eines der Seminare berechtigte. Von 1825 bis 1829 bereitete er sich auf den Pfarrersberuf vor, da galt es vor allem Griechisch, Lateinisch und Hebräisch zu büffeln, naturwissenschaftliche, gar technische Fächer waren nicht vorgesehen, selbst Mathematik wurde höchst nebensächlich unterrichtet. Etzel hat sich gefügt; das sollte sich später auszahlen: ihm wird eine *umfassende Bildung, welche ihn vor den meisten seiner Fachgenossen auszeichnete,* bescheinigt.

Die Promotion, der Karl Etzel angehörte, galt als eine durchschnittliche – zu sehr hatte die Geniepromotion von 1821 bis 1825 die Ansprüche an die kommenden Schülergenerationen geprägt. Man mache sich klar, Aufgabe der Seminarien war es im Grunde, tüchtige Pfarrer heranzubilden, allenfalls Gymnasiallehrer – an Genies oder gar Techniker dachte der württembergische Staat nicht so sehr. Wenn einige aus einer Promotion Professoren – vorzugsweise für Theologie – wurden, so wurde dies als erfreulich akzeptiert. Und Etzel hatte Mitschüler, denen solch eine Karriere bevorstand. Zwei wurden zwar Fremdenlegionäre, einer davon ruht in algerischer Erde, der andere brachte es zu einem hohen Staatsamt. Die meisten aus Etzels Promotion wurden rechtschaffene Pfarrer und Dekane, ihre Arbeit, ihr seelsorgerlicher Einsatz ist vergessen.

Karl Etzel wurde Ingenieur. Mit Mühe setzt er gegen den Willen des Vaters durch, statt eines kostenlosen Studium am Tübinger Stift das Stuttgarter Polytechnikum besuchen zu dürfen. Einige Jahre zuvor war diese Hochschule gegründet worden: Es war die Vorstufe der späteren Technischen Hochschule, der heutigen Universität in Stuttgart. So ganz traurig wird Vater Etzel nicht gewesen sein, setzt doch der Sohn die Tradition der Familie fort, und das jetzt auf akademischen Niveau.

Nach dem erfolgreichen Examen ging Etzel ins Ausland. Das war nur natürlich, denn in jener Zeit war sowohl Frankreich wie auch England technisch derart fortgeschritten – gemessen am letzlich landwirtschaftlichen Württemberg –, daß für eine aufstrebende Kraft Studien im Ausland unerläßlich waren. Zuerst ging er nach Frankreich. Er lernte hier den Streckenbau der Eisenbahn kennen, baute an der Strecke von Paris nach St. Germain, seine besondere Begabung wurde erkannt, er entwarf eine Brücke über die Seine. Die Franzosen wußten schon, wen sie später der württembergischen Regierung empfahlen! Zunächst versuchte er selbst in den württembergischen Staatsdienst zu kommen – vergeblich. Ob er sich damals der Worte seines Vaters erinnerte, eine Stellung als Bautechniker im Staatsdienst sei nicht ratsam?

Ins Ausland ging Karl Etzel wieder: Nach einem Aufenthalt in England arbeitete er wieder in Frankreich, diesmal an der Strecke von Paris nach Versailles. Ein Fachbuch in französischer Sprache aus seiner Feder erschien. In deutscher Sprache veröffentlichte er eine Schrift über die Notwendigkeit und Ausführbarkeit einer Eisenbahn in Württemberg. Offenbar wurde sie in den Regierungskanzleien nicht gelesen, denn sonst wäre genannte Anfrage an die französische Regierung, einen tüchtigen Bahntechniker zu benennen, schlecht vorstellbar. Die Empfehlung aus Frankreich hatte allerdings Erfolg, 1843 wechselte Karl Etzel nach Stuttgart; nach seinem Frankreichaufenthalt hatte er in Wien Häuser, Villen und Hotels gebaut.

Seine erste Aufgabe in Stuttgart war, das württembergische Streckennetz festzulegen. Er mußte sich dabei an die politischen Vorgaben halten, die ein spezifisch württembergisches Netz vorsahen, und dabei außerwürttembergische Gegebenheiten nicht beachteten; aber das ist keine württembergische Besonderheit, die Nachbarländer handelten ebenso engstirnig. Vor kurzem mußte die Bundesbahn mit viel Aufwand die Strecke Mannheim–Stuttgart neu bauen, u. a. deshalb, weil die badischen und württembergischen Bauprogramme nicht zusammenpaßten und die bis heute reichlich ungeschickte Linienführung über Bietigheim – Pforzheim erzwangen. Die Strecke Kempten – Lindau verläuft deshalb so gewunden, weil Bayern württembergisches Gebiet tunlichst vermeiden wollte.

Immerhin – Karl Etzel war nun in der Heimat und konnte sich seiner Berufung – dem Eisenbahnbau – mit Hingebung widmen. Er leitete den Bau der Strecke von Plochingen über Stuttgart nach Heilbronn, war an der schwierigen Planung zur Einfahrt in den Stuttgarter Kessel führend tätig. In der Frage der sogenannten württembergischen Südbahn setzte sich Etzel durch, und das war ein Nachteil (zumindest damals) für Blaubeuren. Ursprünglich war gedacht worden, die Strecke Ulm–Biberach durch das Blautal über Ehingen nach Biberach und weiter nach Friedrichshafen zu legen. Etzel war dagegen mit folgenden Argumenten: die Strecke sei zu lang, der Grunderwerb zu teuer, der Untergrund zu schlecht und das Blautal zu krumm. Etzels Argumente überzeugten offenbar, und so wurde die Strecke über Erbach gebaut.

Überhaupt war Karl Etzel mit jeder Frage, die den württembergischen Eisenbahnbau berührte, allein aus dienstlichen Gründen bestens vertraut, denn er war schließlich zum Oberingenieur ernannt worden, d. h. er war der technische Leiter des gesamten Eisenbahnwesens mit einem stattlichen Jahresgehalt von 5000 fl – als Pfarrer hätte er nicht einmal die Hälfte verdient! Und er war es letzten Endes, der die *Normalien* festlegte, nach denen die Bahnhöfe des Landes gebaut wurden; die galten noch Jahrzehnte nach seinem Tode! So atmet ziemlich jeder Bahnhof im Lande noch heute seinen Geist – solide, zweckmäßig und schlicht. Fast alle Bahnhöfe entsprechen diesem Prinzip, und sie stehen noch heute und halten den Anforderungen stand, die eine weit fortgeschrittene, an Computern orientierte Technik verlangt.

Wahrscheinlich ist der humanistischen Bildung, die Karl Etzel am Blaubeurer Seminar genoß, zu verdanken, daß er sich bei seinen Plänen an klassizistischen Vorbildern orientierte. Hinzu kommt, daß einer seiner akademischen Lehrer Nikolaus Friedrich von Thouret (1767–1845) war: Die Bahnhöfe in Württemberg sind von besonderen ästhetischem Reiz, die Blautalstrecke ist dafür ein gutes Beispiel, eine Vielfalt von Bauformen, immer abgestimmt auf die Größe und den Charakter des Ortes, zeigen von Söflingen bis Munderkingen eine Fülle an Varianten, die sich wohltuend abhebt von der Monotypie beispielsweise der S-Bahnhöfe im Einzugsgebiet einer modernen Großstadt.

Damals war strittig, wie denn Stuttgart ans württembergische Netz anzubinden sei. Stuttgart liegt topographisch recht ungeschickt und bis bis heute nur über aufwendig zu bauende Tunnels zu erreichen. Das dies so ist, verdankt die Landeshauptstadt dem Engagement Etzels, der durchsetzte, daß der Hauptbahnhof in der Bolz- (damals Schloß-) Straße zu liegen kam, also etliche hundert Meter stadteinwärts vom heutigen Bahnhof aus gesehen. Um dies zu erreichen, mußte Etzel energisch handeln: Unter dem Protest der Öffentlichkeit ließ er intakte und neuwertige Gebäude zu einem Zeitpunkt einreißen, als dies noch gar nicht erforderlich war; erboste Mieter mußten ihre Wohnungen mit Hilfe der Polizei räumen.

Der Erfolg gab Karl Etzel recht, der Zorn der Mieter ist längst vergessen. Seine Kritiker bekamen im nachhinein ihrerseits recht, als der Bahnhof stadtauswärts an seinen heutigen Platz verlegt wurde. Verfolgt man jedoch die neusten Planungen um die Tieferlegung des Stuttgarter Hauptbahnhofes, so gewinnt man den Eindruck, als sollen die Besucher Stuttgarts wieder näher am Zentrum der Stadt aussteigen. Am alten Bahnhof, von dem noch einige Arkaden stehen (sie stammen nicht von Etzel), unweit davon, bedient heute die S-Bahnstation »Stadtmitte« die vielen Menschen, die – aus was für Gründen immer – ins Zentrum der Stadt wollen.

Karl Etzel war er an den Überlegungen, wie die Schwäbische Alb zu überwinden sei, maßgeblich beteiligt, insofern ist er einer der geistigen Väter der ersten Gebirgsbahn im Adhäsionsbetrieb ohne Scheiteltunnel überhaupt – der Geislinger Steige. Er entwarf den kühnen Plan, wie denn die Strecke auf die Alb hinauf zu gestalten sei. Schwerste Güterzüge und schnellste ICE-Einheiten steigen heute noch ohne große Mühe, allerdings mit verminderter Geschwindigkeit, den steilen Abhang des Rohrachtals empor, bis sie die Albhöhe bei Amstetten gewinnen.

Überwindung der Berge – das war dann auch die Herausforderung seines Lebens. Und seine Hauptleistungen liegen wieder im Ausland. In der Schweiz sammelte er Erfahrung beim Bahnbau in St. Gallen, baute dann Brücken und Talübergänge auf der Schweizer Centralbahn zum Gotthard, der berühmte Hauensteintunnel ist sein Werk.

In Wien wurde er Baudirektor der Wiener Südbahn, die von Wien aus über den Semmering nach Graz und weiter nach Triest führen sollte. Die Semmeringstrecke ist die erste Trasse quer über die Alpen, bereits 1848 in Angriff genommen, 1854, am 12. April fuhr Kaiser Franz Joseph I., zum erstenmal die kühne Gebirgsbahn von Gloggnitz (441 m) nach Mürzzuschlag (681 m) über die Paßhöhe (898 m), mit dabei war Karl Etzel und Karl Ritter von Ghega. Dieser aus Venedig stammende Ingenieur – zehn Jahre älter als Etzel – wurde zur der prägenden Persönlichkeit für den württembergischen Techniker. Carlo Ghega, so hieß er vor seiner Nobilitierung, ist der Baumeister, der die Strecke über den Semmering projektierte. Hier konnte Etzel lernen, was später an der Brennerstrecke anzuwenden war, zum Beispiel die Sicherheit der Arbeitskräfte: der Bau des Semmerings hat über 700 Arbeitern das Leben gekostet, bei der ungleich schwierigen Überwindung des Brenners waren »nur« 330 Tote zu beklagen.

Ältere Leser erinnern sich vielleicht mit Vergnügen an die Erzählung Peter Roseggers, die früher in jedem Lesebuch stand: *Als ich zum ersten Mal auf dem Dampfwagen saß.* Darin erzählt der Dichter, wie er als Waldbauernbub mit seinem schlichten, ängstlichen, aber letzlich begeisterten Paten zum erstenmal den 1400 m langen Tunnel – *Das ist meine Totenglocke* – auf dem Semmering durchquerte und dann in Mürzzuschlag als Schwarzfahrer gestellt wurde.

Seit 1959 elektrifiziert, wird der Semmering bis heute genutzt, wegen der engen Gleisbögen können die Züge nur 70 km/h erzielen, zu Ghegas und Etzels Zeiten wurde mit 6 km/h gerechnet, – daher gilt der Semmering als *das Nadelöhr* der ÖBB – eine Untertunnelung ist entworfen, aber noch lange nicht gebaut!

Etzels Erfahrungen am Semmering kamen der Strecke über die Alb zugute, wie gewiß umgekehrt die Stuttgarter Diskussionen im Kreis der Techniker und Finanzbeamten dem Fortgang der Semmeringstrecke gedient haben. Beide Gebirgsbahnen enstanden nahezu gleichzeitig – nur schwäbische Bescheidenheit will nicht zulassen, daß die Transversale über die Alb zu den technischen Meisterleistungen im reinen Adhäsionsbetrieb – ohne Zahnrad – zählt. Etzel gehörte entschieden zu den Ingenieuren, die Pferdedienst auf der Steilrampe ablehnten, sicher wandte er sich gegen das Projekt einer *athmosphärischen Bahn*, bei dem einzelnen Waggons durch stationäre Dampfmaschinen erzeugte Vakua – also nach dem Fahrradpumpenprinzip – auf die Alb befördert werden sollten!

Karl Etzel war vom technischen Fortschreiten überzeugt; so drückte er für die Geislinger Steige eine Steigung 1:45 durch; das galt damals als unerhört: 1:100 sei das Äußerste, was eine Dampfmaschine leisten könne (schrieb eine vorlaute und entsprechend schlecht informierte Presse) – Etzel wußte vom Semmering her, daß Steigungen 1:40 und selbst 1:30 realistisch waren; also riskierte er eine weitere Anhebung.

Indirekt provozierte er damit die Hersteller schwerer Lokomotiven: Neben der ALB-Lokomotive der Gattung IV, der ersten speziell für Gebirgsbahnen gebauten Lok, ist der besondere Stolz der Maschinenfabrik Esslingen die sechsfach gekuppelte Schlepptenderlokomotive (württ. K), die – viel bewundert – ihren Dienst auf der Geislinger Steige versah. Ob es eine die Manen der Gerechtigkeit berührende Fügung ist, daß die schweren Sechskuppler, nachdem die Geislinger Steige elektrifiziert wurde, auf der Semmeringstrecke eingesetzt wurden? Jedenfalls – die imposantesten Fotografien der württembergischen Dampfkolosse stammen vom Semmering!

Die großartigste, weil selbständige Leistung Etzels war der Bau der Brennerstrecke, denn das war die erste Streckenführung einer Bahn über die Zentralalpen. Ohne die Semmeringstrecke und die Leistung Ritter von Ghegas schmälern zu wollen, muß festgehalten werden, daß die Brennerstrecke bedeutsamer war und ist; ihr Bau stellte die Konstrukteure vor neue, größere Herausforderungen: Wurde der Semmering mit Hilfe eines Scheiteltunnels in 900 m Höhe überwunden, so führt der Brenner in 1362

Meter offen über die Paßhöhe. Dies Wagnis wurde auf sich genommen, weil sich der Scheiteltunnel des Semmerings als ziemlich anfällig für Wild- und Schmelzwasser und Eisbildung im Winter erwies; für den noch höheren Brenner kam also diese Lösung nicht in Frage.

Bis heute ist der Brenner eine der wichtigsten Alpentransversalen geblieben, dort wo die Alpen am breitesten sind, sind sie zugleich am bequemsten zu überwinden, und zwischen Kufstein – Innsbruck – Bozen – Verona ist nur ein Paß zu überwinden – eben der Brenner. Seit alters her eine ideale Verbindung von Deutschland nach Italien. Und nicht nur dies: Auch das nördliche Europa muß den Brenner benutzen, wenn es in den sonnigen Süden will: Der längste durchgehende Zuglauf war einst Kopenhagen – Lecce! Auch sollte bedacht werden, daß ein beliebter, wenn auch nicht der schnellste Weg von Innsbruck nach Wien über den Brenner führt, nämlich Innsbruck – Franzensfeste – Innichen – Lienz – Klagenfurt – Wien.

Allzuleicht unterschätzt man die Probleme, mit denen Bauingenieure vor allem in den Alpen zu tun haben, allzuleicht genießt der Reisende im klimatisierten Wagen die Annehmlichkeiten der Reise und die Großartigkeit der stets wechselnden Gebirgskulisse. Die Streckenführung erwies sich als genial projektiert, führt durch 23 Tunnel, spektakulär sind die Kehrtunnel von St. Jodok und Gossensaß, die ersten in der Geschichte des Eisenbahnbaus. Unglaubliche Belastungen in Krieg und Frieden hat diese Linie ausgehalten, sie trotzte den Bomben des zweiten Weltkriegs ebenso wie den Lawinen und Vermurungen, die immer wieder die Strecke – allerdings nur kurzfristig – unterbrachen und unterbrechen.

Zwischen Kollmann und Blumau auf Südtiroler Seite ist die Strecke am gefährdetsten, weil die steilen Felshänge vor allem im Winter und bei Schneeschmelze Erdrutsche und Steinschläge zulassen – in Zukunft soll ein Tunnel die Gefahrenstelle umgehen.

Die Eröffnung der Brennerbahn am 24. August 1867 hat Karl von Etzel (inzwischen war er geadelt worden) nicht mehr erlebt. Im November 1864 erlitt er einen Schlaganfall, von dessen Folgen er sich mehr erholen sollte. Am 2. Mai 1865 starb er in Ybbs an der Donau, auf der Fahrt zu seiner Stuttgarter Villa, wo er sich vom Schlaganfall regenerieren wollte. In einem eigens für den Kranken hergerichteten Salonwagen, Etzel lag in einer Art Hängematte, verstarb er im Eisenbahnwaggon!

Die k.u.k. Bahnverwaltung hat ihm inmitten der Bahnanlagen auf dem Brenner ein Denkmal errichtet. Wer von den Millionen Württembergern, die seither den Brenner passierten, hat die Ehrung für den Landsmann wohl beachtet? Heute ist die Büste Etzels im Bahnhof Brenner aufgestellt. An der Geislinger Steige fehlt ein entsprechendes Gedenken: Für seine Mitarbeiter Michael Knoll und Wilhelm Pressel wurden Medaillons mit ihren Portraits am Geislinger Bahnhof (dessen Bauplan wahrscheinlich von Etzel stammt) angebracht; für Knoll wurde – vielleicht, weil er gebürtiger Geislinger war? – im oberen Drittel der Steige ein kleines Monument errichtet.

Dennoch – das schönste Denkmal für Karl Etzel steht im »Ländle«, und er hat es selbst erbaut: es ist der Steinbogenviadukt über die Enz bei Bietigheim: 1851–1853 erbaut, erträgt der 350 m lange und 31 m hohe Bau den Schnellzug- und Güterzugverkehr zwischen Stuttgart und Karlsruhe bzw. Mannheim, ein Beweis für die geradezu unglaubliche Solidität, mit der Karl Etzel konstruierte. Und die Brücke ist ein technisches Werk von hohem ästhetischen Reiz – nicht umsonst steht der Bau unter Denkmalschutz.

Literatur:

ADB 6, S. 403–5; NDB 4, S. 668.
ARBOGAST, RALF; HAMMER, STEFAN, Alte Bahnhöfe in Württemberg. Stuttgart: Thienemann 1987.
ASMUS, CARL, Die Semmeringbahn – die älteste Gebirgsbahn Europas. Fürstenfeldbruck: Merker 1991 (= Eisenbahn-Journal IV, 90/91)
DITTERRICH, ALBERT, 125 Jahre Brennerbahn. Fürstenfeldbruck: Merker 1992 (= Eisenbahnjournal special 1/92 und 3/93).
FEKETE, JULIUS, Karl von Etzel. Zum 150-jährigen Jubiläum der württembergischen Eisenbahn und zum 130. Todestag des Architekten. In: ZWLG 55, 1996, S. 234–281.
HAMMER, STEFAN, Arbogast, Ralf, Alte Bahnhöfe in Württemberg. Stuttgart: Edition Erdmann 1987.
SUPPER, OTTO, Die Entwicklung des Eisenbahnwesens im Königreich Württemberg. Stuttgart: Kohlhammer 1895 [Nachdruck 1981].
BURKHART, GEORG, Karl Etzel, der Planer der Steige. In: Geschichtliche Mitteilungen von Geislingen und Umgebung. Heft 13, 1952, S. 58–61.

Die Feuerlein-Zwillinge

Zwillinge, so sagt man, sollen oft ähnliche, ja geradezu parallele Lebensschicksale haben. Bis zu einem gewissen Grade ist dies auch unvermeidlich, schließlich werden sie miteinander geboren und wachsen gemeinsam im selben familiären Milieu auf. Unser Zwillingspaar entstammt einer der besten Familie des Landes. Der Vater Carl Friedrich Feuerlein (1730–1808) war Sekretär des Geheimen Kabinetts in Stuttgart – heute entspricht diese Stelle dem des Staatssekretär in der Regierungskanzlei –, auch die Mutter, Auguste Fischer (1747–1823) gehörte zu den besseren Ständen, ihr Vater war herzoglicher Küchenmeister.

Zwölf Kinder entsprossen dieser Ehe, die verheirateten sich wieder und hatten Kinder und Kindeskinder. Fast 400 Seiten umfaßt ein Buch, das die Nachkommen des Stuttgarter Regierungsrates auflistet (auch Blaubeurer Bürger von heute sind darunter), unsere Zwillinge trugen das ihre zum Kindersegen bei, sechs bzw. sieben Kinder zeugten sie.

Bei ihrer Herkunft war die akademische Karriere vorgezeichnet. 1781 geboren, bestanden sie 1795 das Landexamen: Fürchtegott August WILLIBALD war sogar der Erste in der Aufnahmeprüfung; Ehregott GUSTAV Willibald war Dreizehnter; nach dem Examen im Jahre 1797 tauschten sie die Plätze. Gustav war jetzt 6., Willibald 11. der Blaubeurer Promotion – ein Beispiel brüderlicher Eintrachtkeit!

Gemeinsam besuchten die Zwillinge das Stift in Tübingen, aber danach trennten sich die Wege. Gustav Feuerlein blieb Theologe, und sein weiterer Lebensweg zeigt, daß Pfarrer eigentlich keine Karriere machen: von 1812–1848, also 36 Jahre lang bis zu seinem Tode war Gustav Seelsorger in Wolfschlugen, einem Dorf in der Nähe Nürtingens.

Ganz anders Willibald Feuerlein. Dieser brach sein Studium der Theologie ab, studierte statt dessen Rechts-

F. A. W. Feuerlein

wissenschaft und ging in die Landespolitik. Dort war er wohl geschätzt und damals weithin bekannt. 1820 wurde er zum Oberbürgermeister in Stuttgart gewählt, er ist der erste OB der Landeshauptstadt, bis 1832 vertrat er auch die Stadt im Landtag.

Fast alles, was damals auf der kommunalpolitischen Tagesordnung stand, ist heute vergessen und erscheint im nachhinein als unwichtig, ja als kleinkariert. Machen wir uns aber klar, daß damals Fragen der Kommunal- und Landespolitik mit genausoviel Engagement und Leidenschaft diskutiert wurden, wie dies heute geschieht. In den Geschichtsbüchern sind nur die Großen vermerkt, aber was wären die ohne das übergroße Heer tüchtiger und verantwortungsbewußter Mitarbeiter, die sich der Probleme des Tages angenommen haben! Machen wir uns nichts vor, auch die heutige hitzige, aufgeregte politische Landschaft wird bald vergessen sein.

OB Feuerlein wurde gründlich vergessen; in Stuttgart erinnert außer seinem Grab auf dem Hoppenlau-Friedhof nichts an seine Person: keine Straße, kein Platz wurde nach ihm benannt; das Archiv der Stadt hat über ihn kaum Unterlagen, nur ein paar spärliche Daten zu seiner Person sind gesammelt. In einer modernen dreibändigen Geschichte der Stadt Stutgart wird sein Name nicht einmal erwähnt, und das obgleich er 12 Jahre lang Oberhaupt der Stadt war.

Aus Presseberichten der Zeit läßt sich sein Tun rekonstruieren: Er repräsentierte, leitete die Sitzungen der des Gemeindrates und des Bürgerausschusses, beglückwünschte Jubilare, redete bei Staatsfeierlichkeiten, brachte das obligate Hoch auf den König aus – und war unermüdlich tätig. Unter seiner Amtsführung wurde der Bau der Neuen Weinsteige begonnen, die bis zum heutigen Tag alle benützen müssen, die Stuttgart von der Filder, von Tübingen etc. anfahren wollen. In seiner Amtszeit fielen die Mauern der mittelalterlichen Stadt, begann der Aufstieg vom Regierungssitz zur Hauptstadt: Stuttgart war fortan nicht nur Residenz des Königs, sondern entwickelte sich zum wirtschaftlichen Zentrum und wurde größte Stadt des Landes – auch wenn sie damals nur etwas mehr als 30 000 Einwohner zählte

Die Stelle war gut besoldet: mit 1500 Gulden im Jahr verdiente Willibald Feuerlein in etwa das doppelte von dem, was seinem Zwillingsbruder als Pfarrer in Wolfschlugen zustand, zudem war ihm ein eigener Schreiber unterstellt, der 300 Gulden erhielt.

Die Stadt hat ihm freilich seinen Einsatz und Fleiß nicht gedankt. Im Jahre 1832 wählte sie Ludwig Uhland an seiner Stelle zum Abgeordneten in den Landtag. Der war natürlich eine glanzvollere, aufgrund seiner dichterischen Erfolge eine großartige Persönlichkeit. Wir wissen nicht, was Willibald Feuerlein angesichts der Niederlage empfunden hat. War es Betroffenheit darüber, daß ihn ein an Jahren jüngerer Uhland besiegt hatte, oder empfand er Ärger, daß ein Verwandter ihn bekämpft hatte (Uhland war mit Feuerleins Nichte verheiratet) oder quälte ihn das bittere Gefühl, daß die Stuttgarter Bürger einen Tübinger Rechtsanwalt ihrem eigenen Oberbürgermeister gegenüber den Vorzug gaben?

Feuerlein handelte sofort – er legte sein Amt als Oberbürgermeister auf den 1. Januar 1833 nieder, mußte er doch das Votum der Stuttgarter Bürger als Mißtrauen in seine Person verstehen. Der Politik blieb er erhalten: Er war später Landtagsabgeordneter für das Oberamt Künzelsau, noch später für Freudenstadt; auch seine juristische Karriere ging weiter, er wurde Mitglied im obersten Richterkollegium, 1841 wurde er in den Staatsgerichtshof berufen; als er 1850 starb, widmeten ihm die Zeitungen des Landes ehrende Nachrufe.

Weitaus stiller verlief das Leben des Zwillingsbruders, des Pfarrers in Wolfschlugen. Wieviele Kinder er getauft und konfirmiert hat, wieviel Paare er getraut und wie viele Menschen er begraben half, wie oft er predigte – er wird dies selbst nicht gezählt haben! Und wie oft er Ratsuchenden half und Verzagte tröstete, das ist nicht zu sagen.

Ein Glücksfall ermöglicht, daß wir über sein Tun und Treiben gut unterrichtet sind. Seine Tochter Auguste nämlich war mit Ottilie Wildermuth (1817–1877) befreundet, der einstmals berühmten Schriftstellerin, und die hat Tochter und Vater Feuerlein literarische Denkmale gesetzt. Der Pfarrhaushalt in Wolfschlugen wurde zum Vorbild für die Skizze *Das humoristische Pfarrhaus* – einem Kapitel aus den *Schwäbischen Pfarrhäusern*. Dies ist ein Sammlung von charakteristischen Bildern, in denen die Wildermuth versuchte, die Bandbreite möglicher protestantischer pfarrherrlicher Lebensweisen aufzuzeigen: so gibt es neben *frommen* und *geizigen* Pfarrhäusern eben auch ein *humoristisches* Haus. Im ganzen ist die Schrift eine reizende, leicht und angenehm zu lesende, kulturhistorisch ungemein wertvolle Lektüre, die mehr über das Wesen des württembergischen evangelischen Pfarrers im 19. Jahrhundert aussagen kann, als dies die Tausende Papier- und Aktenbündel des Landeskirchlichen Archivs zu tun imstande sind.

Gustav ist also ein *humoristischer* Pastor; das bezieht sich vor allem auf sein häusliches Leben. Und die Wildermuth beschreibt dies so:

Noch sehe ich den Pfarrer lebendig vor mir: seine große stattliche Gestalt, die ihm in den Studentenjahren

den Namen Ajax erworben, die klugen hellen Augen, die frische blühende Gesichtsfarbe und den Mund, den immer ein schalkhaftes Lächeln umspielte. Neben ihm die freundliche Hausfrau mit dem Ausdruck der innigsten Herzensgüte, die mit unermüdeter Geduld in seine Ideen einging, seine zahlosen Steckenpferde gewähren ließ und ihm überall herzlich sorgend und helfend, ergänzend und mäßigend zur Seite stand, wo seine Phantasie vielleicht zu bunte Sprünge gemacht hätte.

Ein heitres, gesundes, erfrischendes Leben führten die Kinder dieses Hauses, ein ganzes und volles Kinderleben, da der Vater selbst mit ihnen zum Kinde wurde und doch mit seinem reichgebildeten Geiste dem leichtesten Spiel wieder Bedeutung zu geben wußte. Das Haus war bevölkert mit lebendigen Kaninchen, zahmen Vögeln, die in wundersam gebauten luftigen Vogelspalästen hausten und mit allerlei Gethier, das in Wald und Feld eingefangen unf wieder freigegeben wurde; daneben war der Vater unerschöpflich reich an wunderbaren Geschichten, die die Winterabende kürzte; der kleine Garten am Hause, kaum achtzig Schritte breit, war auf die abenteuerlichste und mannigfaltigste Weise angelegt, jedes der Kinder hatte seinen Antheil, den es nach eigner Phantasie bearbeiten durfte und auf dem gar wunderliche Schöpfungen entstanden.

Es war ein »götterbegünstigtes, glückliches Haus … –, weil tüchtige Söhne und blühende Töchter dort aufwuchsen …, weil der Herr das Haupt und die Sonne des Hauses, zu dem gesegneten Geschlechte der Immergrünen gehörte, über deren Wiege schon ein besonders heller Stern geschienen, weil er einen unversieglichen Quell frischen Lebens, heitere Laune in sich trug … In diesem Geiste wurden die Kinder erzogen. Freiheit, goldene Freiheit, ungehemmtes Umhertreiben in Feld und Wiese und Wald, herzlicher, zwangloser Verkehr mit den Dorfbewohnern, nur unmerklich überwacht von dem liebevollen Mutterauge – das ist die beste Schule für junge poesiereiche Gemüther; glücklich die, denen eine solche Kindheit und Jugend vergönnt war, gegenüber den armen, übererzogenen Kindern, die nicht einmal lernen allein zu sein mit ihren eigenen Gedanken.

Und dann das reiche Leben im Pfarrhaus, das Konstruieren von Zauberspiegeln, der Selbstbau von Thermometern, die Leidenschaft des Pfarrers, seine Frau an ihrem Geburtstag mit ganz außergewöhnlichen Geschenken zu überraschen – aber das kann jeder selbst nachlesen, das Büchlein der Wildermuth ist wieder aufgelegt worden.

Haben nun Zwillinge ähnliche Lebensschicksale? Die Frage ist schlecht zu entscheiden, vor allem in unserem Falle. Vom Willibald Feuerlein kennen wir nur seine äußeren, politischen Verhältnisse, sein Familienleben kennen wir nicht, obwohl wir glauben können, daß dies harmonisch verlief, denn alle fünf überlebenden Kinder haben ihren guten Platz in der Gesellschaft gefunden. Gustav Feuerleins Persönlichkeit erschloß sich uns vom Privaten, vom Intimen her.

Ein Gegensatz scheint mir da nicht vorzuliegen, vielmehr liegt das vermeintlich Verschiedene in den äußeren Lebensumständen begründet. Gewiß scheint, daß unserem Zwillingspaar ein tätiges und erfülltes Leben beschieden war.

Literatur:

Bürgerliche Kollegien (Hg.), Geschichte der Stadt Stuttgart. Auf die Einweihung ihres neuen Rathauses. Stuttgart: Krais 1905.
Elben, Wilhelm, Die Nachkommen des Regierungsrats Carl Fr. Feuerlein. Oberndorf a. N.: Schwarzwälder Bote 1966.
Wildermuth, Ottilie, Auguste. Ein Lebensbild. Stuttgart: Krabbe 1858.
Wildermuth, Ottilie, Bilder und Geschichten aus Schwaben mit den Schwäbischen Pfarrhäusern. Stuttgart: Steinkopf 1991.

Ein radikaler Demokrat – Eduard Süskind (1807–1874)

Er war einer der beliebtesten Schüler der Geniepromotion, als *Lupp* – so sein Neckname – taucht er in vielen Briefen seiner prominenten Kompromotionalen auf, im Lagerbuch der Promotion spielt er eine wichtige Rolle, und in der *Liebe zu Blaubeuren* ist er einer der Hauptliebhaber! Und – er ist derjenige, der dafür gesorgt hat, daß das Lagerbuch der Promotion erhalten blieb. Das Original im Marbacher Literaturarchiv trägt seinen Besitzvermerk.

Die *Liebe zu Blaubeuren* nahm er beim Wort, er ist der einzige der ganzen Promotion, der eine Blaubeurerin geheiratet hat – Beata Karolina Christina Kurz (1809–1888) die Tochter des Blaubeurer Bürgermeisters. Bei der Eheschließung wurde er Blaubeurer Bürger.

Eduard Süskind stammt aus Stuttgart, aus prominenter Familie: Die Süskinds stellen seit der Reformationszeit Pfarrer und Theologen für die Landeskirche. Der Vater Friedrich Gottlieb von Süskind (1767–1829) besaß als Oberhofprediger in Stuttgart den persönlichen Adel. Seine Mutter Friederike Luise Beate (1776–1814) war die Tochter des Amtspflegers Volz in Balingen. Zwei seiner Brüder wurden wie er Pfarrer, ein dritter wurde Oberamtmann in Öhringen ... genauso prominent sind seine Nachkommen. Der mittlerweile bekannteste Vertreter der Familie ist der Erfolgsautor Patrick Süskind, dessen Erzählung *Das Parfüm* die Welt begeisterte und begeistert.

Die Oberschicht sucht stets nach der besten Bildung für ihre Sprößlinge, und so wundert nicht, daß der junge Eduard 1821 auf das Seminar nach Blaubeuren kam. Er gehört also zur Geniepromotion, und zu seinen engsten Freunden gehörten Friedrich Theodor Vischer und David Friedrich Strauß, die ihn, solange er Pfarrer in Suppingen war, öfters besuchten, denn sie waren mit der Landschaft um Blaubeuren eng verbunden.

Süskind muß auf die Menschen gewirkt haben, und er hat sich für die Menschen interessiert, zumal für die einfachen Leute vom Lande, mit denen er als Pfarrer unmittelbar zu tun hatte und denen er nicht nur das sonntägliche Wort Gottes predigen wollte, sondern er nahm sich der täglichen Sorgen der Menschen an. Nicht umsonst wurde ihm – in Abwesenheit – eine Ehrenpforte mit folgender Inschrift gewidmet:

Eduard Süskind

Hier ist die Pfort zum Alb-Verein
Ihr Landwirth stellt euch freundlich ein
Am liebsten aber wär es
Der Gründer wäre heut auch hier.

Beim Festabend in Suppingen am 22. Oktober 1868 brachte Freund Karl Nüssle (1816–1892, Löwenwirt und Landtagsabgeordneter für das Oberamt Blaubeuren) ein Hoch auf den ehemaligen Ortsgeistlichen aus, die Versammlung beschloß weiter, ein Telegramm an den gefeierten Abwesenden – eben von Westpreußen nach Bayern gewechselt – zu senden.

Seine Bauern liebten ihn, und Süskind lernte von ihnen so gut, daß er, der Theologe aus Stuttgart, später ein erfolgreicher Landwirt wurde, den württembergische Industrielle ins heutige Polen sandten, um dort Agrargüter zu bewirtschaften. Noch später bewirtschaftete er sein eigenes Gut – Rösslberg am Starnberger See – bis zu seinem Tode (29. August. 1874). In der Nähe – in Tutzing – ist er begraben.

Er war populär, weil er streitbar war. Seinen Bauern redete er nicht nach dem Mund; bereits in Marktlustenau legte er sich an, auch in Suppingen gab es Ärger, der seinen Niederschlag in den Personalakten fand. Seiner Beliebtheit tat dies keinen Abbruch, im Gegenteil. Seine Bauern wußten zwischen privaten und dienstlichen Zerwürfnissen zu trennen, sein Engagement für ihre landwirtschaftlichen Interessen schätzen sie höher, als seinen gelegentlichen Übereifer in religiösen Dingen.

In Württemberg waren im 19. Jahrhundert Staat und Kirche eins, und so war nur konsequent, daß Süskinds Einsatz für Bauer und Bürger ihn in schwere Gegensätze mit seiner Obrigkeit brachte, so schwer, daß er schließlich sein Pfarramt niederlegte und als praktischer Landwirt erfolgreich wirtschaftete.

In Blaubeuren hatten sich während der Deutschen Revolution 1848/1849 Männer zusammengefunden, die sich aufs entschiedenste der demokratischen Sache verschrieben hatten. Die auslösende Persönlichkeit war Julius Haußmann (1816–1881), 1841 war der gebürtige Stuttgarter nach Blaubeuren gekommen, im Auftrag seines Vaters verwaltete er die Blaubeurer Bleiche. Bereits vor der Revolution war er politisch aktiv, es gelang ihm, seinen Freund August Becher (1818–1890), der damals Rechtsanwalt in Ravensburg war, als Kandidaten für die Landtagswahl 1846 zu gewinnen. Beide praktizierten einen völlig neuen Wahlkampfstil, sie zogen hinaus auf die Dörfer, redeten und diskutierten mit den Landleuten – und Becher gewann die Wahl haushoch. Becher war dann in der Revolutionszeit der Vertreter Blaubeurens im Stuttgarter Halbmondsaal, gehörte zur »äußersten Linken« (so nannte man damals entschiedene Demokraten), war schließlich Regierungsmitglied der letzten Regierung der Frankfurter Paulskirche, des »Rumpfparlamentes«, das zuletzt in Stuttgart tagte.

Als Bürger von Blaubeuren war Eduard Süskind mit den demokratischen »Umtrieben« bestens bekannt, er hat sie geteilt und unterstützt. Er organisierte und leitete Volksversammlungen im den Oberämtern Blaubeuren und Münsingen, die Bevölkerung strömte in Massen, so daß häufig die Versammlungen ins Freie verlegt werden mußten; allein bei der großen Versammlung im April 1848 liefen auf der Schützenwiese in Blaubeuren über 1000 Menschen zusammen. Süskind gab sich zunächst als neutraler Mittler, spätestens jedoch als er der *vaterländischen Volksverein* im *Löwen* zu Blaubeuren gründete, war jedermann klar, daß Süskind zu den entschiedenen Demokraten zu zählen war, als Vertreter für das Oberamt Münsingen zog auch er in den Stuttgarter Landtag. Es bedurfte bei ihm nicht des kräftigen Zuspruchs, den etwa Friedrich Strauß nötig hatte, um sich von Freund Theodor Vischer zur Kandidatur nötigen zu lassen. *Ich befehle Euch beiden im Namen des Vaterlands, …, Euch um Abgeordnetenstellen umzutun. – Bedenkt daß es einmal Kräfte gegen die Kirche braucht! … Wenn ihr von Eurem verruchten Pessimismus kuriert seid, komm ich in die Vakanz. Seid ihr aber Sauseckel, so komm ich nicht.*

So wurde auch Strauß in den Landtag gewählt und konnte dort seinen alten Freund Eduard Süskind begrüßen.

Der vierte im Bund war Karl Nüssle, Inhaber des Gasthofes *Zum Löwen* in Blaubeuren, später errichte er den Gasthof *Zur Schweiz* – die Namenswahl verdeutlicht seine Sympathien für demokratische Zustände; als Nachfolger Bechers wurde er wiederholt in den Stuttgarter Landtag für das Blaubeurer Oberamt gewählt.

Diese vier – Nüssle, Becher, Haußmann und Süskind – waren in der Deutschen Revolution die Akteure nicht nur in der Stadt und im Bezirk, sondern auch wichtige entschiedene Verteter des Liberalismus im ganzen Land. Und nach dem Scheitern des ersten demokratischen Experiments hatten sie alle für ihr Engagement zu büßen. Becher und Haußmann flüchteten in die Schweiz und wurden nach ihrer Rückkehr zu Festungshaft verurteilt, Süskind verlor seine Pfarre, und auch Nüssle lernte – wenn auch nur kurz – den Asperg kennen.

Eduard Süskind muß ein temperamentvoller Mensch gewesen sein; dies bezeugen nicht allein seine Jugendfreunde, sondern dies spricht aus den eher dienstlich dürren Blättern seiner Personalakte. Man vermißt die *für sein Amt nothwendige Ruhe und Gelassenheit,* auch wird kritisiert, *daß er zuweilen sich von seiner Leidenschaft hinreißen läßt.*

Aber der Streit mit der Oberbehörde entstand nicht wegen einiger Übereifrigkeiten im Dienst, sondern wegen eines massiven Angriffs auf das Konsistorium, der in der *Schwäbischen Kronik* vom 18. Juni 1848 veröffentlicht wurde, zunächst anonym, aber Süskind hat sich später zur Urheberschaft bekannt. Die vorgesetzte Behörde wird darin nicht geschont, man spürt den Elan, der die Volksmänner des revolutionären Frühjahrs erfaßt hatte – Freiheit des Wortes und Freiheit des Tuns werden verlangt, das Konsistorium fördere den *Servilismus,* verteidige das *unwürdige Polizeisystem* mit all seinen *Denuncianten,* kümmere sich zu wenig um die *traurige ökonomischen Lage des Schulstandes* und unternehme nichts, um die *Mängel unsere Volksschule* zu beheben. Süskind wählte zwölf Anklagepunkte, die Parallele zu den zwölf Artikeln der Landwirte im Bauernkrieg 1524/5 ist nicht zu übersehen, und wurde auch so verstanden.

Das Konsistorium wehrte sich gegen die Vorwürfe und wies sie als *niedrige Verleumdung* zurück – und war zur Reglementierung des Süskind entschlossen! Allein die revolutionäre Stimmung verlangte vorläufiges Stillhalten, zumal das Ministerium des Innern, das vom evangelischen Konsistorium um Hilfe angegangen ward, ebenfalls zum Abwarten riet – vor allem, da Süskind seit dem Herbst zum Abgeordneten im Bezirk Münsingen gewählt war.

Das Jahr danach wurde zum Jahr der Rache. Seit Sommer 1849 war unschwer zu erkennen, daß die Revolution vom März 1848 gescheitert war. Im März 1849 hatte Friedrich Wilhelm IV. von Preußen die ihm zugedachte deutsche Kaiserkrone abgelehnt, am 18. Juni 1849 wurde der letzte Rest der Demokratie – das sogenannte Rumpfparlament – in Stuttgart kläglich aufgelöst.

Eine Woche zuvor hat sich Süskind in einem langen Flugblatt an seine Mitbürger gewandt, und nochmals und zum letztenmal die Prinzipien der Demokratie beschworen – ein resignativer Unterton ist jedoch nicht zu überhören.

Das Konsistorium beobachtete Süskind, ja es bespitzelte ihn: in den Akten finden sich seine diversen Aurufe zur Wahl und etliche Berichte aus der Presse. Man sammelte Material gegen ihn: Der Dekan in Blaubeuren erhielt am 3. September 1850 den Auftrag, Material zusammmenzustellen, Nachbargeistliche wurden befragt, ehemalige Konfirmanden, die nicht mehr in Suppingen wohnten, sollten über das Tun und Treiben des Pfarrers aussagen.

Klar ist die Absicht, man will Negatives, um den politisch ungeliebten Pfarrer aus dienstlichen Gründen entlassen zu können, einem politisch »zuverläßlichen« Seelsorger wäre solch ein penibles Nachfragen erspart geblieben. Bezeichnend an der Aktion ist, daß die akademisch gebildeten Herren sich als willfährig erwiesen, sie berichten – mit Ausnahmen – wie die Obrigkeit dies wünscht – der Blaubeurer Dekan an der Spitze! Die einfachen Leute vom Lande beschämen sie, Schultheiß und Gemeinderat von Suppingen stellen ihrem Pfarrer das beste Zeugnis aus, selbst der Blaubeurer Dekan muß bestätigen, daß bei den Visitationen in Suppingen, die vor der Revolution lagen, die Art, wie Süskind sein Amt versah, stets gelobt wurde.

Zwar wurden akribisch alle Niederschriften Süskinds – Kirchenkalender und Schultagebuch – miteinander verglichen, die geringen Abweichungen reichten aber zu einem Dienstverfahren nicht aus. Fast einstimmig sprachen sich die Schullehrer des Bezirkes für den umstrittenen Pfarrer aus. Selbst die heimlich befragten Schüler, an denen Süskind einen Stock abgeschlagen haben sollte, sagten aus, der Stock sei angesägt gewesen wäre!

Kurz – die Obrigkeit tat sich schwer: Eine Dienstverfehlung war Süskind schlechterdings nicht nachzuweisen. Also mußte er im Amt bleiben; aber man konnte ihn versetzen! Ob dies ein Kalkül war, ihn loszuwerden, wird nicht zu erweisen sein. Für Eduard Süskind war klar, daß er Verfehlungen selbst geringster Art zugab, wenn er die Versetzung, die er als Strafe auffassen mußte, akzeptierte. Hinzu kam, daß er eben in den Landtag wiedergewählt worden war, und er schlecht sein Münsinger Mandat von

Altburg bei Calw wahrnehmen konnte: er quittierte den Dienst.

Ein häßliches Nachspiel sei vermerkt, der Blaubeurer Dekan wollte nachträglich noch finanzielles Fehlverhalten des Süskind feststellen, aber selbst die vorgesetzte Behörde riet ihm von weiterem Nachkarten ab – schließlich war ja das große Ziel, den Süskind aus dem Kirchendienst zu entfernen, erreicht!

Gewiß haben die Menschen, die Kollegen, Freunde und Feinde, jeder auf seine Art verfolgt, was nun der Süskind daraus machen werde. Verheiratet, Vater von mehreren Kindern – im Konflikt von Kirche und Staat – was tun! Eduard Süskind reagierte glänzend, sicher war ihm es eine Genugtuung, daß seine Wähler zu ihm hielten: Bis 1855 blieb er Abgeordneter des Oberamts Münsingen.

Schließlich imponierte den Landleuten, daß sich der Pfarrer nicht unterkriegen ließ, sondern gar zu ihresgleichen »herabstieg«. Er pachtete nämlich das Gut Weilerhöhe auf der Schwäbischen Alb bei Hohenstadt und betrieb dort erfolgreich Landwirtschaft. Welcher seiner Gegner im Kirchenrat hätte dies gekonnt?

Und er nahm sich der wirtschaftlichen Sorgen der Bauern an: 1854 gründete er zusammen mit anderen liberalen Landwirten den *Landwirthschaftlichen Verein auf der Alp* – eine Selbsthilfeorganisation der Bauern, genossenschaftlich organisiert, kaufte man Saatgut gemeinsam, vermittelte Referenten für Vorträge, bezahlte Weiterbildungsmaßnahmen für dringend benötigte Experten – Schmiede, Klauenschneider etc. Der Verein blieb jahrzehntelang aktiv und blieb eine störende Konkurrenz zu den staatlichen Bauernvereinigungen.

Süskind war und blieb der Motor dieses Zusammenschlusses, auch wenn er nach 1860 die Heimat verließ. Mit einigem, ungläubigem Staunen berichtet der *Blaumann*, die Zeitung im Oberamt Blaubeuren, vom Abzug und Verkauf der Süskindschen Liegenschaften auf Weilerhöhe.

Fortan ist Eduard Süskind im Blaubeurer Raum nicht mehr aktenkundig nachzuweisen, aber er blieb in brieflichen Kontakt mit den alten Freunden; leider sind diese Briefe verschollen bzw. im seinem Nachlaß, der im Besitz der Familie verblieb, in zweiten Weltkrieg in München verbrannt. In der Erinnerung seiner Bauern lebte Süskind weiter. bereits als sich die Strafversetzung nach Altburg ankündigte, sahen sich Bürgermeister und Gemeinderat von Suppingen genötigt, eine Erklärung in den *Blaumann* setzen zu lassen, in der sie sich aufs wärmste bei Pfarrer Süskind bedanken. *In allen Fällen war er ein treuer und guter Rathgeber und wußte überall Noth zu lindern. Um so härter war aber auch der Schlag für uns, der uns durch seine unerwartete Versetzung beigebracht wurde, denn wir wissen, daß er uns liebte, und fühlen nur zu sehr, wie innig wir an ihm hiengen, wenn wir der Scheidung gedenken, die uns nun bald bevorsteht.*

Und noch Jahre danach geht jedesmal, wenn sich der landwirtschaftliche Albverein versammelt, ein herzlicher Gruß nach Westpreußen, später an den Starnberger See.

Eduard Süskind war schriftstellerisch tätig, dabei arbeitete er nicht im wissenschaftliche Sinn, sondern sein Schreiben hat sich eher daran orientiert, die Bildung weiter Volksteile zu beförden. So schrieb er etliche allgemein für jedermann verständliche Bücher, die heute kaum noch zu finden sind: Die Universitätsbibliotheken haben sie – weil zu wenig wissenschaftlich, da volksnah – nicht gesammelt; der Benutzer von damals hat sie nicht aufbewahrt, weil sie doch im Laufe der Jahre durch bessere Werke ersetzt wurden. Bekannt war damals der *Süskindsche Volkskalender*, ein wunderbares Dokument dafür, wie sich der alte Auftrag der Aufklärung, das Volk mit Unterhaltung und Unterweisung zu bilden, noch nach Mitte des vergangenen Jahrhunderts im Württembergischen gehalten hat.

Literatur:

BENZ, LINA, Eduard Süskind (1807–1874). Pfarrer, Volksmann, Visionär. Frankfurt u.a.: Lang 1995 (= Europäische Hochschulschriften Bd. 668).

05.04.09

Wilhelm (von) Breitling (1835–1914) – Württembergischer Ministerpräsident

Jedermann weiß, daß das Germanische Nationalmuseum in Nürnberg eines der schönsten Museen Europas und eines der reichhaltigsten Deutschlands ist. Wer aber weiß, daß die allererste Spende, die zur Errichtung des Museums beitrug, daß fünf Gulden aus Blaubeuren kamen?

Hans Freiherr von und zu Aufseß, der unermüdliche Initiator des Nürnberger Museums, schreibt 1902 zum 50jährigen Jubiläum des Germanischen Museums: *Die schönste von allen diesen Spenden (in der Gründungszeit) bleibt aber doch immer die erste – 5 fl, welche von den Seminaristen in Blaubeuren auf die Kunde von der Errichtung eines Nationalmuseums hin aus ihren geringen Ersparnissen kreuzerweise gesammelt worden war.* Achtzehn Blaubeurer Seminaristen hatten sich zusammengetan – und fünf Gulden gestiftet. Fünf Gulden – das war damals immerhin der Wochenverdienst eines Tagelöhners. Wilhelm Breitling hieß der Seminarist, der die Sammlung organisiert hatte, und über ihn soll berichtet werden.

Geboren wurde Wilhelm am 4. Januar 1835 in Gaildorf als Sohn des dortigen Oberamtsrichters Paul Breitling. Die ersten Lebensjahre verbrachte er im Göppinger Schloß, weil dort die Dienstwohnungen der Richter lagen und weil der Vater nun in Göppingen tätig war. 1841 wurde Paul Breitling nach Esslingen versetzt, und so wurde Esslingen zur eigentlichen Heimatstadt des Sohnes. Die zweite Heimat wurde Blaubeuren, denn von 1849 bis 1853 bezog Wilhelm das Seminar in Blaubeuren. Damals galt noch der vierjährige Kurs; jedes Seminar bildete seine Zöglinge vom Landexamen bis zum Konkurs in einem Durchgang, der Wechsel von Schöntal nach Urach, von Maulbronn nach Blaubeuren wurde erst im Jahre 1871 bzw. 1873 eingeführt.

Politisch war das Städtchen arg aufgewühlt – der Revolution von 1848 fühlten sich viele Bürger verpflichtet. Julius Haußmann (1818–1881), Besitzer der Blaubeurer Bleiche, war einer der radikalsten Vertreter der Demokratie in Württemberg, der Landtagsabgeordnete für das Oberamt August Becher (1816–1890, Rechtsanwalt aus Ravensburg) war zeitweise Mitglied der Reichsregierung; der radikale Suppinger Pfarrer Eduard Süskind (1807–1874) war im Städtchen wohlbekannt, denn er besaß das Bürgerrecht in Blaubeuren.

Selbst die Lehrer des Seminars begeisterten sich für die demokratische Volksbewegung: Professor Wilhelm Gottlieb Friedrich Bohnenberger (1798–1873) und Repetent Julius August Wagenmann (1823–1890, zuletzt Professor für Kirchengeschichte in Göttingen) waren Mitglieder des Blaubeurer Demokratischen Volksvereins, bis sie die Bewegung verließen, weil ihnen der radikaldemokratische

Wilhelm Breitling

Kurs, den Julius Haußmann verfolgte, als Staatsbeamte zu weit ging.

Der Obrigkeit, dem württembergischen Oberkirchenrat wurde des demokratischen Treibens zuviel; vor allem schreckten die demokratischen Umtriebe der Uracher Seminaristen, die sich völlig den revolutionären Zielen verschrieben hatten. Deshalb war Vorsicht angebracht, die Blaubeurer Zöglinge, die im Oktober 1849 aufzogen, 14- bis 15jährig, sollten nicht in ähnlich »gefährliches« Fahrwasser geraten.

Die Disziplin im Kloster war von Hause aus streng, jetzt wurde sie noch enger beachtet, vor allem die *gefährlichen Schriftsachen* wurden sorgfältig kontrolliert, ein Bezug *revolutionärer* Schriften wurde gänzlich untersagt, politische Diskussionen waren unerwünscht: der Geschichtsunterricht beschränkte sich auf das Studium der Antike – der durchaus lehrreichen, aber doch unverfänglichen, weil längst vergangenen Geschichte.

Als Wilhelm Breitling eine Rede vor versammelter Promotion halten sollte, und er über *Die Freiheitsbewegung des Jahres 1848* sprechen wollte, so wurde dies ihm nicht erlaubt. *Solon und Lykurg als Gesetzgeber,* so lautete schließlich das genehme, weil politisch unverdächtig, zugelassene Thema. Immerhin man erkennt an dieser Episode, daß sich der junge Breitling bereits am Seminar für Geschichte und Politik interessierte – die Politik sollte dann auch seine Lebensaufgabe werden.

Aber zuerst galt es, vier Jahre lang den harten Schuldrill in Blaubeuren zu bestehen. Sommers wurde um 5 Uhr, winters um 6 Uhr aufgestanden, das Waschwasser mußte in der Brunnenstube beim Kreuzgang geholt werden – auch im Winter bei Eiseskälte; das Essen war bescheiden, ja oft kärglich, daß die Klagen und Beschwerden darüber nicht abreißen. Die Freizeit war so bemessen, daß ein Wirtshausbesuch kaum möglich war. Die Gaststätten in Blaubeuren durften grundsätzlich nicht besucht werden; übertrat ein Seminarist dieses Verbot, dann mußte er damit rechnen, beim Ephorus »verschuftet« zu werden, denn in der Kleinstadt blieb nichts verborgen, und die Seminaristen waren allen bekannt. Empfindliche Strafen waren zu erwarten.

Deshalb gingen die Zöglinge lieber nach Gerhausen oder Sonderbuch, »rennen« ist wohl der angemessene Ausdruck, denn die zweistündige mittägliche Pause ließ keine andere Gangart zu, wollte man pünktlich wieder im Hörsaal sein. Hinzu kam eine Arbeitsbelastung, vor allem in den alten Sprachen, die schier unglaublich ist; aber die Mehrzahl derer, die durch diese Mühle hindurch mußten, gedenken im gesetzten Alter des Leistungsdrucks von einst mit Dankbarkeit.

Wilhelm Breitling nimmt sogar zusätzlich Privatunterricht in Französisch – bei Dr. Julius Weizsäcker (1828–1889), damals Repetent am Seminar, später Universitätsprofessor für Geschichte in Tübingen und Berlin, ein Großonkel des früheren Bundespräsidenten Richard von Weizsäcker. Die Promotion, der Wilhelm Breitling angehörte, galt als wenig glanzvoll, gar *philisterhaft* wurde sie genannt; dennoch gehörten – neben der Menge an Pastoren – zu ihr Prälaten (Viktor v. Sandberger 1835–1912; Ernst Christian v. Wittich 1835–1922), Professoren (Karl Christian Peschier 1835–1910; Theodor Friedrich v. Schott 1835–1899) und Unternehmer (Adolf v. Kroener 1836–1911).

Wilhelm Breitling studierte Rechtswissenschaften in Tübingen und Heidelberg. Hier wurde der spätere Richter und Ministerpräsident verurteilt – wegen Nachtruhestörung: Zusammen mit einem Freund brachte er einer verehrten Schauspielerin ein nächtliches Ständchen, die aber offenbar wenig Gefallen an dieser Form der Zuneigung fand und den Liebhaber kurzerhand anzeigte!

Referendar wurde Breitling in Esslingen; die wissenschaftliche Reise (damals üblich und vom Staat finanziert!) führte ihn nach Hannover, London, Paris und Brüssel. So sollte der Beamtennachwuchs wenigstens Einblicke in die große Welt bekommen, der graue Alltag schloß sich an: Als Verwaltungsaktuar lernte er Land und Leute kennen, genauer gesagt, er mußte sie kennenlernen, die vorgesetzte Behörde erwartete dies und versetzte die jungen Beamten mehr als denen lieb war!

Von 1866–1874 war Wilhelm Breitling Kreisrichter in Ulm. Von da aus – inzwischen verheiratet – hat er öfters Blaubeuren besucht: Die neue Bahnlinie erschloß den Ulmern ein mit Begeisterung angenommenes Wandergebiet im Blau-, Lauter- und Aachtal. 1874 wurde Breitling nach Stuttgart versetzt, 1883 war er Ministerialrat im Justizministerium, 1889 Staatsrat, 1896 Justizminister, 1901 endlich Ministerpräsident.

In den ehrenden Nachrufen auf seinen Tod im Jahre 1914 bezeichnet ihn die Presse als *Minister der Reformen*. Aus heutiger Sicht sind Breitlings Reformen längst Geschichte, vergessen gewiß, aber keineswegs überholt. Es sollte klar sein, daß sein geduldiges und hartnäckiges Ändern und Reformieren die verwaltungstechnischen Voraussetzungen schufen, die halfen, das agrarische Württemberg in einen modernen Industriestaat zu transformieren. Die Bürger neigen – damals wie heute – gerne dazu, solche Arbeit als das Tun lebensfremder Bürokraten geringzuschätzen, sie vergessen dabei, daß ein Industriestaat wesentlich verläßliche, durchdachte, genau präzisierte Daten und Normen benötigt.

Wilhelm Breitling hat sich um eine funktionsfähige Verwaltung bemüht und sie organisiert, und sie 1906 seinem Nachfolger Karl Weizsäcker übergeben. Württembergische Ministerpräsidenten erhielten damals das erbliche Adelsprädikat, und so kommt es, daß er als Wilhelm von Breitling in die Geschichte einging. Im Wilhelminismus zählte der Adelstitel so sehr, daß sich auch Württemberg, wo Adelige recht selten waren, der preußischen Sitte anschloß, hohe Staatsdiener zu adeligen. Breitling ließ sich die Ehrung gefallen, scherte sich wenig um die Standeserhöhung und lebte so bürgerlich wie zuvor.

Literatur:

Württ. Nekrolog für 1914. Stuttgart 1917, S. 67–95.

05.04.09

Friedrich Payer – stellvertretender Reichskanzler (1847–1931)

An guten Schulen und guten Straßen erkennt man den guten Staat! So lautet eine alte Redensart. An der Qualität der württembergischen Straßen mag Zweifel erlaubt sein, die Schulen des Landes sind – historisch gesehen – über solche Zweifel erhaben. Dies gilt insbesondere für die Klosterschulen, aus denen nach 1815 die Evangelisch-theologischen Seminarien entstanden, deren über 400-jährige Tradition heute alleine noch von Maulbronn und Blaubeuren getragen wird. Über diese Anstalten sind wir gut unterrichtet. Gustav Lang hat bereits 1939 ihre Geschichte nachgezeichnet, das landeskirchliche Archiv in Stuttgart bewahrt umfangreiche Bestände des schulischen Alltags bis hin zum täglichen Speiseplan auf.

Mit den englischen Public Schools hat man die württembergischen Seminarien verglichen – und der Vergleich ist durchaus gestattet! Die Klosterschulen waren Eliteschulen nicht allein für den Theologisch-philologischen Bereich, für den sie eigentlich geschaffen wurden. Sie erzogen Hochbegabte, die in einem strengen Ausleseprozeß rekrutiert wurden; eigentlich sollten nur Pastoren ausgebildet werden, aber allzuviele verließen früh die Pfarrerslaufbahn und machten sich einen Namen in so gut wie allen Wissens- und Lebensbereichen. Allein sieben ehemalige Blaubeurer Zöglinge wurden als Professoren für Mathematik ins ferne Rußland berufen; und in der Pauskirche zu Frankfurt konnten sich 1848 vier ehemalige Blaubeurer die Hände schütteln, zwei davon gehörten zur bekannten Blaubeurer Genie-Promotion.

Genies – wenn man diesen Ausdruck beibehalten will – hinterlassen literarische Spuren, und so existiert eine Fülle von Lebensbildern, Autobiographien und Briefen, in denen der theologischen Lehranstalten gedacht wird. Das bekannteste Beispiel ist die überaus positive Würdigung des Blaubeurer Seminars durch David Friedrich Strauß.

Friedrich Payer

Nun macht es einen gehörigen Unterschied, ob man eine Schule im nachhinein, sozusagen aus verklärter, milder Sicht des Alters würdigt oder ob man man das schulische Leben Tag für Tag aus der Sicht des betroffenen Zöglings zu sehen bekommt, denn oft erst das Alter weiß den *Schulsack* zu würdigend, der ihn der Jugend unter Mühen und Leiden wohlgefüllt wurde.

Dokumente, in denen so ein Schülerdasein greifbar lebendig wird, haben sich im Hauptstaatsarchiv in Stuttgart erhalten. Es handelt sich um den Briefwechsel Friedrich von Payers mit seiner Mutter und seinen Geschwistern.

Friedrich Payer stammt aus Tübingen, er wurde dort 1847 geboren, sein Vater war ebenda Rechtsanwalt, die

Familie alteingesessen und der Universität eng verbunden. Der bürgerlichen südwestdeutschen Tradition fühlte sich Payer zeitlebends verpflichtet – *wir waren instinktiv Demokraten* berichet er selbst. Payer war Gründungsmitglied der *Demokratischen Volkspartei* und stets eine Führungspersönlichkeit der württembergischen Liberalen. Besonders stolz war er, daß er als gebürtiger Tübinger die *gute Stadt* Reutlingen in der Stuttgarter Abgeordnetenkammer vertreten durfte; dies ist erstaunlich genug, wenn man die »besonderen« Beziehungen beider Nachbarstädte kennt. Bis 1912 war er Präsident der Abgeordnetenkammer. Seit 1877 vertrat er – allerdings mit Unterbrechungen – den Wahlkreis Tübingen-Rottenburg-Reutlingen im deutschen Reichstag. Unter seinem Einfluß vereinigten sich die zersplitterten Liberalen zur *Fortschrittlichen Volkspartei,* konsequenterweise wurde Payer Fraktionsvorsitzender. Sein liberales Denken wird daran deutlich, daß er den Ausnahmegesetzen, die Reichskanzler Otto von Bismarck gegen Katholiken und Sozialdemokraten durchsetzte, seine Zustimmung verweigerte.

Seine große Stunde schlug, als die kaiserliche Regierung gegen Ende des Ersten Weltkrieges angesichts der drohenden Niederlage das Bedürfnis nach demokratischer Legitimierung verspürte und jetzt liberal gesinnte Politiker in die Regierungsverantwortung einzubinden suchte. Payer – seit 1906 geadelt – wurde der Stellvertreter des Prinzen Max von Baden, der für kurze Zeit als Reichskanzler amtete und war in dieser Eigenschaft an allen wichtigen Entscheidungen in der Revolution Herbst 1918 beteiligt. So kurz seine Amtszeit war, so zukunftsträchtig waren die Entscheidungen, an denen er beteiligt war. Seine historische Stunde war der 25. Oktober 1918. Am 3. Oktober hatte die deutsche Regierung auf Bitten der Obersten Heeresleitung unter Paul von Hindenburg und Erich von Ludendorff um Waffenstillstand gebeten. Dieser wurde von den Alliierten gewährt, die Bedingungen jedoch erschienen so hart und demütigend, daß die Generale nun verlangten, es müsse *der Ehre halber* weiter gekämpft werden. Der Reichskanzler Prinz Max von Baden war erkrankt, Vizekanzler Friedrich von Payer lehnte das Ansinnen der Generale entschieden ab: *Ein Heerführer kann eine Ruhmeslaufbahn, wenn sich das Schicksal gewendet hat, mit einem Todesritt abschließen, ein Volk von siebzig Millionen kann die Entscheidung über Leben und Tod nicht nach dem Ehrbegriff eines einzigen Standes treffen.*

Als Mitglied der Nationalversammlung stimmte er 1919 für die Annahme der Versailler Verträge, anders als die Mehrheit seiner Partei. Nicht weil er sie begrüßte, sondern weil er sich ins Unvermeidliche schicken wollte, die deutsche Niederlage im ersten Weltkrieg akzeptierte und hoffte, daß die Erfüllung der harten Bedingungen deren Revision ermöglichen könnte. Darin sollte er sich freilich täuschen. Bei der ersten Wahl zum Reichstag 1920 kandidierte er nicht mehr, er zog sich allmählich aus der Politik zurück, er war doch über 70 Jahre und lebte bis zu seinem Tode am 14. Juli 1931 in Stuttgart.

Theodor Heuss chraktierisiert ihn so: *Er war nüchtern, bedächtig, beobachtend, seine Willensenergien sehr gezügelt, doch stark, weniger zugreifend als zähe und unverwirrt festhaltend, viel praktische Gescheitheit in einer uneitlen Bürgerlichkeit.*

Von 1861 bis 1865 besuchte Friedrich Payer das Blaubeurer Seminar. *Mein Vater wollte nämlich unter keinen Umständen, daß ich das unter studentischem Einfluß stehende Obergymnasium (in Tübingen) besuche,* begründet Payer diese Schulwahl ... und nun begann für den Zwölfjährigen die harte Zeit der Vorbereitung auf das Landexamen, *freie Nachmittage gab es nicht mehr, Ferien fast keine, wir armen Landexaminanden wurden jämmerlich trainiert.* Für die Familie Payer sollte sich der *harte Kampf* lohnen, denn unter ca. 100 Mitbewerbern schaffte Friedrich Payer das Landexamen als 25., und das berechtigte zum kostenfreien Schulbesuch in Blaubeuren, ja, der junge Mann durfte damals noch das sogenannte Weingeld beziehen, ein Äquivalent für den nicht ausgeschenkten Tischwein, damals immerhin 60 Gulden jährlich – ein stattliches Taschengeld.

Das Heimweh ist sicher das natürlichste Gefühl, das einen Jugendlichen überfällt, der aus geborgenem Familienkreis – im Falle Payer vielleicht auch, weil der Vater eben verstorben war – in eine Internatswelt versetzt wird, in der zwar alles geordnet, aber doch auch alles fremd und ungewohnt ist.

Die Freude auf das Nach-Hause-Können, auf die Ferien ist ein roter Faden, der den ganzen Briefwechsel durchzieht. Schon wenige Tage nach der *Einlieferung* schreibt der neubestallte Seminarist. *Freue mich furchtbar auf Weihnachten* (12.11.61), und im neuen Jahr zählt er bereits die Tage bis zur nächsten Vakanz: *Aber es sind leider noch 93 lange Tage* (12.1.62).

Natürlich ist ferner, daß sich der junge Payer an das Essen im Seminar nicht gewöhnen kann. Ist am Anfang seines Aufenthalts die Kritik noch verhalten. *Alles was von Euch kommt, schmeckt eben viel besser als das Hiesige* (12.11.61), so steigert sich das im Laufe der Jahre:

1.6.1862: *... zum Mittagessen kommen manchmal Sachen, die ich mein Lebtag noch nicht gesehen habe und ich mag sie auch nicht.*

6.6.1862. *Die Kost ist wirklich heillos, wenig und schlecht.*

17.8.1862: *Mit der Kost ist's eben ein Jammer und es wird auch nicht besser, ich will's Dir später sagen weshalb, ich mag's nicht dem Papier anvertrauen. Gestern kam eine Suppe, in der die Fleischbrühe trübes Wasser war und die so rauchelte, daß es uns allen beim ersten Schub aufstieß, kein Mensch konnte sie essen, die Repetenten schickten nun ein Schüssel voll zum Ephorus, der dann sagen ließ, die Suppe sei ganz gut, nur etwas dünn.*

29.5.1863. *Auf der Welt ist mir nichts lieber wie ein Groschenzipf ... mich gelüstet's nach etwas Tübingischem!!!*

12.7.1865: *Über die Kost enthalte ich mich jedes Urtheils, hungern können wir allmählich wie die Kirchenmäuse, die sich bloß einmal in der Woche satt fressen ... Die Speisen »Nahrungsmittel« zu nennen, müßte man sich Sünden fürchten.*

Die Mutter kann ihm nicht groß helfen; zwar schickt sie ihm regelmäßig mit dem Waschkistchen, daß eigentlich dem Austausch schmutziger gegen frischer Wäsche diente, allerlei Nahrhaftes, muß aber doch resignierend bemerken. *Was Eure Kost betrifft, so weiß ich eigentlich nicht, mit was man Euch denn wirklich füttern soll* (2.6.1864). Die Mutter hätte sicher Verständnis für die geplagte Speismeisterin gehabt, die mit schmalem Etat wirtschaften mußte und mit der die ewig hungrige Promotion im Dauerkleinkrieg lag.

Das nächste, was den jungen Seminaristen arg belastete, war das ungeheure Arbeitspensum, das den Zöglingen auferlegt wurde, darüber reißen die Klagen überhaupt nicht ab. *Es ist schrecklich, wie wir die vergangene Woch und diese schaffen müssen! ich komm vor 10 Uhr gar nicht mehr in s Bett und muß auch sonst den ganzen Tag fortmachen* (15.12.1861).

Dr. Friedrich gibt wirklich unmenschlich viel auf und besonders zum Auswendiglernen, so daß es sogar den anderen Lehrern viel vorkommt (20.5.1862).

... wir haben wirklich viel zu schaffen und heute und gestern wächst uns die Arbeit förmlich über den Kopf zusammen, daß ich nur mit Müh und Noth ein Viertelstündchen zum Schreiben abzwacken kann (29.1.1863).

Hinzu kommt noch die Strenge der Klausur, in der die jungen Leute gehalten wurden. Noch als alter Mann bedauert Payer die entsetzlich kleinliche und pedantische Hausordnung und schildert Fälle, wie sie umgangen werden mußte.

Wir hatten grundsätzlich nie länger als zwei Stunden zum Spazieren gehen frei, damit wir ja nicht auswärts in ein Wirtshaus laufen konnten. Das muß ja jeden Menschen von Temperament zur Übertretung herausfodern, aber wie sauer mußten wir es uns werden lassen! In dem entsetzlich heißen Sommer 1865 zum Beispiel mußten wir aus purem Oppositionsbedüprfnis jede Woche ein- oder zweimal nach dem Mittagessen, das um 12 Uhr begann, auf der Sonderbucher Steige eine Höhendifferenz von mindestens 150 Meter überwinden, in Sonderbuch in's Wirtshaus springen, ein paar Bier trinken und um 2 Uhr wieder unten im Hörsaal sitzen. Das war ehrlich verdient.

Wie weit die gewollte Abgeschlossenheit ging, zeigt der Umstand, daß Ephorus Wilhelm Gottlieb Friedrich Bohnenberger (1798–1890, von 1859–1867 Ephorus) offenbar ungern sah, wenn Seminaristen Feste der Stadt Blaubeuren besuchen wollten. War Maienfest im Klosterhof, so durften sie einmal nicht dazu, sondern der Nachmittag – am Samstag – wurde mit einer Geographie-Klassenarbeit und einer Stunde Hebräisch ausgefüllt. Ein andermal wurden sie von einem Turnfest gänzlich ausgeschlossen, weil sich die vorige Promotion – das war also schon Jahre her – ungebührlich benommen habe. Ähnlich ungern wurde Kontakt zu Blaubeurer Bürgern gesehen. Im Payerschen Briefwechsel findet sich kaum eine

22.11.1861.

Der Klosterhof in Blaubeuren.

Liebe Mutter!

Diesmal ist die längste Zeiträume zwischen 2 Briefen bis jetzt verflossen, daß ich keinen Brief erhalten habe; ich kann mir aber den Grund wohl denken. Ich hätte auch noch nicht geschrieben, denn diesmal habe ich gar keine Zeit, aber ich bin sehr begierig zu erfahren, wie es mit Deinem Luftröhre steht u. wie es sonst geht. Dann möchte ich auch wissen ob das Paketchen nicht recht angekommen ist. Eigentlich hätte ich gern noch einige Wochen mit dem Kistchen, was hätte ich habe gethan, damit es nicht sehr abgeht. Ich hätte schon einige Tage geschrieben, aber es war mir nur durchaus

Brief Payers an seine Mutter

Spur davon. Hin und wieder werden die Pfarrhäuser der Umgebung besucht. Bekanntschaft mit Gleichaltrigen aus der Stadt war nicht erwünscht, beschränkte sich auch häufig auf verbotenes Kneipieren – kein Wunder, daß sich Payer hütet, solche Kontakte in den Briefen an die Familie zu erwähnen.

Dennoch – gerade so ein verbotener Kontakt war Anlaß des längsten Briefes den der junge Payer schrieb bzw. schreiben mußte. Ein *hundsgemeiner Apothekergeselle* hatte dem Ephorat gemeldet, daß heimlich gekneipt und daß im Seminar geraucht werde. Das löste eine Staatsaktion aus, die Friedrich Payer zunächst recht gelaunt beschreibt. Der Ephorus persönlich leitete die Durchsuchung der Pulte und Kästen. *Bei und wars gnädig, man fand auch auf der untern Stube nichts. Im Pulte hatte ich nichts, aber im Kasten war in in den beiden Säcken einer Hose, das was ich Euch geschickt nämlich eine Pfeife, dazu in meiner Waschkiste zufällig die Pfeife eines Anderen und ein Rohr von 1 1/2 Schuh Länge. Ihr kennt Euch denken daß es mir nicht ganz wohl zu Muth war. Aber es ging gut vorbei. Meine Waschkiste vergassen sie, im Schrank suchten sie jedes Kleidungstück aus, aber die verdächtige Hose befühlten sie bloß unten und zum Glück nicht oben.*

Trotz dieser Vorkommnisse wurde eine zuvor schon angesagte Exkursion auf den Rauber und die Teck durchgeführt – Payer genoß sie in vollen Zügen: *Ich rechne diese Tage unter die Lustigsten meines Lebens.*

Das bittere Ende folgte; einige Kompromotionale blieben, weil mit Arrest belegt, zu Hause und wurden vom Ephorus derart in die Mangel genommen, daß sie bekannten, geraucht zu haben und auch ihre Mitraucher angaben. Payer wurde nun ebenfalls vernommen und hat folgenden Dialog überliefert. (S. = Professor Christoph Eberhard Philipp Sigwart (1830–1904), später Professor für Philosophie in Tübingen.

Eph. = Ephorus Wilhelm Gottlieb Friedrich Bohnenberger.

Wid. = Professor Karl Friedrich August Widmann (1810–1877), später Ephorus in Urach.)

S. Wie lange haben sie geraucht? »Dieses Semester.«
S. Wo haben Sie Ihre Pfeife? »Mittwoch Nacht fortgeschickt.«
S. Sie haben sie von einem Freund in Tübingen? Wie heißt er? »Christian Welsch.« (protokolliert).
Eph. Ein Kamerad? »Jawohl Herr Ephorus.«
Eph. Der hat Ihnen auch einen schönen Liebesdienst erwiesen. (altum silentium) [= tiefes Schweigen]. *Der Ephorus hielt jetzt eine kleine Rede: Sie sind auch einer von denen, die wir einmal wegen Krankheit nach Hause geschickt haben.* »Ich erlaube mir zu sagen, daß ich damals noch gar nicht geraucht habe.«
Eph. Das ist ganz gleichgültig, ganz gleichgültig.
S. Wem haben Sie Ihre Pfeife geschickt? »Meinem Bruder, damit er sie jenem Freund zustellen kann.
S. Unter welcher Adresse? Der meiner Mutter. Ich mußte ohnehin etwas heimsenden und da habe ich sie meinem Bruder beigepackt.«
S. Wir werden auf der Post nachsehen lassen.
S. Mit wem haben sie geraucht? *(Ich ließ nun alle, die teilweise erst im vorausgehenden Verhör herausgekommen waren, aus mir herauspressen, sonst aber nichts.) (Jetzt kamen die Einzelheiten, wo? wie? u.s.f)*
Wid. Wo haben Sie denn Ihre Pfeife bei der Haussuchung gehabt? »Im Kasten.« Wo? »In einer Hosentasche.« Heu! Heu! Heu!

Ich berichtete nun vollends alles und dann fiengen Sigwart und der Ephorus an, ganz gotteslästerlich am heiligen Reformationsfest über mich hineinzuschimpfen und zu wettern. Ich hielt es, ganz Sturmwarte aus u. empfahl mich.

Payer wurde bestraft; zeigte sich jedoch davon wenig beeindruckt, denn er schreibt der Mutter ganz fröhlich: *darum laß Dich durch diese Lumperei nur nicht anfechten; mich erzürnt weiter nichts, als die beiden Hausarreste.*

Dann macht er drei Gedankenstriche – und dann noch einen. Es ist so, als ob er kräftig zu schlucken hätte. Und so war es auch! Zwischenzeitlich hatte ihn ein Brief der Mutter erreicht, die vom Vorgefallenen wußte und nun ihren Kummer so formulierte: *… ich kann mich gar nicht darüber fassen und schäme mich … wird etwa vom Ephorat angeschrieben? Ich kann mir's gar nicht aus dem Kopf bringen und konnte anfangs nicht einmal darüber weinen, so arg ist mir's …* (3.7.1863).

Auf diesen Brief der Mutter setzt nun der Sohn den so frohgelaunt begonnenen Brief in wesentlich moderaterem Tone fort.

»Es thut mir von ganzem Herz leid, Dich durch diese Angelegenheit gekränkt zu haben ..., er bittet seine Mutter um Verzeihung, beharrt aber darauf, *nichts Ehrenrühriges«* begangen zu haben. Unerlaubten Genuß – das räumt er ein, aber gelogen haben will er nicht und bricht die Diskussion ab: *Jetzt habe ich dieses Thema abgehandelt. Dich nochmals für den verursachten Kummer herzlich um Verzeihung bittend, will ich zu Anderem übergehen* (6. 7. 1863).

Payer kann in all den Jahren oft darüber klagen, daß er eigentlich nichts zu schreiben habe – aber er schreibt! So belanglos die Inhalte häufig sind – Tod des Kanarienvogels, Berichte über das Gedeihen der Rettiche im Blaubeurer Schülergarten, Stand der Hopfenernte in Tübingen – so ausgeschlossen sind Regungen des Herzens; Gefühle verschanzen sich hinter objektivierbarer Äußerlichkeit, aber gerade im häufigen brieflichen Kontakt zeigt sich die emotionale Bindung aller Familienmitglieder aneinander, die jedoch außer formelhaften Wendungen zu Briefanfang und -ende so gut wie niemals ausdrücklich artikuliert wird, die Kontakte beschränken sich häufig auf den Austausch von Neuigkeiten. Von heute her gesehen bieten diese »Neuigkeiten« manchen Reiz, eben weil sie Streiflichter auf das Leben in früheren Zeiten zu setzen vermögen, welch die sorgfältigste Aktensammlung nicht liefern kann.

Das Stuttgarter Archiv birgt gewiß die Zahl der Teilnehmer an der Hofredoute des Jahres 1863, kennt sicher die Namen der geladenen Gäste, das Programm, kann sicher auch die Kosten addieren – aber nichts kann eine *Hofredoute* treffender zeichnen als der Brief der Schwester Marie an ihren Bruder (12. 2. 1863). Sie durfte an diesem Ball teilnehmen, dabei kam die Einladung völlig überraschend, aber die Mutter reagierte sofort – der Schneider wurde von Kilchberg nach Tübingen geholt! Die Schwester erlebt das Gedränge auf dem Stuttgarter Ball wie im Traum, zumal König und Königin zugegen sind und sehr lange bleiben, sie ist aber aufmerksam und kritisch genug, folgende Szenen zu beobachten: *Es waren Herren und Damen da, die von einem Büffet ins andere wanderten und den ganzen Abend nur aßen. Ich schämte mich für diese und ging lieber hungrig nach Hause ... Für mich war es etwas ganz Neues so viele geputzte Menschen beisammen zu sehen und ich hätte jedesmal laut auflachen mögen, wenn ich einen Bekannten sah, Du glaubst gar nicht wie komisch sich die älteren Herren ausnehmen, den Domino über die Schulter gehängt, und ein Angstrohr als Markenzeichen.*

Die gesellschaftliche Stellung einer Wittfrau im vergangenen Jahrhundert wird schlagartig deutlich, wenn man im Brief der Mutter vom 8. 7. 1865 liest, und sei er noch so launig abgefaßt:

Denke Dir den Leichtsinn Deiner Mutter! Diese Woche war ich mit Reinhards im Kurz'schen Garten beym Sängerkranzfest und den Tag darauf mit Marie und Rein.[hardt] im Theater, stehen Dir nicht alle Haare zu Berge?

Oder wieviel erfahren wir aus den sehnsüchtigen und über Jahre vergeblichen Bitten der Schwester, die den Bruder immer wieder drängte, ihr doch endlich ein Gedicht zu schreiben! Welche Genugtuung, welch freudigen Stolz durfte dann das Mädchen erleben, als endlich im Kranze der Freundinnen das Gedicht eines Seminaristen vorgelesen werden konnte!

Fast fremd für heutige Augen lesen sich die Berichte des jungen Mannes über die Ausflüge, die hin und wieder den eintönigen schulischen Alltag unterbrachen, vor allem die Wanderleistungen – oder soll man sagen Marschleistungen? – beeindrucken. So startete die Promotion am letzten Sonntag – selbstverständlich nach dem Kirchgang – im Juni 1862 zu einer Exkursion, die sie über Mehrstetten nach Buttenhausen durchs große Lautertal nach Obermarchtal führte, dann ging's am nächsten Tag auf den Bussen und zurück, zuletzt wurde nach Ehingen gewandert, von da mit einem Leiterwagen zurück nach Blaubeuren. Dienstagabend war die Promotion – erschöpft, wie Payer schreibt (6. 6. 62, richtig 6. 7. 1862) – wieder im Kloster; aber kein Wort der Klage, im Gegenteil reine Begeisterung über das Erlebte spricht aus den Briefen. Noch in einem biographischen Rückblick, den den Payer als über 60jähriger verfaßte, erinnert er sich *mit Vergnügen* an eine ähnliche Tour in die Appenzeller Alpen.

Beschäftigung mit Fragen der Politik war im Seminar nicht vorgesehen, ja unerwünscht, wenn sie nicht ausgesprochen staatstragend war. Um so erstaunlicher mutet an, wenn wir erfahren, daß anläßlich einer Uhland-Feier im Januar 1863 (der Dichter war im Dezember 1862 gestorben) der Hörsaal mit den Farben Schwarz-Rot-Gold dekoriert war. Bekanntlich sind unsere Nationalfarben damals verpönt gewesen, denn sie wurden von den Revolutionären des Jahres 1848 getragen, und sie standen für Republik und Demokratie.

Offiziell galt die Reverenz natürlich Ludwig Uhland, aber dennoch mag man darin die vorherrschende politische Meinung im Seminar erblicken. Payer gehörte auf jeden Fall zum demokratisch-nationalen Lager. Im Briefwechsel mit der Mutter findet sich allerdings wenig Politisches; der Sohn verschont die besorgte Mutter mit solchen Dingen, und sie versucht den Sohn zu mäßigen, als er sich in der Schleswig-Holstein-Krise 1863/64 allzusehr für die nationale Sache ereifert: *Mit Schleswig-Holstein ist es wieder eine betrübte Sache, die Regierungen machen es wie immer, und Gott weiß, was daraus werden wird ... die Sache ist zu trostlos ..., daß Du dafür begeistert bist, finde ich ganz in Ordnung, aber ändern können wir beide nichts, Du besonders bist noch viel zu jung, um so heftig zu werden* (2.12.1863).

Aus anderen Quellen wissen wir, daß sich Payer im Blaubeurer Seminar für die demokratische Sache begeisterte, mit Gleichgesinnten las er liberale Blätter, den *Gradaus* des radikaldemokratischen Pfarrers Franz Hopf (1807–1887) und den *Beobachter* (als dessen Redakteur Payer später dann einige Zeit arbeiten sollte). Zeitungen, deren Lektüre im Seminar selbstverständlich verboten war – aber gerade sinnlos verbotene Dinge reizen. Überhaupt könnte die zu strenge, eher kleinkarierte Enge des Klosterlebens, die im krassen Gegensatz zum humanistischen Menschenideal stand, das im Unterricht als Vorbild gepriesen wurde, ein Beweggrund gewesen sein, der Payer zum Liberalismus brachte.

In die Ordnung des Seminars konnte sich Friedrich Payer gegen Ende der Blaubeurer Schulzeit kaum noch schicken. Am 17.7.1865 schreibt er an die Schwester: *Die Zeit vergeht mir unendlich langsam und unendlich schnell, wie ich's gerade betrachte. Jedenfalls werden die 6 Wochen bald vorbei sein und dann ist's ja enorm. Ich freu mich nur auf unseren festlichen Auszug, wenn wir in einer Reihe bekränzter Chaisen zum letztenmal aus dem Jammernest hinausfahren, um nicht wiederzukehren.*

Payer stand in Gefahr relegiert, also von der Schule geworfen zu werden, weil er sich weigerte, am Abendmahl teilzunehmen – und dies nur wenige Wochen vor der Abschlußprüfung.

Noch im Alter beklagt Payer *die Engherzigkeit und Fanatismus unseres Lehrerkonvents* – Blaubeuren selbst behielt er in besserer Erinnerung, und er findet auch Worte des Lobes für die Schule: *Arbeiten haben wir gelernt. – Darum und wegen der landschaftlich und kulturhistorischen Reize des Städtchens bin ich doch gern dort gewesen und habe die Zeit in freundlicher Erinnerung.* Bereits als Zögling fand er begeisterte Worte über die Blaubeurer Landschaft: *Gegenwärtig ist es aber prächtig hier, von allen Seiten die grünen Wälder an den Berghöhen hinauf, aus denen die Felsen so hervorstechen, das ist wunderbar.*

Literatur:

STAS, Q 1/12 Bü 3, Bü 5, Bü 7, Bü 8, Bü 42.
BRADLER, GÜNTHER (Hg.), Friedrich Payer (1847–1931). Autobiographische Aufzeichnung und Dokumentation. Göppingen: 1979.
PAYER, FRIEDRICH, Mein Lebenslauf. Autobiographischer Beitrag. In: Der eiserne Steg 1924, S. 55–60.
MÜLLER-PAYER, HANS GEORG, Friedrich Payer 1847–1931. In: Schwäbische Lebensbilder XI, 1969, S. 344–367.

Georg Konrad Rieger (1687–1743) – *ein Schwabenvater*

Vor über 300 Jahren wurde in Cannstatt am 7. März 1687 Georg Konrad Rieger geboren, der in Blaubeuren auf das Studium der Theologie vorbereitet wurde und der zu den *Württembergischen Vätern* zählt.

Württembergische Väter – so nennt man die Theologen, aber auch Laien, welche den Pietismus im Lande begründet, gefestigt und weiterentwickelt haben. Denkendorf ist eines der ideellen Zentren im Lande, hier wirkte Johann Albrecht Bengel, der vielgerühmte Theologe und Pädagoge, einer der einflußreichsten Männer des württembergischen Pietismus. Rieger war mit ihm eng befreundet.

Zusammen mit Bengel gehörte Rieger zu der Gruppe von Theologen, die es verstanden, naive Volksfrömmigkeit und Bibelglauben mit wissenschaftlicher Gründlichkeit zu vereinbaren. Mögen aus heutiger Sicht auch manche Ergebnisse belächelnswert erscheinen, z. B. die Akribie, mit der Johann Albrecht Bengel aus der Schrift den Weltuntergang berechnete, der natürlich nicht eintrat, aber die Glaubensseligkeit der Pietisten am Anfang des vergangenen Jahrhunderts gewaltig erschütterte, so ist doch ihre historische Leistung anzuerkennen: Ihre die religiösen Bedürfnisse weiter Volkskreise respektierende Theologie verhinderte das Abdriften breiter fundamentalistisch gesinnter Kreise ins Sektierertum. Die württembergischen Pietisten blieben stets treue Mitglieder der Landeskirche.

Georg Konrad Rieger stammt aus einer Cannstatter Weingärtnersfamilie, er gehörte somit auf den ersten Blick einem Berufsstand an, dem damals im allgemeinen verwehrt war, Seelsorger zu werden. Im 17./18. Jahrhundert huldigte man dem *gesunden Standpunkt*, daß nur aus Pfarrersfamilien tüchtige Pastoren hervorgehen könnten, und reservierte die Pfarrstellen für die als bewährt geltenden Familien. Manche Pfarreien – vor allem die einträglichen – wurden geradezu vererbt, blieben im Besitz einer

Georg Konrad Rieger

Familie, auch wenn dies verschleiert wurde, indem die Pfarrei etwa einem Schwiegersohn oder Neffen übertragen wurde.

Insofern scheint ziemlich ungewöhnlich, daß ein Bauernsohn in die Reihen der etablierten Pfarrerschaft dringen konnte; und die pietistischen Biographen Riegers haben seine Herkunft aus dem Bauernstand ausgiebig betont und seine Karriere mit den ungewöhnlichen Gaben des jungen Riegers sowie seiner außerordentlichen Hartnäckigkeit erklärt.

Nach ihnen vollzog sich Riegers Weg zum Theologen und Pfarrer wie folgt: Als Rieger als Knäblein von kaum zehn Jahren den Wunsch äußerte, Pfarrer zu werden, war damit nur seine Mutter – *eine gute Beterin* – einverstanden, der Vater hatte Bedenken: In seiner christlichen Bescheidenheit fürchtete er, der Entschluß des Sohnes könnte als Hochmut ausgelegt werden. Der Vater gab erst nach einer Art Gottesurteil seinen Widerstand auf. Er warf eine sogenannte »Hope« (ein typisches Handwerkzeug der Winzer) auf einen Baum und sagte zum Sohn: *Bleibt sie oben, so magst du in Gottes Namen studieren und über deinen Stand hinauswachsen; fällt sie aber herunter, so wird nichts daraus und du bleibst, wo du bist, im niedrigen Stande.*

Ins pietistische Denken paßt solch eine Beschreibung – bescheidene Herkunft, frommes und fleißiges Elternhaus, demütiges Sich-Schicken in Gottes Willen. Dabei war die Familie Riegers nicht arm, seit Generationen saßen die Riegers im Rate der Stadt Cannstatt, zu ihr gehörten Akademiker und Theologen, der Vater Johann Michael Rieger war durch Weinhandel reich geworden. Und in der Verwandtschaft finden sich etliche Pastoren.

Georg Konrad Rieger kam auf die Lateinschule in Cannstatt, und er wußte, daß er nur durch weit überdurchschnittliche Leistungen die Aufnahme in eine der Klosterschulen schaffen konnte. Rieger hat sich durchgesetzt – aber um welchen Preis! Bereits in der Klosterschule Blaubeuren, wie auch später im Stift zu Tübingen galt Rieger als eine Art Wunder – er konnte die Bibel auswendig! Nun ist die Bibel ein Buch von über 1000 Seiten; jeder kann sich also Energie und Arbeitsaufwand des Schülers vorstellen, der dieses Pensum bewältigen wollte. Natürlich hat niemand diese Leistung von ihm verlangt, dieser geistige Kraftakt des jungen Mannes ist nur aus seiner Sorge zu verstehen, etwas zu versäumen, was seinem erstrebten Ziel, Pfarrer zu werden, hinderlich sein konnte.

Ganz ohne Protektion hat er dies allerdings nicht geschafft; der Cannstatter Dekan Johann Wendel Bilfinger machte seinen Einfluß geltend, um dem fleißigen Weingärtnersbub die Aufnahme in Blaubeuren zu ermöglichen.

Die Reihenfolge der Klosterschulen war damals eine ganz andere, als man sie in den Seminarien seit dem 19. Jahrhundert gewohnt ist. Blaubeuren war im 17./ 18. Jahrhundert ein niedriges Seminar. Hier empfingen die angehenden Theologen vor allem Unterricht in den klassischen Sprachen. Meist kamen die Blaubeurer Zöglinge dann nach Kloster Bebenhausen, von dort nahmen sie an den Studien der Universität Tübingen teil, bevor sie endgültig ins Stift übersiedelten. Bei Rieger dauerte dies länger; mit 14 war er eigentlich schon zu alt, als er in Blaubeuren aufgenommen wurde, von hier kam er zuerst nach Maulbronn und dann erst nach Bebenhausen.

Rieger war zeitlebens seinen Lehrern an Schule und Universität tief dankbar; als Angehöriger der bürgerlichen Schicht war er auch mehr auf die Hilfe wohlwollender Lehrer angewiesen, als dies bei manchen seiner Mitschüler der Fall war, die aus besten akademischen Kreisen stammten und über entsprechende Beziehungen verfügten. Unter den von ihm als verdienstvoll genannten Lehrern findet sich dreimal der Name Hochstetter, eine damals berühmte und gefeierte Gelehrtenfamilie, die über 70 Pfarrer und 14 Professoren stellen konnte. Diese Familie hat ihren Ursprung in Seißen, der Stammvater aller Hochstetter war reicher Besitzer der Mühle in Gerhausen.

Georg Konrad Rieger wurde einer der erfolgreichsten Seelsorger, sofern die Kategorie des Erfolgs bei pfarrherrlicher Tätigkeit überhaupt berechtigt ist. Repetent am Stift in Tübingen, Vikar in Stuttgart, Diakon in Urach, mit 34 Jahren war er Professor an Oberen Gymnasium in Stuttgart und gleichzeitig Mittwochsprediger an der Stiftskirche zu Stuttgart, in der Residenz des Herzogtums Württemberg.

Zum Kummer der redlichen Untertanen war der Herzog katholisch geworden – Carl Alexander, aus der Linien Württemberg-Winnental (1684–1737), war bereits 1712 unter dem Einfluß des Prinzen Eugen am Wiener Hof zum Katholizismus übergetreten. Damals konnte er auf die Nachfolge im Herzogtum nur hoffen. Aber Erbprinz Friedrich Ludwig und Herzog Eberhard Ludwig starben rasch hintereinander – und so kam das Land, das zutiefst protestantisch dachte und empfand, zu einem katholischen Herrn.

Der verschaffte sich einen guten Einstand, indem gegen die Günstlinge – die Grävenitz z. B – seines Vorgängers energisch handelte, ein Mißtrauen im Lande blieb, eben weil er katholisch war. Hinzu kam, daß er, wie die barocken Fürsten der Zeit, Volk und Staat als dazu geschaffen sah, die kostspieligen Launen Serenissimi zu finanzieren.

Der neue Herzog hatte sich verpflichtet, der evangelischen Religion alle Freiheit zu lassen, was er auch übrigens tat; aber und vor allem bei Pietisten blieb der Stachel des Zweifels an der Redlichkeit eines Katholiken zurück. Von weltlichen Dingen außer Mühe, Arbeit und saurem Schweiß wollten die *Württembergischen Väter* ohnehin wenig wissen.

In den Worten Georg Konrad Riegers lautet das so: *Dies Land trägt sein Gewächs, Obst, Frucht und Wein. Laß es sein, daß hie zu Land kein verschleimender Zucker, kein erhitzendes Gewürz, kein läpperndes Thee und Coffee wächst, da es vielleicht für unser Leben und Gesundheit gut wäre, wenn wir nicht einmal den Namen dieser fremden Dinge wüßten.*

Der Pietismus lehnt weltliche Sinnlichkeit strikt ab – Theater, Tanzen, Karten spielen, ja *unnützes Lachen* sind verpönt, selbst harmloses Spazierengehen wird recht bedenklich betrachtet. Und die einfachen Landleute müssen sich mit den rigorosen Verboten ihrer Pfarrherrn abfinden, sie sehen aber, daß am herzoglichen Hofe in Stuttgart und in Ludwigsburg nicht im entferntesten daran gedacht wird, ähnlich Vorbildhaftes zu leben. Das Landvolk hat gewiß sorgsam verfolgt, wie sich die Prediger der Enthaltsamkeit dem exzessiv-luxuriösen Treiben der adeligen Oberschicht gegenüber verhielten.

Rieger predigte in Stuttgart und hat viele seiner Predigten veröffentlich oder in Schriften aufgearbeitet – ein Beispiel, wie er sich auf das Problem einläßt, sei zitiert: *Mache sich ein jeder seinen Überschlag, was er an unnötige Kleider und Pracht, an delikate Traktamenten, an Mahlzeiten, an Spazierfahrten und Lustreisen, an Spiele, an Hunde, Vögel, Pferd, Gartenlust, Prachtgebäu und Führung eines unnötigen Staats vertue, und summiere solches zusammen. Findet er, daß er das Jahr über nicht mehreres an Arme, als auf diese Sachen verwendet, so glaube er gewiß, daß er vor göttlicher Rechnung durchaus nicht bestehen werde.*

Jeder Leser erkennt, daß Rieger die herrschende Oberschicht im Auge hat, denn welcher einfache Bauer oder Bürger hätte sich eine Lustreise leisten können! Aber genauso gut ist zu erkennen, daß Rieger seine Bußpredigt auf jedermann bezogen wissen will.

Wie unverantwortlich und ungereimt ist es unter den Christen, daß etliche unter ihnen sich überfüllen sollen mit den allerniedlichsten Speisen, mit in- und ausländischen Weinen, und andere sollen für Hunger verschmachten und oft bei ihrem Sterben nicht mit einem Tröpflein Wein gelabet werden. Wie unverantwortlich ist es, daß etliche nicht nur zwei Röcke, wie Johannes sagt, sondern 10, 20 Kleider im Kasten hängen haben sollen ... und andere sollen nacket gehen. ... Wie unverantwortlich ist es, wenn manche an einem Finger, an einem Hals so viel Juwelen tragen, daß 100 arme Leute dafür könnten errettet, erquicket und gekleidet werden.

Mit solchen Anklagen erreicht man das Ohr des Volkes, aber bestimmt sah das Volk, daß die Richtung der Anklage zu unbestimmt war – »manche«, »etliche«; auch wußte das gemeine Landvolk genau, daß die materiellen Verhältnisse im Hause des Predigers beträchtlich über dem Durchschnitt der einfachen Einkommen lagen. Aber – und das war wichtig – die sozial schiefen Verhältnisse wurden, wenn auch nur allgemein, angesprochen, kritisiert und für veränderungswürdig erachtet – und das allein ist Verdienst genug. Pietistische Pfarrer hatten ihren Standesdünkel wie andere auch, aber in ihrer theortischer wie praktischer Arbeit bewegten sie sich auf das Volk zu, stärkten so – vielleicht ohne Absicht – in der Bevölkerung seit langem vorhandene demokratische Tendenzen.

Vorzugsweise predigte er über das Matthäus-Evangelium, ja im Grunde predigte er über nichts anderes! Zwölf Jahre versah er sein Amt als Mittwochsprediger, neun Jahre stand er auf der Kanzel von St. Leonhard als Stadtpfarrer. Und Predigt um Predigt hielt er über Sätze, ja einzelne Worte aus dem Matthäus-Evangelium! Über 1000 Predigten kamen so im Laufe der Zeit zusammen; dabei erreichte Rieger sein Ziel nicht, er wollte das Evangelium des Matthäus umfassend interpretiert wissen, aber bis zu seinem Tode (Stuttgart 16. 4. 1743) kam er nur bis zum 19. Kapitel, weitere neun Kapitel konnte er nicht mehr behandeln.

Genau diese sorgfältig detaillierte Auslegung der Heiligen Schrift entsprach pietistischem Verständnis seelsorgerischer Arbeit, spiegelt darüber hinaus den Perfektionszwang, die Häufung etwas von der Maßlosigkeit des Barockzeitalters.

Zu Blaubeuren hatte der gefeierte Kanzelredner eine mehrfache Beziehung. Nicht nur allein deshalb, weil er hier seine humanistische Bildung vervollkommnete, sondern in familiärer Hinsicht. Nach ihm besuchte sein Sohn – Karl Heinrich (1726–1791) – die Klosterschule in Blaubeuren. Karl Heinrich Rieger gehört ebenfalls zu den *Vätern*, zu den Personen, ohne die der Pietismus im Lande schlecht zu denken ist. Ein weitere Sohn ist Oberst Philipp Friedrich Rieger (1722–1782), Günstling Herzog Carl Eugens bis zu seinem Sturz, selbst lange Jahre auf dem Twiel inhaftiert, wurde er Kommandant auf dem Asperg, wo er, inzwischen zum Pietisten geworden, Christian Daniel Schubart zu bekehren suchte.

Zu Vätern gehörten logischerweise *Mütter* – der württembergische Pietismus kennt allerdings nur wenige. Eine heißt Beata Sturm (1682–1730), *die württembergische Tabea;* sie lebte von 1711–1719 in Blaubeuren – Georg Konrad Rieger hat ihre Leidens- und Lebensgeschichte aufgezeichnet.

Weiter war sein Bruder Immanuel Rieger (1699–1758) mit einer Blaubeurerin verheiratet, mit Magdalena Sybilla Weißensee (1707–1786). Sie ist zwar in Schwäbisch Hall geboren, verbrachte aber vom ersten Lebensjahr an bis zur Eheschließung 1723 ihre Zeit in Blaubeuren. Ihr Vater war der Prälat Philipp Heinrich Weißensee (1673–1767). Hochgebildet, dichterisch begabt – die Universität Göttingen krönte sie zur Dichterin – gehörte sie später zur Hofgesellschaft um Herzog Carl Alexander von Württemberg (1684–1737). Lion Feuchtwanger (1884–1958) hat ihr in seinem Roman *Jud Süß* ein negatives, jedoch ein freilich historisch falsches und ungerechtes Denkmal gesetzt.

Ihr Schwager, also unser Rieger, wurde in genanntem Roman auch nicht gerade freundlich behandelt: Er hatte den zum Tode verurteilten Süß Oppenheimer seelsorgerisch vor der Hinrichtung zu betreuen. Immerhin seine rednerische Gabe wird gewürdigt, wenn es heißt:

Zum Ende aber hatte er, allen Samt seines glatten, dunklen, lang hinhallenden Organs vor die andächtige Gemeinde breitend, zur Buße und Einkehr gemahnt mit großen, starken Worten, daß in der weiten Stiftskirche ein Schluchzen war und mächtige Ergriffenheit.

Georg Konrad Rieger beschreibt sein Wirken so: *Wie habe ich meinen Mund so oft mit Freuden aufgetan und bezeugt, daß das wahre Christentum keine Last, sondern der allerglücklichste, ruhigste, fröhlichste und vergnügteste Zustand sei.* Seine Predigtsammlungen sind die bekanntesten Werke Georg Konrad Riegers geblieben. Am weitesten verbreitet war die *Herzenspostille,* die noch hundert Jahre nach seinem Tode Neuauflagen erlebte. Seine Schriften wurden Allgemeingut in pietistischen Kreisen und blieben über Jahrzehnte hinweg volkstümlich, haben so eine Wirkung entfaltet, die schwer zu ermessen ist. In pietistischen Kreisen ist er bis heute noch nicht vergessen, in manchem Versammlungsraum hängt sein Porträt im Kreise der anderen württembergischen Väter.

Am Aaaronstag starb ein Aaron unsrer Zeit,
Er war von Jugend auf dem Dienst des Herrn geweiht.
Wie stark sein Geist, sein Glaub, sein Licht und Recht
gewesen
Das kann ein jeder noch aus seinen Schriften lesen.

So lautet in schlechten Versen sein Nachruf auf seinem Grabstein im Kreuzgang der Hospitalkirche zu Stuttgart. Im letzten Krieg wurde er ein Opfer der Bomberangriffe. (Der Aaronstag ist der 16. April, Aaron ist bei Pietisten eine geschätzte biblische Gestalt, als älterer Bruder Moses' war er nach dessen Tod der erste Hohepriester.)

Literatur:

RE 16, S. 774.
RIEGER, MARTIN, Zur Geschichte der Familie Rieger. – Stuttgart: Fischer 1980
DECKER-HAUFF, HANS MARTIN, Die geistige Führungsschicht Württembergs. – In: Franz, Günther [Hrsg.], Beamtentum und Pfarrerstand 1400–1800. Büdinger Vorträge 1967. Limburg/Lahn: Starke 1972, S. 51–81.
FRITZ, F., Württemberg in der Zeit des Pietismus. Nach Worten Georg Konrad Riegers. In: BWKG 55, 1955, S. 117–124.
LEDDERHOSE, CARL FRIEDRICH, Beata Sturm, genannt die Württembergische Tabea, nach ihrem Leben dargestellt. Eisleben: Klöppel 1855.
ROESSLE, JULIUS, Von Bengel bis Blumhardt. Gestalten und Bilder aus der Geschichte des schwäbischen Pietismus. Metzingen: Franz 2. Aufl. 1960.

Der gelehrte Pietist
Friedrich Christoph Oetinger (1702–1782)

Einer der merkwürdigsten und rätselhaftesten Männer unter den württembergischen Pietisten ist Friedrich Christoph Oetinger. Merkwürdig insofern, als sich in seiner Person Aufklärerisches und Mystisches zu einer untrennbaren Einheit gefunden haben: Da ist eine mächtige Liebe zur Wahrheit, eine unstillbare Neigung zum Wissen, andrerseits ist er von der Existenz eines Geisterreiches jenseits der sichtbaren Welt zutiefst überzeugt. Ja, er glaubt sogar an Gedankenaustausch und Begegnungen mit Geistern des unsichtbaren Reiches, auch ist er sich sicher, selbst solche Erfahrungen gemacht zu haben.

So wird berichtet, daß er tief in der Nacht am Todestag des Herzogs Carl Alexander, am 13. März 1737, mit Freunden gebetet habe, *bis er mit der Gewißheit der Erhörung im Herzen gegen zwei Uhr um Mitternacht, zur selben Stunde, da der Herzog starb, aufstehen und rufen konnte: »Nun lasset uns Gott loben und danken, wir sind erhört, Rettung ist da!«*

(Daß Oetinger für den Tod des Herzogs beten konnte, versteht sich aus dem Umstand, daß der Herzog katholisch war, die protestantische Geistlichkeit befürchtete, unbegründet, wie man heute weiß, er hege Pläne für die Rekatholisierung des Landes!)

Als Pfarrer von Walddorf am Schönbuch predigte Oetinger um Mitternacht den Geistern, in Herrenberg und in Murrhardt bestieg er nachts die Kanzel, um den Seelen Verstorbener das Wort Gottes zu verkünden. Kein Wunder, daß er bei seinen Vorgesetzten in Stuttgart nicht gerade genehm war. Geisterseher waren im Konsistorium damals nicht beliebt, hinzu kam, daß Oetinger zu recht als Pietist galt, und auf die *Stillen im Lande,* wie man die Pietisten gerne nennt, hatte die Kirche ein wachsames Auge; sah sie doch in den privaten Zusammenkünften die Gefahr des Separatismus, fürchtete also Sektiererei, Irrglauben und schließlich Abfall von der Kirche.

Friedrich Christoph Oetinger

Schon als Pfarrer in Hirsau wurde Oetinger verhört, weil er an einem Treffen pietistisch orientierter Geistlicher in Esslingen teilgenommen hatte (der Blaubeurer Pfarrer Cosmas Friedrich Köstlin – 1711–1770 – war übrigens auch dabei). Da damals Esslingen als Freie Reichsstadt als Ausland galt, das machte den Vorgang um so schlimmer. Später geriet Oetinger in schwere Konflikte mit dem Konsistorium, das im geradezu verbot, Bücher zu schreiben. Seine Schriften erschienen dennoch; zur Rede gestellt, gab Oetinger die Antwort, seine Freunde hätten dies ohne sein Wissen getan …

Angesichts dieser Querelen ist erstaunlich, daß der unbequeme Pfarrer dennoch Karriere machte: Gerade als er aus theologischen Gründen mit dem Oberkirchenrat in Streit geriet, wurde er Prälat in Murrhardt, nachdem er zuvor Dekan in Weinsberg und in Herrenberg gewesen war. Das Amt des Prälaten war eine der höchsten Würden, die im 18. Jahrhundert ein Geistlicher erreichen konnte, und dies wurde ausgerechnet einen zuteil, der notorisch mit dem Konsistorium im Streit lag. Das Erstaunen löst sich, bedenkt man, daß er sich umfangreiche naturwissenschaftliche, vor allem chemische Kenntnisse angeeignet hatte, die Herzog Carl Eugen zu nutzen gedachte. Der Herzog – immer in Geldnöten – wollte in Murrhardt eine Saline anlegen lassen, denn Württemberg hatte damals nur ganz bescheidene Salzvorkommen (Sulz a. N.), daher mußte Salz im »Ausland«, z. B. in Schwäbisch Hall, gekauft werden. Das dafür aufgewendete Geld sollte im Lande bleiben. Oetinger charakterisiert seine Berufung zum Prälaten in einem Brief an einen Freund so: *Serenissimus hat mich als einen Chemicum, das er aus meinen Büchern ersehen kann, zur Prälatur Murrhardt choisirt* [auserwählt], *weil da eine Saline scheint erfunden zu sein.*

Aus einer Saline in Murrhardt wurde nichts – Oetinger spürte anderen Bodenschätzen nach. 1772 gründete er eine Minengesellschaft, die um Wüstenrot nach Blei und Silber forschte. Zwar ohne Erfolg – aber die Unternehmungen zeigen, daß der Pfarrer, der zur mitternächlicher Stunde den Geistern predigen konnte, auch fest auf dem Boden nüchterner Realität stand.

Auch als Seelsorger griff er energisch ein, wenn es sein mußte: So wurde auf sein Betreiben 1746 ein keimender Hexenprozeß kurzerhand niedergeschlagen. Bei aller Neigung zur Phantasterei besaß Oetinger eine solide theologische und philologische Bildung, schließlich war er fast drei Jahre lang Repetent am Stift zu Tübingen, und diese Stelle erhielt einer nur aufgrund exzellenter wissenschaftlicher Leistungen. Die Grundlagen hierzu wurden in Blaubeuren gelegt: am 20. Oktober 1717 bezog er die Klosterschule, wie sie immer noch hieß, obgleich das Kloster längst protestantisch geworden war, im strengen Wortsinne kein Kloster mehr war, auch wenn die Schüler mönchisch streng erzogen wurden.

27 Jünglinge, zwischen 17 und 14 Jahren, zogen damals in Blaubeuren auf; zu Oetingers Mitschülern gehörten Kinder der angesehensten Familien des Landes. Kennern der genealogischen Verhältnisse in der Oberschicht Alt-Württembergs genügen die Namen Bardili, Jäger, Herbrand, Zeller und Hiller. Die evangelischen Seminare in Württemberg sind Schulen der Elite; völlig falsch wäre jedoch der Gedanke, in ihnen Aufbewahranstalten für Kinder der Oberschichten zu sehen, wie das heute bei manchen Nobel-Internaten der Fall sein mag. Gearbeitet wurde hart in den Klosterschulen, selbst hochbegabte und leicht lernende Schüler beklagen sich über den übergroßen Leistungsdruck, der auf allen – unbeschadet ihrer Herkunft – lastete.

Zehn Geschwister hatte das *kleine, einfältige Friederle* – er war am 6. Mai 1702 geboren, er stammte aus besten bürgerlichen Verhältnissen: Sein Vater – Johann Christoph – war Stadt- und Amtsschreiber in Göppingen, die Mutter Rosine Dorothea – eine geborene Wölfing. der junge Oetinger wurde streng religiös erzogen, so daß er selbst von sich schrieb: *Weil ich muß, will ich!*

Schwer hatte er auf der Lateinschule unter dem dortigen Lehrer zu leiden: *Dieser war ein wahrer Schlaghart mit Schlagen, Hauen und unvernünftigen Strafen, oft wegen zwei oder drei Worten, die ich nicht auswendig konnte ...* Der Vater hat schließlich ein Einsehen, und der Sohn durfte sich auf die Pfingstprüfung, das Landexamen vorbereiten.

Friedrich Christoph Oetinger absolvierte das Examen mit Auszeichnung: als Zweitbester der Promotion wechselt er nach Tübingen auf die Universität. (Der Primus – der Allerbeste – war ein gebürtiger Blaubeurer: Christoph Friedrich Jäger, der Sohn des Klosterverwalters. Ihm stand eine glänzende Laufbahn offen, aber der Vielversprechende starb mit 32 Jahren als Stadtpfarrer von Markgröningen 1735.)

Jäger und Oetinger wurde am 15. März ein hervorragendes Zeugnis ausgestellt; am selben Tage wurde Oetinger bestraft, er hatte sich während des Gottesdienstes in der Orgel versteckt und allerhand Unfug getrieben.

Überhaupt findet sich sein Name öfters im Karenzbuch: so heißt das Buch, in dem die schulischen Strafen vermerkt wurden. Im Archiv der Landeskirche kann es jedermann einsehen und nachlesen, wie jugendlich unbekümmert und tatenfroh sich mancher aufführte, der dann in Amt und Würden mit bedächtiger Strenge und tiefen Ernste gravitätisch waltete. Oetinger jedenfalls fiel des öfteren auf: Einmal lärmt er nachts im Schlafsaal, einmal ist er beim Essen *unbescheiden,* ein andermal ritzt er seinen Namen ins zinnerne Tafelgeschirr; sechsmaliger Entzug des Tischweins ist die härteste Strafe, die ihn trifft, als er eine hitzige Diskussion mit einer handfesten Prügelei beendet. Jugendtorheiten – wie zu allen Zeiten!

Wichtiger für Oetingers Lebensweg sind die Persönlichkeiten, die er in Blaubeuren traf. Da ist zunächst Philipp Heinrich Weißensee (1673–1767), der bis 1727 Lehrer an der Klosterschule und Prälat von Blaubeuren war. Oetinger lobt ihn wie folgt: *Weißensee war nicht nur in der Naturgeschichte daheim, sondern er war auch ein tiefer mystischer Theologe, der excellenteste Poet in Württemberg, der schönste Redner, der accurateste Geometer.* Dies Lob kommt nicht von ungefähr. Weißensee hat als erster den Blautopf vermessen und wurde später Prälat von Denkendorf, war Praktiker und Theologe zugleich, insofern für Oetinger bei dessen Anlagen als Vorbild denkbar geeignet.

August Hermann Franckes (1663–1727) Besuch in Blaubeuren fällt in die nämliche Zeit (1717). Oetinger zeigte sich von den Predigten und Ermahnungen des berühmten Pietisten und Gründer des Hallenser Waisenhauses ungemein beeindruckt. Francke hat ihn gewiß in seinen pietistischen Neigungen bestärkt.

Für seine Entwicklung spielte die Begegnung mit dem Göppinger Friedrich Rock (1678–1749) in seinen Blaubeurer Tagen eine möglicherweise verhängnisvolle Rolle. Oetinger kannte Rock bereits aus Göppingen, denn das war beider Heimatort. Rock war ein sogenannter Inspirierter, der Ossolalie – des Zungenredens – mächtig, und er hatte jahrelang Einfluß auf Oetinger, obgleich sich dieser letztendlich – unter dem Druck der kirchlichen Obrigkeit? – von den Inspirierten lossagte. Die Inspirierten waren eine große Sorge der geistlichen und weltlichen Obrigkeit, denn sie standen radikal in der Nachfolge Jesu, wie sie meinten, legten die Bibel in der Regel wörtlich aus und verlangten von jedermann biblische Demut und Bescheidenheit.

Solches Ansinnen mußte den württembergischen Herzögen – Carl Alexander und Carl Eugen – verdächtig erscheinen, denn die Inspirierten erwarteten von ihrer Obrigkeit eine vorbildliche Lebensführung. Die Regenten jedoch waren an immensen Luxus gewöhnt, ihnen machte es gar nichts aus, Untertanen als Soldaten ans Ausland (*Ab ans Kap und nach Indonesien,* so muß im Falle Württemberg das auf Kassel gemünzte Wort variiert werden!) zu verkaufen, wenn ihnen der Erlös die Gunst einer damaligen internationalen Großschönheit einbrachte. Der Hof in Ludwigsburg galt als so extravagant, daß selbst ein Casanova das Lustquartier dort besuchen mußte!

Oetinger war kein Mann des Hofes und die Verschwendung in Ludwigsburg imponierte ihm nicht, eher beeindruckte die Leidensbereitschaft der meist mangelhaft gebildeten, aber redlich denkenden kleinen Leute. Er schreibt: *Diese Leute leiden Bande, Gefängnis und Streiche, um ihres Bekenntnisses willen, unsere Pfarrer und Speziale* [das sind Dekane] *aber leiden niemals nicht.*

Oetinger war Pfarrer, Spezial, sogar Prälat – der zitierte Satz spiegelt sein Lebensproblem wider: Die positiven Personen des Neuen Testamentes sind bescheidener Herkunft, die theologische Oberschicht wird eher verächtlich als Schriftgelehrte und Pharisäer abgetan, nun gehört er selber zur geistlichen und weltlichen Oberschicht. Zwar weiß er, daß das wortwörtliche Folgen der Bibel – zumal in der ins Deutschen übersetzten Fassung – in die Irre führen muß, aber gleichermaßen sieht er, daß die kleinen Leute recht haben, wenn sie beklagen, daß die Obrigkeit oft nicht einmal Minimalstandards christlichen Verhaltens einzuhalten gedenkt.

Eine Anekdote kann Oetingers Verhältnis zum einfachen Volk illustrieren. Von der hoch am Berg gelegenen Amtswohnung in Herrenberg soll er des Nachts nachdenklich schweigend ins Obere Gäu gestarrt haben, und zwar so, daß ihn ein Gast ansprach, weshalb er denn so stille sei. *Ich dachte an die treuen Weiber in den vor uns liegenden Dörfern, die eben jetzt die Kleider ihrer Kinder zusammenflicken und ihrer Säuglinge pflegen; es würde gut sein, wenn ich einmal einen so guten Platz im Himmel bekäme wie diese.*

So behielt Oetinger zeitlebens eine sympathische Neigung zu den kleinen Leuten, zur pietistischer Form religiöser Spiritualität. Übrigens wurde er lange Jahre vom Graf Zinzendorf umworben, endlich doch Herrnhuter zu werden – Oetinger hat lange geschwankt, schließlich brach er mit der Brüdergemeine Herrnhut.

Ob diese Haltung auf Johann Albrecht Bengel zurückzuführen ist? Bengel begründete die spezifisch württembergische Variante des Pietismus, die das Schwärmerische nicht leugnet, aber dämpft. Oetinger lernte als Student Bengel kennen, und noch als junger Pfarrer war er ihm Mentor und Berater. Bengel achtete strikt darauf – und Oetinger folgte ihm –, daß sich die private Erbauung der Stundenleute im Rahmen der kirchlichen Lehren bewegte.

Deshalb zählt Friedrich Christoph Oetinger zu den *Vätern des württembergischen Pietismus*. Worin liegt nun sein Beitrag? Seine seelsorgerischen Bemühungen waren kaum erfolgreich, als Dekan in Weinsberg erlitt er förmlich Schiffbruch, über seine Gemeinde in Walddorf urteilt er. *Meine Übung in der Gemeinde ist, an den rohen, wilden Leuten (zu) arbeiten. Ich bin ein Hirte der Löwen, Bären, Schweine und etlicher Seelen Hirt.*

Über 100 Schriften hat Oetinger veröffentlicht, den Weg in eine private Erbauungsstunde hat kaum eine gefunden – lediglich eine einzige Schrift wurde im vergangenen Jahrhundert neu aufgelegt!

Also auch auf dem schriftlichen Weg hat er die Gläubigen nicht erreicht. Sein Einfluß auf die pietistischen Gemeinden geht über seine geistlichen Kollegen, seine pietistisch orientierten Amtsbrüder. Carl Friedrich Harttmann (1743–1815) war ein enger Freund und Schüler Oetingers und hatte die Gabe, beim bescheidenen, einfachen Volk den seelsorgerischen Einfluß zu erlangen, der dem intellektualistischen Oetinger versagt blieb.

Harttmann war *ein Herz und eine Seele* mit Jakob Friedrich Kullen (1758–1818). Kullen war Bauer und Schulmeister in Hülben oberhalb Urachs und hat die berühmte *Stunde* dort begründet. Im Laufe seiner Tätigkeit wuchs ihm so eine Art Führerrolle zu, die sich bis heute in der Familie vererbt hat. Noch heute treffen sich einmal im Jahr die Stundenhalter aus nah und fern im Hause Kullen und in anderen Häusern Hülbens, um religiöse Anleitung von dort zu holen – ein Hefekranz wird extra dazu gebacken.

Eduard Mörike berichtet, daß Oetingers Schriften zum Grundbestand württembergischer Pfarrbibliotheken gehörten. Oetingers Einfluß auf Justin Kerner ist bekannt; die Oetinger-Forschung hat Fernwirkungen seines Gedankengutes auf Philosophie und Literatur bis hin zu Hermann Hesse untersucht und nachgewiesen.

Noch nach 1945 lieh sich ein Gelehrter des alten Pietisten Namen aus, um einer Reform des Schulwesens das Wort zu reden. Oetingers Einfluß wirkt also bis heute und über die religiös gebundenen Kreise hinaus. Die Pietisten nämlich sind maßgeblich an der Heranbildung des für Württemberg so charakteristischen Arbeiterstandes beteiligt, einer Arbeiterschaft, die nicht proletarisiert ist, die sich aus bäuerlichen, handwerklichen und kleinbürgerlichen Unterschichten rekrutierte und die selbstbewußt und strebsam war und ist, nicht zuletzt dank der der alten pietistischen Tradition des *unermüdlichen Nachdenkens*.

Literatur:

ADB 24, S. 538–541; RE 14, S. 332–339.
AUTENRIETH, HANS-FRIEDRICH, Fr. Chr. Oetingers Beziehungen zu seiner Vaterstadt Göppingen. In: Helfenstein 18/1971, S. 202f.
BOCK, EMIL, Vorboten des Geistes. Schwäbische Geistesgeschichte und Christliche Zukunft. Stuttgart: Christengemeinschaft 1929.
EHMANN, KARL CHR. EBERH. (Hg.), Friedrich Christoph Oetingers Leben und Briefe als urkundliches Material zu dessen Schriften. Stuttgart: 1859.
HAMBERGER, JULIUS (Hg.), Des Württembergischen Prälaten Friedrich Christoph Oetinger Selbstbiographie. Mit einem Vorwort von Gotthilf Heinrich v. Schubert. Stuttgart: Liesching 1845.
CLAUSS, W., Von Bengel bis Burk. Bilder aus dem christlichen Leben Württembergs. Stuttgart: 1887 (= Württembergische Väter I), S. 196–231.
ROESSLE, JULIUS, Friedrich Christoph Oetinger, der Prälat von Murrhardt. In: ROESSLE, JULIUS, Von Bengel bis Blumhardt, Gestalten und Bilder aus der Geschichte des schwäbischen Pietismus. Metzingen: Franz 1960, S. 118–139.

Carl Friedrich Harttmann (1743–1815) – Dekan in Blaubeuren

Friedefürst, laß deinen Frieden
stets in unsrer Mitte ruhn;
Liebe, laß uns nie ermüden,
deinen selgen Dienst zu tun.
Denn wie kann die Last auf Erden
und des Glaubens Ritterschaft
besser uns versüßet werden
als durch deiner Liebe Kraft?

So lautet Strophe 5a des Liedes 217 im Württembergischen Gesangbuch, sie stammt von Carl Friedrich Harttmann, ein weiterer Choral – 305 – wurde nach seinem Text von Albert Knapp überarbeitet.

Harttmann wurde am 4. Januar im Kloster Adelberg geboren, sein Vater war dort Forstverwalter. Als Klosterschüler war er von 1757–1759 in Blaubeuren, als Dekan amtete er von 1793–1795 in der Blautopfstadt. Danach war er Dekan in Neuffen, ab 1795 in Lauffen am Neckar.

In Lauffen kam er in schwere Gewissensnöte; 1809 wurde im Land eine neue Liturgie eingeführt, die ähnlichen Widerspruch vor allem bei der Landbevölkerung fand wie das neue Gesangbuch des Jahres 1791, bei dessen Durchsetzung der Herzog Militär einsetzen mußte. König Friedrich duldete selten Widerspruch, deshalb setzte er die neue Liturgie durch. Besonders in den pietistischen Gemeinschaften regte sich Widerstand, vor allem empörte die neue Taufformel: *Entsaget Ihr allem Unglauben und Aberglauben?* Die entsprechende Stelle lautete in der alten Fassung: *Widersaget Ihr dem Teufel und all seinem Werk und Wesen?*

Spötter kolportierten, durch Stuttgarter Kabinettsbeschluß sei der Teufel abgeschafft worden; für die schwer arbeitenden und tief religiösen Landwirte und Weinbauern kam die Reform zu unerwartet (sie wurde auch nicht diskutiert und pastoraltheologisch behutsam erläutert, sie wurde dekretiert); vielfach widersprach sie ihrem Bewußtsein: Die einfachen Leute des Landes wußten um die Unwägbarkeiten des Lebens, um die Launen der Witterung genauso wie um das Mühen und Arbeiten, das eben doch oft – trotz allem lauteren Bemühens, trotz aller De-

Carl Friedrich Harttmann

mut und festen Betens – vergeblich war. Nur friedlicher Arbeit böse Gesinntes konnte den Ertrag der Plackerei zunichte machen – im Begriff des Teufels wurde dies personifiziert. Der wurde nun anscheinend beseitigt, die Übel blieben, wenn wenigstens der Steuer- und Abgabendruck gemindert worden wäre!

Dekan Harttmann kannte die Anschauungen und religiösen Nöte der kleinen Leute, für die Reform konnte er die Verantwortung nicht übernehmen, und er verwendete die alte Formel weiter. 1810 denunziert, mußte er sich vor dem Konsistorium in Stuttgart verantworten; den pietistisch orientierten Bauern war dies ein Beweis, daß er sich in Gewissensfragen mannhaft gegen die Obrigkeit wehrte.

Zum Bruch mit der Landeskirche kam es im Herbst 1811, im Oktober war eine neue Amtstracht vorgeschrieben worden: Pfarrer hatten ein Barett zu tragen. Nun ist das Barett eigentlich ein Zeichen für hohe Würdenträger, und die einfachen Leute sahen darin einen ironischen Angriff auf die Ernsthaftigkeit eines Pfarrers, ja das Barett wurde als sich ungeziemende Annäherung an den Katholizismus verstanden.

Alles Protestieren half nichts, der *Schwäbische Zar* (= König Friedrich) dachte absolutistisch und hatte entsprechende Vorstellungen vom Auftreten und Reputation eines Geistlichen. Harttmann – konsequent und auch streng gegen sich selber – legte im Jahr 1812 sein Amt nieder und ging in den *Privatstand* zurück, wie man damals sagte, denn ein Ruhestand gab es noch nicht. Dieser Schritt erregte – weil ungewöhnlich – einiges Aufsehen, vor allem in den pietistischen Gemeinschaften. Für sie war Dekan Harttmann ein Vorbild schlechthin, ein Gottesmann, der auf Pension und sichere Versorgung verzichtete, weil er religiöse Neuerungen nicht mit seinem Gewissen vereinbaren konnte.

Harttmann wird nun nicht nur deshalb zu den *Württembergischen Vätern* gezählt, bereits Jahrzehnte zuvor war er mit dem Pietismus in enge Verbindung getreten. Zu seinen Freunden gehörte seit der Blaubeurer Zeit Christian Gottlieb Kraft (1743–1771), Pfarrer in Onstmettingen; als Studenten gerieten sie in den Bannkreis von Friedrich Christoph Oetinger (Blaubeurer Klosterschüler von 1717 bis 1720). Ein weiterer *Vater* – Georg Friedrich Christian Haerlin (1742–1818), zuletzt Stadtpfarrer in Weilheim/Teck, gehörte zur Blaubeurer Promotion von 1757.

Nach glänzendem Examen in Tübingen, nach der Vikarszeit in Öschelbronn wurde Harttmann Repetent am Tübinger Stift – und das war allemal Ausgangspunkt einer besonderen Karriere und der Erfolg einer weit überdurchschnittlicher Begabung. Und zunächst war dies auch so: Harttmann wurde Professor an der Hohen Karlsschule auf der Solitude bei Ludwigsburg, später in Stuttgart. Die Karlsschule war eine Konstruktion aus Gymnasium und Universität, die sich Herzog Carl Eugen ausgedacht hatte – für das 18. Jahrhundert höchst modern und aufgeklärt; allgemein wird heute noch bedauert, daß diesem pädagogischen Experiment eine so kurze Zeitspanne beschieden war.

Friedrich Schiller ist der bekannteste Zögling der Karlsschule, und Harttmann war sein Religionslehrer, ob sie in ein näheres Verhältnis getreten sind, ist unbekannt, aber auch wenig wahrscheinlich. Harttmann wird von Mitschülern als strenger orthodoxer Theologe geschildert, der den jungen Leuten doch recht fremd gegenüber stand, immerhin stand die Gelehrsamkeit und der Charakter Harttmanns in hohem Ansehen.

Längst war er mit den führenden Theologen des Landes, vorzüglich der pietistischen Richtung befreundet, Oetinger widmete ihm ein Gedicht zur Hochzeit, 1774 verheiratete sich Harttmann mit Louise Johanne, deren Vater Georg Friedrich Beckh (1708–1780) im Umkreis der Erweckten bekannt genug war.

Möglicherweise ist seine pietische Tendenz Ursache, daß er seine Professur auf der Karlsschule verlor. Er verließ sein Amt mit gespaltenem Gefühl: Einerseits war dem pietistischen Theologen das Treiben am Stuttgarter Hof, in das er doch erheblichen Einblick hatte, in der Seele zuwider (dabei hatte Herzog Carl Eugen seine stürmischste Zeit hinter sich, seit er unter den besänftigenden Einfluß der Franziska von Hohenheim geraten war) und verließ die Residenz gerne, andrerseits trug die Versetzung nach Illingen – auf eine *mittlere Pfarrei* – deutliche Spuren herzoglicher Ungnade.

So wurde er abgelehnt, als er sich – ehemaliger Repetent an der Universität Tübingen und Professor an der Hohen Karlsschule – für das doch rangniedrige Präzeptorat an der Klosterschule Blaubeuren bewarb.

Das Jahr 1781 brachte insofern eine Verbesserung, er wurde nach Kornwestheim versetzt, in eine der einträglichsten Pfarren des Landes, wurde dort Nachfolger von Philipp Matthäus Hahns nicht nur im Amt, sondern auch als eifriger Förderer der pietistischen Privatversammlungen.

Lange und vergeblich bewarb sich Carl Friedrich Harttmann um freie Dekanstellen – erst 1793 wurde er Dekan in Blaubeuren und blieb dies bis 1795. Hier in Blaubeuren wurde Harttmann in einen religiösen Skandal verwickelt, der seinerzeit einiges Aufsehen erregte und der auch heute noch zeigen kann, wie eng höchste theologische Gelehrsamkeit und finsterer Aberglaube ineinander übergehen können.

Marie Gottliebin Krumm – später die *Seherin von Kleebronn* genannte, hatte seit 1791 sonambule Gesichte und Erscheinungen, vor allem fühlte sie sich aufgefordert, die Offenbarung des Johannes zu vollenden. Die Johannes-Offenbarung ist ein schwer auszudeutendes Buch, aber vielleicht gerade deshalb übte es auf pietistische Geister eine fast magische Anziehungskraft, bestand doch durch gründliche Lektüre die Möglichkeit den Gang der Welt und die ersehnte Wiederkehr des Herrn zu berechnen und die Welträtsel zu entschlüsseln.

Die Gottliebin – so wird sie von den Beteiligten allerseits genannt – muß über mediale Kräfte verfügt haben, denn sie konnte eine ganze Reihe von Pfarrern beeindrucken; auch den Blaubeurer Dekan hat sie offensichtlich imponiert, sie verbrachte die Sommermonate 1794 in Blaubeuren.

Harttmann schreibt am 21. Juni 1797 an seine Frau: *Ich bin froh, daß man mich von der ganzen Sache nichts hat wissen lassen, und daß ich völlige fünf Vierteljahr davon weg bin.*

Der Satz wird verständlich, wenn man weiß, daß die Gottliebin am 9. Juni 1797 in der Untersuchungshaft ein Büblein zur Welt brachte.

Zwar hält Harttmann für möglich, daß die Schwangerschaft der Gottliebin *außerordentlich* sein könne, das soll heißen, daß keine irdische Zeugung angenommen werden müsse; aber er ist doch gottfroh, seiner Ehefrau versichern zu können, *völlige fünf Vierteljahr* weg gewesen zu sein.

Als Vater des Kindes bekannte sich Harttmanns Freund, Pfarrer in Meimsheim, Harttmann wußte sicher um den Fall, denn in seinen Briefen kümmert er sich immer wieder um die Vorgänge im Meimsheimer Pfarrhaus.

Die Gottliebin glaubte nämlich, daß die beiden Zeugen, die in der Offenbarung 11,3ff. genannt werden, vom Meimsheimer Pfarrer gezeugt werden müßten, eins von dessen Ehefrau, der andere von ihr selbst. Ob die Pfarrfrau geschwängert wurde, weiß ich nicht, die Gottliebin gebar jedenfalls ihr Kind. Sie mußte schwer dafür büßen: Nach der Geburt wurde sie ins Zuchthaus Ludwigsburg gebracht, sie mußte zusehen, wie die Sträflinge dort körperlich mißhandelt wurden, ihr wurde gleiches angedroht, sie gestand und erklärte alle ihre Gesichte und Offenbarungen für Betrug und Lüge, und sie gab auch den Vater ihres Kindes an.

Der Pfarrer von Meimsheim verlor seinen Dienst. *Er und seine Frau sind von Herzen zu bedauern. Es bleibt mir ein unaussprechlicher Dank gegen die Treue Gottes, daß ich noch bei Zeiten von der Sache hinweg gekommen.*

Dieser Kommentar des Dekans wirkt reichlich schal, so wie er sich bedankt, billig davongekommen zu sein. Auch sonst sind eher bedenkliche Seiten bei Harttmann zu bemerken, so verschrieb er sich mit seinem Blut als Eigentum Gottes – und dies meinte er nicht symbolisch, sondern hat dies praktisch exerziert.

Möglicherweise hängt seine Versetzung 1795 nach Neuffen, nach nur zweijähriger Tätigkeit in Blaubeuren mit dem Skandal um die Gottliebin zusammen. 1803 wird er nach Lauffen am Neckar versetzt. 1812 legte er dort sein Amt nieder. Am 31. August 1815 starb er in Tübingen – zweiundsiebzig Jahre alt.

Harttmann hat mehrere Bücher verfaßt, darunter Sammlungen seiner Predigten; diese werden von den Zeitgenossen *eines schlichten, lautern Bibelchristenthums* gerühmt. Daher ist es kein Wunder, daß sie in pietistischen Kreisen weit verbreitet waren und noch Jahrzehnte nach seinem Ableben viel gelesen wurden.

Literatur:

ADB 10, S. 703f.
KOCH, EDUARD EMIL, Geschichte des Kirchenlieds und Kirchengesangs mit besonderer Rücksicht auf Würtemberg. Erster Theil. Die Dichter und Sänger. Stuttgart: Belser 1847.
ROESSLE, JULIUS, Karl Friedrich Harttmann, der treue Wächter des Bekenntnisses (1743–1815) In: ROESSLE, JULIUS, Von Bengel bis Blumhardt, Gestalten und Bilder aus der Geschichte des schwäbischen Pietismus. Metzingen: Franz 1960, S. 225–234.

Friedrich Christoph Steinhofer (1706–1761)

In der Stadtkirche von Owen wurde er am 18. Januar 1706 getauft, folglich erblickte er an diesem Tag oder am Tag zuvor das Licht der Welt, denn damals war es üblich und angesichts der Säuglingssterblichkeit nötig, ein Kind unmittelbar nach der Geburt zu taufen.

Sein Vater war Stadtpfarrer in Owen, und damit war sein beruflicher Werdegang vorgezeichnet, denn im 18. Jahrhundert war es in Württemberg üblich, daß die Söhne der Pastoren ihrerseits die geistliche Laufbahn einschlugen. Und so wurde auch Friedrich Christoph Steinhofer Theologe, absolvierte die seit alters gewohnte Laufbahn. Als 23. von 25 Zöglingen wurde er 1720 in die Klosterschule Blaubeuren aufgenommen; als Primus verließ er zwei Jahre später Blaubeuren, um das Tübinger Stift zu beziehen. Ähnlich erging es seinem Bruder Johann Ulrich (1709–1757), der ein paar Jahre später als letzter seiner Promotion in Blaubeuren einzog, als zweitbester bestand er dann das Abschlußexamen.

Beide Brüder machten Karriere: der jüngere wurde Professor für Philosophie und Sprachen an der Universität Tübingen. Unser Steinhofer, Friedrich Christoph, wurde einer der *Württembergischen Väter*; so werden die führenden Theologen der pietistischen Bewegung im Lande genannt.

In Blaubeuren erfuhr Steinhofer seine Bekehrung, er schildert sie so. *Dort entzog sich mir bei mehrerem Zunehmen der Jahre und allzugroßer Begierde, der Gelehrsamkeit nachzujagen, die Gnade, so daß die Lust der Welt mehreren Eingang in meinem Herzen gewann. Der barmherzige Vater aber ließ mich nicht meine eigenen Wege gehen, sondern nahm mich in seine Züchtigung, um mich von der Eitelkeit und Weltgefälligkeit wieder frei zu machen.*

Eine dieser *Züchtigung* war der Tod eines Freundes – am 19. Februar 1721 starb völlig überraschend Johann

Friedrich Christoph Steinhofer

Friedrich Schwindrazheim, noch keine sechzehn Jahre alt. Wohl zu allen Zeiten wird der unverhoffte Tod eines Kameraden aufs tiefste erschüttern, für Steinhofer brachte er Klarheit, sich über seinen Seelenzustand im pietistischen Sinn zu entscheiden.

Auf seiner Bildungsreise, die jeder examinierte Theologe, übrigens auf Staatskosten, absolvierte kam er nach Sachsen, insbesondere nach Herrnhut, wo er mit Nikolaus Ludwig Graf von Zinzendorf und Pottendorf (1700–1760) bekannt wurde. Dieser Graf hatte auf seinen Gütern in der Lausitz zwischen Löbau und Zittau eine eigentümliche Kommunität gegründet, deren erste Bewohner Glaubensflüchtlinge aus Mähren waren, später kamen Glaubensgenossen aus ganz Europa nach Herrnhut, wie die Siedlung nach dem nahegelegenen Hutberg benannt wurde.

Die Böhmisch-Mährischen Brüder, kurz die Herrnhuter Brüdergemeine, errichteteten ein christlich-soziales Gemeinwesen, das großen Wert darauf legte, christliches Leben praktisch zu organisieren. Zwar blieb sich Graf Zinzendorf seines adligen Ranges stets bewußt und vergab sich in dieser Hinsicht nichts, aber für die erste Hälfte des 18. Jahrhunderts ist sein Tun für einen Reichsgrafen ganz ungewöhnlich.

Steinhofer war tief beeindruckt; ein Graf, der seinen Untertanen das Evangelium predigte, anstatt mit Standesgenossen auf die Jagd zu gehen, der Kirchenlieder (*Jesu geh' voran*) dichtete, statt auf Hofbällen mit Schönheiten zu karessieren, ein Graf, der Flüchtlingen aus aller Welt Asyl, Unterkunft und Arbeit bot, der soziale Notstände aller Art steuerte – welch ein Gegenbild zu dem Land, aus dem Steinhofer kam! Hier regierte bis 1733 Herzog Eberhard Ludwig, der als Bigamist jeder Geistlichkeit ein Ärgernis sein mußte, im Lande war er besonders verhaßt, weil er die Familie Grävenitz finanziell und materiell über jede Gebühr hinaus bevorzugte – aus der Staatskasse natürlich!

Das Land hat ihm keine Träne nachgeweint, sein Nachfolger Herzog Carl Alexander verschaffte sich einen guten Einstand, als er bei Herrschaftsübernahme die Grävenitz und ihren Anhang gerichtlich verfolgen ließ, aber auch seine Herrschaft war äußerst unbeliebt, nicht allein, weil er zur Verschwendungssucht neigte, als ganz übel galt, daß er zum katholischen Glauben konvertiert war. Selten herrschte solch eine Einheit, Geistlichkeit, Bürger und Bauern befürchteten Schlimmes für ihre religiöse Überzeugung, auch wenn diese Angst, wie die Jahre lehrten, unbegründet war.

Steinhofer war zur Zeit des Herrscherwechsels Repetent am Tübinger Stift, in Württemberg allemal ein Zeichen einer bevorstehenden theologischen Karriere. Sie kam zustande, aber nicht so einfach, wie zu erwarten schien.

Ebersdorf ist nach Herrnhut die nächste Lebensstation Steinhofers, dort im östlichen Thüringen wurde er Hofprediger beim Fürsten Reuß jüngere Linie. Heinrich XXIX. (1699–1747) hatte ihn berufen. Die Reuße sind jene eigentümliche Fürstenfamilie, die mit ihren winzigen Herrschaften (Greiz = ältere Linie, Gera = jüngere Linie) bis ans Ende des alten Reiches, bis 1918 regierte. Eine ihrer Besonderheiten besteht darin, daß jeder männliche Sprößling auf den Namen *Heinrich* getauft wird, entsprechend hohe Ordnungsnummern sind die Folge.

Die Schwester des Fürsten – Erdmuthe Dorothea – war mit dem Grafen Zinzendorf verheiratet, Heinrich XXIX. selbst war im Pädagogium zu Halle gebildet worden, diese berühmte Schule war von August Hermann Francke, einer der einflußreichsten Pietisten, gegründet worden. Heinrich XXIX. kannte Steinhofer aus der Zeit, als dieser besuchsweise in Herrnhut weilte; da der Fürst ein ähnliches Projekt wie in Herrnhut sein Schwager jetzt in Ebersdorf verfolgte, schien ihm Steinhofer der geeignete theologische Leiter dafür zu sein.

Die nächsten Jahre baute Friedrich Christoph Steinhofer die Kommunität in Ebersdorf auf. Er war hier die maßgebende Persönlichkeit, der Fürst ließ ihn walten. Noch heute sind die Anlagen in Ebersdorf gut erhalten: Schloß, heute Pflegeheim; Orangerie, heute Kulturzentrum; Waisenhaus und andere soziale Einrichtungen stehen wie einst, zwar vielfach umgebaut, sie werden nicht wie ursprünglich gedacht, aber immer noch zu sozialen Zwecken genutzt. (Wer nach Ebersdorf kommt, versäume nicht, im Park die Grabanlage der letzten Fürsten Reuß zu besuchen, die Ernst Barlach entworfen hat.)

Auch fromme und friedfertige Menschen haben ihre Konflikte, und so wundert nicht, daß Zinzendorf mit Steinhofer rivalisierte. Zinzendorf beobachtete von Herrnhut aus mit Interesse und distanziert-skeptischen Vorbehalten die Ebersdorfer Neugründung. Zwar kam es nie zum Bruch zwischen beiden Persönlichkeiten, aber die Differenzen sind nicht zu übersehen.

Graf Zinzendorf neigte zum Schwärmertum, Gemeinschaftserlebnisse, Gefühlsüberschwang, spontane religiös inspirierte Aktionen waren dem nüchternen Schwaben Steinhofer doch einigermaßen suspekt, hinzu kam, daß der Graf durchaus Auszeiten von seinen schwärmerischen Treiben nahm, gern verreiste, während Steinhofer bei der Gemeinde blieb.

Der Tod Heinrich XXIX. 1747 brachte den Bruch; 1748 kehrte Steinhofer in den Württembergischen Kirchendienst zurück. Der Kontakt zum Land war freilich nie abgerissen. Steinhofer hat beispielsweise Zinzendorf, als dieser in Tübingen studierte und zum württembergischen Pfarrer ordiniert wurde, wertvolle Dienste geleistet.

Dennoch hatte er Schwierigkeiten, im Land wieder angestellt zu werden. Johann Jakob Moser (1701–1785), der bedeutende Jurist, war einer seiner Gegner. Mit ihm hatte er sich in Ebersdorf überworfen; dort war Moser aus der Gemeinde ausgestoßen worden, und Steinhofer war an diesem Ausschluß nicht unbeteiligt: Grund des Zerwürfnisses könnte die *Chamäleonsnatur* Steinhofers gewesen sein.

In den letzten Jahren seiner Ebersdorfer Zeit hatte er sich wieder Herrnhuter Gebräuchen angenähert; so werden z. B. in Ebersdorf die Gemeindemitglieder öffentlich wohl nach dem Grad ihrer Frömmigkeit in drei Klassen eingeteilt:

1. – *haben das Blut des Lammes an ihren Herzen erfahren*
2. – *die, welche Erfahrung noch machen könnten*
3. – *Anfänger, und die kein besonderes Herz haben.*

Der streng rechtlich denkende Johann Jakob Moser mag an solchen Praktiken Anstoß genommen haben. Wie auch immer, er wurde ausgeschlossen. Und es wäre gegen jede menschliche Erfahrung, hätte er die Rückkehr Steinhofers nach Württemberg begrüßt oder gar gefördert.

Zu seiner Ehefrau kam Steinhofer auch nach üblichen Herrnhuter Muster; die Gemeinde beschloß – er war inzwischen 41 Jahr alt – daß er eine Gefährtin brauche: und per Los wurde sie im zugeteilt – Dorothea Wilhelmine von Molsberg (1708–1791), Lehrerin am Ebersdorfer Waisenhaus. Nach allem was wir wissen, war die Ehe glücklich, auch wenn keine Kinder aus ihr hervorgingen, vielleicht hat ein guter Geist beim Ziehen der Lose gemogelt. (Wenn nicht alles täuscht, so war dies die Gemahlin des Fürsten!) Dorothea Wilhelmine hat ihren Mann dann um 30 Jahr überlebt.

Mit ihr übernahm er zunächts die Pfarrei in Dettingen/Erms; allerdings mußte er zusichern, keine Privatstunden zu halten, und jede Unterstützung der Brüdergemeinde war ihm strikt untersagt. Auch mußte er sich erneut vom Konsistorium prüfen lassen, aber das ist in seinem Fall nichts Besonderes, das entsprach der Landessitte.

1753 wurde er Pfarrer in Zavelstein und Teinach; 1755 in Eningen/Achalm – hier wurde er gerne von Tübinger Studenten besucht und hier hat er Einfluß auf die theologische Studentenschaft bekommen, zumindest auf Teile.

Er war unser Professor, Eningen die Brüderakademie, sein Tisch unserer Kommunität … Die geliebte Mutter sah die Gierigkeit der jungen Brüder und lächelte nach ihrer Art heimlich darüber. Wir gingen mit unserer Beut munter zurück nach Tübingen, die Brüder kamen uns häufig entgegen. Was hat er alles gesagt? war ihre erste Rede. Wir mußtens gleich auf dem Felde erzählen. Das war eine Brüderlust.

So schildert ein Tübinger Student, der als Pfarrer später ebenfalls zu den *Schwäbischen Vätern* gezählt wurde (Johann Georg Bauder 1733–1814) begeistert seine Besuche in Eningen unter der Achalm.

1759 löste er seinen väterlichen Freund Oetinger in Weinsberg als Dekan ab. *Steinhofer kommt her, wird seine Wunder erfahren. Satan hat seine Werkzeuge hier. Schon hat einer gesagt, der Teufel solle St. holen, ehe er komme.* Oetinger hatte in Weinsberg, obwohl selbst zu den pietistischen Vätern gerechnet, mit den dortigen Pietisten große Probleme. Das Verhältnis der pietistischen Stunde zu ihrem Ortspfarrer ist oft gespannt, selbst pietistisch orientierte Theologen machten – wie Oetinger – diese Erfahrung. Über Steinhofers Wirken in dem so abqualifizierten Weinsberg wissen wir wenig; großer Erfolg konnte ihn nicht beschieden sein, denn er starb bereits am 11. Februar 1761.

Als *Vater* der württembergischen Pietisten gilt er infolge seiner Schriften, noch in Ebersdorf hat er ein Gesangbuch herausgegeben, das ganz besonders das pietistisch-schwärmerische Liedgut pflegte; in Württemberg allerdings fand besonders sein *Predigtbuch* weite Verbreitung und günstige Aufnahme.

Die Pietisten waren und sind theologische Laien, allerdings solche, die nicht recht einsehen wollten, daß das Wort Gottes nur akademisch gebildeten, Latein, Griechisch und Hebräisch verstehenden Menschen zugänglich sein sollte. Seit Luthers Übersetzung der Bibel konnten sie zwar das *Wort Gottes* lesen, aber wie denn nun die oft vertrackten, schwierig zu interpretierenden Stellen, Passagen und Gleichnisse der Schrift auszudeuten sind, damit waren die Stundenleute überfordert, mehr noch die Stundenhalter, also die Personen, welche die sonntagnachmittägliche Zusammenkunft zu leiten hatten. Theologische wissenschaftliche Schriften – zu denen hatten sie keinen Zugang; um so willkommener waren volksnah geschriebene, von gläubiger Frömmigkeit geprägte Bücher – und so ein Buch hat Steinhofer vorgelegt. Ein Beispiel möge genügen.

Für die schwäbische Mentalität (und wohl nicht nur für diese) war die Geschichte von den Arbeitern im Weinberg des Herrn (Matthäus 20, 1–16), die gleich bezahlt, obwohl sie unterschiedlich lange gearbeitet hatten, bestimmt nicht erhebend, nur nachvollziehbar, weil sie in der Schrift stand, und man sie deshalb akzeptieren mußte. Steinhofer hat sie – wie folgt gedeutet – und mit dieser Interpretation konnte jeder fleißige schwäbische Pietist seinen Frieden mit der als anstößig empfundenen, wenn sie oberflächlich gedeutet wird, Geschichte machen.

Er deutet das Gleichnis, das auf den ersten Blick als ungerecht verstanden werden kann, als *freie Gnade* Gottes, die eben so ausgestattet ist, daß sie einen Menschen jederzeit – in der Jugend wie im Alter – zur Erkenntnis des rechten Weges bringen kann. *Gnadenruf – Diesem widerfährt er um die dritte, jenem um die sechste, neunte, oder auch eilfte Stunde. Denn die um die eilfte Stunde angeredet wurden, waren wohl auch schon zur dritten und sechsten auf dem Markt gestanden, nach dem Gleichniß zu reden, sie haben also gesehen und gehört, daß der Hausvater Andere in ihrer Nähe rief. Und das hätte sie auch können aufmuntern, nach Arbeit zu fragen, und ihn anzusprechen. Sie blieben aber gern müßig, bis er gerade an sie kam. Diese hätten es wohl verschuldet gehabt, daß er sie zurückließe. Aber sein Erbarmen ist unendlich.*

Steinhofer formuliert auf seine Weise das Kernstück des evangelischen Glaubens: Gott nimmt Menschen nicht aufgrund eines eigenen wie auch immer gearteten Verdienstes an, sondern allein aus Gnade aufgrund ihres Glaubens an Jesus Christus.

Freilich spürt er die Denkweise mancher Zuhörer, die sich überlegen konnten: Ja, wenn das so ist, dann lebe ich in ganz weltlich in Saus und Braus, zur elften Stunde, oder gar fünf Minuten vor Zwölf – dann werde ich mich bekehren!

Wenn die Kraft des Evangelii einen groben und berüchtigten Sünder ergreift, und derselbe den besonderen Gnadenruf, der dadurch an ihn gekommen ist, demüthig und begierig annimmt, und sich zum Heiland wendet; was denken, was sagen die weltlich-ehrbaren Christen? Ei, soll es der seyn? soll denn der jetzt besser seyn als wir? soll der eher ein Kind GOttes heißen als wir, und er hat doch so und so gelebt! Ja, wenn wir dergleichen einmal gethan hätten, so wüßten wir keinen Rath und hätten keine Hoffnung mehr. Aber wir haben von Jugend auf GOtt gefürchtet, fleißig gebetet und fromm gelebt. Sollte uns denn GOtt nicht gnädig seyn und seinen Himmel schenken.

Steinhofer kritisiert diese Einstellung, er gibt zu bedenken, daß die *besondere Stunde* des göttlichen Anrufes nicht zu jeder beliebigen Zeit zu erwarten sei; konsequenterweise empfiehlt er, den frühesten Zeitpunkt wahrzunehmen mit den Worten aus dem Hebräerbrief. *Heute, so ihr hören werdet seine Stimme, so verstocket eure Herzen nicht!*

Ob die Hörer und Leser seiner Predigt ihn verstanden haben? Von einfachen Landleuten, sogenannten *Freimännern* (Personen, die in Distanz zur Kirche standen), ist überliefert, daß sie Gleichnisse der Heiligen Schrift deshalb mit Unglauben betrachteten, weil sie der Auffassung waren, dem *Heiligen Geist* sei es doch nicht verwehrt gewesen, im Klartext zu reden, als sich nur in schwer zu deutenden Gleichnissen zu artikulieren.

Literatur:

ADB 35, S. 726–727; RE 18, S. 790–791.
CLAUSS, W., Von Bengel bis Burk. Bilder aus dem christlichen Leben Württembergs. Stuttgart: 1887. (= Württembergische Väter I.), 232–257.
KNAPP, ALBERT, Altwürttembergische Charaktere. Stuttgart 1870.
STEINHOFER, FRIEDRICH CHRISTOPH, Evangelischer Glaubens-Grund in Predigten für alle Sonn-, Fest- und Feiertage. Stuttgart: Belser 1846.

Ein Freund der Tiere: Christian Adam Dann (1758–1837)

*Wen eines Quaal erfreut,
Der wird, das kann nicht fehlen,
alt und gefühllos mit der Zeit
Gewiß auch Menschen Quälen.
wer frech ein Mitgeschöpf betrübt,
der Härte, Grausamkeit verübt,
der kann Gott auch nicht lieben.*

Es war eine kleine Promotion, die im Oktober 1773 in Blaubeuren aufzog. 18 Zöglinge wurden von Ephorus Gottfried Käuffelin und den Professoren Gottlieb Gmelin und Gottfried Kübler begrüßt und in den nächsten Jahren betreut – eine intensivere Ausbildung in klösterlicher Abgeschiedenheit läßt sich kaum denken.

Unser Christian Adam Dann (geb. am 24. November 1758 in Tübingen) war übrigens der achtzehnte, ein Nachrücker, denn er wurde erst nachträglich vom Herzog zum Schulbesuch zugelassen. Das könnte so zu erklären sein: Der Beruf eines Theologen war attraktiv und entsprechend viele Bewerber standen an: die herzogliche Regierung suchte ihre Zahl zu drosseln. Kinder von Bauern und Handwerkern sollten überhaupt nicht mehr Pfarrer werden dürfen, auch sollte nur ein Sohn aus einer Familie zugelassen werden, und Danns Bruder Christoph Gottlieb gehörte zur Promotion, die von 1771–1773 in Blaubeuren weilte. Ausnahmen kamen jedoch, wie unser Beispiel zeigt, vor, sie mußte der Herzog ausdrücklich genehmigen.

Zur Promotion gehörten die Sprößlinge des württembergischen Pfarrerstandes, der es dazumal wohl verstand, die raren, aber doch einträglichen Pfarrersstellen den eigenen Nachwuchs zu reservieren: Mit Dann saßen auf einer Schulbank Angehörige bekannter Pfarrsfamilien: Zeller, Köstlin, Eccardt, Fischer und weitere mehr. Auch ein gebürtiger Blaubeurer gehörte zu den Mitschülern Danns – Johannes Lang (1751–1811), später Pfarrer in Schnaitheim.

Er selbst entstammt nicht direkt den führenden Familien des Landes; gewiß, seine Mutter war eine geborene Mögling, damals eine der einflußreichsten Familien des Landes. Daß der Vater Danns in solch eine Familie einheiraten konnte, zeigt letztlich, wie sehr er sich emporgearbeitet haben mußte; als Bürgermeister von Tübingen gehörte er dann doch zu dem Kreis, der gemeinhin die Zöglinge der Blaubeurer Klosterschule stellte. Die meisten von Danns Kompromotionalen schlugen wie er die württembergische Pfarrerslaufbahn ein, aber wie immer waren Persönlichkeiten dabei, die sich in anderen Berufen bewährten: ein Oberamtmann ist darunter, der Primus der Promotion wurde gar Landwirt – er endete als Guts-

*M. C. A. Dann,
Stadtpfarrer bei St. Leonhardt
in Stuttgardt.
Was ich gelebt, o Herr das decke zu
Was ich noch leben werde, regiere du!*

Christian Adam Dann

besitzer in der Nähe Warschaus. Einer der Mitschüler Danns soll Albert Friedrich Henseler gewesen sein, ein Mann der »leichten« Muse – Theaterdirektor in Wien, Verfasser unzähliger Lustspiele und Textbüchern zu Operetten. Gar zu gern müßte man, wie sich Dann und Henseler im Seminar begegnet sind: Kameraden mußten sie sein, waren sie Freunde oder standen sie sich gleichgültig oder gar feindlich gegenüber? Vermutlich liegt aber eine Verwechslung mit dem jüngeren Bruder des Wiener Operettenimpressarios vor. Christian Adam Dann war mit Sicherheit das Gegenteil zu Henseler – auch wenn er ihn nicht gekannt haben sollte. Theater, Maskeraden, Lustbarkeiten aller Art waren ihm im allerinnersten verhaßt, selbst harmlos-fröhliche Tänze an Hochzeiten unterband er als Pfarrer mit rigoroser Strenge: Ein Paar, das solches Tanzen vorhatte, wurde von ihm einfach nicht getraut. Deshalb rechnen die württembergischen Pietisten Christian Adam Dann zu ihren *Vätern*, denn die Pietisten sind ernste Menschen; jeder weltlichen *Lust* stehen sie mißtrauisch gegenüber: Tanzen und Theaterspielen sind verpönt und gelten als zu weltliches, weil oberflächliches Tun.

Dann fühlte sich dem Pietismus verpflichtet, bereits als Repetent am Stift leitete er eine *Stunde* unter den Studierenden, und als *unerschrockener Zeuge* trat er in *Riß*, überspannte so mannhaft die Kluft, die sich nach pietistischer Sicht zwischen irdischem Tun und göttlichem Gebot auftut. So konnte er sich an Händels »Messias« nicht freuen, weil er vermutete (wohl zu recht), daß viele Besucher der Musik und nicht religiöser Gefühle halber die Aufführung in der Stuttgarter Stiftskirche besucht hatten.

Dann war hochgelehrt; jahrelang war er Repetent am Tübinger Stift (dort hatte er unter anderen den jungen Hölderlin zu betreuen) eine akademische laufbahn hätte er einschlagen können. Ihm jedoch lag mehr an der Seelsorge: Das zeigen allein seine Schriften, über sechzig hat er verfaßt, sie dienen der religiös sittlichen Erziehung der Gläubigen, der Frauen und der Jugendlichen. Da ihm Arbeit am Schreibtisch im Sinne des Verwaltens nicht lag, lehnte er es ab, das Amt eines Dekans zu übernehmen.

Eine Leichenpredigt zog ihm den Unwillen des Königs Friedrich von Württemberg zu, der hochgeschätzte Prediger an der Hospitalkirche zu Stuttgart wurde 1812 ins bescheidene Dörfchen Öschingen zur Strafe versetzt, und das hatte folgende Ursache: Der Komiker und Hofschauspieler Weberling war zu begraben, Dann hatte den Künstler während dessen Krankheit und Tod seelsorgerlich betreut. Weberling hatte eine offenbar bunt bewegte Vergangenheit, auf dem Sterbebett bereute er sein sinnliches und ausschweifendes Leben. Er beauftragte Christian Adam Dann, die Grabrede zum Anlaß zu zu nehmen, andere Menschen, die in ähnlicher Weltlust befangen wären, mit seinem schlechten Beispiel zu warnen und zu frommer Umkehr zu bewegen. Die Rede am Grabe des Schauspielers fiel entsprechend aus: Dann geißelte mit kräftigen Worten die Verlockungen der Welt und schonte dabei niemand *(verlorene Gnadenzeit)*, machte auch vor dem Treiben des Hofes nicht halt und zog sich somit die königliche Ungnade zu.

Vielen Menschen, vor allem in den unteren Schichten und in pietistischen Kreisen, galt das Aufbegehren gegen die Obrigkeit als eine mutige und gottwohlgefällige Tat, denn in ihren Auge war König Friedrich von Württemberg nicht ein Monarch im biblischen Sinne. Zwar war das protestantische Land froh, wieder einen evangelischen Fürsten zu haben (die Vorgänger Friedrichs waren Katholiken), aber Friedrich war ein despotischer Geist. Seine Regierung wird heute im ganzen wohl positiv beurteilt, aber er war ein unbeugsamer Vertreter absolutistischer Staatsgewalt, und er ließ – Choleriker der er war – die Untertanen oft in gnadenloser Härte spüren, welche Machtfülle er beanspruchte. Der Landbevölkerung war er seiner Jagdleidenschaft halber besonders verhaßt – in Blaubeuren und Umgebung hat der König öfters gejagt. (Die Gedenksteine im Blaubeurer Wald – der *Königsstand* im Tiefental und der *Königsstein* bei Seißen – erinnern an die Jagdvergnügen seines Nachfolgers.)

Christian Adam Dann wurde im kleinen Öschingen entsprechend begrüßt, der Ruf, ein Prediger zu sein, der den Monarchen die Leviten las, war ihm vorausgegangen. Die Freude währte nicht lang: Dann war an seelsorgerliches Arbeiten in einer eher städtische Gemeinde gewöhnt, jetzt mußte er einer bäuerlichen Bevölkerung das Wort Gottes predigen – er tat dies mit allem Eifer. Nun nahm er keine Hand vor den Mund und prangerte offen und ohne irgend jemand zu schonen, all das an, was er glaubte, anklagen zu müssen. Streng pietistisch gesinnt,

Ein Freund der Tiere: Christian Adam Dann (1758–1837) 153

war ihm vieles zuwider, was andere als eher harmlose Freizeitvergnügungen ansahen: Kartenspielen, fröhliche oder ausgelassene Geselligkeit, Tanzen. So wie er in Stuttgart gegen Theaterspiel, Prunksucht, Völlerei und eitle Hoffart gewettert hatte, so kämpfte er nun gegen das Tanzen, ja gegen das bloße Zusammensitzen von Mädchen und Burschen an Sonntagnachmittagen. Das schuf ihm Feinde, nicht nur unter den Jugendlichen, sondern auch unter den Älteren, die den jungen Leuten nach der schweren Arbeit unter der Woche die kleinen Vergnügungen am Sonntag wohl gönnten.

Immerhin, Dann setzte durch, daß bei Hochzeiten nicht mehr getanzt werden durfte, das mußten das Brautpaar und die Brauteltern vor der Trauung zusichern, andernfalls weigerte er sich, die kirchliche Einsegnung vorzunehmen. In Mössingen – er war 1819 dorthin versetzt worden – erreichte er, daß im ganzen Dorf nicht mehr öffentlich getanzt werden durfte; wer privat ein Tänzchen wagen wollte, war gut beraten, sein Haus sorgsam abzuschirmen, denn wenn Dann so etwas erfuhr, dann griff er mit der Härte eines Bußpredigers ein.

Man nahm ihm seine Strenge übel. Noch in Öschingen mußte er erleben, daß gegen ihn demonstriert wurde. Von der Kanzel herab hatte er den jungen Burschen des Dorfes vorausgesagt, daß sie am jüngsten Tag zur Linken des Herrn unter die Böcke gestellt werden. Am Abend mußte er dann anhören, daß im Schutze der Dunkelheit die Dorfjugend sein Pfarrhaus umringte und mit lautem Meckern ihm ihren Unwillen kundtat. Seine Amtszeit in Mössingen verlief offenbar erfreulicher; noch nach Jahrzehnten glaubte ein Amtsnachfolger den positiven Einfluß des strengen Pfarrers spüren zu können. Der gleiche Gewährsmann überliefert einige Anekdoten über Christian Adam Dann, die noch jahrelang erzählt wurden.

Eine Frau habe ihn rufen lassen, nachdem Dann schon ein paar Jahre in Mössingen gewirkt habe und ihn gebeten: »Herr Pfarrer, zeigen Sie mir den Weg zum Himmel!« – »So, den weiß sie noch nicht«, antwortete Dann, nahm Hut und Stock und ging.

Ein andermal habe er an dem Krankenbett eines Mannes geseufzt und gesagt: *Ach wie finster sieht es da noch aus! – Weib, mach den Laden auf, der Herr Pfarrer sieht nichts.*

Gewiß war Dann froh, als er einige Jahre nach dem Tode Friedrichs nach Stuttgart zurückkehren durfte: er wurde 1825 Stadtpfarrer an St. Leonhard. (Zuvor war er noch für kurze Zeit Pfarrer in Plochingen.) Seine konsequente Strenge blieb sein Kennzeichen: unbeugsam predigte er gegen das, was ihm Laster war. So weigerte er sich zum Beispiel, die Balettelevinen zu konfirmieren – Tanzen war ihm nun einmal verhaßt. Streng war er auch gegen sich selbst: einfachste Kleidung und einfachstes Essen, er beschränkte sich auf Brot, Wasser und Milch. Auch Schmerzen ertrug er klaglos – zeitlebens litt er an Nervenschmerz am kleinen Finger. Bereits damals wäre dem Übel operativ abzuhelfen gewesen. Dann aber lehnte einen Eingriff ab, eigenmächtige Hilfe erschien ihm als Frevel gegen Gottes allmächtige Schickung. *Da pflegte er dann ohne Klage seine stählerne Uhrkette fest um den leidenden Finger zu wickeln, oder ihn in ein Glas kalten Wassers zu halten, und bewies die männlichste Fassung und eine seltene Selbstverleugnung.*

Karl Gerok spricht von der *ernsten Bußpredigerstimme des ehrwürdigen Stadtpfarrers Christian Adam Dann mit seiner hohen hageren Täufergestalt und dem Feuerblick seines tiefliegenden, von schwarzen Brauen überschatteten Auge* – eine beeindruckende Erscheinung war Dann offenbar. Konservativ, wie er war, bekämpfte er das neue rationalistische Gesangbuch von 1791, protestierte gegen die neue Liturgie von 1809, wenngleich er sie letztendlich akzeptierte, jedoch in seinen Gottesdiensten nicht praktizierte. Weiter verübelte man ihm in pietistischen Kreisen, daß er die neue Kleiderordnung für Pfarrer, wenn auch widerstrebend, annahm, obgleich er für sich die alte Pfarrerstracht aus dem 18. Jahrhundert beibehielt: Sein Bild zeigt ihn mit Dreispitz, Stock und Überrock, Kniehose und Schnallenschuhe unterstreichen sein gravitätisches Auftreten. Auch sprach er sich gegen die Gründung Korntals aus, dennoch zählen ihn die Pietisten ihn zu ihren Vätern. Vermutlich liegt dies daran, daß die bedeutenden pietistischen Pfarrer des 19. Jahrhunderts von ihm und seiner konsequent asketischen Lebensweise außerordentlich beeindruckt waren: Albert Knapp (1798–1864) hat ihm eine biographische Skizze gewidmet, und Wilhelm Hofacker (1805–1848) hat ihm die Leichenpredigt gehalten.

Die Grundzüge seines Charakters wurden in Blaubeuren geformt. Er selbst schreibt: *In meinen 14. Jahre ... wurde ich in die Klosterschule Blaubeuren aufgenommen. Gott ließ mich hier an dem Präzeptor Kübler* [Gottfried Kübler 1721–1802, zuletzt Propst von Herbrechtingen] *einen Mann finden, in dem sich alles vereinigte, um auf Geist und Herz seiner Zöglinge wohlthätig und zweckmäßig zu wirken.*

Wenn man Kübler sah, so sah man Gottesfurcht und Gottseligkeit aufs schönste vereinigt. Unvergeßlich bleibt mir der Eindruck, mit welcher Heiligkeit er das heiligste behandelte. Und daneben war er voller Leutseligkeit gegen alle, die in seiner Nähe sich befanden um von ihm zu lernen ... Das in Blaubeuren angefangene gute Werk wurde in den folgenden Jahren meines Lebens fortgesetzt und zum Preise des Herrn darf und kann ich es bekennen, daß, so viel auch jugendliche Unachtsamkeit, Zerstreuung und Anwandlung von Weltliebe, mein Herz doch bald wieder auf das eigentlich Notwendige hingelenkt wurde.

Man mag über Christian Adam Dann als eifernden Frömmler lächeln, man kann seine Strenge sich selbst und anderen gegenüber unangemessen finden, sein Ernst und sein Verantwortungsgefühl sollten nicht angezweifelt werden. Auf dem Totenbett – er starb am 19. März 1837 – formulierte er seine Bedenken so: *Es wäre vielleicht ratsamer für mich gewesen, ein einfacher Handwerksmann zu werden als ein Prediger des Evangeliums, dann hätte ich keine so schwere Verantwortung auf meiner Seele und könnte ruhiger von hinnen scheiden als jetzt, da so viele Tausende unsterblicher Seelen auf meinem Gewissen liegen.* In seinem Testament hinterließ er sogar der Staatskasse zwölf Gulden, *für den Fall, daß er in seinem Amt etwas vergessen hätte.*

Ganz besonders zu würdigen ist der Einsatz Danns für die Tiere. Wir haben heutzutage kaum eine Vorstellung, wie einst Tiere von Menschen, von Jugendlichen wie Erwachsenen brutal gequält wurden.

Christian Adam Dann erzählt Beispiele:

Was für ein Lärmen ist in jenem Garten? Sind Räuber ins Haus gedrungen? O nein! nur einige Gänse haben sich verirrt. Darüber ist nun Alles auf den Beinen, mit Steinen, Prügeln, Peitschen bewaffnet, um die hungrigen Gänse wegzujagen. Noch zur Noth, aber übel genug, mit halb oder ganz abgeschlagenen Füßen kommen sie hinweg.

Dort läuft ein Hund, eine Katze vorüber! Augenblicklich hebt ein Junge das Nächste beste, was ihm in die Hände kommt auf, und thut einen so heftigen Wurf, daß das Schmerzenzgeschrei des getroffenen Thiers einem nicht nur in den Ohren gellt, sondern noch empfindlicher im Herzen wiederhallt.

Gute unschuldige Täubchen, die ich dort erblicke. Ihr sucht euch auf den Brachfeldern eure sparsame Nahrung. Ach! daß ihr euch nur nicht auf jenen Gerstenacker verirret! Schüchtern blickt ihr in die Höhe, ob nicht ein Habicht euch zu erwürgen drohe. Aber ein viel gefährlicher Feind, ein Mensch, lauert in der Nähe. Eh' ihrs euch versehet, strekt er euch durch einen mörderischen Schuß zu Boden. So theuer müßt ihr diewenigen Körner bezahlen, die ihr ihm von seinem großen Vorrat entziehet.

Was zappelt unter jenem Baume? – Ich trete hinzu und sieh! – es sind ein paar Vögel, denen die Füße abgeschossen und die nun ihren langsam sie tödtenden Schmerzen gefühllos überlassen sind.

Horch! welch ein wildes Gebell läßt sich in der Ferne hören! Es nähert sich, es wird immer lauter, und in die rauhen Töne des bellenden Hundes mischen die weicheren Jammertöne mehrerer Kälber, und darunter wohl auch solcher, die ihrer um sie wehklagenden Mutter erst vor wenigen Tagen entrissen worden sind. Abgemattet, lechzend vor Durst, werden sie von dem wilden Hunde, dem sich leicht bei dem Eintritt in eine Ortschaft noch andere zugesellen, immer schärfer angetrieben, wobei es ohne schmerzliche, wohl gar von Blut triefende Bisse nicht abgeht. Die armen Kälber, in Angst, Schrecken und Hitze hineingejagt, suchen ihren Verfolgern zu enspringen, in einer Art von Verzweiflung rennen sie an den Häusern hin und her, aber freilich, ohne in denselben eine Zuflucht zu finden. Eine wahre Thierhetze entsteht und mit derselben ein wildes Getümmel von Menschen und Thieren, aber auf keiner Seite Abhülfe.

Dann wendet sich gegen unnötige Tierversuche, er lehnt sie nicht vollständig ab, aber er stellt die Frage, und die könnte er heute noch stellen:

Ist es erlaubt – möchte ich bescheiden fragen – immer wieder dieselben schmerzhaften Versuche an lebendigen

Thieren zu machen, wenn dadurch keine neue Entdeckung gewonnen wird, sondern nur die längst schon gemachte Erfahrung wieder zum Vorschein kommt? Wird man nicht gewissenhafte Überlegung jedem matervollen Versuche vorangehen lassen müssen, um den Thieren nicht mehr Leiden aufzulegen, als durch die Erreichung des Zweckes nöthig ist?

Rührend liest sich, wie Christian Adam Dann den Tieren Vernunft und Sprache leiht und sie selbst ihre Bitten an die Menschen vorbringen läßt:

Vernünftige Beherrscher! gern stehen wir unter euch. Denn von euch haben wir nichts zu befürchten. Ihr erkennet, daß wir nicht nur eurer Herrschaft, sondern auch eurem Schutz, eurer Pflege, eurer Versorgung anvertraut sind .... An euch also, unsere billigen und gefühlvollen Herrn wenden wir uns; – euch flehen wir an, um euren Schutz gegen unsere ungerechten Unterdrücker. Wehrt doch besonders der ungezogenen Jugend, die uns nur zum Kurzweil und lachend neckt, rupft und plagt, ... Wir sind nicht ihre Geschöpfe, sondern nur ihre Mitgeschöpfe .... Aber das ist nicht den Absichten unsers und euers Schöpfers gemäß, ihm gewiß nicht wohlgefällig, daß ihr uns, um euren Gaumen eine leckerhafte Kost zu geben, oder aus anderen schlechten Gründen verstümmelt, und uns durch einen langsamen Martertod schröcklich hinrichtet. Macht uns unser meist kurzes, mühevolles Leben erträglich und unsern Tod so kurz und leicht wie möglich.

Das Mitleid mit der geplagten Kreatur ist spürbar und steht im Kontrast zur asketischen Strenge des Pfarrers – und doch ist dies nur scheinbar so. Gerade die asketische Haltung Danns, er lebte vegetarisch, zeigt, welch tiefes Empfinden für die Leiden der Tiere ihm zu eigen war. Mit großem Nachdruck zitiert Christian Adam Dann Stellen der Bibel, die zur guten Behandlung der Tiere raten: *Auch dein Ochs, dein Esel, dein Pferd soll am Sabbath Ruhe haben.* Und: *Der Gerechte erbarmt sich seines Viehs* (Spr. Sal. 17,10). So ist es schließlich kein Wunder, daß unter den pietistisch orientierten Landleuten die pflegliche Behandlung der Tiere ihren Anfang nahm. *Wenn der Bauer erweckt wird, merkt dies zuerst sein Vieh,* so lautet eine alte Spruchweisheit.

An die Vernunft der Bauern wird ebenfalls appelliert, wer seine Tiere zu sehr belaste, schädige sich selbst, denn durch die rohe Behandlung, werde die Leistungsfähigkeit zum Beispiel der Zugtiere beeinträchtigt. Auch könnten gequälte Tiere kein gesundes Fleisch liefern. Recht merkwürdig berührt, daß Dann eine Zukunft sich vorstellen kann, in der für Mensch und Tier alle Leiden verschwunden sein werden. Gewiß denkt der fromme Pietist an eine Welt nach dem jüngsten Tag und malt sich eine Vision aus, wie dann das Leben aller Kreaturen beschaffen sein könnte. Der Himmel wird zu einer neuen Erde:

Welch eine trostvolle Hoffnung! Welch eine Aussicht in einen neuen Himmel und in eine neue Erde!. ... In diesen unermeßlichen Gefilden wird auch nicht ein Schmerzenston, nicht ein Seufzer, nicht eine Klage vernommen werden. Naturkatastrophen, Krieg, Hunger all dies wird sein Ende finden. Und Dann kann sich nicht vorstellen, daß in diesem neuen irdischen Paradies die Tiere ausgeschlossen sein sollten, warum *sollte der Gesang einer Lerche, einer Nachtigall ihren Schöpfer auf der neuen Erde nicht so gut verherrlichen wie hier? ... Warum sollte es Unsinn seyn, sich auf den Gefilden der neuen Erde einen majetätischen Löwen, einen prächtigen Hirsch, einen glänzenden Pfau, und so manches andere Thier zu denken, ...?*

Diese Formulierungen erinnern an die Visionen eines Marquis de Condorcet, Condorcet, der in Tagen des Aufbruch zu Beginn der Französischen Revolution ähnliche Hoffnungen hegte, wie durch die Kraft der Vernunft Kreatur und Mensch zu versöhnen seien. Schaf und Wolf sollten friedlich miteinander leben.

Natürlich wurde die Französische Revolution von Christian Dann aufs entschiedenste abgelehnt, aber er teilt mit vielen Revolutionären den Glauben und die Hoffnung, es gäbe ein besseres Leben jenseits der jeweilig heutigen Gesellschaft. Nun dürfen wir freilich auf Fortschritte hoffen; und die Jahrzehnte seit Danns Ableben haben Angenehmes zuhauf geliefert und geleistet, aber die Visionen, die sich Condorcet und Dann herbeigesehnt haben, liegen in wohl unerreichbarer Ferne.

Danns Schriften zeigten Wirkung; unmittelbar waren sie der Anstoß zur Gründung des Vereines zur Bekämpfung der Tierquälerei, und der ist in Württemberg Vorläufer für alle Tier- und Naturschutzvereinigungen. Und noch 1871 – lange nach dem Tod des Pfarrers veröffentlichte der *Württembergische Thierschutzverein* Broschüren aus der Feder Danns. Falsch wäre, die weit verbreitete Tierquälerei unseren Vorfahren ungebührlich zur Last zu legen, ihnen besondere Grausamkeit zu unterstellen. Man muß zum einen den Tatendrang der Jugend sehen, die außer Arbeit wenig geboten bekam, man muß wissen, daß Knecht, Magd und viele andere auch schwerste Lasten aufgebürdet waren, dann versteht man am ehesten, daß erlittene Frustrationen den wehrlosen Tieren weitergegeben wurden.

Es ist nicht das geringste Verdienst der württembergischen Pfarrerschaft, sich schon sehr früh für die gequälte Kreatur eingesetzt zu haben. Christian Adam Dann hat hier Pionierarbeit geleistet. Wie sehr er mit den geplagten Tieren empfand, ist schon aus dem Titel einer seiner Schriften ersichtlich: *Bitte der armen Tiere, der unvernünftigen Geschöpfe, an ihre vernünftigen Mitgeschöpfe und Herrn, die Menschen* – erschienen 1822.

Danns Schüler, Freund und Kollege – Albert Knapp (1798–1864) – gründete nach Danns Tod einen württembergischen Tierschutzverein; er soll der erste überhaupt gewesen sein. Der Verein hatte keinen Bestand – aber er bewirkte etwas: Es ist mit sein Verdienst, daß in das Strafgesetzbuch Württembergs 1839 bereits grobe Mißhandlung der Tiere unter Strafe gestellt wurde:

Wer durch rohe Mißhandlung von Thieren Aergerniß gibt, ist mit Verweis, Geldbuße bis zu fünfzehn Gulden oder Arrest bis zu acht Tagen zu bestrafen.

Ein entschiedener Gegner des Pietismus – Friedrich Theodor Vischer – war in diesem Punkt, Tierschutz betreffend, sicherlich gleicher Meinung mit Dann; er kannte dessen Schriften. Vischer war Ehrenmitglied in einem Dresdener Tierschutzverein. Seit dem vergangenen Jahrhundert ist das Schützen der Tiere recht vorangeschritten.

So unterschiedlich Vischer und Dann philosophisch und theologisch dachten, eine Gemeinsamkeit könnten sie beide in Klosterschule/Seminar erlernt haben: Nämlich ausgehend von der Idee des Humanen alles Mitgeschaffene als achtens- und schützenswert zu betrachten.

Literatur:

RE 4, S. 457–460.
ALTPIETISTISCHE GEMEINDE (Hg.), 250 Jahre altpietistische Gemeinschaft in Öschingen. Mössingen: Fritz 1996.
[DANN, CHRISTIAN ADAM], Bitte der armen Thiere, der unvernünftigen Geschöpfe, an ihre vernünftigen Mitgeschöpfe und Herrn, die Menschen. Tübingen: Fues 1822.
DANN, C[HRISTIAN] A[DAM], Nothgedrungener, durch viele Beispiele beleuchteter Aufruf an alle Menschen von Nachdenken und Gefühl zu gemeinschaftlicher Beherzigung und Linderung der unsäglichen Leiden der in unserer Umgebung lebenden Thiere. Stuttgart: Greiner 1871.
JUNG, MARTIN H., Die Anfänge der deutschen Tierschutzbewegung. Mössingen – Tübingen – Stuttgart – Dresden – München. In: ZWLG 56, 1997, S. 205–239.
KOCH, EDUARD EMIL, Geschichte des Kirchenlieds und Kirchengesangs mit besonderer Rücksicht auf Würtemberg. Erster Theil. Die Dichter und Sänger. Stuttgart: Belser 1847.
MOSER, ROBERT, Auch ein schwäbisches Pfarrerleben. Zugleich ein Beitrag zur Pädagogik und Pastoraltheologie. 2. Aufl. Brackenheim: Knapp 1908.
RÖSSLE, JULIUS, Christian Adam Dann, der unerschrockene Zeuge. In: RÖSSLE, JULIUS, Von Bengel bis Blumhardt. Gestalten und Bilder aus der Geschichte des schwäbischen Pietismus. Metzingen: Franz 1960, S. 235–241.
SCHARFE, MARTIN, Wider die Thierquälerei! Der Tierschutzgedanke im 19. Jahrhundert. In: Schwäbische Heimat 1/1984, S. 32–40.

Johann Gerhard Ramsler (1635–1703) – ein württembergischer Pfarrer

Manchem Leser dieses Büchleins mag aufgefallen sein, daß viele des vorgestellten Persönlichkeiten eigentlich keine Pfarrer waren, sondern Professoren, Gelehrte, Schriftsteller, Journalisten, Offiziere etc. – von den Seelsorgern in Stadt und Land und ihrer Arbeit wurde bis dato wenig berichtet.

Das landeskirchliche Archiv verwahrt die Personalakten vieler Pfarrer, hat Akten über Akten gesammelt, aber aus diesen bürokratisch-dürftigen Zahlen lassen sich nur mit einiger Phantasie Lebensbilder ableiten. Also sollten die Dokumente ergänzt werden durch Lebenszeugnisse aller Art – Briefe, Berichte und Schriften von Gefährten des Lebens, auch Beobachtungen und Aufzeichnungen gänzlich Unbeteiligter sind nützlich, wertvoll ist, wenn der Pfarrer selbst über seinen Lebensweg berichtet. Aber das ist ganz selten der Fall – und aus der Frühzeit der Blaubeurer Kosterschule ist nur eine Persönlichkeit bekannt, welche sich so wichtig nahm, daß sie eine Selbstbiographie verfaßte: *Cursus Vitae et Miseriae* – zu deutsch *Lebens- und Leidensweg des Johann Gerhard Ramsler*; so ist das seltene und merkwürdige Bändchen überschrieben, das erst kürzlich in gedruckter Form vorgelegt wurde.

Die Lebensdaten des Johann Gerhard Ramsler in aller Kürze:

- 12. III. 1635 Geburt in Wertheim
- 1640 Tod des Vaters
- 1652 Eintritt in die Klosterschule zu Blaubeuren
- 1655 Eintritt ins Tübinger Stift
- 17. I. 1660 Pfarrer in Tennenbronn
- 22. V. 1660 Heirat mit Johanna Felicitas – Tochter des Samuel Gerlach, Spezial in Wildbad (mit ihr hat er neun Kinder)
- 1672 Spezial in Freudenstadt
- 1. V. 1681 Tod der Frau
- 1. XI. 1681 Heirat Anna Catharina Barbara Speidel (*1664) (mit ihr hat er sechs Kinder) (mit der zweiten Heirat bricht die Autobiographie ab)
- 1697 Spezial in Schorndorf
- 21. XI. 1703 Tod in Schorndorf

Wann ich meinen LebensLauf bedencke, wie mich die Hand des allmächtigen himmlischen Vatters von Mutter-Leibe an so gnädig erhalten, so mächtig beschützet, deßen Vorsorge so wunderlich und weißlich geführet, aus vielen Leibs- und SeelenGefährlichkeiten errettet und noch täglich so viel Gutes erzeiget, daß ich es nicht alles faßen noch begreifen kann, müßte ich die ohndanckbarste Creatur seyn, wenn ich nicht mein Hertz erheben und alle meine Gemütskräfften zum Lobe Gottes anwenden solte, dann wer Gottes Gütte und wunderbahre Regierung will erkennen, der mach den Anfang bei Ihme selbst, er wird Zeit Lebens genug zu lernen haben und überflüßige Materi finden, die Werck des Allmächtigen zu preißen und Ihme Lob und Danck zu sagen.

Eine tiefe Frömmigkeit spricht aus vorstehenden Zeilen, der Verfasser zögert auch nicht, für die schützende Hanf Gottes über ihm Beispiele aufzuzählen:

Als kleiner Bub stürzte er vom zweiten Stock aufs Pflaster und stand unverletzt auf. In den Wirren des 30jährigen Krieges versteckt er sich mit der Mutter nächtelang im Freien, *ohne Speiß und Trunck* und ohne von den feindlichen Croaten entdeckt zu werden. Er stürzt eine steile Stiege in einem Weinberg hinab, schlägt die Schläfe an ein Eck, wird für tot gehalten, *Aber Gott half mir wieder des Chirurgi selbsten und aller Menschen Vermuthen* – nach acht Wochen war er wieder gesund. Ebenfalls Gottes Hilfe schreibt er zu, daß er in den Genuß eines Stipendiums kam, das ihm das Studium der Theologie ermöglichte. Auch sonst berichtet er allerhand Geschichten, von Unwettern und Katastrophen, vom Glück im Unglück, so wenn er erzählt, wie ein Kirchengewölbe samt neun Werkleuten in sich zusammensackte, aber keiner ernsthaft verletzt wurde.

Von besonderem Interesse sind seine Berichte, welche die berufliche Praxis eines Pfarrers im 17. Jahrhundert beleuchten. So mußte ein Pfarrer offenbar außergewöhnlich oft Patenschaft annehmen; in Hornberg hatte Ramsler 23 Patenkinder, in Freudenstadt deren 55 – meist Kinder von Kollegen und der bürgerlichen Honoratioren, höhere Beamte, Offiziere, Bergwerksinspektoren. Handwerker oder gar Angehörige der Unterschicht kommen nicht vor – einmal in Freudenstadt ist ein Kind eines Schuhmachers dabei.

Ärger im Amt – das ist ein durchgehendes Motiv, das die Autobiographie bestimmt. Da ist zunächst die Unzufriedenheit mit der mangelnden Andacht der Leute, die den Gottesdienst besuchen oder ihn besuchen sollten: In Freudenstadt mit den Bergleuten, *die Sonn-, Fest- und Feuertäge durch abscheuliche Profanationen mit Freßen, Saufen, Balgen, Schlagen, Fluchen und Schwöhren vor und unter dem Gottesdienst* zubrachten. Oder, während der Predigt werfen jungen Männer, wohl von der Empore, mit Nüssen nach den jungen Mädchen. Am heiligen Pfingsttag schlachten die Metzger. Junge Leute tanzen am Sonntag, und in Schorndorf gar wird zwischen den Gottesdiensten gekegelt.

Aber all diese Verdrießlichkeiten werden überboten durch den tief empfundenen Groll gegen seine Amtsbrüder; da kann Ramsler ganz heftig werden: Pfarrer sind *Erzlügner*, *Lästerer*, der *Hurerey*, dem *Trunnck und der Lugen ergeben*.

Ein bequemer Kollege oder Vorgesetzter war Gerhard Ramsler bestimmt nicht: *Summa, es war gleichsam beständig Ohngewitter mit Hagel, Blitz und Krachen, worunter ich mein Leben und Amt mußte zubringen.* Aber er sah es nun einmal als seine Aufgabe an, mit der ganzen Schwere seines Amtes sich für das, was er für Disziplin hielt, bei seinen geistlichen Kollegen durchzusetzen, wohlwissend *daß manchsmahlen ein Special oder Inspector ein Marckstein seyn müsse, daran sich eine jede Sau reiben suche*.

Andrerseits tröstete er sich mit der Vorstellung, daß er nicht auf verlorenem Posten kämpfe, sondern höherer Beistand ihm gewiß sei, überzeugt davon, *daß auch Gottes Rache bey denen nicht außbleibe, die sich freventlich wieder ihre Vorgesetzte auflehnen*.

So meldet er dann mit einiger Genugtuung, daß einer seiner Widersacher seinen *verdienten Lohn bekommen und dißer grobe LuegenSchmidt aus meiner Dioeces in das schlechte Dörflen Wittendorf, Sulzer Ambts, transferirt worden. Jetzo muß er seines fernern Übelhaltens zu Berlach* [= Bernloch] *auf der rauen Alp an des Landes Gränzen biß zum endlichen Absprung sitzen*.

Für einen Geistlichen scheint die hier geäußerte Schadenfreude nicht ganz gehörig; aber Ramsler hatte ein cholerisches Temperament, das ihm noch in räumlicher und zeitlicher Distanz die Galle hochtreiben konnte.

Ein merkwürdiger Vorgang in der eigenen Familie sei noch vermerkt – in Ramslers eigenen Worten:

Im Jahr 1679 kam Mr. Georg Ludwig Vischer [1641– 1718, zuletzt Pfarrer in Liebenzell], *mein Succesor zu Hornberg, welcher schon in WittwerStand gerathen, und hielte um mein Töchterlen Christina Barbara an zu seiner künfftigen Haußfrauen, weilen aber das Mägdlein noch jung und kaum das 14te Jahr außgetretten hatte, truegen wir Bedencken, ihme solches zu versprechen; weilen er aber nicht wolte ablaßen und sich dahin erklärte, sie als wie ein Vatter sein Kind zu tractieren, biß sie zum Ehestand für einen Mann capabel seyn würde … im Nahmen Gottes*« [wurde am] 15. *Juli 1679 in Freudenstatt Hochzeit* [gehalten], »*in gutter Hofnung, es werde nunmehro dießes Kind wohl versorget seyn.* Gut spürt man die Bedenken des Vaters gegen die Heirat des ältlichen Witwers mit der blutjungen Tochter, wenn er das Mädchen als *abgepflücktes Blümlein* bezeichnet.

Leider brechen die Erinnerungen des Johann Georg Ramsler kurz danach – 1781 – ab; ein Abschluß ist nicht erkennbar, mitten im Erzählfluß schließt die Autobiographie, über 20 Jahre hat ihr Verfasser weiter gelebt. Weshalb er nicht weiter schrieb, darüber kann nur spekuliert werden. Die zweite Ehe und Dekanatsstelle in Schorndorf können kaum Ursachen gewesen sein, ein weiteres Schreiben zu unterlassen.

Wie häufig in der Geschichte läßt sich ein Verhalten einer Persönlichkeit im nachhinein nicht rational begründen oder gar erklären – im Falle des Johann Gerhard Ramsler muß sich die Geschichtsschreibung freuen, daß ein solch ein Lebenszeugnis überhaupt erhalten blieb.

Literatur:

WANDEL, JENS UWE (Hg.), Lebens- und Leidensweg des M. Johann Gerhard Ramsler, Specials zu Freudenstadt. Die Lebenserinnerungen eines württembergischen Landpfarrers (1635–1703). Stuttgart: Kohlhammer 1993 (= Lebendige Vergangenheit. Zeugnisse und Erinnerungen. Schriftenreihe des Württ. Geschichts- und Altertumsverein Bd. 15).

Eberhard (von) Falch (1851–1919) – ein stiller Helfer

Eberhard Falch war zeitlebens ein bescheidener, ja stiller Mann. Im Seminar, das er von 1865 bis 1869 besuchte, fiel er nicht sonderlich auf. Er war auch bescheidener Herkunft, sein Vater war Seifensieder in Esslingen; als dessen erster Sohn wurde Eberhard Falch am 24. September 1851 geboren und wuchs zusammen mit zwei Schwestern und zwei Brüdern auf. Für seine Berufswahl spielte bestimmt die Herkunft der Mutter eine Rolle, als geborene Niethammer stammt sie aus alter württembergischer Pfarrersfamilie, ihr jüngerer Bruder war zuletzt Dekan in Böblingen. Als Taufpate hat er bestimmt die Neigung der Schwestersöhne zum Pfarrberuf befördert, auch Eberhard Falchs Brüder wurden Geistliche (Gustav Falch 1854–1876, Vikar in Oberwälden; Karl Falch 1864–1922, zuletzt Pfarrer in Metzingen). Eberhard Falch bestand das Landexamen, und kam so nach Blaubeuren. Als Hospes nur, also als *Gast*, das bedeutete, daß seine Familie für ihn Kost und Logis zu bezahlen hatte – zu einem der begehrten Freiplätze hatten seine Leistungen nicht gereicht.

Ob der junge Falch sich vielleicht deshalb so zurückhielt, weil er nur *Hospes* war oder weil viele seiner Kompromotionalen, seiner Mitschüler angesehenen Pfarrfamilien entstammten? Die Dopffel, Nestle, Planck, Fischer und Mezger wurden später – wie man damals sagte – *rechte Kirchenlichter*, bedeutende Kanzelprediger, gefeierte Hochschullehrer und richtungsweisende Theologen.

Falchs Weg war das nicht, obgleich er an äußeren Ehren viele seiner glänzenden Schul- und Studienkameraden überholte: Orden aller Klassen und Länder, Dr. med. ehrenhalber, Rang eines Regierungsdirektors, schließlich 1905 das Adelsprädikat. Wie mag es da seiner hochbetagten Mutter ums Herz gewesen sein, als sie dies erleben durfte?

Noch zehn Jahre lang führte sie dem neu geadelten Herrn von Falch den Haushalt, genauso kleinbürgerlich bescheiden wie eh und je, obwohl ihr Sohn eigentlich den standesgemäß aufwendigen Lebensstil eines Adeligen hätte führen müssen. Noch im Tode blieb Falch bescheiden, in seinem Testament verfügte er: *Still und einfach war mein Wirken und mein Gang durchs Leben, also soll's mein letzter Gang auch sein.* Er verbat sich jeden Aufwand an Blumen, ja er wünschte, daß anstelle der Bestattungsliturgie nur ein einfaches Gebet gesprochen werde.

Er war einer der Stillen im Lande, aber kein religiöser Schwärmer, sondern ein Mann nüchterner Tatkraft und unermüdlichen Fleißes. Sein Feld war die Innere Mis-

Eberhard von Falch

sion, so würde man heute sein Arbeitsgebiet nennen. Damals bestand in Württemberg eine *Zentralleitung für Wohltätigkeit,* deren Direktor Eberhard von Falch schließlich wurde; zuvor hatte er sich ein Pfarrerleben lang für Benachteiligte und Behinderte, für Geschundene und Gefangene, für Kranke und Arme eingesetzt. Diese Engagement hatte Falch bereits im Elternhaus gelernt. Schon sein Vater hatte sich als einfacher Handwerksmeister selbstlos vieler Notleidender angenommen.

Als junger Vikar kam Falch nach Zwiefalten, war Seelsorger an der *Staatlichen Irrenanstalt,* wie damals ein psychiatrisches Krankenhaus unbekümmert genannt wurde. Dem Idiotenwesen galt fortan seine Sorge. In geistig Kranken und seelisch Geschädigten sah er genauso ein Abbild der Gottheit wie in den vordergründig so Gesunden. Ihm ist zu verdanken, daß man erkannte, lernbehinderten Kindern eine besondere Betreuung zu geben. Solche Kinder überließ man zuvor sich selbst oder dem Mitleid guter Menschen, schwere Fälle schob man in die Anstalten ab. Falch schuf für solche Kinder spezielle Bildungsstätten – die heutigen Sonderschulen und Schulen für Behinderte.

Falch hat sich der Strafgefangenen angenommen; als Gefängnisseelsorger in Rottenburg lernte er die Schwierigkeiten kennen, die Häftlinge begegnen, sobald sie ihre Strafe abgebüßt haben. Dabei kam es ihm nicht nur auf die allgemeine Betreuung und auf die Vermittlung von Arbeitsplätzen an, er erkannte und setzte durch, daß die Familien, die Frauen und Kinder der Gefangenen besonderer Hilfe bedürfen.

Von der Fürsorge für Inhaftierte war es dann nicht weit zur Hilfe für Leute ohne Obdach; das waren nicht Landstreicher schlechthin, sondern dazu zählten Gesellen auf der Walz und Wanderarbeiter, die von Ort zu Ort ziehen mußten auf ihrer Suche nach Arbeit und Brot. Für sie errichtete Falch sogenannte Wanderarbeitsstätten – auch in Blaubeuren fand sich so eine *kalte Herberge,* wie sie der Volksmund nannte.

Für Alkoholiker schuf er Heime, für Tuberkulosekranke Sanatorien, das Karl-Olga-Krankenhaus in Stuttgart entstand auf seine Initiative, benannt wurde es nach dem württembergischen Königspaar König Karl (1823–1891) und Königin Olga (1822–1892). Krankenpflegestationen im ganzen Land hat er gefördert. Interessant in diesem Zusammenhang ist, daß er 1893 sogenannte *Charlottenpflegekisten* einführte, in solchen Orten, in denen es weder Arzt noch Apotheker gab und welche die notwendigsten Arznei und Verbandsmittel enthielten. Die Namenspatin für diese Institution war Königin Charlotte von Württemberg (1864–1946).

Der Wohltätigkeitsverein half auch bei Naturkatastrophen, so z. B. nach dem großen Hagelschlag in der Nacht vom 30. Juni auf den 1. Juli 1897, der vom Elsaß kommend über Nordbaden hinweg von der Landesgrenze nördlich Heilbronns über Neckarsulm und Öhringen bis Gerabronn seine vernichtende Spur zog. Die Ernte des Jahres war so gut wie vernichtet, schlimmer jedoch war, daß Obstbäume und Weinstöcke zerschlagen waren, die betroffenen Landwirte mußten folglich auf Jahre hinaus mit Ertagseinbußen rechnen.

Mit unheimlicher Gewalt tobte der Sturm, das Rollen des Donners übertönend, Blitz zuckte auf Blitz, den Himmel in ein Flammenmeer verwandelnd, mit rasender Wucht stürzte der Hagel hernieder, alles vernichtend, was er erreichen konnte, in Strömen ergoß sich der Regen nicht nur über die Fluren, sondern durch die zertrümmerten Dächer auch in die Häuser, daß auch sie keinen Schutz mehr boten.

Groß war der Schaden, hagelversichert waren nur wenige, weil der Raum eigentlich als hagelsicher galt. Der Staat tat das Seine, aber private Hilfe war vonnöten. Eberhard Falch hat eine grandiose Spendenaktion organisiert, welche die die vom Staate gewährten Gelder deutlich überbot (Staat 1,5 Mill. Mark, private Wohltätigkeit 2,2 Mill. Mark). Falch berichtet selbst:

Was nun das Ergebnis der Sammlungen betrifft, so ist dasselbe als ein über Erwarten günstiges zu bezeichnen. Kaum je einmal hat Württemberg so allgemeine Teilnahme und so reiche Unterstützung aus allen Kreisen der Bevölkerung und in allen Teilen der Welt erfahren, wie anläßlich der Katastrophe ...

Falch ist bewegt von der Anteinahme, und seine Gerührtheit ist in folgenden Sätzen zu spüren:

Und wenn ein norddeutscher Wehrmann der 3. Armee im Feldzug 1870/71 der württembergischen Kriegskameraden von damals gedenkt, wenn die württembergischen

Ansiedler in Posen, obwohl sie selbst noch einen harten Stand haben, wenn die Offiziere und die Besatzung Sr. Maj. Panzerschiff »Württemberg« auf hoher See ihrer Teilnahme für die Bewohner des Landes, dessen Namen ihr Schiff trägt, durch eine Liebesgabe Ausdruck verleihen, wenn die Offiziere, Beamten und Arbeiter der Kais. Werft in Danzig dasselbe tun in Erinnerung an den Besuch Ihrer Majestät der Königin Charlotte anläßlich einer Schiffstaufe daselbst, so vermehren diese edlen Beweggründe den Wert der Gaben.

Genau hat Falch aufgelistet, wer alles gespendet hat, die Fürsten sind gar namentlich aufgeführt, und man kann nachschlagen, daß Kaiser Wilhelm II. 18 000,– M gespendet hat. 20 000,– M gab die Hansestadt Hamburg. Aus fast allen Staaten der Welt liefen Spenden ein, vermutlich überwiegend von Deutschen, von Landsleuten im Ausland. Aus der Türkei kamen über 2000,– M, aus China über 300,– M; niemand wird wundern, daß die Vereinigten Staaten die Liste der Spender anführen, aber auch aus dem armen Mexiko wurden 16 Mark und 20 Pfennige überwiesen.

Bezeichnend für Falchs Art ist der Umstand, der nicht einfach den Schadensmeldungen der ersten Stunde vertraute, sondern noch Jahre später Nachschätzungen das Wort redete, die dann regelmäßig ergaben, daß der Schaden an Weinbergen und Obstgärten doch nicht so hoch war, wie er ursprünglich veranschlagt war – entsprechende Korrekturen waren unvermeidlich, wenn auch von diversen Betroffenen nicht gerne gesehen!

Charakteristisch für Eberhard Falch ist sein Einsatz während des 1. Weltkrieges: So wie er sich im Krieg von 1870/71 im Gegensatz zu seinen Mitstudenten nicht für die Front, sondern zum Sanitätsdienst freiwillig meldete, kümmerte er sich jetzt um die Familien der Ausmarschierten, vor allem um die Kriegsopfer, die Hinterbliebenen und Verwundeten. In dieser Arbeit rieb er sich auf; auf die Gründung einer Familie verzichtete er, jahrelang kannte er keinen Urlaub – und auf dem Weg zur Arbeit ereilte ihn der Tod am 20. Oktober 1919.

Vielen Größen des alten Deutschland wird noch heute in Straßennamen und Denkmalen gedacht, darunter sind auffallend viele Monarchen, Politiker und Generale. Falch hingegen ist ist weithin vergessen: weder in Esslingen noch in Stuttgart erinnert ein Heim, eine Schule oder eine Inschrift an seine Person. Die alte Reichsstadt Esslingen, die zu recht stolz ist auf eine lange Reihe bedeutender Söhne, erwähnt Eberhard von Falch in einer entsprechenden Aufstellung nicht. Allein in Stuttgart trägt ein Sträßlein seinen Namen.

Gewiß stimmt – Falch hätte sich jede Ehrung auf das bestimmteste verbeten; für uns heute aber mag das Vergessen dieses Mannes Anlaß sein, darüber nachzudenken, was Verdienste um die Menschheit überhaupt sind und wie sie belohnt und geehrt werden.

Literatur:

[KERN], Dem Andenken an Regierungsdirektor Dr. Karl Eberhard von Falch. – Stuttgart (Scheufele) 1920 (= Sonderdruck aus den Blättern der Zentralleitung für Wohltätigkeit in Württemberg.)
FALCH, [EBERHARD], Der Notstand im württembergischen Unterland im Jahr 1897 und die Maßregeln zu seiner Bekämpfung. Stuttgart, Kohlhammer 1899 (= Sonderdruck aus den Württ. Jahrbüchern für Statistik und Landeskunde 1898, Heft 2).
Württembergischer Nekrolog 1919 (1922), S. 141–158.

Wilhelm Fink (6.4.1877 – 21.4.1952) – ein Landpfarrer

Wenn Klosterschule und Seminar zu Blaubeuren gewürdigt werden, indem ihre prominenten Zöglinge in ihrem späteren Wirkungskreis gezeigt werden, so werden meistens Schüler hervorgehoben, für deren spätere Karriere in allen nur denkbaren Disziplinen die württembergischen theologischen Bildungsanstalten eigentlich nicht gedacht waren. Klosterschule und Seminar sollten tüchtige und gebildete Pfarrer heranziehen – und das haben die Institute mit Sicherheit geleistet.

Leider wissen wir von den *einfachen* Pfarrern weniger als von ihren prominenten Mitschülern, welche den Pfarrersstand mit einer Laufbahn als Wissenschaftler oder was auch immer vertauschten. *Einfache* Pfarrer gingen auf in der seelsorgerischen Arbeit: Schulunterricht, Haus- und Krankenbesuche, Konfirmandenunterricht, Taufen, Hochzeiten, Beerdigungen, sonntägliche Predigt, Kontakte mit allen gesellschaftlichen Schichten und Gespräche mit jedermann, mit Dorfarmen und Dorfreichen, mit Gläubigen und weniger Gläubigen, mit *Freimännern* und Pietisten, im Idealfall Vermittler zwischen Obrigkeit und Untertanen – ein Pfarrer war früher mehr denn heute einer der Männer in der Gemeinde, auf den man hörte und der durch sein Verhalten und Vorbild Maßstäbe setzte. Auch bei anderen Gelegenheiten war das Pfarrhaus erste Stelle, an der man vorsprach: bei Eheproblemen, wenn etwa der Mann trank; bei Fragen der Erziehung, für welche Schule ist unser Kind begabt?; juristische Fragen, lateinische, griechische, französische Sprachfetzen, die gedeutet werden sollten – der gebildeste Mann im Dorf war der Herr Pfarrer! Und die Pfarrfrau wurde ähnlich beansprucht, ihr Rat war vor allem in Krankheitsfällen gesucht.

Wilhelm Fink war solch ein *einfacher* Pfarrer! Geboren wurde er 6. April 1877 in Vaihingen/Enz, sein Vater war dort Posthalter, früh verwaist wurde er mit sieben Geschwistern von der Mutter erzogen. Seine überdurchschnittliche Begabung wurde bald erkannt, das Landexamen anvisiert, und so kam er in die damals berühmte Präparandenanstalt zu Rektor Bauer in Göppingen, einer *Presse*, deren Aufgabe es war, 13–14jährige auf das Landexamen vorzubereiten. So streng war der Schuldrill in Göppingen nicht, der Rektor kümmerte sich um seine Schützlinge intensiv, noch vom Krankenbett aus pflegte er seine Schüler zu versammeln und sie abzufragen. Wilhelm Fink gedenkt seines Göppinger Rektors mit großer Dankbarkeit – genauso wie seinen Lehrern in Maulbronn, denn nach erfolgreich bestandenem Examen bezog er das niedere Seminar zu Maulbronn.

In Maulbronn gehörte Hermann Hesse zu seinen Mitschülern; und offenkundig ist dort schon dessen dichterische Begabung aufgefallen: *Hesse erzähl etwas! Und der 13jährige Hermann Hesse begann zu erzählen, daß atemlose Spannung oder unbändige Heiterkeit herrschte.*

Maulbronn bleibt das entschiedene Jugenderlebnis, sein späterer Aufenthalt in Blaubeuren ist, wie er selbst scheibt, von *Melancholie* überschattet. Konkursprüfung, Studium der Theologie am Tübinger Stift, Magisterprüfung, dann eine lange Reihe von Vikariaten quer durch ganz Württemberg von Albershausen bis Zaisersweiher schlossen sich an – ein für Antwärter aufs Pfarramt üblicher Weg. Ständiger Pfarrer wurde er in Enslingen (bei Schwäbisch Hall); seit 1908 hat Wilhelm Fink über Jahrzehnte hinweg seelsorgerlichen Dienst in einem einfachen fränkischen Bauerndorf versehen: Pfarrer machen keine Karriere! Fink wurde im vorgerückten Alter von einem befreundeten Kollegen gefragt, ob er noch eimal die Pfarrerslaufbahn einschlagen wolle. *Ich sagte: Warum sind wir einst Pfarrer geworden? Weil unsere Eltern es wünschten in ihrer Herzensfrömmigkeit, in ihrer Liebe zum Heiland, in ihrer Verehrung so mancher vorbildlicher Pfarrergestalten, die auf ihr Innenleben starken Einfluß hatten und in ihrem Wunsche, uns, ihre Söhne, auf dem rechten Weg des Lebens gehen zu sehen. Wir selber schienen durch Gemütsart und Begabung für den Beruf geeignet.*

Pfarrer Fink fügt hinzu, daß er nicht an der Richtigkeit der Entscheidung für den Beruf eines Pfarrers zweifele, aber er äußert tiefe Besorgnis, ob der Mut dagewesen wäre, wenn er gewußt hätte, was der Beruf als Opfer und Entsagungen mit sich bringe.

Im Ruhestand hat Wilhelm Fink seine Erinnerungen niedergeschrieben und sie (teilweise) zwischen 1949 und 1952 im Vaihinger *Enzboten* veröffentlicht. Daraus stammt vorstehendes Zitat; im folgenden soll seine Erinnerungen an die Blaubeurer Zeit veröffentlicht werden. Folgende Zeilen verdanke ich der Güte von Frau Marianne Fink (Ulm), die mir den Text aus dem Nachlaß ihres Vaters zugänglich machte.

Der Aufzug und die Einlieferung in Blaubeuren war kein so bewegendes Ereignis wie vor zwei Jahren in Maulbronn. Immerhin gab es Veränderung genug. Landschaftlich und klimatisch war es ein guter Tausch. Wer kann die Landschaft von Blaubeuren genugsam rühmen! Ich habe alles, Berge, Felsen und Wälder, Quelle und Schloßruine, Felsenhallen und Klüfte tief genossen, trotz der mehr als knappen Ausgangsfreiheit, die bei dem vorgeschrittenen Alter doppelt unnatürlich, hemmend und knechtend wirkte. Wie oft im bunten Schwarm der andern, wie oft und noch lieber allein, eilte ich die Berge empor, um dann waghalsig genug einen Felsen zu ersteigen und von ihm aus in stiller Beschaulichkeit oder noch öfter in dunkler Melancholie in die zerissene Felsenwelt, in die Baumkronen, in die Weite zu schauen.

Diese Melancholie war die zwei Blaubeurer Jahre über die mich beherrschende Stimmung. Da war es dann schauerlich schön, in dieser Ossianischen Landschaft zur Zeit der Herbststürme unter den dronenden [!] Felsgebilden an den Bergabhängen durch die brausenden regennassen Wälder zu streifen und sich Ossianischen Stimmungen hinzugeben. Und sturmbewegter Bäume Dröhnen, das schien mir lieblicher zu tönen, als aller Menschen, aller Bücher Wort. Und an Sommerabenden: wie oft bin ich still und einsam am Blautopf gesessen und habe die Poesie des Wassers und sein heimlich unheimliches Ziehen empfunden.

[…]

Auch die anderen Repetenten, auf die es im Seminar sehr ankommt, waren respektable junge Männer. Zwar reichte keiner an Theodor Finckh [Repetent von 1894–1898] *heran an gutem Willen, uns sein Bestes zu geben, an herzlichen Wohlmeinen, an Selbsthingabe und auch am Leben wachsendem Lehrgeschick. Aber ich glaube, wir denken alle gerne, wenn auch mit einem gewissen Lächeln zurück an Heinrich Maier mit den leuchtenden Augen und der blitzenden Brille, mit dem blonden Schnurrbart und der hohen Stirne, mit der guten Gestalt und den raschen, rissigen Bewegungen. Er hieß der »Gasmaier«* [Dr. Heinrich Maier, 1867–1933, Repetent 1891–1894, zuletzt Professor für Philosophie in Berlin] *und gab uns anregenden Literatur-, Aufsatz- und Deklamationsunterricht, freilich in den frühen Morgenstunden manchmal nicht günstig disponiert und gelaunt. Er war nicht kleinlich und immer froh, wenn man ihm keine Ungelegenheiten machte, die ihn in seinem Behagen und in seinen philosophischen Studien ärgerlich störten. Wir trafen ihn nach der Seminarzeit in Tübingen als langjährigen Senior des Repetentenkollegiums im Stift wieder. Er begann damals seine Laufbahn als philosophischer Dozent. Ich erinnere mich lebhaft an seine Probevorlesung als Privatdozent in der Aula in Gegenwart der philosophischen Fakultät und des Stiftspöbels, wobei er Frack und Glacéhandschuhe tragen mußte, die so gar nicht zu ihm paßten und ihn mächtig beim gestenreichen Vortrag genierten, sodaß [!] das gewisse Lächeln bei seiner Zuhörerschaft wieder einmal da war. Aber er ist des großen Sigwart* [Christoph Eberhard Philipp Sigwart, 1830–1905, 1859–61 2. Prof am Seminar, zuletzt Professor für Philosophie in Tübingen] *Schwiegersohn und selbst ein großer Philosoph geworden, der für sein ganzes Wesen und Sprechen so bezeichnende »emotionale Denken« erfand und in Berlin zu den höchsten akademischen Graden emporstieg, an deren freudigem und emotionalem Genuß ihn leider ein viel zu früher Tod hinderte.*

Wir denken gerne zurück an den Repetenten Wilhelm Hochstetter [Repetent von 1894–1898], *Maiers Nachfolger, der es mit der Literaturgeschichte noch wesentlich ernster nahm und persönlich wohlwollend aber immer etwas ironisch-satirisch abgetönt war. Aber das hat uns gut getan.*

Finckhs Nachfolger war Gustav Lang [1866–1951, Repetent 1895–1897, zuletzt Ephorus in Maulbronn], *schon damals ein durchaus ernst zu nehmender Pädagoge, Sprach- und Altertumswisssenschaftler und Historiker. Für jugendlichen Übermut und Unfug hatte er nicht viel Verständnis. Aber er war ein immer mit etwas Gutem und Großem beschäftigter Denker und Ehrenmann, auf* den man sich verlassen konnte. Vielleicht liebte er für einen Jugendleiter damals den geordneten und geregelten, Umstände vermeidenden Gang der Dinge etwas zu sehr und hatte für geistige Sonderwege etwas zu wenig Sinn. Er ist später Jahrzehnte lang Seminar-Ephorus gewesen u. der große gediegene Historiker der Seminare geworden.

Professor Paul Fischer [Erster Professor von 1892–1912], später Ehrendoktor der Tübinger theologischen Fakultät, war ein untadeliger Ritter des Geistes, fromm und frei, im Grunde konservativ, aber zugänglich für neue Wahrheiten, vielseitig, das Notwendige erkennend und festhaltend, von väterlichem Wohlmeinen für die Jugend, sittlich unbeirrbar streng. Er tat niemand etwas zu leide und keiner von uns hätte es über sich gebracht, ihm etwas zu leide zu tun. Er war der Vertrauensmann der Promotion. Sein Unterricht war von Ernst und Sorgfalt getragen und mit treuem Fleiß vorbereitet. Er hatte die gesinnungsmäßig wichtigsten Fächer: Neues Testament, Glaubens- und Sittenlehre, Geschichte. Sein Steckenpferd, aber auch seine Achillesferse, war die Mathematik und Physik. Sein Eifer und Fleiß und wohl auch sein Selbstbewußtsein auch darin war durchaus auf der Höhe, weniger aber sein Lehrgeschick auf Grund beherrschender Fachkenntnis. Manchmal stand er den mathematischen und physikalischen Realitäten durchaus als der magisch beherrschte, nicht als der wissend Herrschende gegenüber. Dann konnte der Unterricht peinlich werden. »Na, wie ist denn das Ding,« konnte er dann sagen und manchmal half ihm einer von uns, nicht ich, auf das rettende Richtige. Aber jeder von uns wird dem warmherzigen, wohlmeinenden Manne, dem reinen Charakter, dem arbeitenden strebenden Geist ein ehrbietiges Andenken bewahren. Ich bin später mit ihm in Stuttgart, wo er in einem sehr frühen Ruhestand lebte, öfter zusammengekommen und habe gute Briefe mit ihm gewechselt. Er erinnerte sich lebhaft an jeden einzelnen Kompromotionalen und wollte möglichst viel von allen wissen. Er hat in seinem Ruhestand vortreffliche Aufsätze z.B. über Goethe und Lagarde in der »Christlichen Welt« veröffentlicht, die zweifellos viel dazu beigetragen haben, daß ihm das Tübinger Ehrendoktorat zuteil wurde, ebenso wie seine Abhandlung über das Wunder im Neuen Testament und sein Buch »Das Kreuz Christ«.

Und nun waren da noch der philosophische Professor [Dr. Friedrich Heege, 1861–1923, Repetent und Professor von 1886–1912] *und der Ephorus* [Karl Benjamin Kraut, 1826–1899, Ephorus 1877–1895], *der eine ein junger, der andere ein alter Mann. Der eine las die Ilias mit uns und den Tacitus, der andere das Alte Testament und den Plato. Ich kann mich nicht entschließen, sie in ihrer Wirksamkeit auf uns hier zu charakterisieren.*

Eine besondere Freude hatte der Seminarist Fink an den körperlichen Übungen, die im Seminar damals gepflegt wurden.

Das waghalsige Geräteturnen besonders am hohen Reck war mir eine seelische und körperliche Wonne, der oft wiederholte Riesenschwung gab mir das Gefühl der Gelöstheit von der Erdenlast und dem Gesetz der Trägheit, das Gewichtstemmen galt als Ehrensache u. der Dauerlauf war mein Bravourstück. Ich lief nach dem Mittagessen vom Blautopf weg im Dauerlauf auf den Blaufelsen. Andere liefen mit, aber nicht lange, vor der halben Höhe machten sie schlapp.

Beim Turnen fing meine lebenslängliche Freundschaft mit Hans Klaiber, dem späteren Kunsthistoriker, zu blühen an. So bequem und behäbig er sonst war – er hatte den Ehrgeiz, ein Turner zu sein. In der Sache brachte er es nicht weit. Er schaffte sich ein stolzes Turnerkostüm an und machte darin eine gute Figur. Er war auch ein gönnerhafter Freund des Vorturners des städtischen Turnvereins, dem wir manche neue schwierige Übung abguckten.

Die Verteilung der Promotion auf die Stuben wurde in Blaubeuren neu vorgenommen. Nach welchem Plan wurde nicht deutlich. Ich kam mit 11 Kameraden auf Lichtenstein. Klaiber, Cloß, Hartmann, Köstlin waren unter ihnen, Namen, die später Klang bekamen.

Eine Eigentümlichkeit von Blaubeuren waren die »Stubenkränze«, die monatlich einmal Samstag abends von 8–9 Uhr gehalten wurden. Man studentelte da ein wenig. Bei uns war eine Kneipzeitung Ehrensache und es wurde bei einem Verzehr von einer drei Viertel Literflasche Bier der Zustand einer gewissen Bierseligkeit erzielt, in dem man sich sehr fortgeschritten vorkam. Als Hartmann einst sein Glas noch einmal ganz füllen konnte, wohl durch die Spende eines anderen, der mit seiner Flasche nicht fertig wurde, entfuhr ihm, während er das Glas zum Munde führte, der Wonnelaut: O süßes Grauen, noch ein ganzes Glas! Das Prezieren nach dieser burschikosen Orgie schien mir jeweils aus dem Rahmen zu fallen.

Die vierteljährlichen Sonntagsausflüge richteten sich etwa nach Pappelau, Suppingen, Urspring oder ins Lautertal. Törichterweise eilte man so schnell als möglich zum Bier zu kommen, das mir damals gar nicht schmeckte und nicht gut bekam. Aber so war es Tradition und Comment.

Nach Ulm fuhren wir gemeinsam einige Male zum Bad in der Donau. Wie reißend und kalt war sie im Vergleich mit der friedlichen milden Enz von Mühlacker! Auch diese Fahrten waren schön und eine freudige Abwechslung. Aber es war nicht die den ganzen Menschen bewegende Festivität der Badfahrten von Maulbronn. Alles Erleben in Blaubeuren war im Vergleich zu Maulbronn um ein paar Töne heruntergestimmt. Maulbronn war Sonntag, Blaubeuren Werktag.

Weshalb kein Seminarist einen entsprechenden anderen Vorschlag machte, das erfährt man nicht; das ist vielleicht zu sehr von heute her gedacht, damals fügte man sich in das von einer Obrigkeit Beschlossene – möglicherweise genügte die Aussicht, wenigstens für einen Nachmittag der gelehrten Schufterei entronnen zu sein.

Die Lust, etwas zu unternehmen, ist bei jungen Leuten zu erwarten, jedoch erstaunt heute, zu welchen Ausflügen man vom Ephorat sich die Erlaubnis holte, welche Märsche man sich zutraute! Zu Fuß von Blaubeuren nach Münsingen, das wird wie nebenbei erwähnt. Einmal marschiert eine Gruppe Seminaristen um Mitternacht in Blaubeuren ab, im Bericht des alten Pfarrers ist noch Jahre später der fesselnde Reiz des Erlebten zu verspüren.

So zogen wir los unter gruseligen Schauern in finsterer Nacht, als die Klosteruhr 12 Uhr schlug, am Blautopf vorbei zum Blaufelsen hinauf und auf die Alb über Berghülen, Machtolsheim, Hohenstadt hinunter nach Wiesensteig, hinauf auf den Reußenstein und hinab nach Neidlingen ins hocherfreute Pfarrhaus. Das Wandern bei Nacht hatte seinen eigenen Reiz. Aber es war langwieriger und eintöniger als bei Tage, weil man nichts sah und nur Stunde um Stunde Schritt vor Schritt setzte. Es war auch nicht sternhell und man sehnte sich recht nach dem ersten fahlen Dämmerschein des nahenden Morgens. ... Wir staunten im Tageschein die hohen grauen Mauern des Reußensteins an und eilten dann beflügelt hinunter nach Neidlingen, wo ein herrliches Mittagessen auf uns wartete und wo wir in der kommenden Nacht einen langen Schlaf taten. Noch heute spüre ich, wie weich und warm ich nach durchwanderter Nacht in dem gastlichen Pfarrhausbett lag.

In seinen Aufzeichnungen beschreibt Pfarrer Fink den aus vielen anderen Erinnerungen wohlbekannten Umstand, daß die Seminaristen kaum Kontakt zur Blaubeurer Bevölkerung fanden: Es ist merkwürdig, wie fremd man 2 Jahre lang durch die Straßen ging. Draußen dann in den Wäldern und auf den Felsen hatte ich mein Heimatgefühl.

Ursprünglich war Umgang mit Blaubeurer Bürgern schon seit der Zeit der Klosterschule nicht erwünscht; bis ins 19. Jahrhundert hinein war das Klosterareal ein abgeschlossener Sonderbezirk, der ohne besondere Erlaubnis weder verlassen noch betreten werden durfte. Zu der Zeit als Wilhelm Fink Seminarist in Blaubeuren war, galt diese strenge Separation freilich nicht mehr, dennoch wurde auf Distanz geachtet – das Seminar sollte junge Männer zu tüchtigen Theologen erziehen. Allzu enge Bekanntschaft mit behäbiger Bürgerschaft, gar Umgang mit deren Töchter – das konnte nur vom Bildungsziel ablenken.

Natürlich konnten Kontakte zu Blaubeurer Bürger nicht ausbleiben, zu weiblichen Wesen waren sie ohnedies vorprogrammiert. Wilhelm Fink besuchte – wie üblich – die Honoratioren der Stadt und die Pfarrfamilien in der Umgebung. Blaubeurer Mädchen habe ich weder kennen gelernt, noch kennen zu lernen versucht.

Und dennoch erzählt er eine Romanze: Eines Tages, als ich allein zum Blautopf ging, stellte sich mir ein schönes, etwas üppig gewachsenes Mädchen in den Weg. Sie mochte 15 Jahre alt sein. Bescheiden und zugleich rätselhaft sah sie mich an und gab mir die Hand. Sie kenne mich schon lange und – Blicke und Lockenkopf senkten sich.

Seminarist Fink widerstand der Versuchung; aus Pfarrer Finks Worten – Jahrzehnte danach – ist aber der erotische Reiz, der von dieser unbekannten Schönen, wohl aus einfachsten Kreisen stammend, ausging, nicht zu überhören. Er geht geht ihr aus dem Weg, in den sie sich stellt. Er registriert, daß sie weint, als sich die Promotion auf dem Marktplatz in Blaubeuren von der Bürgerschaft verabschiedet – besitzt jedoch nicht die Kraft, auf das weinende Mädchen zuzugehen.

Aber er hat an dieser so harmlosen und doch so erotischen Begegnung sein Urteilsvermögen geschärft: *Ich wußte seitdem fürs Leben, und habe manchmal im Lauf der Jahre aus diesem Wissen heraus in kritischen Fällen barmherzig und verstehend urteilen und entscheiden können – ich wußte seitdem, wie unverschuldet, wie übereilend, wie nahe, wie süß und selig die Versuchung sein kann.*

Der Name Fink blieb mit Blaubeuren verbunden; des ehemaligen Seminaristen Tochter – Frau Marianne Fink – hat ein reizendes Werk geschaffen: Sie hat die »Historie von der schönen Lau« in ein Marionettenspiel verwandelt, mit dem Gespür des bildenden Künstlers für den literarische Reiz des Märchens hat sie Figuren geschaffen, naiv und sinnlich zugleich, damit in der Mühle unmittelbar am Blautopf ein Spiel inszeniert, das über Jahre hinweg sein sonntägliches Publikum begeisterte. Das ist mittlerweile Vergangenheit, bleibt zu hoffen, daß wenigstens die Marionetten (in Blaubeuren) erhalten bleiben, vielleicht darf man dann von erneutem Spiel träumen.

Vater Wilhelm Fink hat die Leistung und den Erfolg der Tochter nicht mehr erlebt, er starb im April 1952, aber wir dürfen mit einiger Gewißheit annehmen, daß er im Familienkreis gerne aus seiner Blaubeurer Schulzeit erzählt hat, von der Landschaft, vom Blautopf, gewiß von der »schönen Lau« – Marianne Fink kannte den Blautopf, bevor sie ihn zum erstenmal sah, und die Geschichte der Lau war ihr vertraut, bevor sie diese zum erstenmal selbst las.

Literatur:

FINK, WILHELM, Erinnerungen eines alten Vaihingers. In: Vaihinger Zeitung, Sommer 1951.

Theophil Wurm (1868–1953) – erster württembergischer Landesbischof

Unter den protestantischen Kirchenführern dieses Jahrhunderts ist Theophil Wurm sicher einer der markantesten. Er verkörpert ein Stück Geschichte der Evangelischen Kirche in Deutschland in wildbewegter Zeit. Seine Autorität war es nicht zuletzt, welche die verschiedenen protestantischen Kirchen und Bruderräte 1945 in Treysa und 1948 in Eisenach zur Evangelischen Kirche in Deutschland zusammenfügte, noch mit fast achtzig Jahren wurde Wurm zum Ersten Vorsitzenden des Rats der EKD gewählt, ein Akt, der als Ausdruck der Verehrung und der Dankbarkeit seitens der Wähler zu verstehen ist.

Wurm gehörte nämlich zu den kirchlichen Kräften, die unter den Bedingungen des Dritten Reiches standhielten und für die die humane Traditionen des Christentums mehr als nur Lippenbekenntnisse waren. Will man den Widerstand des Theophil Wurm würdigen, so muß man sehen, daß er den nicht als Einzelperson leisten konnte, denn er war Bischof – Repräsentant einer Organisation, und er hatte diese als Ganzes zu vertreten und mußte deshalb im Lande bleiben, was natürlicherweise bedeutete, daß er sich den mittlerweile im Lande herrschenden Sprachregelungen und Ritualen anzupassen hatte.

Im nachhinein liest sich da manches als Zustimmung zum NS-Regime, was nur Tarnung und scheinbare Anpassung war. Diese Feststellung soll nichts an der Tatsache ändern, daß Theophil Wurm politisch zum konservativen Lager zählte, und schon gar nicht an dem Umstand, daß er sich in der ersten Zeit über den wahren Charakter der Diktatur täuschen ließ. Wie viele Deutsche verstand er die Machtübernahme Adolf Hitlers als einen Aufbruch zu einem besseren Deutschland.

Aber bereits 1934 wurde er unter Hausarrest gestellt, weil die württembergische Landeskirche in die Reichskirche der nationalsozialistischen Deutschen Christen eingegliedert werden sollte und sich Wurm kräftig dagegen wehrte. Die Deutschen Christen waren eine Parteiung innerhalb der evangelischen Landeskirchen, die darauf aus waren, die protestantischen Christen unter nationalsozialistische Führung und Weltanschauung zu bringen. *Eine totale Kirche in einem totalen Staat* – so lautete ihr Credo. Von der nationalsozialistischen Reichsführung begünstigt, machten sie sich daran, die evangelischen Kirchen als Unterorganisationen des NS-Staates zu etablieren.

Theophil Wurm

Am Sonntag Jubilate, am 22. April 1934, hielt Bischof Wurm im Ulmer Münster vor über 5000 Zuhörern die Predigt. Der Termin war schon lange zuvor verabredet worden, dennoch gilt dieser Gottesdienst als Geburtsstunde der Bekennenden Kirche, denn nach Wurms Predigt betrat der bayrische Landesbischof – Hans Meiser – die Kanzel und verlas die *Ulmer Erklärung (auch Ulmer*

Einung). Das war kurzfristig, entsprechend hektisch von führenden Kirchenmännern beschlossen worden. Die süddeutschen Bischöfe, die von Unterstützung in anderen Landeskirchen wußten, erklärten sich zur *rechtmäßigen evangelischen Kirche Deutschlands*. Damit grenzte sich die Bekennende Kirche, die sich auf synodal-demokratische Strukturen berufen konnte, ab von der Reichskirche und den Deutschen Christen, die das Führerprinzip einzuführen gedachten. Eine feste Grundlage wurde dann einen Monat später auf der Barmer Bekenntnissynode mit der *Theologischen Erklärung zur Lage der Deutschen Evangelischen Kirche in Deutschland* geschaffen.

Bischof Wurm dachte national, daran kann kein Zweifel bestehen: In seinen Lebenserinnerungen beschreibt er, wie er die Niederlage und Kapitulation des Deutschen Reiches empfand. *Als ich am 7. Dezember dieses Jahres [1918] meinen 50. Geburtstag feierte, schien es mir, als ob mein Leben umsonst gewesen wäre.* An seiner nationalen Zuverlässigkeit konnte nicht der geringste Zweifel bestehen, aber die Selbständigkeit der Kirche war ein Wert, den er nicht aufgeben dachte. Zudem – die Pfarrerschaft stand ihm in ihrer Mehrheit bei. Der Hausarrest wurde bald aufgehoben, zu groß waren die Sympathiekundgebungen der württembergischen Christen für ihren Bischof, zu groß das Unverständnis – selbst bei Nationalsozialisten – für das schikanöse Verhalten des Gauleiters.

Von da an war das Verhältnis zwischen Bischof Wurm und dem Staat – vertreten durch Gauleiter Wilhelm Murr (1888–1945) – stets gespannt. *Da Murr wurmt's, daß dr Wurm murrt!* So spitzte der schwäbische Volksmund den Konflikt sprachlich zu.

Besonders kritisch wurde die Lage, als Wurm 1940 gegen die Euthanasie an geistig und körperlich Behinderten protestierte und als er 1943 das Wort für die verfolgten Juden ergriff. Da diese Schreiben im Ausland verbreitet wurden, geriet Wurm persönlich in Gefahr, vom Volksgerichtshof abgeurteilt zu werden. Aus politischen Gründen wurde keine Anklage erhoben – offenbar fürchtete man in der Reichskanzlei das Aufsehen mit seinen unübersehbaren Folgen, das bei einem Prozeß gegen den populären Kirchenführer in In- und Ausland entstanden wäre. 1944 erfolgte dennoch ein völliges Rede- und Schreibverbot.

Der im Zusammenhang mit dem Attentat auf Hitler 1944 hingerichtete Ulrich von Hassell (1881–1944) beurteilte Wurms Widerstand so:

Natürlich nützt es nichts, kann Wurm sogar persönlich schaden, aber es kann von großer Wichtigkeit in der Zukunft und vor der Geschichte werden, daß wenigstens die evangelische Kirche offen und klar von der ganzen Schweinerei abgerückt ist, wozu den Herren Feldmarschällen leider die Zivilcourage fehlt.

Zum aktiven Widerstand aber konnte sich Wurm nicht durchringen, er befand, das sei nicht Sache der Kirche, und er orientierte sich hier ganz an der Tradition des Luthertums, die überaus stark von der Zusammenarbeit Staat und Kirche bestimmt war und ist. Dennoch gehört Theophil Wurm zu den wenigen Vertretern des öffentlichen Lebens während des Dritten Reiches, die offen gegen die Menschenrechtsverletzungen des Regimes ihre Stimme erhoben. Und das bedeutet schon viel. Manche Kritiker im nachhinein werfen ihm vor, er hätte energischer und entschiedener agieren müssen. Solche Kritik ist recht billig; sie übersieht allerdings, daß ein Landesbischof für seine *Herde*, für seine Kirche zuständig ist. Und Bischof Wurm sah seine Aufgabe darin, seine Kirche intakt zu halten. Widerstand um den Preis des eigenen Lebens mag eine heroische Gloriole haben, aber man sollte nicht eine Arbeit, welche das Bewahren christlicher Werte intendierte, deshalb diskreditieren, weil bei diesem Tun Rücksicht auf die nationalsozialistischen Machthaber genommen werden mußte. Zudem kam, daß ein Großteil der *Herde* in hohem Maße nationalsozialistisch beeinflußt war. Wer *national* dachte, war in Gefahr *nationalsozialistisch* zu werden; die evangelischen Kirchen in Deutschland haben das am Aufkommen der *Deutschen Christen* sehr deutlich erfahren. Bischof Wurm hat taktiert, mußte taktieren.

Daher sahen die Vertreter des Protestantismus nach dem Umsturz 1945 in ihm den geeigneten Mann, die ideologisch lädierte – durch die *Deutschen Christen* – evangelische Kirche neu zu repräsentieren und zu leiten.

Zivilcourage hat Theophil Wurm auch nach dem Zusammenbruch von 1945 bewiesen. Als im Herbst 1948 die Amerikaner erneut damit begannen, verurteilte Nationalsozialisten hinzurichten, warnte er davor, möglicherweise *Unschuldige aufzuhängen,* wegen der, wie er es nannte, *verbrecherischen Methoden* der Ankläger, die nach amerikanischem Prinzip nur belastendes Material vortrugen. Wurms Intervention erregte beträchtliches Aufsehen, denn sie zeugte von seiner Integrität.

Welch Aufgabenfülle für einen Mann in so hohen Alter, Wurm war bereits 77 Jahre alt! Dabei hatte an seinem fünfzigsten Geburtstag, am 7. Dezember 1918 nach eigenen Bekunden geglaubt, sein Leben sei umsonst gewesen! *Umsonst* – weil Deutschland den Ersten Weltkrieg verloren hatte und mit der Monarchie offenbar die Werte wegbrachen, denen sich Wurm verbunden fühlte. Allein diese Bemerkung – *umsonst* – zeigt, daß Wurm konservativ und national dachte. Dafür hat er sich auch politisch engagiert, für kurze Zeit war er Abgeordneter der *Bürgerpartei* im württembergischen Landtag – die Bürgerpartei war der württembergische Zweig der DNVP, der deutschnationalen Volkspartei, die später dann mit den Nationalsozialisten eine Koalition eingehen sollte. Wurm ist politisch weit bei der Rechten einzuordnen, aber gerade an seiner Person wird sichtbar, daß konservative Einstellung ein gutes Rüstzeug gegen die neuen, totalitären ideologischen Zwänge der Nationalsozialisten sein konnte.

Es waren auch durchaus konservative Kreise, die seine Wahl zum Kirchenpräsidenten 1929 in Württemberg durchsetzten. Seit 1920 war Wurm Dekan in Reutlingen, seit 1927 Prälat in Heilbronn. Ferner akzeptierte er 1933 den Bischofstitel, der nach der Machtergreifung unter dem Einfluß der Deutschen Christen propagiert wurde. Bis dahin war der Titel *Bischof* in der evangelischen Kirche nicht üblich. Wurm war also kein Gegner des NS-Staates von Anfang an, erst die Erfahrungen, die er mit dem totalen Staat machen mußte, bewegten sein Leben an den Rand des aktiven Widerstands.

Dieses Leben stand in einem engen Bezug zu Blaubeuren. Theophil Wurm schreibt:

Das in der Nähe von Ulm am Südabhang der Alb gelegene Städtchen Blaubeuren wurde unser eigentliches Jugendparadies. Und er fügt hinzu: *Seine herrliche, wahrlich romantische Lage übte eine mächtige Anziehungskraft auf uns, die wir im Alter zwischen achtzehn und neun Jahren standen, aus.*

Die Familie Wurm kam 1882 – der junge Theophil war noch keine vierzehn – nach Blaubeuren; sein Vater Paul Ernst Wurm war hier zum Dekan ernannt worden. Aber die Pfarrfamilie war hier nicht unbekannt – Paul Ernst Wurm war gebürtiger Blaubeurer, dessen Vater, Julius Friedrich Wurm, war Professor am Seminar 1826–1834 gewesen.

Wurm (geboren am 7. Dezember 1868 in Basel) entstammt also einer alten württembergischen Pfarrsfamilie, (die Mutter Regula, geb. Kind war Tochter eines Graubündner Pfarrers), und er beschritt auch den Weg vieler Pfarrersöhne über Seminar und Stift zum Seelsorger. Bei Theophil Wurm ging's nicht reibungslos; zweimal fiel er durchs Landexamen, das zum Besuch der Seminare berechtigte. Aber der Einfluß des Vaters bewirkte, daß der Sohn als Gastschüler zuerst in Maulbronn, dann in Blaubeuren die Seminare absolvieren konnte. Zuvor war er noch ein Jahr auf der Lateinschule in Blaubeuren, die im vorigen Jahrhundert im Ruf stand, eine *Presse* zu sein, d. h., ihr Besuch wurde empfohlen, wer das Landexamen bestehen wollte.

Bei Theophil Wurm klappte das freilich nicht. Später fiel er sogar durch den Konkurs, dessen Bestehen einen kostenfreien Aufenthalt im Tübinger Stift gewährt hätte, und so mußte er Stadtstudent sein theologisches Studium aufnehmen – er ist ein gutes Beispiel dafür, daß schulischer Erfolg und Leistung im Leben nicht unbedingt zusammenhängen!

Mit Blaubeuren blieb Wurm eng verbunden, vor allem deshalb, weil hier die Familie rasch gesellschaftlichen Anschluß fand. In Mössingen, dem Dienstort des Vaters vor der Versetzung nach Blaubeuren, fehlte das. *Jugend in gebildeten Häusern gab es nicht. Das wurde in Blaubeuren anders, besonders durch den Verkehr mit den Familien der Seminarlehrer und von einigen Familien der Stadt, von denen uns diejenige des Apothekers Josenhans und des Chemikers Bruckmann am nächsten standen. Aus dieser durfte ich später meine Frau [Marie Bruckmann, 1875–1951] holen, mit der ich über ein halbes Jahrhundert in glücklicher Ehe verbunden war.*

Marie Bruckmann ist am 10. Juli 1875 geboren, an ihrem 25. Geburtstag hat sie Theophil Wurm geheiratet, 1950 feierte das Paar goldene Hochzeit – auch sie war

Blaubeurerin mit Leib und Seele. An ihrem Grab auf dem Waldfriedhof in Stuttgart sprach Dekan Schieber (selbst mit Blaubeuren eng verbunden) von ihrer Liebe zur Heimat, von ihrer Sorge um die Gräber der Familie auf dem Blaubeurer Friedhof und von ihrer Verbundenheit mit dem Kreuz auf dem Rucken, das lange nach ihrem Wegzug aus Blaubeuren errichtet wurde und das an die Gefallenen des ersten Weltkrieges erinnert.

Die Trauung des Brautpaares im Jahre 1900 fand in der Blaubeurer Stadtkirche statt; in dieser Kirche war Wurm schon 1891 ordiniert, d.h., als Pfarrer eingesetzt worden. Er hatte überdies das Glück, Personalvikar seines Vaters zu werden; noch als Achtzigjähriger gerät er ins Schwärmen, wenn er sich seiner Blaubeurer Zeit erinnert:

Es war ein wunderbarer Herbst, und es gab kaum einen Tag, an dem ich nicht, insbesondere mit meiner Schwester Mathilde, auf die Höhen um Blaubeuren wanderte, meist den Blick nach Süden gerichtet, wo bei günstiger Witterung die Alpenkette vom Karwendel bis zum Tödi zu erblicken war.

Dem Neid soll an dieser Stelle nicht das Wort geredet werden, aber es sollte gesehen werden, in welcher privilegierten Stand sich die Geistlichkeit befand. Ein Blaubeurer Zementarbeiter hatte diese Freiheit nicht, allenfalls am Sonntag konnte der wandern, aber nach der Plackerei in der Fabrik war dies selten zu erwarten.

Nach der Hochzeit wurde Theophil Wurm Stadtpfarrer in Ravensburg – kehrte aber in den Ferien immer wieder ins geliebte Blaubeuren zurück, *... ins großelterliche Haus ..., das um seiner freien Lage am Abhang des Rucken und ganz im Grünen, ein geradezu idealer Platz war.* (Heute Ulmer Straße 54).

Kein Zweifel, mit Blaubeuren war Bischof Wurm in besonderer Weise emotional verknüpft, jeden dienstlichen Anlaß hat er mit Vergnügen genutzt, um von neuem in der Jugendheimat weilen zu dürfen, der er dankbar war, weil er in ihr Bildung und Familienglück erfuhr; und er hat diese Gefühle in seiner letzten Predigt, die er in Blaubeuren als Altlandesbischof im Ruhestand halten durfte, auch deutlich ausgesprochen.

Literatur:

Evang. Pfarrverein für Württemberg, Getrost und freudig. Eine kleine Festgabe an Landesbischof D. Theophil Wurm zum 80. Geburtstag den 7. Dezember 1948. Stuttgart: Quell 1948.
Hermelink, Heinrich, Die Evangelische Kirche in Württemberg von 1918–1945. In: BWKG 50, 1950, S. 121–171.
Schnabel, Thomas, Württemberg zwischen Weimar und Bonn 1828. 1945/46. Stuttgart: Kohlhammer 1986 (= Schriften zur politischen Landeskunde Baden-Württembergs Bd. 13).
Scholder, Klaus, Die Kirchen und das Dritte Reich. Band I. Vorgeschichte und Zeit der Illusionen 1817–1934. Frankfurt/M., Berlin, Wien: Propyläen 1977.
Scholder, Klaus, Die Kirchen und das Dritte Reich. Bd. 2. Das Jahr der Ernüchterung 1934. Barmen und Rom. Berlin: Siedler 1985.
Thierfelder, Jörg, Theophil Wurm. Landesbischof von Württemberg. In: Bosch, Michael, Niess, Wolfgang (Hg.), Der Widerstand im deutschen Südwesten 1933–1945. Stuttgart: Kohlhammer 1984, S. 47–59.
Wurm, Theophil, Erinnerungen aus meinem Leben. Stuttgart 1953.
Wurm, Theophil (Hg.), Tagebuchaufzeichnungen aus der Zeit des Kirchenkampfes. Zur Erinnerung an Frau Marie Wurm. Stuttgart: Quell 1951.

Martin Haug – Bischof des Aufbaus
(1895–1983)

Martin Haug wurde am 14. Dezember 1895 in Calw geboren, seine entscheidenden Jugendjahre verbrachte er in Freudenstadt: dorthin war sein Vater als Lehrer versetzt worden. Die Landschaft um Freudenstadt hat ihn tief beeindruckt, so daß er später dort seinen Ruhestand verbrachte. Und so ist auch die Anekdote glaubhaft, daß er zur Antwort gab, als der Vielgereiste aus Afrika zurückkehrte und gefragt wurde, was er denn für das landschaftlich schönste Gebiet halte: *Des isch zweifellos 's obere Murgtal.*

Ob Landschaften Charaktere formen können, wird stets eine umstrittene Auffassung bleiben; doch bei Martin Haug neigen auch Skeptiker dazu, ihm Charaktereigenschaften zuzuordnen, die gemeinhin als typisch für die Menschen vom Schwarzwald gelten: Bedächtigkeit, Belastbarkeit, Gesinnungstreue und Verantwortungsbewußtsein. Auf Würde bedacht, äußerlich scheinbar unnahbar, aber im Grunde des Herzens gütig, ausgestattet mit jener Art Humor, die Selbstironie nicht ausschließt und die zur Versöhnlichkeit und Bescheidenheit neigt.

Bezeichnend dafür ist die Art, mit er von seiner Anfangszeit als Vikar in Stuttgart erzählt, in der er die Predigt am Nachmittag zu halten hatte:

Durchschnittlich hatten wir 12 bis 16 Zuhörer, die Hälfte mitleidige Verwandte, das hat uns bescheiden gemacht, und das war für uns auch gut so.

Für knappes, karges schwarzwälderisches-schwäbisches Denken und Handeln zeugt auch folgende Geschichte:

Beim Kirchentag 1952 entdeckte einer der Versammlungsleiter den Bischof mitten unter den Hörern. Mit achtungsvollen Worten und ehrerbietigen Sätzen bat er den Bischof, doch an die Versammelten ein Grußwort zu richten. Bischof Haug erhob sich, stapfte mit schweren Schritten (die Schmerzen seiner Verwundung aus dem Ersten Weltkrieg ließen ihn keinen Tag los) an das Rednerpult und sagte ins Mikrophon kernig und herzlich: ›Grüß Gott!‹ Bevor die Zuhörer begriffen, daß damit das ›Grüßen‹ schon beendet war, war er längst wieder vom Podium abgetreten.

Martin Haug

Martin Haug wurde als Vikar, als Hilfslehrer, als Lehrer, als Repetent eingesetzt – einige Jahre später nannte man ihn den *landeskirchlichen Fallschirmjäger.* Diese Bezeichnung klingt recht humorvoll, das Wort zeigt aber hinter seinem vordergründigen Witz die Schwere der Zeiten, in welche die württembergische Landeskirche gestellt war. Die Jahre des zweiten Weltkrieges waren hart genug: Nicht nur, daß die Pfarrer – zumal die jüngeren – mit Dauer des Krieges zum Wehrdienst einberufen wurden – schlimmer war, daß Seelsorge in der Gemeinde nötig wie selten zuvor war: Die Sorge um die im Feld stehenden Väter, Brüder und Söhne, die Trauer um die Gefallenen, das Leiden der Verwundeten, die Klagen der Ausgebombten, das Elend der Flüchtlinge, später der Vertriebenen – das alles erforderte Kräfte, welche die Kirche nur unter Mühen aufbringen konnte.

Hinzu kam, daß die Evangelische Kirche in Württemberg im Kirchenkampf stand; vor allen anderen Landeskirchen widersetzte sie sich am energischsten gegen die Übernahme durch die nationalsozialistische Diktatur.

Martin Haug galt als *KZ-verdächtig,* so wie man damals sagte. Bei der Machtübername 1933 war Haug Studienrat am Seminar in Urach – und das bei Seminaristen, die fast alle begeisterte Nationalsozialisten waren: Die Promotion in Urach gehörte geschlossen zur SA und bildete den *Trupp Urach* im SA-Sturm des Nürtinger Lehrerseminars. Angehörige dieser Promotion, die bis 1934 in Urach weilten, schreiben es vor allem dem behutsamen, aber doch entschiedenen Einfluß Haugs zu, daß die – trotz antikirchlicher und atheistischer Propaganda – überwiegende Mehrheit schließlich der Kirche treu blieb, Theologie studierte, Pfarrer wurde, und so einer nach dem andern die nationalsozialistischen Organisationen verließ.

Mit der Promotion hatte Martin Haug harte Kämpfe ideologischer Art austragen müssen, gerade wohl deshalb hatte er zu dieser ein besonderes persönliches Verhältnis. Noch 1982 hochbetagt, ein Jahr vor seinem Tode, besuchte er deren Treffen in Urach, selbstverständlich begeistert begrüßt – aber Martin Haug vergaß nicht, an die tiefgreifenden Gegensätze und Konflikte früherer Zeiten zu erinnern.

Martin Haug bildete sich auf sein gespanntes Verhältnis zum Nationalsozialismus nichts ein – im Gegenteil: *wir alle haben als Kirche eine schwere Schuld auf uns geladen, daß der Nationalsozialismus unser ganzes Volk so besetzen konnte. Ich habe auch bedauert, daß uns die die Stuttgarter Schulderklärung nicht stärker bestimmt hat – und kann mich nicht ausnehmen davon.*

Als *Fallschirmjäger der Landeskirche* wurde Haug in der NS-Zeit und während des Krieges überall dort eingesetzt, wo ein tüchtiger, besonnener und standhafter Mann vonnöten war.

Dabei war eigentlich Martin Haug untauglich: Ihn hat tief geschmerzt, daß er abgelehnt wurde, als er 1914 sich zum Kriegsfreiwilligen meldete; auch für den Kirchendienst wurde er nur als beschränkt verwendungsfähig beurteilt. Haugs trockener Kommentar: *Deshalb wurde ich Bischof!* Und Soldat wurde er ohnehin; 1915 wurde der untaugliche Freiwillige eingezogen, als Unteroffizier wurde er 1916 schwer verwundet.

Für den ständigen Kirchendienst ungeeignet – dieses Urteil hatte zur Folge, daß er im ganzen Land als Aus- und Nothilfe hin- und herversetzt wurde. Er lernte auf diese Weise die Landeskirche von innen her kennen, er selbst schreibt diesem Umstand zu, daß er 1948 zum Nachfolger Theophil Wurms im Bischofsamt gewählt wurde.

Bischof des Aufbaus wurde er genannt – und das mit Recht. 1948 war die Währungsreform, 1949 die Gründung der Bundesrepublik, und dann setzte bekanntlich jene stürmische Entwicklung ein, die als Wirtschaftswunder rühmlich bekannt ist.

Der Kirche kam der wachsende Wohlstand zugute, das zeigen die vielen kirchlichen Bauten im Land. Ohne Zweifel werden einst die Jahrzehnte zwischen 1950 und 1970 als Jahre intensivsten Kirchenbaus in die Geschichte eingehen. Daneben wurden Kindergärten gebaut, Gemeindezentren gegründet, Heime erweitert und neu errichtet, ältere Kirchen wurden durchgreifend restauriert – die meisten Kirchen sind heute wahre Schmuckkästchen!

Leider hielt die Zahl der Besucher nicht Schritt; Bischof Haug scheint dies geahnt zu haben, daß äußerliche gute materielle Rahmenbedingungen nicht zwangsläufig Grundlagen gedeihlicher gemeindlicher und seelsorgerischer Arbeit sein müssen. Heftig wandte er sich gegen den staatlichen Einzug der Kirchensteuer: Natürlich sah er, wie dadurch die kirchliche Finanzverwaltung erleichtert wurde, ihn aber ging es um die innere Unabhängigkeit der Kirche, um die er fürchtete.

Aber trotz Drohung mit seinen Rücktritt überstimmten ihn die Synodalen – und Martin Haug ließ sich überreden, im Amt zu bleiben. *Baubischof* – das war er ohne Zweifel; ihm aber lag der geistliche Aufbau mehr am Herzen, er wollte keine *Pastorenkirche: Macht die Gemeinden stark,* das war sein steter Wunsch und seine ständige Bitte.

In seine Amtszeit bereits fielen erste Anzeichen von Problemfeldern, mit denen sich die Evangelische Kirche später recht schwer tat bzw. tut – politisches Engagement der Amtskirche, Stellung zu Atombombe und Atomkraft, zur Gesellschaftsreform, zu Sozialismus und zum Marxismus, auch zu Marktwirtschaft und Kapitalismus.

Als er 1962 in den Ruhestand trat, waren dies nur erste Vorboten der Probleme, welche die Kirche umtreiben sollten. Martin Haug hat aber das Zeitgeschehen besorgt verfolgt, vor allem wandte er sich gegen eine zunehmende Politisierung der Kirche, die er wahrzunehmen glaubte. Seine Stimme war deutlich, freilich hielt er sich in der Öffentlichkeit stark zurück. Aber die Sorge um die Entwicklung in der Kirche blieb bis zu seinem Tode. Am 28. März 1983 ist Martin Haug in Freudenstadt gestorben.

Im Blaubeurer Seminar lebte er von 1911 bis 1913. Ephorus war damals Hermann Planck, der Bruder des bekannten Ulmer Prälaten Heinrich Planck und ein entfernter Vetter des Nobelpreisträgers für Physik Max Planck. Die Familien pflegten Kontakt, und es ist gut denkbar, daß sich Max Planck und Martin Haug in Blaubeuren sahen, auch wenn sie nichts voneinander wußten.

Wie lebte man damals im Seminar? Paul Wanner – mit Martin Haug in derselben Promotion – hat seine Sicht der Blaubeurer Verhältnisse – gewiß sehr subjektiv – erzählt. Daraus kann man entnehmen, wie streng auf die schulische Bildung konzentriert das Leben der jungen Leute im Seminar war. Kontakte zu Blaubeurer Bürgern waren Ausnahme, die Zeit, vor allem die Freizeit war streng geregelt, des öfteren mußten sogar an Feiertagen nachmittags fünf Stunden lang Aufsätze verfaßt werden; Elternbesuche waren grundsätzlich nur während der Ferien gestattet, an einen Besuch von auswärtigen Freunden war nicht zu denken!

Selten genug wurde die schulische Eintönigkeit unterbrochen; Theater wurde gespielt, die Promotion traute sich sogar an Shakespeares *Sommernachtstraum* (man stelle sich vor: auch die die Frauenrollen wurden von Seminaristen gespielt!). Wir wüßten gerne, welche Rolle Martin Haug gespielt hat, ferner wäre höchst interessant, wie die heikle Szene Ophelia – Zettel im puritanisch strengen Blaubeurer Seminar in Szene gesetzt wurde! Leider wissen wir nichts darüber.

Das Dorment sah Konzerte, wie auch heute noch. Wer sich für die wöchentliche Speisefolge interessiert, kann dies bequem im Archiv der Evangelischen Landeskirche in Stuttgart nachlesen, die Speisbücher sind alle erhalten.

Den Ausflug in die Schweizer Hochalpen erlebte Paul Wanner als *Gipfel der ganzen Seminarzeit.* Wahrscheinlich hat auch Martin Haug diese Exkursion genossen – denn Wandern war dem geborenen Schwarzwälder ein Bedürfnis: *Es ginge alles viel besser, wenn alles mehr ginge.*

Martin Haug beschrieb seine Blaubeurer Seminarszeit wie folgt.

Aber dann kamen vier wunderschöne Jahre in den Seminaren Maulbronn von 1909 bis 1911 und von 1911 bis 1913 in Blaubeuren. Dort hatten wir alles, was das Herz begehrte. Daheim das gute Elternhaus, in Maulbronn und Blaubeuren eine wunderschöne Landschaft zu unserer täglichen Freude, die schönen alten Klöster, in denen wir wohnen durften, ein guter Teil trefflicher Lehrer, alter und junger, eine ganz frohe Kameradschaft untereinander, die standgehalten hat bis heute, wenn auch von uns 48 Seminaristen vier Jahre nach dem Verlassen der Schule mehr als die Hälfte gefallen waren. Ich habe schon alle meine Jugendfreunde im Ersten Weltkrieg verloren, und ich bin schon sehr früh ein einsamer Mann geworden. 1913 haben wir in Blaubeuren mit dem Maturum, dem sogenannten »Konkursexamen« für das Stift abgeschlossen. Das ging so gut, daß ich sogar in Mathematk, obwohl ich kaum wußte, daß $2 \times 2 = 4$ ist, gut abgeschnitten habe. Seither denke ich an kein Schulzeugnis mehr. Es war die Ruhe, das Glück und die Güte Gottes, die mich das so gut hat gelingen lassen.

Literatur:

LANG, BERNHARD; SCHMID, WALTER (Hg.), Martin Haug. Erinnerungen. Begegnungen. Anekdoten. Stuttgart: Quell 1985.

Zwei gingen zur Fremdenlegion

Noch heute erwartet jedermann von angehenden Geistlichen, daß sie sich eines entsprechenden Lebenswandels befleißigen, das vergangene Jahrhundert verlangte von den Seminaristen und Stiftsangehörigen ein gewaltiges Maß an Fleiß und Selbstdisziplin. Die Ergebnisse sind bekannt, die Klosterschulen brachten eine Fülle von Begabungen hervor wie selten eine Schule in Deutschland.

Die *Blaubeurer Geniepromotion* ist allseits bekannt. Auch die Promotion, die nach ihr 1825/29 das alte Kloster am Blautopf bezog, hat neben der obligaten Menge an braven und ehrlichen Dorfgeistlichen und aufrechten Dekanen theologische Leuchten hervorgebracht, wie etwa Gotthard Victor Lechler, Professor der Theologie an der Universität zu Leipzig.

Auch der Erbauer der bis heute wichtigsten Alpentransversale, der Eisenbahn über den Brenner – Karl Etzel – gehörte zu den Knaben, die je nach Temperament – bänglich oder voller Erwartung – das ihnen zugewiesene Stübchen im Kloster mit ihren bescheidenen Habseligkeiten belegten.

Keiner ahnte, daß sich zwei *schwarze Schafe* unter ihnen befinden sollten – die Betreffenden wohl auch nicht. Wer hätte auch wissen können, daß sie später dem zu erwartenden ehrenvollen, möglicherweise beschaulichen Leben eines schwäbischen Dorfpfarrers, den zwar aufregend exotischen, aber doch entwürdigenden, ja lebensgefährlichen Dienst in der französischen Fremdenlegion vorziehen sollten?

In Blaubeuren ging alles noch gut, das Leben im Seminar – selbst unter der strengen Hausordnung der Klosterschule – wird geradezu überschwenglich gelobt. Vor allem die Aufnahme, welche die Seminaristen im Städtchen fanden, war so, daß Albert Kuhn (geboren in Großbottwar 22.3.1812) – so heißt der eine Ausreißer zur Legion – die Blaubeurer Jahre zu den glücklichsten seines Lebens zählte. In seinem Lebensbericht schildert er, wie ihm zu Mute war, als er Blaubeuren nach bestandenem Konkurs verließ: *Schwer wurde mir der Abschied von den guten Leuten in Blaubeuren, und mit Thränen in den Augen verließ ich das liebgewordene Städtchen.*

Die Strenge der Disziplin in Blaubeuren war es also nicht, die Albert Kuhn in die Fremdenlegion trieb. Es war das freie ungebundene Studentenleben, das ihn (vielleicht doch in Blaubeuren zu streng gehalten?) aus der geordneten Bahn warf: Er bummelt, er faulenzt, schwänzt die Vorlesungen, war lieber, so schreibt er selbst, *eher auf der Kneipe*, reißt zum ersten Mal aus, wird von seinem Schwager, der Pfarrer in Balingen ist, energisch ermahnt. Genutzt hat dies freilich wenig – Kuhn mußte in eine härtere Schule genommen werden!

Ein Kapitän Behrens taucht auf, ob der Name und Offiziersrang echt waren, das steht dahin; Behrens jedenfalls stand im Dienste der Fremdenlegion und versteht es, den lebenshungrigen Klosterschülern, Seminaristen und Stiftler ein Dasein als eleganter Offizier im Dienste Frankreichs vorzugaukeln – wie sticht doch der bunte Rock ab gegen den schwarzen Talar eines Pfarrers, und wie lockt doch der Reiz ferner exotischer Länder!

Am 3. Mai 1831 ist es soweit: Zusammen mit seinem besten Freunde vom Seminar – Gustav Karl Theodor Hetzel (geb. Schwäbisch Hall 18.4.1811) – flüchtet er nach Straßburg, und beide melden sich zur Fremdenlegion. Wehmütig und schuldbewußt vermerkt Kuhn zum Schicksal seines Freundes Hezel. *Der arme Junge! Er schläft nun in Afrika's Strande den ewigen Todesschlaf.*

Aber dieser Satz wurde im nachhinein geschrieben. Zunächst war man guten Mutes. In den ersten Tagen bei der Legion wurden die jungen Leute noch hoffiert; als dann die Truppe beinander war, begann der saure Marsch, zuerst nach Bar le Duc. Unseren Seminaristen gingen auch recht schnell die Augen darüber auf, mit was für Kameraden sie in Zukunft zusammenleben mußten: *Schinderhannesbande, deren höchstes Glück in viehischer Befriedigung der Sinnlichkeit bestand.* Man spürt die Enttäuschung und die keimende Reue über den unüberlegten Schritt.

Den guten Humor hat jedoch Albert Kuhn nicht so schnell verloren, so führt er doch den Selbstmord des

Kommandanten der Legionäre auf den Schrecken zurück, den jener erlitt, als er der neu geworbenen Rekruten in ihrer Verwildertheit ansichtig wurde.

Bald zeigten sich Früchte der schulischen Bildung, die man genossen hatte: Das Hebräisch, das Kuhn einst halb widerwillig in Blaubeuren gelernt hatte, war jetzt der Schlüssel zur Bekanntschaft mit barmherzigen Juden, welche nun die erbärmlich verpflegten Legionäre mit Nahrung und Wein versorgten. Französische Kenntnisse schufen Kontakt zu einheimischen Familien. Kuhn führt sogar das schwäbische Nationalgericht – Spätzle – vor, allerdings mit kläglichem Erfolg, wie er selbst zugibt.

Doch die eher heiteren Erlebnisse können über den Ernst der Lage nicht hinwegtäuschen; es wird hart exerziert, das Schikanieren und Schleifen lassen die erstrebte Offizierskarriere in ganz anderen – nämlich unerreichbaren – Lichte erscheinen. Die Jahre, auf die sich die jungen Männer verpflichtet hatten, geraten zum Alptraum im Staub des Exerzierplatzes und unter der Fuchtel gnadenloser Sergeanten. (Lt. Personalliste der Fremdenlegion hatte sich Hetzel auf drei, Kuhn auf fünf Jahre verpflichtet.) Die Freunde denken an Desertation, aber die grausige Behandlung wieder eingefangener Deserteure läßt vor bereits vorbereiteten Plänen zurückschrecken.

Schließlich kommt die Einheit nach Algier – ins einst ersehnte Exotenland. Doch die Enttäuschung ist groß – entsetzlich langweiliger und trostloser Wach- und Vorpostendienst erwartet die Gefährten. Die Rif-Kabylen sind im Moment nicht aufständig, Lebensgefahr besteht nicht, Kuhn und Hetzel werden in kein Gefecht verwickelt, aber ebenso gelangweilte Vorgesetzte sorgten dafür, daß von geruhsamen Gamaschendienst keine Rede sein konnte – Schikane, das Mittel aller Militärs in Friedenszeiten!

Unsere Seminaristen profitieren wieder von ihren Schulkenntnissen: Die Juden von Algier halten sie für Glaubensgenossen und unterstützen sie entsprechend. Doch im ungewohnten Klima Nordafrikas und unter den Belastungen des Dienstes kam es zur Katastrophe – das große Sterben brach aus. Neben vielen anderen erlag Freund Hezel der Seuche (*Mors Alger le 3.8.1832, pars de fièvres* – am Fieber gestorben, so vermerken die Akten der Legion). Kuhn hat keine Zeit, den Gefährten zu betrauern, denn er liegt selbst schwer darnieder. Seelische Qualen kommen hinzu, fühlt sich doch Kuhn verantwortlich für den Freund, der ihm von Tübingen nach Algier gefolgt war.

Nach monatelanger Krankheit wurde Kuhn zur Rekonvaleszenz nach Toulon geschickt, und nun waren die Tage seiner Leiden bald gezählt. Sicher war es für ihn ein herber Schritt, sich an die enttäuschte Familie zu Hause um Hilfe wenden zu müssen (da war schon leichter, im Militärhospital Schwindsucht zu simulieren). Aber die Geschichte vom verlorenen Sohn sollte sich auch in Kuhns Fall wiederholen, sein Vater als Geistlicher kannte schließlich die Bibel. Doch lassen wir dies Kuhn selbst erzählen: *Mein wackerer Vater deckte den Mantel der christlichen und väterlichen Liebe über meine Sünden und schickte eine hübsche Hand voller Fünffrankenstücke.*

Mit dem Geld beschleunigte er seine Entlassung als invalidierter Unteroffizier der Legion, soweit hatte er es dann doch gebracht, und konnte als ordentlich verabschiedeter Soldat die Heimreise antreten, am 16. April 1833 endete sein Dienst in der Fremdenlegion. Mit welchen Gefühlen er sein Elternhaus betrat und welcher Empfang ihm dort zuteil ward, das entzieht sich unserer Kenntnis.

Studium und die Laufbahn eines Pfarrers – damit war es freilich aus. Fürs Militär hatte er sich entschieden; da blieb die Familie hart und verschaffte ihm eine Stelle in der württembergischen Armee als Fourier (Soldat im Versorgungsdienst). Klug, gebildet und unterhaltend wechselte er rasch auf höhere Posten. Ganz wichtig für ihn war seine Stelle als Sekretär beim Amt des Hofjägermeisters, denn hier lernte er König Wilhelm von Württemberg kennen. Dessen Vertrauen gewann er so, daß ihm die Privatschatulle des Herrschers anvertraut wurde. Dieses Amt muß Albert Kuhn zur vollsten Zufriedenheit verwaltet haben, denn auch der Nachfolger Wilhelms, König Karl von Württemberg behielt ihn in dieser Vertrauensstellung.

Als Geheimer Hofrat ist Albert Kuhn am 30. Dezember 1890 in Stuttgart verstorben. Ehrende Nachrufe hallten über das Grab des ehemaligen Fremdenlegionärs – in keinem wird seiner Zeit in der Fremdenlegion gedacht.

Er selbst war nicht so zimperlich, er hat seine Abenteuer bei der Legion in Nordafrika in einem Buch geschildert, zog es dabei jedoch vor, anonym zu bleiben.

Literatur:

[KUHN, ALBERT], Mein Lebensweg über Tübingen nach Algier und von der Kanzel zur Fahne, Stuttgart 1839.
BLAUMANN vom 3. Jan. 1891.
Service historique de l'armee de terre, Vincennes (Brief vom 27.02.1997).
Bureau des anciens de la Legion Étrangère, Aubagne (Brief vom 06.03.1997).

Albert von Pfister (1839–1907) – ein General

Militärs sind keine Literaten, Generale schreiben selten Bücher. Wenn sie es dennoch tun, dann behandeln sie meist Fragen der militärischen Taktik und Strategie, oder sie berichten mehr oder weniger nüchtern über ihre Erlebnisse und ihre Taten in den Kriegen und Feldzügen, in denen sie Kommandogewalt hatten.

Generalmajor Albert Pfister – genauer Albert von Pfister, denn mit dem Generalsrang war das Adelsprädikat verbunden – hat ein Soldatenleben lang militärisch gedacht und gefühlt, auch wenn er eigentlich nie heftige und blutige Gefechte erlebte; im Feld stand er nur im Bruderkrieg von 1866, der bekanntlich für die württembergischen Truppen einigermaßen kläglich bei Tauberbischofsheim endete. In seinen Berichten aus der Leutnantszeit erzählt er davon! 1870/71 im deutsch-französischen Krieg erhielt er einen *entsagungsvollen Auftrag*: Er mußte in der Heimat bleiben, in Ulm hatte er die Ersatztruppen auszubilden und für den Einsatz vorzubereiten, in den Krieg ziehen, das durfte er nicht.

Und doch fügt er sich nicht so ganz in das Bild, das man sich gemeinhin von einem deutschen Offizier des vergangenen Jahrhunderts macht. Denn Pfister schrieb Bücher, gewiß militärischen Inhalts, aber doch auf so hohem wissenschaftlichen Niveau, daß ihm 1905 der Ehrendoktorhut der John Hopkins-Universität in Baltimore verliehen wurde.

Und das kam so: Am 9. Mai 1905 jährte sich zum hundertstenmal der Todestag von Friedrich Schiller, den wollten die Schwaben in Amerika genauso würdevoll feiern, wie dies allerorts in der alten Heimat geplant war. Der württembergische König wurde gebeten, einen offiziellen Vertreter zu den Schillerfeiern in den Staaten zu senden. Die Landesregierung wählte den gebildeten General, ihr war bekannt, daß Albert Pfister besondere Neigungen zu Amerika hatte, schließlich hatte er ein zweibändiges

Albert von Pfister

Werk über *Die amerikanische Revolution 1775–1783* vorgelegt; daher war er der geeignete Repräsentant des Schwabenlands. Er selbst glaubte, daß die schwäbische und amerikanische Art, Denk- und Lebensweise sich ähnelten und anglichen und so Modell für die Zukunft einer geschäftigen, kulturell bürgerlichen, jedoch friedlichen Welt sein könnten.

Auf dieser Reise lernte er Wilhelm Rapp kennen, der zwar 12 Jahre älter war, aber genauso wie Pfister in der Erinnerung an fröhliche Jugendzeiten am Blaubeurer Seminar schwelgen konnte. Überhaupt – Württemberg … da gab es viel zu erzählen: Lehrer, die sie hatten, gemeinsame Bekannte, bestimmt wurden die politischen und sozialen Verhältnisse in Deutschland und Europa ausgiebig erörtert; man schied als Freunde, Pfister schrieb wenige Monate vor seinem Tod (Trossingen 19.10.1907) einen freundschaftlichen Nachruf auf Wilhelm Rapp, wahrscheinlich seine letzte publizistische Arbeit.

Albert Pfister gehörte dem Schwäbischen Schillerverein an, ebenso war er Mitglied im württembergischen Goethebund, selbstverständlich im Geschichts- und Altertumsverein in Württemberg, natürlich auch im Flottenverein – ein Mann also mit wissenschaftlichen Interessen und literarischen Neigungen, und doch ganz nationales Kind seiner Zeit. Und dies kam nicht von ungefähr!

General Pfister war nämlich einst im Blaubeurer Seminar, er bekam folglich im Kloster eine gründliche humanistische Bildung, die ihn aus der Menge seiner Standesgenossen heraushob. Der rauhe und schnoddrige Kasino-Ton ist ihm ohnehin zuwider, deshalb heben sich seine Erinnerungen von manchen, die seine Offizierskollegen verfaßt haben, wohltuend ab.

Wie geschah es aber, daß ein zum Theologiestudium Bestimmter Offizier werden will? Ein Onkel des Seminaristen lebte als Oberst in Ulm, diesen Verwandten hat Pfister öfters von Blaubeuren aus besucht, und so wurde der Keim zur Liebe zum Soldatenberuf in ihm angelegt. Zunächst stieß der Wunsch des jungen Mannes, Offizier zu werden, auf den Widerstand der Familie und des Seminars; wurde dann mit Beharrlichkeit überwunden; immerhin bezog Pfister die Kriegsschule in Ludwigsburg, blieb so im Lande, und im Zeichen von Thron und Altar, das in Württemberg besonders eng war, war die Berufswahl durchaus standesgemäß, auch wenn insgesamt nur wenige Militärs aus den evangelischen Seminarien hervorgingen.

Aus seiner Feder stammt *Fundstücke aus der Knabenzeit* – ein reizendes Erinnerungsbuch an seine Jugend. In vielen Details entfaltet der General ein farbiges Bild seiner Jugend; gewiß es ist zu schön, zu harmonisch gezeichnet, zu mächtig ist das Gedenken des alten Offiziers an längst vergangene Tage. Vor allem idealisiert er die sozialen Verhältnisse im württembergischen Dorf des vergangenen Jahrhunderts. In Münster bei Mergentheim wurde er am 6. Mai 1839 geboren und wächst unter idyllischen Bedingungen heran, zumindest hegt er diese Illusion. So nimmt Pfister zum Beispiel nicht wahr, daß er als *Pfarrersbub* von selbst im Dorf unter seinen Altersgenossen eine führende Sonderrolle einnahm. Selbst der reichste Bauer vergriff sich nie am Sohn des Pfarrers, während er nicht zögerte, meinte er, es gelte ein Kind eines armen Seldners abzustrafen. Auch mußte Pfarrers Albert niemals so hart körperlich arbeiten, wie dies seine Schulkameraden von Jugend an gewohnt waren.

Dennoch – ein schönes Buch, aus dem der Leser viel über Jugend vor weit über 100 Jahren erfahren kann. Uns interessiert besonders, was über das Leben im Seminar zu berichten ist. Seinen Einzug in Blaubeuren beschreibt Pfister so:

Der Tag der Einlieferung, an dem die neuen Studenten kommen, ist von je ein besonderer Festtag für das Städtchen. Blaubeuren, damals weltentlegen, sah fünfundvierzig neue Schüler aufziehen, um die vor wenigen Wochen Abgegangenen zu ersetzen. Mit jedem kam der Vater, der Vormund, der Oheim; mit einzelnen auch die Mutter. Schon vorher waren große Frachtwagen eingezogen, die ganze Habe der Neulinge, Betten, Kleider, Bücher enthaltend. Doch mußte noch manches fehlende Gerät oder Buch gekauft werden, namentlich auch der Spazierstock, der den heranwachsenden Jüngling vom bloßen Knaben unterscheidet.

In Wirtshäusern und bei Privaten wurde die Menge der Besucher untergebracht. Viele alte Bekannte begrüßten sich und setzten sich gemütlich zusammen. Die Jungen lernten sich kennen, strichen noch ein bißchen fremd und mißtrauisch aneinander herum; die Keckeren aber drängten sich vor und boten die Hand zum freundschaftlichen Gruß. Meine eigene Wichtigkeit schien mir in demselben Maße zu wachsen, als bekannt wurde, wie vor mir mein Vater und Großvater in diesem Seminar ihr Wissen geholt, wie ich also eigentlich auftrete als Inhaber eines historischen Rechts.

Im Seminar waren die Schüler streng gehalten; Pfister selbst spricht von einem Käfig, der sich nur für kurz bemessene Zeiten öffnete. Die knappe Freizeit wird entsprechend benutzt, voll Begeisterung stürzt die junge Promotion ins Freie und genießt die Landschaft um Blaubeuren:

Ein großer Teil der Kameraden hatte die nächstgelegenen Zauber ins Herz geschlossen: die Farbenwunder des

Blautopfes, den Steilhang am Gähhäldele und die Felszähne des Blauenstein, im Frühling umgaukelt von Apolloschmetterlingen.

Andere betrachteten als den Feiertag ihrer Seele den Gang aufs Rusenschloß und das Hinausblicken von dem Stand auf seinen Trümmern; auch das Hörnle mit seinem Weitblick fand Anhänger. Noch andere flüsterten geheimnisvoll, die Wunder der Greiffenburg (Günzelburg) bei Weiler übertreffe alles bisher Geschaute; den Metzgerfelsen müsse man erklettern und trotz des Verbots ein Bad im Blautopf nehmen. Eine Gruppe gab es auch, die einen besonderen Reiz des Daseins im Nachenfahren auf der Blau erblickte, sobald es möglich war ein Scheaf (Schiff) von einem Gerhauser Fischer zu erhalten.

Überaus freundlich beschreibt Pfister das tägliche Leben im Kloster, auch wenn er sieht, wie eintönig die Zeit dort verstrich (*Frohe Feste sahen wir eigentlich niemals.*) und wie einseitig – nämlich auf die griechischen und lateinischen Klassiker ausgerichtet – der Unterricht im Seminar war. Noch auf der Offiziersschule wunderte man sich über die bescheidenen Mathematikkenntnisse, die Albert Pfister von Blaubeuren mitbrachte, die er aber rasch im Selbstunterricht kompensieren konnte.

Er erinnert sich dankbar der guten Freundschaft, welche die Zöglinge untereinander hielten. Mit mildem Spott schildert er die Lehrer in ihren Eigentümlichkeiten, so etwa Ephorus Gustav Heinrich Schmoller (Ephorus 1847–1859), der die merkwürdige Angewohnheit hatte, die Schüler von der rückwärtigen Seite des Klassenzimmers aus zu unterrichten.

Der ersten Liebe wird gedacht – stumm und von weitem verehrte der spätere General eine Blaubeurer Bürgerstochter, die natürlich von dieser stillen Anbetung nichts wußte. Ihretwegen und aus *giftiger Eifersucht* versuchte er das Spielen auf dem Fagott zu erlernen, weil er fürchtete, ohne sein Beisein beim Konzert der Seminaristen könne sie *ihren Beifall kundgeben, wenn die nichtsnutzige Violine so einschmeichelnd bat oder wenn die Flötentöne sich ins Herz schlichen.* Am Konzertabend versagte dann Pfister völlig: Er blies zwar die Backen auf, hütete sich jedoch, auch nur einen Ton von sich zu geben vor lauter Angst, und zwar berechtigter, falsch zu spielen.

Mit Behagen denkt Pfister an die klamme Sorge zurück, die ihn erfaßte, als er eines schönen Tages zum Ephorus bestellt wurde. Der begrüßte ihn mit der düsteren Frage, wessen er sich bewußt sei. Pfister gibt kurzentschlossen zu, verbotenerweise geraucht zu haben und hatte das *Auch das noch!* des empörten Ephorus noch im Ohr, als er zur Strafe in den Karzer marschierte. War er doch nur angeklagt, im Wirtshaus am Schützenbach Bier getrunken zu haben!

Pfister trug deshalb dem Ephorus nichts nach, im Gegenteil – er lobt dessen Herzensgüte. Auch den anderen Professoren und Repetenten sagt er Gutes nach, insbesondere schätzt er Julius Weizsäcker (am Seminar 1852–1855), den nachmaligen Professor für Geschichte an der Universität Berlin, weil dieser die Schüler in der Freizeit mit den Werken Shakespeares bekannt gemacht hatte.

Man sieht, in Blaubeuren fühlte sich Albert Pfister wohl. Entsprechend wehmütig erinnert er sich des Abschieds von Blaubeuren.

Als wir so auf der Straße von Blaubeuren nach Ulm dahinrollten, mit den Erinnerungszeichen in den Händen, wie oft haben wir zurückgesehen! Den Omnibus füllten die ruhigeren Seelen; in den offenen Chaisen hatten die vom Abschiedsschmerz Bewegten Platz genommen, unablässig sich erhebend und sich überbeugend, um zu winken, um noch einmal mit wehmutsvollem Blick geliebte Gegenstände zu treffen. Erst als wir keine Ecke, keinen Zipfel des ins Herz geschlossenen Erdflecks zu erkennen vermochten, erst jetzt blickten wir nach derjenigen Richtung, nach der wir fuhren – nach der Zukunft, die glatt und vorausbestimmt vor den einen lag, vor den anderen aber unsicher und dunkel wie noch kaum entdecktes Land.

Literatur:

PFISTER, ALBERT, Pfarrers Albert. Fundstücke aus der Knabenzeit. Stuttgart, Berlin, Leipzig: DVA: 1901.
HARTMANN, R.J., Albert Pfister. In: Biographisches Jahrbuch und Deutscher Nekrolog XII, 1907, S. 61–67.

Ein Deutsch-Amerikaner – Wilhelm Rapp (1827–1907)

In Chicago wurde das Buch veröffentlicht – in deutscher Sprache; 1890 wurde es in die altehrwürdige Bibliothek des Kongresses in Washington aufgenommen, gedruckt wurde es von einem gewissen Franz Gindele, einem Schwaben aus der Monroe-Street, der Verfasser heißt Wilhelm Rapp, und er war einst Seminarist in Blaubeuren.

Erinnerungen eines Deutsch-Amerikaners an das alte Vaterland – so lautet der Titel des Bändchens. Und das Buch zeugt von einer überwältigenden Liebe zu Deutschland und zum Schwabentum: Der Verfasser kann sich nicht genug darin tun, die deutschen Verhältnisse zu loben; ob das die Städte sind, zumal die schwäbischen – Geislingen, Heilbronn, Reutlingen und Stuttgart, sie werden überschwenglich gefeiert. Das *fromme, frohe und schöne München* wird gerühmt. Das Lob gilt den deutschen Dichtern, vor allem Friedrich Schiller steht im Mittelpunkt der Verehrung: Daß Chicago bis auf den heutigen Tag ein Schillerdenkmal besitzt, verdankt die Stadt der Initiative Rapps.

Rapp hielt auch die Festreden bei der jährlichen Schillerfeier, bei der die Statue des Dichters im Lincoln-Park festlich bekränzt wurde, er war Vorsitzender im Schwabenverein, als er starb (Chicago am 1.3.1907), wurde er als *Patriarch der Deutschamerikaner* gewürdigt.

Mit fast rührenden Worten gedenkt Wilhelm Rapp der kleinen Leute in der alten Heimat, dem Bauersmann ebenso wie dem Landarzt, dem *abgerackerten kleinen Wengerter*, wie dem Landpfarrer; Rapp war sich wohl bewußt, daß er einst im Seminar in Blaubeuren und im Stift zu Tübingen auf gerade so eine Existenz als kleiner Pfarrherr hinarbeitete. Es kam ganz anders.

Ja, wie geschah es denn, daß so ein glühender Verehrer deutscher Kultur und deutscher Landschaft überzeugter Amerikaner wurde und schließlich auch blieb?

Die politischen Verhältnisse im damaligen Deutschland nötigten Rapp – wie so viele andere auch – in den Vereinigten Staaten Zuflucht, Heimat und letztlich berufliche Erfüllung zu suchen. Als *jugendlicher Feuerkopf* begeisterte sich Rapp an den demokratischen Idealen der deutschen Revolution von 1848 und glaubte, mit Waffengewalt die Republik und die bürgerlichen Freiheitsrechte herbeizwingen zu können. Das kriegerische Unternehmen scheiterte kläglich, Rapp konnte froh sein, nur ein Jahr auf dem Asperg, *der Warze, die das Antlitz des Schwabenlands entstellt,* verbringen zu müssen. Ein anderer württembergischer Theologiestudent – Ernst Elsenhans – wurde unter den Wällen der Rastatter Festung standrechtlich erschossen.

Rapp hatte an der berühmten Reutlinger Versammlung an Pfingsten 1849 teilgenommen, wo Tausende auf den Knien *Gut und Blut* gelobten, um die Reichsverfassung durchzusetzen; etwa 30 Entschlossene sind dem *Hauptmann* Rapp nach Baden gefolgt, um die Republik zu verteidigen. In ein richtiges Gefecht kamen sie nicht, sie mußten nach Süden ausweichen und retteten sich in die Schweiz. Dort gelobte Rapp, niemals in einem monarchischen Lande leben zu wollen. Beim Besuch im Elternhaus zu Trossingen wurde Rapp sofort verhaftet, beim folgenden Hochverratsprozeß freigesprochen.

Fortan war eine Anstellung im Lande so gut wie ausgeschlossen, ja, es sieht so aus, als habe man Rapp von der Festung entlassen, weil er sich verpflichtete, umgehend das Land zu verlassen und in den Staaten neu zu beginnen; Rapps Vater war Pfarrer in Trossingen und hatte entsprechenden Einfluß, um dem Sohn die Freiheit zu verschaffen. Der Aufenthalt in den USA war nur als vorübergehend gedacht.

Wilhelm Rapp verließ so die Heimat, und er hatte genug zu tun, um als Journalist in der Neuen Welt seinen Lebensunterhalt zu verdienen. Es spricht für die gediegene Bildung, welche das Seminar in Blaubeuren seinem Zögling vermittelt hatte, denn als Altphilologe mußte er jetzt englische Texte redigieren und ins Deutsche übersetzen. Aber er tat dies mit Erfolg – zuletzt war er Chefredakteur beim *Illinois Staatsanzeiger* – der Tageszeitung, die damals noch in deutscher Sprache erschien.

Bis es soweit kam, hatte er manche schwierige Situation zu meistern. Feuerkopf, der er war, hatte er sich ganz der republikanischen Sache verschrieben und heftig gegen die Sklaverei in den Südstaaten gewettert, und das im Staate Maryland, der mit den Südstaaten sympathisierte. Im *Baltimore Wecker* griff er vehement die Praxis der Sklavenhalterei an. Und so brachte er Teile der Einwohnerschaft gegen sich auf, und er mußte sich vor der Volkswut retten: *We want Rapp!* und *Hang Rapp!* Die Situation war so bedrohlich, daß er – wie sinnig – als Geistlicher, der er nie werden sollte, verkleidet, Baltimore verlassen mußte.

Die Gründung des Deutschen Reiches 1871 hat Wilhelm Rapp lebhaft begrüßt, hatte sich doch einer der Jugendträume, für die er einst die Waffe ergriffen hatte, verwirklicht: Die nationale Einheit der Deutschen war erreicht, auch wenn der Bismarcksche Staat nicht seinen republikanischen Idealen von Demokratie entsprach. So verzieh er dem preußischen Staate, den er 1849 in Reutlingen zum *Reichsfeind* erklärt hatte; lobt sogar den zuvor als *bittersten Gegner* bezeichneten Bismarck, weil dieser wenigstens drei fürstliche Dynastien aus Deutschland vertrieben hatte, auch wenn Rapp es lieber gesehen hätte, er wäre nach der *Lieblingsmelodie* der 48er verfahren: *Fürsten zum Land hinaus.*

Klar wird hier, daß der Republikaner Rapp nach Argumenten fischt, um seine Zustimmung zur monarchischen Gründung der deutschen Einheit zu begründen: Bismarck hat mit den Welfen aus Hannover (die englischen Könige), dem Haus Glücksburg aus Schleswig-Holstein (die dänische Königsfamilie) und den Habsburgern (das österreichische Kaiserhaus) in der Tat drei Dynastien aus Deutschland hinausgedrängt, aber Bismarck blieb dennoch treuer Anhänger des monarchischen Prinzips; daher regierten die übrigen deutschen Fürstenfamilien bis zum Ende des Kaiserreichs.

Überhaupt wirkt der jugendlich begründet und im Alter gepflegte Haß auf die Fürsten bei Wilhelm Rapp etwas aufgesetzt; vor allem, wenn man dann in seinen Erinnerungen wenige Seiten weiter lesen kann, wie ergriffen er war, welch eigentümlicher Schauer ihn durchzog, als er in der Garnisonskirche von Potsdam am Sarge Friedrichs des Großen stand (Rapp nennt ihn *Friedrich den Edlen!*)

Bei aller Erfurcht vor der absoluten Herrschergestalt des alten Fritz' meldet sich bei Rapp doch auch wieder republikanische Überzeugung – am Sarge George Washingtons in Mount Vernon habe er sich noch tiefer ergriffen gefühlt.

In Chicago hält er 1874 eine Rede über die deutsche Reichsgründung – voll deutschnationalem Stolz: *Mit Rührung blicken wir auf das schwarzrotgoldene Band als Symbol idealen und schmerzlichen Sehnens und Ringens nach der Einheit und Freiheit Deutschlands. Aber wir trauern nicht, sondern wir freuen uns über die Verdrängung von Schwarzrotgold durch eine andere lebenskräftigere und mächtigere Flagge, deren Farben ... heute das vom ganzen Erdkreis anerkannte Symbol deutscher Kraft und Macht sind: schwarz, weiß und rot.*

Seine Reisen in Deutschland führten den Deutschamerikaner – auch nach Blaubeuren zurück, hier war er Seminarist gewesen (geboren in Lindau am 14.7.1827), er gehörte zur Promotion 1841–1845, und er lobt Landschaft und Städtchen, Kloster und Blautopf so, daß man spürt, hier muß der Verfasser sich glänzende Erinnerungen bewahrt haben. Doch spielt ihm das Gedächtnis einen Streich, wenn er schreibt:

Als wir den schönsten der dortigen Berge erstiegen, vermißte ich auf den Trümmern der uralten Burg der Grafen von Ruck, des alten Rusenschlosses schmerzlich den kühnen steinernen Bogen, der sich über den Felsabgrund gewölbt hatte ...

Wir wissen nicht, wann der Bogen des Rusenschlosses zerstört oder abgebrochen wurde. Rapp kann aber unmöglich den vollständigen Bogen gesehen haben, denn bereits eine Zeichnung aus dem Jahre 1828 zeigt den Zustand, in dem sich das Rusenschloß noch heute befindet. Immerhin zeigt dieses *Versehen*, daß Rapp seine Jugendheimat Blaubeuren strahlender in der Erinnerung bewahrte, als sie tatsächlich war.

Ganz voller Bewunderung spricht sich Wilhelm Rapp über die Albwasserversorgung aus, wußte er als Kenner der Schwäbischen Alb doch, was es bedeutete, die trockene Hochfläche ausreichend mit Wasser versorgen zu müssen. Voll Genugtuung berichtet er über die positiven Veränderungen, welche die Dörfer auf der Alb seit seinen Jugendjahren inzwischen genommen hatten.

Auch sonst lebte Rapp in der alten Heimat wieder auf, schrieb Zeitungsartikel *Zum Ruhme des Schwabenthums* – aber der Heimat blieb er verloren: Am 21. August 1889 bestieg er in Bremerhaven den Dampfer, der ihn in die Staaten zurückbringen sollte. Noch einmal kehrte er in die alte Heimat zurück, und da wurde ihm der Abschied so schwer, daß er verkündete, für immer Deutschland verlassen zu wollen, denn er könne nicht noch einmal die Schwere des Scheidens ertragen.

Literatur:

Biographisches Jahrbuch und Deutscher Nekrolog 12, 1907, S. 58–61.
PFISTER, ALBERT, Nachruf auf Wilhelm Rapp. In: Schwäbischer Merkur vom 4. März 1907.
RAPP, WILHELM, Erinnerungen eines Deutschamerikaners an das alte Vaterland. Chicago: 1890.
Schwäbischer Merkur vom 9. März 1907.

Karl Schmückle (1898–1938) – Kommunist aus Idealismus

Gompelscheuer – dieser Weiler ist nur Landeskundigen im Schwarzwald bekannt, der Talort Enzklösterle ist geläufiger, aber recht entlegen. Dort – am Ursprung der Enz – wurde Karl Schmückle am 9.9.1898 geboren.

Ein verschlungen verlaufender Lebensweg führte ihn in die Sowjetunion, dort endete er am 14. März 1938 vor einem Erschießungskommando der sowjetischen, stalinistischen Geheimpolizei.

Bürgerlicher Herkunft – der Vater war Förster – schlug der junge Schmückle die Laufbahn vieler Hochbegabter ein. Landexamen, Seminare in Maulbronn und Blaubeuren. Sein Weg zum Stift wurde infolge des ersten Weltkrieges unterbrochen, bereits das Seminarleben wurde vorzeitig mit einem Notabitur Weihnachten 1916 beendet, um die Seminaristen früher zum Militär einziehen zu können. Nach der Ausbildung zum Grenadier kämpfte er beim IR 120 an der Westfront im Ypernbogen 1917 und erneut in der letzten deutschen Offensive Frühjahr 1918. Das IR 120 hieß das Kaiserregiment, nach seinem nominellen Chef Kaiser Wilhelm; es ist eines der württembergischen Regimenter mit den größten Verlusten. An seinem Denkmal am Ulmer Michelsberg wird die Zahl der Gefallenen mit 4051, mehr als das Regiment beim Auszug 1914 Soldaten hatte, angegeben, die Zahl der Verwundeten ist nicht gezählt.

Zu den schwer Verwundeten gehörte Karl Schmückle. Mag sein, daß die lange Zeit der Rekonvaleszenz Raum genug bot, um die Schrecken des Krieges wieder und wieder zu verarbeiten; wahrscheinlich hat sich in diesen Monaten der persönlichen und staatlichen Umbruchs im Denken des jungen Mannes ein Schnitt vollzogen. Zwar bezog er noch das Stift in Tübingen, studierte auch Theologie, gehörte aber andererseits zu den Gründungsmitglieder einer sozialistischen Studentengruppe, die alsbald heftig in Tübingen agitierte und immer stärker kommunistische Vorstellungen diskutierte und schließlich vertrat. Zuvor soll er in Ulm Mitglied des Soldatenrates und des Spartakusbundes gewesen sein – im Ulmer Archiv war dies bis jetzt nicht nachzuweisen.

Vom Stiftsephorat ermahnt und diszipliniert, verließ Schmückle im Sommer 1920 das Stift; studierte als überzeugter Kommunist in Berlin Volkswirtschaft und promovierte 1924 in Jena zum Dr. rer. pol. und widmete sich in der Folgezeit ganz der kommunistischen Sache, hauptsächlich literarisch als Journalist. Als Wissenschaftler wurde er nach Moskau geschickt, um dort am Marx-Engels-Institut bei der Herausgabe der geplanten großen Marx-Engels-Gesamtausgabe (MEGA) mitzuhelfen. Er hat russische Klassiker des Sozialismus ins Deutsche übertragen, z.B. verantwortete er die deutsche Ausgabe des 18. Bandes von Lenins gesammelten Werken. Weitere zahlreiche Schriften stammen aus seiner Feder. – In Moskau lernte er seine spätere Frau Anne Bernfeld kennen, die gleich ihm an der Herausgabe der Dokumente arbeitete.

Wie kam es nun, daß dieser eher stille Gelehrte in die Mühlen der stalinschen Säuberungen geriet?

Seit dem Zusammenbruch der kommunistischen Regimes in Osteuropa werden Stück für Stück Dokumente bekannt, die Einblicke gewähren in die menschenverachtende Praxis totalitärer, in diesem Fall kommunistischer

Forsthaus in Gompelscheuer, Geburtsort Schmückles

Systeme, vor allem zeigen sie, zu welch bitterem Opportunismus deutsche linke Literaten und Intellektuelle fähig sein konnten, wenn es galt, die eigene Haut zu retten.

Sie mußten in ihrem selbstgewählten Moskauer Exil erkennen, daß die Säuberungen Stalins sie nicht verschonen würden und wurden so Opfer des stalinistischen Terrors. Damals war jedermann gefährdet, und die deutsche kommunistische Intelligenz hatte von 1933 an zunehmend erfahren, daß selbst die engsten Mitarbeiter Lenins als Konterrevolutionäre liquidiert werden konnten. Damit war klar, daß die stalinistischen Säuberungswellen nicht nach einer wie auch immer gearteten Schuld suchten, sondern es galt, Zweifel an auch nur ansatzweise denkbar werdender Unzuverlässigkeit zu zerstreuen.

Während der großen Säuberungswellen gibt es überhaupt nur ein Mittel, die eigene Zuverlässigkeit zu beweisen. Und das ist die Denunziation seiner Freunde (Hannah Arendt).

Wir wissen (noch?) nicht im Detail, wessen Schmückle beschuldigt wurde, allgemein schon: *Verbindung mit parteifeindlichen Elementen;* wir wissen ebenfalls nicht, wie er sich verteidigte, in einem Brief an das ZK der KPD bat er um Hilfe; eins jedoch steht fest, von seinen Bekannten und Freunden war er sofort verlassen. Wer gehörte dazu? Vier Tage lang mußten sie unter sowjetischer Aufsicht über den Fall Schmückle diskutieren, die Protokolle sind jüngst erst veröffentlicht worden; erbärmlich genug zu lesen, wie keiner dem Schmückle getraut haben wollte, allen anderen aber enge Kontakte mit Schmückle unterstellt werden, wie jede Einlassung der sowjetischen Kontrolleure mit Beflissenheit kritik- und bedingungslos begrüßt wurde. Je länger die Sitzungen sich hinziehen (es waren Sitzungen in der Nacht, z. T. bis in den frühen Morgen), desto mehr gerät der *Fall Schmückle* an den Rand der Diskussion, desto eher häufen sich gegenseitige Beschuldigungen aller Art, meist recht allgemein gehalten, so daß im nachhinein nicht mehr zu erkennen ist, wessen man sich konkret beschuldigte.

Wir können heute leicht urteilen, jenseits aller Gefährdung, in der Sowjetunion des Jahres 1936 war allen Beteiligten bewußt, daß es um Leben und Tod ging, die stalinistischen Säuberungen hatten begonnen. Die deutschen Emigranten bekamen zu sehen, wie die engsten Kampfgefährten Lenins des Verrats bezichtigt und hingerichtet wurden (Bucharin, Rykow u.a.), wohl ahnten sie auch die Verhörpraxis in den Gefängnissen der NKWD. Sie kannten die Methode der Selbstkritik, die innerparteilich und öffentlich Praxis wurden, offiziell sollte sie der Reinheit der Partei dienen, offen und unnachsichtig sollte sich jedes Parteimitglied den Fragen der Genossen stellen und Rechenschaft über sein politisches und privates Leben ablegen. Bald jedoch wurden verdeckte Machtkämpfe, innerparteiliche Rivalitäten und persönliche Feindschaften instrumentalisiert. Das ganze Sowjetsystem war davon befallen. Was sollten die deutschen Asylanten davon denken und wie sich verhalten?

Sie hatten Frauen und Kinder, lebten im russischen Exil, eine Rückkehr nach Deutschland war in der NS-Zeit völlig ausgeschlossen; sie hatten fürchterliche politische Umbrüche erlebt: 1. Weltkrieg, Russische Revolution, Weimarer Republik, Hitlers Machtergreifung, Inflation, Deflation, Flucht Verfolgung, Exil und jetzt auch im gelobten Vaterland der Revolution, die sie als humanistische verstanden, Intrige, Verrat, Sabotage, Konterrevolution! *Wachsamkeit* war ein vielgenanntes Wort, *Wachsamkeit* gegen antisowjetische Umtriebe – und sei es auch nur, um selbst nicht als *Abweichler* des Verrats bezichtigt zu werden. So wurde der eigene Bruder verdächtigt, die Ehefrau bezichtigt – der totale Staat triumphierte.

Heute bedrücken andere, schlimme Erfahrungen: Nach Ende der stalinistischen Ära haben viele Betroffene, Verwickelte weiter geschwiegen bzw. ihre wenig rühmliche Rolle, ihren Anteil an den stalinistischen Säuberungen geleugnet, geschönt und verheimlicht.

Dabei machten sie nach dem Ende des Weltkrieges Karriere, bekamen und besaßen Einfluß:

Georg Lukács (1885–1971) ungarischer Germanist, vielgefeierter Literaturwissenschaftler gerade in der Bundesrepublik.

Johannes R. Becher (1891–1958) Schriftsteller, Kultusminister in der DDR.

Herbert Wehner (1906–1990) langjähriger Fraktionsvorsitzender der SPD im deutschen Bundestag.

In deren autobiographischen Schriften steht nichts von dem, was durch die neuen Dokumente zweifelsfrei belegt ist: Vom Schicksal Schmückles – den sie persönlich alle kannten – findet sich keine Spur.

In der endlosen Diskussion der deutschen Intellektuellen im Exil stand Schmückle als absoluter *Schädling* (Lukács), als *Faschist* fest (Willi Bredel, den hatte Schmückle im oben erwähnten Brief noch als Gewährsmann für die Integrität seiner Person angegeben!), und dennoch wird aus den seitenlangen Protokollen, wird auf keinem Blatt eine konkreter Vorwurf laut. Wir müssen davon ausgehen, daß Karl Schmückle nicht schuldig war im Sinne einer Kritik am oder gar einer Verschwörung gegen den Sowjetstaat. Der Stalinismus verlangte vorbehaltlose Unterwerfung unter den Führungsanspruch der Partei, blinden und vorauseilenden Gehorsam; Zweifel, Bedenken, selbst leise Abweichungen galten als Opposition, und Opposition war gleich Verrat. *Dieses Gesindel muß vom Angesicht der Erde getilgt und erschossen werden*, so lautete die Parole!

Schmückle selbst dürfte die Anklagen überhaupt nicht verstanden haben, war er doch in die Sowjetunion gegangen, um mit seinen humanistischen Kenntnissen ein wissenschaftliches Werk voranzutreiben, nämlich die Herausgabe sämtlicher Schriften des Karl Marx. Dazu bedurfte es besonderer Kenner, die in Rußland nicht ohne weiteres vorhanden waren, nicht allein Deutschkenntnisse waren gefragt, deutsche Schriften aus dem Briefwechsel waren zu entziffern, und man mußte ein guter Kenner der geistigen Landschaft im Deutschland des vergangenen Jahrhunderts sein, wenn man die vielen Andeutungen oder schwer verständlicher Textstellen in den Texten und Manuskripten und vor allem der Briefe erhellen will. Hinzu kommt, daß Karl Marx bei seine Lesern selbstverständlich einen humanistischen Bildungskatalog vorausgesetzt hatte – von seiner Bildung im Blaubeurer Seminar und seinem Theologiestudium in Tübingen her war Karl Schmückle bestimmt geeignet, als wissenschaftlicher Mitarbeiter an der großen Marx-Ausgabe zu fungieren.

Möglicherweise hat er noch an die Reinheit der kommunistischen Lehre, zumindest an seine eigene Aufrichtigkeit und Überzeugungstreue geglaubt, als manche seiner Mitstreiter das Elend des Stalinismus bereits sahen und um ihre pure Existenz kämpften, indem sie alte Freunde und überzeugte Kommunisten den Schergen Stalins zulieferten. *Freiwillige Blindheit* war die uneingestandene Verhaltensweise vieler linker Intellektueller.

Mustert man die Liste der deutschen Kommunisten, die im Rußland Stalins Zuflucht suchten, so fällt auf, daß viele vom Kommunismus idealistisch Begeisterte ihr Leben verloren – Carola Neher, Heinrich Süßkind, Heinz Neumann, Hermann Remmele (oder gar an Hitler-Deutschland ausgeliefert wurden), hingegen opportunistische Intellektuelle infolge zynischen Ans-Messer-Lieferns ihrer Bekannten überlebten und später reüssierten, obgleich manche, die denunziert hatten, oft ganz rasch ihrerseits Angeklagte waren. Ganz Clevere – wie Bertolt Brecht – hatten sich nicht ins geliebte Vaterland des Sozialismus geflüchtet, sondern lieber in der erzkapitalistischen USA Exil erbeten.

Karl Schmückle wurde am 30.11.1937 verhaftet, nachdem er bereits im Jahr zuvor als Parteifeind bezeichnet und aus der Partei ausgeschlossen worden war. Alle seine Proteste und Eingaben blieben wirkungslos. Am 24. Januar 1938 wurde Schmückle wegen Spionagetätigkeit zum Tod durch Erschießen verurteilt, das Urteil am 14. März 1938 vollstreckt.

Literatur:

JANKA, WALTER, Die Selbstzerstörung der Intelligenz. – In: FAZ vom 4.01.1992.

MERLEAU-PONTY, MAURICE, Humanismus und Terror. 2 Bde., Frankfurt: Suhrkamp 1966.

MÜLLER, REINHARD (Hg.), Georg Lukács, Johannes R. Becher, Friedrich Wolf u.a., Die Säuberung. Moskau 1936: Stenogramm einer geschlossenen Parteiversammlung. Reinbek bei Hamburg: Rowohlt 1991.

MÜLLER, REINHARD, Die Akte Wehner. Moskau 1937–1941. Berlin: Rowohlt 1993.

SCHMID, MANFRED, Karl Schmückle – Ein schwäbischer Marxist in Moskau. – In: Schwäbische Heimat 2/1992, S.108–111.

TISCHLER, CAROLA, Flucht in die Verfolgung. Deutsche Emigranten im sowjetischen Exil – 1933–1945. Münster: LIT 1996 (= Arbeiten zur Geschichte Osteuropas 3).

Julius von Jan (1897–1964) und die Predigt gegen den NS-Terror

Aus Gerhausen stammt ein stiller, eher scheuer, aber letztlich doch mutiger Mann, der es sich aber auf das bestimmteste verbeten hätte, würde er ein Held genannt. Und doch ragt sein Tun aus der Menge der Mitläufer so hervor, daß ihm hier ein Denkmal gesetzt werden muß.

Die Rede ist von Julius von Jan, Pfarrer in Oberlenningen.

Julius von Jan ist zwar nicht in Gerhausen geboren, aber doch ist Gerhausen sein Jugendparadies. Er selbst spricht von einer *sonnigen Jugend,* die er in Gerhausen erleben durfte. Geboren 1897 in Schweindorf (O. A. Neresheim), kam er mit seinen Eltern und Geschwistern 1903 nach Gerhausen: Sein Vater Albert von Jan war Pfarrer in Gerhausen geworden, übrigens der erste selbständige Pfarrer im Ort, zuvor wurde Gerhausen seelsorgerisch von Pappelau aus oder von Pfarrverwesern versorgt. Die Familie von Jan stammt aus Franken, ein Vorfahre wurde als fürstlich hohenlohischer Konsistorialrat in Weikersheim geadelt: Sie blieb jedoch über Generationen hinweg dem Pfarrberuf verpflichtet – eine der wenigen württembergischen Pfarrsfamilien, welche das Adelsprädikat führte.

Julius von Jan ging in Gerhausen zur Schule, wechselte dann auf die Lateinschule in Blaubeuren, bestand das Landexamen, das ihn zum Besuch der evangelisch-theologischen Seminare in Maulbronn und später Blaubeuren berechtigte. Er kannte folglich in Blaubeuren jeden Schritt und Tritt und wohl auch alle Leute. Über seine Seminarzeit schreibt er. *Diese drei Jahre leuchten in schönster Erinnerung an Professoren und Repetenten, an Freundschaft und edler Begeisterung.* Im Seminar lernte er Otto Mörike kennen, seinen lebenslangen Freund und Mitstreiter in der Bekennenden Kirche, der ebenfalls schwerste Konflikte mit den nationalsozialistischen Machthabern zu bestehen hatte.

Freiwillig meldete er sich wie sein älterer Bruder Richard zu den Fahnen in der nationalen Begeisterung beim Ausbruch des ersten Weltkrieges. Richard von Jan ist im Kriege gefallen; auch um das Leben Julius von Jans hatten die Eltern zu fürchten, denn er war in englische Gefangenschaft geraten, und es dauerte und dauerte, bis ein Lebenszeichen von ihm ins Pfarrhaus kam.

Nach dem Kriege studierte er Theologie, in Tübingen, wie es sich für einen württembergischen Theologen gehört, und Julius von Jan schickte sich an, den Dienst in der Landeskirche mit stillem Engagement anzutreten. Vikariate in Deizisau, Weilimdorf, Neuenbürg, Steinenberg wechselten, schließlich wurde er Pfarrer in Herrentierbach im Hohenlohischen, später in Brettach. Um näher am Elternhaus zu sein, ließ sich Pfarrer von Jan nach Oberlenningen versetzen und radelte von dort öfters nach Gerhausen bzw. nach Blaubeuren, wo die Eltern mittlerweile im Ruhestand lebten.

Von Hause aus national eingestellt, als Seelsorger politisch nicht aktiv und eher zurückhaltend, geriet er während des Dritten Reiches immer mehr in Gewissensnot und in Distanz zu den Mächtigen in Staat und Gesellschaft.

Die sogenannte Reichskristallnacht vom 9. November 1938, in der schwerste Ausschreitungen gegen jüdische Mitbürger vom staatlichen Organen gefördert, erlaubt und toleriert wurden, nahm Pfarrer Julius von Jan zum Anlaß, öffentlich von der Kanzel in Oberlenningen am Bußtag – 16. Nov. 38 – zu sagen:

O Land, Land, Land, höre des Herrn Wort – unter diese Worte des Propheten Jeremia stellte er seine Predigt. Nach der Exegese des Bibelwortes und seines Zusammenhanges, der drei unbußfertigen Könige Jerusalems, von denen der dritte König – Jojachim – nur drei Monate regierte, bis seine Herrschaft unterging, wandte der Geistliche das biblische Exempel auf die Gegenwart, und er ging auf den Mord von Herrschel Grünspan am deutschen Gesandten in Paris und auf das häßliche Judenpogrom in Deutschland ein:

Ein Verbrechen ist geschehen in Paris. Der Mörder wird seine gerechte Strafe empfangen, weil er das göttliche Gesetz übertreten hat.

Wir trauern mit unserm Volk um das Opfer dieser verbrecherischen Tat. Aber wer hätte gedacht, daß diese eine Verbrechen in Paris bei uns in Deutschland so viele Verbrechen zur Folge haben könnte? Hier haben wir die Quittung bekommen auf den großen Abfall von Gott und Christus, auf das organisierte Antichristentum. Die Leidenschaften sind entfesselt, die Gebote Gottes mißachtet, Gotteshäuser, die anderen heilig waren, sind ungestraft niedergebrannt worden, das Eigentum der Fremden geraubt oder zerstört, Männer, die unsrem deutschen Volk treu gedient haben und ihre Pflicht gewissenhaft erfüllt haben, wurden ins KZ geworfen, bloß weil sie einer anderen Rasse angehörten! Mag das Unrecht auch von oben nicht zugegeben werden – das gesunde Volksempfinden fühlt es deutlich, auch wo man nicht darüber zu sprechen wagt.

Und wir als Christen sehen, wie dieses Unrecht unser Volk vor Gott belastet und seine Strafen über Deutschland herbeiziehen muß. Denn es steht geschrieben. Irret euch nicht! Gott läßt seiner nicht spotten. Was der Mensch sät, das wird er auch ernten!

Ja, es ist eine entsetzliche Saat des Hasses, die jetzt wieder ausgesät worden ist. Welche entsetzliche Ernte wird daraus erwachsen, wenn Gott unsrem Volk und uns nicht Gnade schenkt zu aufrichtiger Buße.

Und Pfarrer Jan schloß die Predigt mit den Worten: *Gott Lob! Es ist herausgesprochen vor Gott und in Gottes Namen. Nun mag die Welt mit uns tun, was sie will. Wir stehen in des Herren Hand. Gott ist getreu. Du aber o Land, Land, Land, höre des Herrn Wort! Amen.*

Diese Predigt mußte Aufsehen erregen in einer Zeit, die widerhallte von Schlachtrufen und Treuegelöbnissen für den Führer.

*Auf dem Miste kräht der Hahn –
Ins Kittchen muß der Pfarrer Jan!*

Das war die Resonanz auf die mutige Predigt – die Kirchheimer SA hatte mobil gemacht: Am 25. November überfiel sie Oberlenningen und ganz speziell das Pfarrhaus: Pfarrer von Jan weilte auswärts, dennoch wurde das ganze Haus durchsucht, die Fensterscheiben im Untergeschoß eingeschlagen.

Als der Pfarrer aus Schopfloch zurückkehrte wurde er aufs schwerste mißhandelt:

Die Menge hatte sich dicht herangedrängt und begann sofort auf Pf. v. Jan entsetzlich einzuhauen. Die Fäuste flogen nur so. Grauenvoll war der Anblick der rasend gewordenen Menschen. Immer wieder wurde der Misshandelte hochgehoben, um dann erneut geschlagen, gestossen, gepufft u. getreten zu werden. Der Landjäger suchte der Menge Einhalt zu gebieten. Jetzt ist's aber genug!

Plötzlich wurde v. Jan auf das Dach eines Holzschuppens gegenüber dem Pfarrhaus geworfen. Einer der Wüstlinge stieg nach u. versetzte dem regungslos Daliegenden noch einen gewaltigen Stoss, nachdem er ihn zuvor ein Stück hochgezogen hatte. Geraume Zeit blieb der Pf. auf dem Dach liegen ...

Julius von Jan wurde weiter mißhandelt und beschimpft:

Unglaublich, dass solche Dinge heute geschehen dürfen. Wenn der Pf. etwas Unwahres gesagt oder etwas Unrechtes getan hat, dann möge das ordentliche Gericht einschreiten u. ihn zur Rechenschaft ziehen. Warum darf ein Mann, der zudem den ganzen Weltkrieg als Freiwilliger mitgemacht u. 2 Jahre in englischer Gefangenschaft war, auf solch brutale u. unsagbar beschämende Weise misshandelt u. verhaftet werden???

Niemals haben wir Oberlenninger so etwas für möglich gehalten u. würden's auch nimmer glauben, wenn wir es nicht selbst so bitter erlebt hätten.

So der Bericht der Augenzeugen aus Oberlenningen.

Pfarrer von Jan wurde nach Kirchheim ins Gefängnis abtransportiert, wo er – wie er selbst schreibt – *die Schutzhaft wirklich dankbar als einen Schutz empfand.*

Aus der Haft in Kirchheim hat sich ein Brief an die Eltern in Blaubeuren erhalten (vom 27.12.38), in dem folgendes zu lesen ist.

Liebe Eltern!

Ihr könnt Euch kaum denken, wie viel Liebes ich an diesem Weihnachtsfest erfahren durfte aus der Gemeinde Oberlenningen u. von der Gemeinde Christi im ganzen Land u. Reich. Das war ein ganz einzigartiges Erlebnis nicht nur für mich, sondern auch für Marthl [Frau von Jan] und wie schön war es, wie Marthl, Liesel u. Schwester Johanna mir hier im Besuchszimmer einen Weihnachtstisch deckten, daß ich mit Marthl am heiligen Abend eine ganze Stunde u. am 2. Feiertag eine halbe Stunde zusam-

men sein durfte. Und mir ist es eine große Freude, als der ältste Gefangene den Jüngeren die frohe Botschaft sagen u. mit ihnen singen zu dürfen. So dürft Ihr also nicht denken, daß ich dieses Weihnachten traurig gefeiert hätte, wenn es auch wehmütig ist, solch ein Fest ohne Frau u. Kind feiern zu müssen.

Nach viereinhalb Monaten Haft wurde von Jan entlassen, gleichzeitig aber aus Württemberg ausgewiesen. Im kleinen evangelischen Marktflecken Ortenburg in der Nähe Passaus fand er Zuflucht, konnte im Kirchdienst aushelfen, bis ihm der Landeskirchenrat in München jegliche Amtshandlung untersagte. Am 15. November 1939 verurteilte ihn das Sondergericht zu 16 Monaten Gefängnis wegen Vergehens gegen den *Kanzelparagraphen* und gegen das *Heimtückegesetz*.

Bis zum Mai 1940 war er in Landsberg/Lech inhaftiert, dann auf dreijährige Bewährung entlassen. Wieder arbeitet er im Pfarrdienst der Bayerischen Landeskirche, diesmal in Plattling und Landau/Isar. Besonders geschmerzt hat ihn, den Freiwillige des ersten Weltkrieges, daß er degradiert wurde und dennoch – mit 46 Jahren – als Artillerist an die Ostfront einberufen wurde. Die ganze Zeit war er von der Gestapo sorgfältig überwacht, die auch dafür gesorgt hatte, daß er keinen Motorradführerschein bekam, was seinen Dienst als Pfarrer in der Diaspora außerordentlich erschwerte.

Wie unheroisch Julius von Jan sein Tun empfand, berichtet Hermann Rieß, bis 1969 Prälat in Ulm: *Ganz selbstverständlich kehrte er mit seiner Familie nach Oberlenningen zurück und nahm seinen Dienst wieder auf. Ein Freund meinte, als ob er von einem normalen Sommerurlaub und nicht von einer siebenjährigen Verbannung zurückgekehrt wäre. Nicht im mindesten spiegelte er sich im Glanz des Märtyrers.*

Bis 1949 blieb Julius von Jan Pfarrer von Oberlenningen, übernahm dann auf besondere Bitte der Kirchenleitung die vom Krieg arg mitgenommene Großstadtgemeinde Stuttgart-Zuffenhausen. Den Ruhestand verbrachte er in Korntal, wie selbstverständlich als zuverlässiger und hilfreicher Mitarbeiter in der Gemeinde.

Nichts charakterisiert die stille Art Julius von Jans besser, als die Worte, die sein Jugendfreund Otto Mörike (1897–1978, ebenfalls im aktiven Widerstand während des 3. Reiches) an seinem Grab September 1964 sprach.

Mit einer Gabe vor allem hat Gott Julius von Jan geziert: Mit der Einfalt und Lauterkeit eines demütigen und bußfertigen Glaubensgehorsams. So ist er – besonders im Kirchenkampf – zum treuen und wahrhaftigen Zeugen Jesu Christi gereift. So ist er geblieben bis zum Ende, und als solchen haben wir ihn geliebt und verehrt.

Literatur:

HUMMEL, HERBERT, Pfarrer Julius von Jan. In: HUMMEL, Herbert (Hg.), 900 Jahre Gerhausen. Blaubeuren: Schröder 1992, S. 182–185.

Die Weizsäckers und Blaubeuren

Richard von Weizsäcker war als Bundespräsident der erste Mann im Staate und gilt als einer der angesehensten Staatsmänner der Welt. Ähnlich wie einst Theodor Heuss wuchs ihm ein Ansehen zu, das der Stabilität unserer Republik und Demokratie, die ein Bundespräsident bekanntlich nach innen und außen vertritt, zur weiteren Festigung dienen soll.

Schwer zu sagen, was denn seine Popularität ausmachte: war es sein würdiges, jedem Pomp abgeneigtes Auftreten in der Öffentlichkeit; war es seine sichtliche Gelassenheit, mit der er den politischen Aufgeregtheiten die Spitze nahm, war es seine Art, die Menschen zu Wort kommen zu lassen, ihnen zuzuhören und auf sie einzugehen, ist es seine Gabe, die rechten Worte zu finden, wie zum Beispiel im Plenarsaal des Deutschen Bundestags zum Gedenken an die Kapitulation am 8. Mai 1945?

Dabei ist Richard von Weizsäcker gewiß nicht der Politiker, der Staatsakten erst die richtige Feierlichkeit verleiht, der an hohen Festtagen würdevoll zum Volk spricht, der sozusagen über allen Dingen schwebt – nein, Richard von Weizsäcker ist aus härterem Holze.

Daß er seinen Vater bei den Nürnberger Kriegsverbrecherprozessen verteidigt hat, kann man noch als dem Sohne angemessene Pflicht dem Vater gegenüber ansehen; aber Richard von Weizsäcker war danach erfolgreicher Unternehmer: immerhin war er im Vorstand einer Kohlenzeche in Essen, gehörte dem Aufsichtsrat der Allianzversicherung in Stuttgart an; und das sind Führungspositionen, die schon eine dynamische und tatkräftige Person verlangen. Hinzu kommt sein Engagement in der Politik:

Für die CDU war er mehrfach Bundestagsabgeordneter, gehörte dem Vorstand und Präsidium seiner Partei an, war stellvertretender Fraktionsvorsitzender in Bonn und hat in Berlin der SPD die denkwürdige Wahlniederlage

Julius Weizsäcker

von 1981 bereitet. Gewiß war es seine überzeugende Amtsführung als Oberbürgermeister der geteilten Stadt, die seine Partei bewog, ihn erfolgreich zum Bundespräsidenten zu nominieren.

Dieses Amt verlangt taktvolle Zurückhaltung im alltäglichen politischen Gezänk der Parteien, aber auch die Fähigkeit zur Integration der auseinander driftender politischer Potentiale. Richard von Weizsäcker ist erfahren in dieser Aufgabe, als Mitglied der Synode und des Rates der Evangelischen Kirche und als Präsident des Deutschen Evangelischen Kirchentages lernt man dies zur Genüge.

Bei all dieser Leistung und bei all dieser Popularität ist es kein Wunder, daß sich Landsmannschaften, Städte und Gemeinden bemühen, etwas vom Glanz des Bundespräsidenten zu erhaschen, indem sie sich – in welcher Weise auch immer – mit ihm und seiner Person in Verbindung bringen wollen. Selbst aus Bayern sind Versuche bekannt, zumindest die Anfänge der Familie Weizsäcker in den Freistaat zu verlegen.

Wem *gehört* Richard von Weizsäcker? Ist er Schwabe, weil er in Stuttgart zur Welt kam? Ist er Franke, weil die Familie aus Öhringen stammt und er selbst für Rheinland-Pfalz im Deutschen Bundestag saß, oder ist er Berliner, weil er dort regierender Bürgermeister war? Er lebte auch in Oslo, Berlin, Zürich, Rom und an anderen Orten! Gehört er nicht allen Deutschen?

Wie kommen wir dann dazu, einen Bezug zwischen Blaubeuren und Weizsäcker herzustellen? Man möge unsere Überschrift betrachten: *Die Weizsäckers und Blaubeuren* – so lautet sie. Der Plural verweist auf den Umstand, daß mehrere Träger des Namens in Blaubeuren weilten. Der ehemalige Bundespräsident war gewiß auch schon am Blautopf, im Kloster und in der Stadt – aber er selbst hat keine besondere Verbindung mit Blaubeuren.

Soweit ich sehe, lassen sich fünf Namensträger in der Stadt nachweisen. Korrekterweise muß man *im Seminar* sagen, denn ohne diese Bildungsanstalt von nationalem, wenn nicht europäischem Range wäre schwerlich einer der noch vorzustellenden Weizsäcker ins Städtchen gekommen.

Zwei Namensträger Weizsäcker gehören nicht zum unmittelbaren Vorfahrenkreis des Bundespräsidenten: Ulrich Weizsäcker war vom 1923 bis 1933 Professor am Blaubeurer Seminar; mancher ältere Blaubeurer mag sich noch seiner erinnern; er starb als Oberstudiendirektor 1958 in Stuttgart. Und 1914 kam ein Wolfgang Weizsäcker als Repetent ins Städtchen, als Kriegsfreiwilliger fiel er noch im selben Jahr in Frankreich.

Der Mannesstamm der Weizsäcker kommt aus Kleeburg (bei Weißenburg im Elsaß), das hat Professor Decker-Hauff nachgewiesen, und ist mit einem ihrer Zweige im Hohenlohischen – in Öhringen – ansässig geworden. Erster Akademiker aus dieser Familie ist Christian Ludwig Friedrich Weizsäcker (1785–1831), er studierte in Göttingen bei Gottlieb Jakob Planck (1751–1833), einem Ahn einer weiteren berühmten schwäbischen Familie und – Gottlieb Jakob Planck ist in Blaubeuren zur Schule gegangen.

Hofprediger Weizsäcker heiratete ein in die Öhringer Bürgerschicht; seine Frau Sophie Rössle (1796–1864) hat verwandtschaftliche Beziehungen zu Blaubeuren; der Blaubeurer Dekan Johann Wendelin Hummel (1736–1793), dessen Grabstein an der Südseite der Blaubeurer Stadtkirche eingemauert ist, ist Bruder ihrer Großmutter.

Sophie Weizsäcker, geborene Rössle, war nach dem frühen Tod des Lebensgefährten die unermüdliche Kraft, die vieles daran setzte, ihren drei Söhnen eine akademische Laufbahn zu ermöglichen. Sie ließ sich durch nichts entmutigen, lehnte der Ministerpräsident eine ihrer Bitten, Ausnahmen für ihre in Jugendjahren oft kränkelnden Söhne zu erlauben, ab, so wandte sie sich kurzentschlossen direkt, unter Umgehung des Ministers an den König, der dann ihren Gesuchen entsprach, schließlich waren alle Söhne hervorragend begabt, von ihren Lehrern entsprechend empfohlen (*präjudiziert* – wie man damals sagte) und hatten gute Ergebnisse bei den Landexamen vorgelegt. Aus Krankheitsgründen konnten sie die Freistellen am Seminar nicht belegen; als sie wieder gesund waren, war freilich die Promotion fortgeschritten, der Minister meinte, sie nach solchem Zeitverlust nicht mehr zulassen zu können, und für eine neue Promotion hätten sie sich nicht qualifiziert ... Über diese bürokratisch unangreifbare Tatsachen setzte sich der König hinweg, der Erfolg gab ihm recht, auch wenn der gute König Wilhelm den letzlichen Beweis seiner rechten Entscheidung nicht mehr erleben konnte.

Zwei Söhne hatten sich für das Seminar in Blaubeuren qualifiziert, einer für Schöntal. Alle drei jedoch brachte das Schicksal in die Blautopfstadt.

Für den ältesten war Blaubeuren das jähe Ende einer hoffnungsvollen Karriere: Hugo Weizsäcker starb mit 14 Jahren im Sommer 1834 als Zögling des Seminars: Er war der Drittbeste seines Jahrgangs gewesen ...

Für die Familie war dieser Tod niederschmetternd genug; man kann verstehen, daß Mutter Sofie froh war, daß die jüngeren Söhne in Schöntal und in Urach die theologischen Seminarien besuchen durften, dabei hatte sich der jüngste Sohn – Julius – eigentlich für Blaubeuren entschieden, aber Krankheit verzögerte seinen Aufzug.

Jedoch sollte sollte der Lebensweg beide Weizsäcker – Söhne nach Blaubeuren führen: beide wirkten als Lehrer am Seminar. Julius Ludwig Friedrich Weizsäcker war von 1852–1855 als Repetent beschäfigt, bei den Seminaristen außerordentlich beliebt, wie eine Reihe an Zeugnissen belegt. Einige Proben:

Er war ungemein frisch, offen, beweglich … Wir waren glücklich, statt der engen dumpfen und trübseligen Stubenluft der Grammatik etwas von der freien Luft wissenschaftlicher Forschung atmen zu dürfen. Er war der einzige Geist, der befreiend auf uns wirkte und die Scheuklappen pedantischen Schulbetriebs von uns wegzog.

So urteilte ein späterer Prälat. Ein General – auch das hat das Seminar hervorgebracht – schreibt wie folgt über Julius Weizsäcker:

Mit seiner frischen Kraft bezauberte er auch später die akademische Jugend. … Er verstand vorzüglich vorzulesen und versammelte an langen Winterabenden im Kloster eine dankbare Gemeinde um sich. Früher schon hatte er sich ein Verdienst dadurch erworben, daß er den Versuch machte, unsere Manieren etwas abzuschleifen.

Julius Weizsäcker (1828–1889) wurde angesehener Historiker, nacheinander bekleidete er die Professur für Geschichte an den Universitäten Erlangen, Tübingen, Straßburg, Göttingen und Berlin; seine bleibende wissenschaftliche Leistung ist die Herausgabe der *Deutschen Reichstagsakten*, die noch heute jeder zu Rat ziehen muß, der sich mit der Geschichte des späten Mittelalters beschäftigen will.

Sein älterer Bruder, Carl Heinrich Weizsäcker (1822–1899) – der Urgroßvater des späteren Bundespräsidenten – schlug ebenfalls die akademische Laufbahn ein; blieb jedoch in seiner schwäbischen Heimat. 75 Semester lang lehrte er Theologie an der Universität Tübingen, war Inspektor des Stifts, mehrfach Rektor der Universität, schließlich Kanzler der Universität, vielfach geehrt, der Höhepunkt war die Verleihung des persönlichen Adels an ihn, was ihn jedoch nicht hinderte, bei seinen Stuttgarter Aufenthalten (er war auch Abgeordneter im Landtag) bei Bekannten billig, statt standesgemäß im Grandhotel zu nächtigen und sogar in der Bahnhofswirtschaft zu essen.

Mit den Blaubeurer Verhältnissen war er bestens vertraut, kamen doch alle vier Jahre, dann alle zwei Jahre Seminaristen aus Blaubeuren an die theologische Fakultät und ans Stift. Carl Heinrich Weizsäcker lernte sie zwangsläufig alle kennen, und man kann sagen, daß eine ganze Generation württembergischer Pfarrer durch seine Hände ging, unter seinem Einfluß gebildet und geformt wurden. Blaubeuren kannte er aus eigener Anschauung: Als im Herbst 1845 Professor Schmoller, der spätere Ephorus, erkrankte und für längere Zeit ausfiel, wurde Carl Heinrich Weizsäcker als sein Vertreter bestimmt, und er unterrich-

Carl Heinrich Weizsäcker

tete am Seminar bis April 1846, dann wurde er ans Esslinger Lehrerseminar versetzt.

Mit den beiden Brüdern gewann der Name Weizsäcker Klang nicht nur im Land, sondern in der gelehrten Welt. Die Familie war von nun an etabliert und konnte fürderhin ihren Sprößlingen den gesellschaftlichen Rahmen und eine soziale Stellung bieten, die den Hochbegabten, die sie ohne Zweifel waren und sind, doch überdurchschnittliche Startchancen boten. Ehrgeiz kam hinzu. So schrieb Carl Heinrich von Weizsäcker, der Kanzler der Universität Tübingen, an seinen Sohn: *Ich wünsche Dir, daß Du es in Deinem Leben weiter bringst als ich.* Erstaunlich genug für einen, der selbst Karriere gemacht hatte, gerade weitsichtig mutet an, wenn im Brief an den Sohn formuliert: *Ich vermute, daß Euer Geschlecht noch große Zeiten und Aufgaben vor sich hat.*

Der angesprochene Sohn, der Großvater des späteren Bundespräsidenten, Carl Hugo von Weizsäcker (1853–1926), wurde württembergischer Ministerpräsident, er erhielt das Adelsprädikat erblich (sein Vater hatte dies nur für die eigene Person erhalten), daher rührt das »von« im Namen aller seiner Nachkommen. Eine Bilderbuchkarriere war vorausgegangen: Von Hause aus Jurist, diente er in manchen Staatsämtern, war Kultminister, Außenminister, schließlich Ministerpräsident, sein Vorgänger war Wilhelm August von Breitling – ein Blaubeurer Seminarist.

Er war der letzte Ministerpräsident im Königreich Württemberg, mit dem Ende der Monarchie 1918 war auch sein Rücktritt unvermeidlich, erstaunlich bleibt, wie beliebt er war: Man lese nur seine Beurteilung seines alten Widersachers, des Sozialdemokraten Wilhelm Keil:

Weizsäcker war eine feingeistige, diplomatisch veranlagte Natur, wer ihn so am Regierungstisch des Landtags oder bei feierlichen Anlässen beobachtete, mußte ihn für eine überaus würdevolle, unnahbare Persönlichkeit halten. Das war er nun wirklich nicht. Er wußte die Würde stets zu wahren, war aber kein Spielverderber, sondern aufgeschlossen für jedermann und auch empfänglich für ein treffendes Scherzwort.

Der Sohn sollte noch höher steigen, zumindest den äußeren Ehren nach: Ernst Heinrich von Weizsäcker (1882–1951) – der Vater des Bundespräsidenten war nach einer Diplomatenkarriere Staatssekretär im Auswärtigen Amt in Berlin 1938–1943. Es ist hier nicht der Raum über die Verstrickung des Staatssekretärs in Komplizenschaft und Widerstand zum Dritten Reich zu berichten oder gar zu urteilen; hier soll die Bedeutung einer Familie nachgezeichnet werden, und dafür genügt das Faktum, daß Ernst Heinrich von Weizsäcker als Staatssekretär des Reichsaußenministers Joachim von Ribbentrop eine hochrangige und wichtige Funktion innehatte.

Im Nürnberger Prozeß wurde er zu mehreren Jahren Haft verurteilt, sein jüngster Sohn, Richard Karl von Weizsäcker (geb. 1920 im Stuttgarter Schloß, dem damaligen Wohnsitz der großväterlichen Familie), verteidigte den Vater; in den Jahren der Haft in Landsberg schrieb der Vater sein Erinnerungsbuch: Das sei jedem zur Lektüre empfohlen, der sich in die Bewußtseinslage eines Menschen versetzen will, der die Jahre der braunen Diktatur an hoher und verantwortlicher Position mitmachen wollte, um Schlimmeres zu verhüten – was ihm freilich nicht gelang –, der schuldig wurde, ohne schuldig zu sein.

Oben wurde bereits angedeutet, daß die Weizsäckers von heute, wenig Beziehung zu Blaubeuren haben: sie waren gewiß alle hier, bei ihrem Familiensinn ist dies auch gar nicht anders zu erwarten, sie wissen, daß ihre Ahnen in Württemberg und z. T. in Blaubeuren groß wurden.

Ein familiären Bezug des Bundespräsidenten zu unserer Stadt sei noch mitgeteilt: in Blaubeuren ist man stolz auf Mörikes Märchen von der *schönen Lau,* und die Stadt hat auch zwei Skulpturen in Auftrag gegeben – im Freischwimmbad und am Blautopf stehen die Abbilder der Lau. Der Künstler, der sie schuf, ist Fritz von Graevenitz, und er ist der Onkel des Bundespräsidenten, denn Marianne von Graevenitz, die Schwester des Bildhauers, ist die Mutter Karl Richard von Weizsäckers.

Die Familie Weizsäcker hat ein moderner Historiker wie folgt charakterisiert: *Auf vielfältige Weise, als Staatsmänner und Naturforscher, als Theologen, Mediziner und Historiker, waren (und sind) ihre Mitglieder in das Auf und Ab der deutschen Geschichte verstrickt. Liberal gegenüber dem einzelnen und konservativ in den Grundfragen der Gesellschaft, begabt mit dem, was Friedrich Nietzsche ›die Kunst des stolzen Gehorsams‹ nannte, und bei allem gesunden Eigennutz stets im Dienst von Idealen wie Nation oder Staat, Glaube und Humanität, lernten sie in der Historie Glanz und Schuld kennen.*

Auf das kleine Blaubeuren, mehr noch auf das Evangelisch-theologische Seminar, fällt ein Stück Abglanz vom Erfolg und vom Ansehen dieser großen deutschen Familie.

Literatur:

WEIN, MARTIN, Die Weizsäckers. Geschichte einer deutschen Familie. Stuttgart: DVA 1988.
FILMER, WERNER/SCHWAN, HERIBERT, Richard von Weizsäcker. Profile eines Mannes. Düsseldorf und Wien: Econ 1984.
GÖNNER, EBERHARD, Ministerpräsident Karl von Weizsäcker. In: ZWLG 48,1989, S. 359–374.
SANDBERGER, VIKTOR, Theologisches Studium und theologische Fakultät in Tübingen um die Mitte des 19. Jahrhunderts. In: BWKG 1923, S.1–15.
HESSELMEYER, ELLIS, Neues zur Biographie v. Schelling, Herwegh und Karl Weizsäcker. In: BBStaW 1932, S.152–156.

Die Plancks in Blaubeuren

Zu den bekanntesten und berühmtesten Gelehrtenfamilien Deutschlands gehören die Planck. Als alte württembergische Pfarrsfamilie ist sie vielfältig mit den württembergischen Klosterschulen und Seminaren verbunden – zwangsläufig führte sie so ihr Weg nach Blaubeuren: Sie gingen hier zur Schule, sie waren hier Repetenten und Lehrer, einer war Ephorus hier.

Mit ihren Familien lebten sie in Blaubeuren, waren in den kleinstädtischen Diskurs eingespannt, auch wenn sie nach Höherem strebten; so wurde für manche Blaubeuren zu einem Mittelpunkt ihres Lebens.

Die Plancks stammen aus dem württembergischen Franken, aus Dörfern bei Heilbronn und Öhringen. Ihr Aufstieg zur Gelehrtenfamilie begann mit Johann Jakob Planck (1700–1735), der als Provisor, folglich als Lehrer in Lauffen verpflichtet war. Dessen Sohn Georg Jakob Planck (1726–1791) wurde zum Stammvater aller bedeutenden Planck, sämtliche Zweige leiten sich von vier Söhnen ab. Er heiratete in die Stadtschreiberfamilie Lang ein, wurde selbst Stadtschreiber in Nürtingen, und er gewann so Anschluß an die bekannten, vornehmen Familien des Landes. Uhland, Mörike, Vischer gehören nun zum Verwandtenkreis, und bald reiht sich der Name Planck ebenbürtig ein.

Der erste Planck, der in Blaubeuren die Klosterschule besuchte (von 1763–1765) war Gottlieb Jakob Planck (1751–1833). Wie er die Stadt und die Schule erlebte, darüber ist nichts bekannt – er jedoch begründete den Ruhm der Planck. Nach kurzer Zeit als Vikar schlug er eine wissenschaftliche Laufbahn ein, vorzugsweise war Kirchengeschichte sein Fach, das er zuerst als Professor an der Hohen Karlsschule auf der Solitude, dann bis zu seinem Lebensende an der Universität Göttingen vertrat. Von ihm leitet sich der norddeutsche Zweig der Planck ab, sein berühmtester Nachfahre ist der Entdecker der

Gottlieb Jakob Planck

Quantentheorie Max Planck. Wir wissen nicht sicher, ob jener in Blaubeuren geweilt hat; aber, da er Kontakt zu seinen süddeutschen Vettern hielt, kann mit Gewißheit vermutet werden, daß er Blautopf, Hochaltar und das Städtchen kennengelernt hat. Denn – einer der Vettern war Ephorus am Blaubeurer Seminar, der andere Prälat in Ulm!

Dem Göttinger Professor folgten seine Neffen auf der Klosterschule:

Carl Planck (1793–1872) zuletzt Pfarrer in Feuerbach; und Carl Friedrich Planck (1785–1839), zuletzt Pfarrer in Schömberg. Des letzteren Neffe Adolf Planck (1820–1989) war von 1844–1846 Repetent am Blaubeurer Seminar, später Professor am Uracher Seminar, schließlich Professor am Obergymnasium in Heilbronn.

Wieder folgen Neffen, die Brüder Heinrich Georg Planck (1851–1932) und Hermann Planck (1855–1923).

Beide sind in besonderer Weise mit Blaubeuren verbunden. Hermann Planck war von 1909 bis 1923 Ephorus in Blaubeuren; von ihm stammt eine seltene, materialreiche Schrift zur Jahrhundertfeier des Evangelischen-theologischen Seminars im Jahr 1919. Mit ihm begann eine neue Zeit im Seminar, die Zeit der Reformen. Ihm war die fast polizeiliche Überwachung und die Bestrafung der Seminaristen zuwider, er hatte erkannt, daß die Kleinlichkeit, die er selbst als Seminarist (von 1869–1873 war er Schüler in Blaubeuren) erfahren hatte, nicht geeignet war, produktive erzieherische und leistungsfördernde Bedingungen zu schaffen.

Hermann Planck formulierte seine Erziehungsziele so: *... getragen vom Verständnis für die geistigen und leiblichen Bedürfnisse des jugendlichen Alters wie für die eigenartigen Aufgaben unserer theologischen Seminare atmen sie den Geist herzlichen Wohlwollens und gegenseitigen Vertrauens ...*

Wie er dies verstanden wissen wollte, sei an einen Beispiel gezeigt. Die Felsen um Blaubeuren sind ein Paradies für Kletterer und haben Klosterschüler wie Seminaristen stets herausgefordert – und Generationen von Lehrern mühten sich ab, dies zu untersagen. Hermann Planck regelte das wie folgt: *Von dem früheren üblichen Verbot einzelner schwieriger Felsen ist man abgekommen, da es die entgegengesetzte Wirkung hatte; es genügt, jeder neueintretenden Promotion die Beobachtung gewisser Vorsichtsmaßregeln einzuschärfen.* Noch erstaunlicher ist, daß er zu einer Zeit, in der der die Kritik an der jeweiligen Jugend wohlfeil war (und noch heute gibt es Leute, die an Jugendlichen viel auszusetzen haben!) die jungen Menschen ausdrücklich lobte: *Die Geschicklichkeit und Sicherheit im Klettern ist bei unserer Jugend gegen früher erheblich gewachsen: Glasfelsen, Metzgerfelsen, selbst der einst unnahbare Wilhelmsfelsen finden in jeder Promotion ihre Meister.* Und er schließt mit dem klassischen Zitat. *Nil mortalibus ardui est* (= Nichts ist den Sterblichen zu schwierig).

Hermann Planck starb, sozusagen in den Sielen, als amtierender Schulleiter am 1. Februar 1923; am Tag darauf lesen wir folgenden Nachruf.

Mit Gewissenhaftigkeit und mit wohlwollender Strenge war der Verstorbene stets am Werk, und, mit der Er-

Hermann Planck

kenntnis erfüllt, daß unsere Zeit nur ganze Männer brauchen kann, führte er die Zöglinge auf dem Weg ins Leben und gab ihnen dadurch das geistige Rüstzeug für ihre Arbeit an und im Volk. ...

Auch über die klösterliche Arbeit hinaus führte den Verstorbenen seine Menschenliebe, die als hervorstechender Zug seines Wesens zu bemerken war. Wie oft hat er in Versammlungen aller Art ein ernstes Wort gesprochen, wie oft hat er bei allen möglichen Anlässen die Pforten des Hörsaals und Dormentes für alle, die kommen wollten, geöffnet und sie als seine Gäste begrüßt und da-

Die Plancks in Blaubeuren 197

durch ist viel Schönes und Ideales voll bleibenden Wertes in die weitesten Kreise der Blaubeurer Bürgerschaft gedrungen; man wird ihm den Dank gerade dafür nicht vorenthalten; man fühlte es, Blaubeuren und seine Klosterschule waren für ihn unzertrennlicheche Begriffe und nichts geschah im Seminar, das nicht seine Wellen über die Klostermauern geworfen hätte. Und nichts geschah in der Stadt, das nicht im Seminar einen Widerhall gefunden hätte. Das ist des Entschlafenen Verdienst.

Nachrufe pflegen tendentiell unehrlich zu sein, weil die Verdienste der Verstorbenen ungewöhnlich stark betont werden, und der Zuhörer nie so sicher ist, ob die lobenden Worte echt oder nur rituell gemeint sind; auch sind Stimmen aus Seminaristenkreisen bekannt, die mit seiner Art liberalen Umgangs nicht ganz einverstanden waren.

Jedenfalls ein Verdienst hat Hermann Planck. Er hat die Beziehungen zwischen Seminar und Stadt auf das Niveau gestellt, das heute noch standhält: freundliche Koexistenz. Es ist zu begreifen, daß eine Schule elitären Charakters Schüler anzieht, die über den kleinbürgerlichen Zuschnitt des Städtchens stehen. Zumal junge, genialisch sich empfindende Menschen sind anfällig dafür, die täglichen Sorgen bescheidener, biederer Bürger gering zu schätzen, und sie neigen dazu, die kulturellen Bemühungen der Vereine etwa als gar zu provinziell zu belächeln.

Hermann Planck bemühte sich, solche Anflüge jugendlichen Hochmuts zu dämpfen, gerade dadurch, daß er die Kontakte der Schüler zu Bürgern der Stadt gut hieß und sie nicht, wie vor seiner Zeit üblich, zu verhindern suchte. Bei Festen in der Stadt dürfen die Seminaristen sich nun beteiligen; umgekehrt bei ihren Veranstaltungen – Deklamationen, Theateraufführungen, Konzerte – sind Blaubeurer Bürger ausdrücklich erwünscht und beschränken sich nicht allein auf die Honoratioren.

Am 3. Februar wurde Hermann Planck in Blaubeuren beerdigt; sein Bruder hielt ihm die Grabrede; unter den vielen Nachrufern war auch der Theologiestudent Julius von Jan als Vertreter ehemaliger Seminaristen.

Sein älterer Bruder Heinrich Georg war von 1912–1927 Prälat von Ulm, zuvor Stadtpfarrer und Dekan in Esslingen. Von 1865–1869 war er in Blaubeuren; eine Promotion vor seinem Bruder, und aus dieser Zeit geben

Heinrich Planck

zahlreiche Briefe an die Mutter und den jüngeren Bruder ein anschauliches Bild des Lebens im Seminar. Er muß sich am Seminar wohlgefühlt haben: *Ich glaube, daß mir das Seminar für alle Zeiten als etwas Schönes im Gedächtnis bleibt.* Der letzte Brief aus Blaubeuren an die Mutter sei zitiert (15. August 1869):

Liebe Mutter!

Es wird wohl einer der letzten Briefe sein, die ich von hier aus Dir schreibe, und Du nimmst es mir gewiß nicht übel, daß ich mich darüber freue. Ein ganz klein wenig Wehmut ist aber vielleicht doch auch unter meine Abschiedsfreude gemischt, denn ich habe während der 4 Jahre Stadt und Kloster Blaubeuren recht lieb gewonnen, und namentlich nach der schönen Gegend wird mir es oft an tun; das Rusenschloß mit jener Nacht [in einer prächtigen Sommernacht hatte sich die Promotion buchstäblich abgeseilt, um ein nachtschwärmerisches Fest auf dem Rusenschloß zu feiern] *der Kaffeebaum* [er hatte einmal hoch in den Ästen einer Buche Kaffee gekocht], *die hundertmal bestiegenen Felsen sind Erinnerungen, die einem je älter je lieber werden; und die Klosterordnung mit ihrer Einschränkung und das gar stille Leben hinter unseren 4 Mauern hat mir, denke ich, nicht geschadet und wird micht gesund an Leib und Seele entlassen.*

Die nächste Generation ist durch Oskar Planck (1888–1970) vertreten; Oskar Planck war der Sohn des Hermann Planck, zweimal war er während des Ephorates seines Vaters Repetent am Seminar: 1912–13 und 1916–17. Zuletzt war er Stadtpfarrer an der Stuttgarter Erlöserkirche.

Am intensivsten mit Blaubeuren war ohne Zweifel Karl Christian Planck verbunden. Bereits mit elf Jahren kam er in den Blaubeurer Klosterhof, aber nicht als Seminarist, sondern als Sohn des Verwaltungsbeamten Johann Jakob Christian Planck, der 1830 Kameralverwalter in Blaubeuren wurde. Als oberster Finanzbeamter des Oberamtes hatte er die Steuer und die Liegenschaften des Staates zu betreuen. Der junge Karl Christian besuchte in Blaubeuren die Lateinschule, bestand das Landexamen und gelangte 1832 auf das Seminar in Schöntal. Aber er kehrte in den Ferien und während der Studienzeit immer wieder ins elterliche Haus zurück, eben in das Kameralamt im Klosterhof. Er predigte auch aushilfsweise in Blaubeuren und den nahe gelegenen Ortschaften.

Karl Christian Planck schwebte eine wissenschaftliche Laufbahn vor, vor allem beschäftigte er sich mit philosophischen Arbeiten, promovierte in Tübingen, wurde Stiftsrepetent, habilitierte sich als Privatdozent der Philosophie, aber seine weitere Karriere geriet ins Stocken.

Es war sein Lebensschicksal, zurückgesetzt, übersehen und benachteiligt zu werden, aus einer Hochschulprofessur wurde nichts, nach fast zehnjähriger Repetentenzeit am Stift – einer ungewöhnlich langen Zeit – entschloß sich Planck, als Lehrer ans Gymnasium zu wechseln. Der Entschluß fiel ihm sicher schwer, wußte er doch, daß ihm die tägliche schulische Arbeit die Zeit rauben werde, die er für die Ausarbeitung seines philosophischen Systems

Karl Christian Planck

gebraucht hätte. Aber was blieb ihm anders übrig – als überalterter Repetent (ein Repetentengehalt reichte nicht zur Gründung einer Familie aus, und zudem hatten Repetenten ledig zu bleiben)?

Trotz glänzenden Examens zögerte die Oberstudienbehörde, ihn definitiv anzustellen; und man kann den Ingrimm Plancks verstehen, wenn er mitverfolgen mußte, wie dieselbe Behörde, als er sich 1863 für eine Professorenstelle in Blaubeuren bewarb, einen jüngeren, offenbar genehmeren Gelehrten mit der Stelle betraute, ohne daß dieser eine philologische Prüfung abgelegt hatte, *damit er sich dort erhole, bis ein Ordinariat in Tübingen für ihn frei sei.*

1855 wurde er Gymnasiallehrer in Ulm, heiratete 1856 die Pfarrerstochter Auguste Wagner. 1869 wechselte er als Professor an das Blaubeurer Seminar, wohl hoffend, hier einst Ephorus zu werden. Er empfand es als Demütigung, als 1877 erneut ein jüngerer Bewerber vorgezogen wurde, im selben Jahr scheiterte er auch als Bewerber um eine Professur in Tübingen. Daher akzeptierte er die Ephoratstelle in Maulbronn 1879 (ein Ephorus hatte denselben Rang wie ein Ordinarius an einer Universität), obwohl er hier mit jüngeren Schülern zu tun hatte, dabei wußte er, daß ihm das Unterrichten der reiferen Jugend eher entsprach. Wie er sich in die Maulbronner Verhältnisse schickte, ist schwer zu beurteilen, denn bereits ein knappes Jahr später ist er gestorben. Das Gefühl, gedrückt zu werden, hat ihn doch arg belastet; seelische Depressionen, Selbstanklagen, Schlaflosigkeit nahmen so zu, daß er im Frühjahr 1880 in die psychiatrische Klinik nach Winnental eingeliefert werden mußte, dort ist er am 7. Juni 1880 gestorben.

Ganz erstaunlich ist, daß über ihn, der eigentlich nur höchst ungern Gymnasiallehrer wurde, überaus positive Berichte ehemaliger Schüler vorliegen, ja ganze Gruppen haben Eingaben unterschrieben, die Plancks vergeblichen Bemühungen um einen Lehrstuhl der Philosophie unterstützten. Noch im Jahre 1930 fühlte sich ein ehemaliger Schüler verpflichtet, die Intrigen aufzudecken, die Planck um das Tübinger Ordinariat brachten.

Ein anderer hat ihn so chrakterisiert:

Er war in den letzten Jahren seines Lebens mein Lehrer. Unvergeßlich ist mit der ernste, sorgenvolle Ausdruck seines Gesichts, der schwermütige Blick seiner geistvollen dunklen Augen, der warme, milde Klang seiner tiefen Stimme. Nie hat er uns von der Last und Sorge geredet, die ihn drückte. Wir spürten ihm wohl an, daß er schwer am Leben trug; aber ebenso sehr, daß er der Last gewachsen war, ja, daß die Last und Sorge ihn innerlich veredelte und reifte zu einem Adel und einer Klarheit des Wesens, an denen wir mit bewundernder Ehrfurcht hinaufsahen, von Unterliegen war da keine Rede. Auch als Sorgenvoller blieb er ein Freier und Starker.

Einen Doppelberuf hat Karl Christian Planck ausgeübt, neben seiner Schultätigkeit hat er sich seiner eigentlichen Berufung – der Philosophie – ein Leben lang gewidmet. Als Schriftsteller war er außerordentlich produktiv, auch wenn er hier Nackenschläge hinnehmen mußte, manchmal fand sich kein Verleger für Schriften, die ohne weiteres publiziert worden wären, stammten sie aus der Feder eines Universitätslehrers.

Der gleiche Unstern wie über seinem Leben waltete über seinem Hauptwerk. Karl Christian Planck konnte es noch vollenden, aber er erlebte die Drucklegung nicht mehr. Erst nach seinem Tode konnte es herausgegeben werden – *Das Testament eines Deutschen.*

Sein Thema ist die rechte soziale Ordnung, national und international, manches mutet recht illusionär, um nicht zu sagen naiv, an; vor allem, was er über die Gewerbeordnung zu sagen hat. Da merkt man doch arg den beamteten Schreibstubengelehrten, der die rauhe Welt der geschäftlichen Konkurrenz einfach nicht verstehen konnte. Andere Dinge erscheinen recht modern, z. B. war er entschiedener Gegner der Todesstrafe. Vor allem aber imponiert, daß er in einer Zeit engsten Nationalismus einer gerechten Weltordnung das Wort redete, daß er zur Hochzeit des preußischen Militarismus den Krieg als politisches Instrument verabscheute.

Mathilde Planck (1861–1955) ist die Tochter des Philosophen. Bekannt wurde sie als Schriftstellerin und Politikerin. Geboren in Ulm, zog sie mit der Familie nach Blaubeuren in den Klosterhof und hat so die wacheren Jahre ihrer Jugend in Blaubeuren verlebt und kannte die Verhältnisse sehr wohl, und sie konnte bei späteren Besuchen in der Blautopfstadt auf ihre Jugenderfahrungen zurückgreifen.

Sie war Mitglied der Deutschen Demokratischen Partei (DDP – der Partei, der Theodor Heuss angehörte), und vertrat diese Partei in der verfassungsgebenden Landesversammlung, die am 12. Januar 1919 in Stuttgart zusammen kam. Sie zählte zu den 13 Frauen unter den 150 Abgeordneten. Damals durften in Württemberg die Frauen zum erstenmal wählen, und so gehört Mathilde Planck zu den ersten Frauen, die in der Politik aktiv wurden. Bis 1929 war sie für die Demokratische Partei im Württembergischen Landtag.

Die engere Politik hat sie damals verlassen; im weiteren Sinne jedoch blieb sie aktiv bis an ihr Lebensende – hochbetagt, 93 Jahre alt, starb sie im Juli 1955 in Ludwigsburg. Aktiv war sie in der württembergischen Frauenbewegung; sie hat die Bausparkasse Wüstenrot mitbegründet, sie baute ein Altersheim – die Stadt Ludwigsburg hat ihr am 7. Juli 1958 ein Denkmal gesetzt.

Mathilde Planck erinnert sich so an ihren Vater und an die Blaubeurer Landschaft: *Der Ulmer Spaziergänger kann sich bei klarer Luft am Anblick eines ziemlich weit ausgedehnten Alpenpanoramas erfreuen. Auch die Blaubeurer Gegend ermöglicht diesen Genuß um den Preis des Bergsteigens. Wenn der Ascher Steig frei war, so war nach wenigen Schritten das Landsitzle, der höchste Punkt der nächsten Umgebung von Blaubeuren erreicht, eine Heide mit vereinzelten Bäumen und Baumgruppen, ein herrlicher Spielplatz und zugleich schönster Aussichtspunkt* [heute völlig zugewachsen]. *Auch von hier aus waren öfters die Schweizer Alpen und noch die östlichen bis zur Zugspitze sichtbar. Für den Vater war dies immer eine Freude, und es kam vor, daß er am Nachmittag den Anblick nicht ganz klar hatte genießen können und deshalb sich gegen seine sonstige Gewohnheit auch noch einen Abendgang auf die Höhe erlaubte. Großartiger als vom Landsitzle war die Aussicht vom Hochsträß aus, und ich erinnere mich eines Herbstausfluges mit Vater auf die Beininger Höhe, der eben der Aussicht wegen unternommen wurde.*

Literatur:

N(ESTLE), K(LARA), Der Philosoph Karl Christian Planck. Blaubeuren 1975.

NESTLE, KLARA, Karl Christian Planck. Philosoph, Prophet und Vorbild (1819 bis 1880). Ulm: Vaas 1980.

PALM, ADOLF, Mathilde Planck. Wegbereiterin der Frauen- und Friedensbewegung. In: Lebensbilder aus Baden-Württemberg 18, 1994, S. 418–446.

PLANCK, FRIEDRICH (Hg.), Die Perle. Tagebuchblätter von Emma Planck. Stuttgart: Steinkopf 1937.

PLANCK, FRIEDRICH (Hg.), Heinrich Planck. Lebensbild eines schwäbischen Prälaten. Stuttgart: Klett [1933].

PLANCK, MATHILDE, Karl Christian Planck. Leben und Werk. Stuttgart: Frommann 1950.

RAYHRER, ANNEMARIE, Karl Christian Planck. Lehrer in Ulm und Blaubeuren. Ephorus in Maulbronn, Philosoph. 1818–1880. In: Lebensbilder aus Schwaben und Franken XI, 1969, S. 263–295.

PLANCK, HEINRICH, Aus dem Buch der Erfahrung. 3. Aufl. Stuttgart: Gundert 1928.

STOCKMAYER, ELSBETH, Mathilde Planck. Erinnerung und Auszüge aus ihren Werken. Ludwigsburg: Stockmayer 1959.

Zur Erinnerung an Karl Christian Planck. Tübingen: Laub 1880.

Zum Abschied von Blaubeuren.
27. September 1825 von Zimmermann

Zum letztenmahle sind wir hier verbunden,
Zum letzten Abschied schließt das Herz sich auf;
Wie Traum zerrann der dunkle Strom der Stunden,
Schon hat das Rad vollendet seinen Lauf;
Und Wehmuth faßt mich, denk' ich, was entschwunden,
Und froh' und trübe Schatten steigen auf;
Was wir geworden mag uns froh erheben,
Doch was wir waren, sollte nie entschweben.

Nur trübe schimmert's, wie von Nebelwellen
Der Dämmerung umwebt die bunte Au,
Wenn in des Morgens ungewissen Hellen
Hier schwindet, dort erglänzt der Silberthau,
So vor das vielbewegte Auge stellen
Sich Bilder rosig jetzt, jetzt düster grau,
Was ich gehofft, gesehnet und geliebet
Was mich erfreuet und was mich betrübet.

Von nah' und ferne fanden sich die Brüder,
Umflochten bald von holder Innigkeit,
Von Herz zu Herzen klang es freundlich wieder,
die nie sich sahen in der vorigen Zeit;
Doch manchem Auge glühten Thränen nieder,
Fern ließen wir die Lieben alle weit,
Wem nicht der Elternliebe süße Freuden
Längst ruhten unter stillen Thränenweiden.

Wir brachten mit des Lebens höchste Blüthe,
Der ungetrübten Tage ros'gen Schein,
Der Unschuld Perl' im kindlichen Gemüthe,
Weit köstlicher als, Gold und Edelstein,
Es spielte sanft der wolkenlose Friede
Ins jugendlich erglühte Herz hinein,
O! mög' uns fort sein Himmelshauch begleiten,
Ach, wie er kam, so wird nicht Einer scheiden.

Der Strudel reißt; die edelsten Gefühle,
Wie zarte Blumen in des Frostes Nacht,
Ersterben in dem rauschenden Gewühle,
Wenn nicht ein guter Engel sie bewacht;
O! glücklich, wer bewahrt im wilden Spiele
Der kindlichen Gefühle sanfte Macht,
Wie sie aus jenen alten, goldenen Zelten
Aus Schrift und Lied zu uns herübergleiten.

So scholl zum tief erschütterten Gemüthe
Homeros süßer göttlicher Gesang,
Entfaltend lustig, im melod'schen Liede,
Der Erde Freuden und des Lebens Drang,
Der Menschheit Vorbild sind des Dulders Tritte,
Wie er mit Schicksal, Sturm und Wogen rang,
Bis er geläutert, frey der Sinnenbande,
Vom Schlaf erwacht im ew'gen Vaterlande.

Und lieblich, wie der Stern der Liebe glimmet,
In heiterer Ruh' aus tiefem Hinmelsblau,
Strahlt uns ein frommer Geist, die Harfe schwimmet
Sanft ob des Lebens hart empörter Au',
Die Gottheit donnert, ob der Schuld ergrimmet,
Doch durch des Schicksals Walten wild und rauh
Ertönt es süß wie Engelston den Ohren:
»Zum Lieben bin ich, nicht zum Haß geboren.

Und du der mächtig Tausende ergriffen,
Und Roma's Volk den schönsten Lorbeer brach,
Noch klingen in der Seele tiefsten Tiefen,
Mir deines Liedes heil'ge Klänge nach.
Die heißen Triebe, welche ruhig schliefen
In tiefem Busen, wurden flammend wach,
Und wie durch Zaubermacht entstieg den Tönen
Zu Lust und Schmerz ein innig rührend Sehnen.

Noch seh' erblaßt die Liebende ich liegen,
Der bittern Tod ein süß Verlangen bot,
Noch, wie aus himmlischem Gefild entstiegen
Die holden Blumen in der Tugend Roth,
Die Freunde göttlich groß im Sieg erliegen
Eins waren sie im Leben, eins im Tod.
O! Seliges Geschick, zwar fremd der Erde Räumen,
Süß ist doch, was so göttlich ist, zu träumen.

Seyd ewig mir geliebt, ihr heil'gen Dreye,
Drey schöner Sterne strahlenvoller Kranz;
Wenn Schmerz mich nagte, wilder Gram und Reue,
Da stilltet ihr die kranke Seele ganz;
Ihr spracht von Gottesfurcht, von Lieb und Treue,
Von Männertod im Drang des Vaterland's,
Doch Lebensernst und Wahrheit der Geschichte
Klang aus dem lieblich täuschenden Gedichte.

Auf that der Tempel sich; mit ernstem Flügel
Rauscht nieder der Geschichte hoher Geist;
»Erkennet euch im ew'gen Wahrheitsspiegel
Und tretet an die Straße, die er weist,
Ein heil'ger Wille hält der Welten Zügel,
das Gute steht, des Bösen Plan zerreißt,
Im Gestern schauet an das Heut und Morgen,
Was in der Zukunft dunklem Schoos verborgen.

Nichts ist des Erdenlebens Glanz und Schinmer,
Ein Traum, ein Schatten seine Herrlichkeit,
Palläste, Thronen, Reiche geh'n in Trümmer,
Das Unsichtbare nur ist Wirklichkeit;
Was aus dem Geiste stammt, das decket nimmer,
Mit mächt'gen Schwingen die Vergessenheit,
Drum ringet nach den steilen Sonnenhöhen,
Wo strahlen hell die ewigen Ideen!«

Da trat von Himmelsmajestät umfangen
Der Weisheit Göttin vor den freud'gen Blick,
Und wies vom äußeren irdischen Verlangen
Uns in den Born der eignen Brust zurück;
Das Wahre, Gute, Schöne zu empfangen,
Muß heilig seyn und keusch des Auges Blick,
Dann schauet es mit wunderbarem Glanze
Die Sphären alle in harmon'schem Tanze.

Wie seit der Menschheit frühestem Entfalten
Das Göttliche die Herzen anerkannt,
So wies in tausend wechselnden Gestalten,
Vater des Himmels, sich uns deine Hand,
Ein Himmelsfunke war's, zum Einem wallten
Der Andacht Feu'r am Nil-, am Ganges-Strand,
Bis in des Heilands reinen Gotteslehren
Der Sterblichen Gebete sich verklären.

Der Same ist gestreut, die Blüthe keimet
Die reifen soll zu schöner gold'ner Saat,
Nichts hat der edlen Pflanzer Fleiß versäumet,
Ihr gabt sie hoffend In des Ewgen Rath.
Und hat der Lenz verblühet und verkeimet
Und ist der Erndtetag herangenaht,
O saget dann, wenn ihr die Früchte schauet,
Wir haben nicht unwürdiges Land gebauet.

Ihr Führer zu des Geists lebend'gem Garten,
Die uns gelehrt der Menschheit höchstes Ziel,
O wollet Worte nicht des Danks erwarten,
Die Thräne sag' Euch unser Dankgefühl.
Nun werden eurer Pflanzung andre warten,
Zur herben Trennung ruft uns unser Ziel,
Doch mögen Welten auch die Körper trennen,
Die Geister sind es, die sich ewig kennen.

So lebet wohl, ihr edlen theuren Seelen,
Wir rufen euch das letzte Lebewohl,
Und möge nie uns eure Liebe fehlen,
wie sie in uns stets blühn und grünen soll,
Und wer in Liebe sich mocht' uns vermählen,
Ihr guten alle, lebet, lebet wohl;
Gern denken dankbar wir der schönen Stunden,
Die uns in eurer Mitte hingeschwunden.

Lebt wohl, ihr freyen, vielgeliebten Höhen,
Ihr Thäler, Flüsse, Quellen, lebet wohl,
Die meines Schmerzens Thränen oft gesehen
Wie meine stillen Freuden, lebet wohl.
Auch du, wo ernst der Vorwelt Schauer wehen,
Erhab'ne Felsenfeste, lebe wohl!
Nie wlrd von dir mehr in die blauen Weiten
Die stille Sehnsucht ihre Arme breiten.

In Trauer ist der Morgen aufgegangen,
In düstern Flor hüllt sich die Himmelsau,
Noch einmahl grüßt die Zeiten, die vergangen,
Könnt ihr auch bergen kaum der Thränen Tau,
Dann greifet in die Zukunft ohne Bangen
Mit muth'gem Blick, Ist sie auch düster grau,
Und ihr, von denen wir jetzt trauernd scheiden,
Denkt freundlich unsrer auch in fernen Weiten.

Literaturverzeichnis

(Nur die grundlegende Literatur ist verzeichnet, die spezielle findet sich bei den einzelnen Artikeln.)

BORST, OTTO, Die heimlichen Rebellen. Schwabenköpfe aus fünf Jahrhunderten. Stuttgart: Theiss 1980.

BRECHT, MARTIN; EHMER, HERMANN, Südwestdeutsche Reformationsgeschichte. Zur Einführung der Reformation im Herzogtum Württemberg 1534. Stuttgart: Calwer 1984.

DECKER-HAUFF, HANS MARTIN, Die geistige Führungsschicht Württembergs. – In: Franz, Günther (Hg.), Beamtentum und Pfarrerstand 1400–1800. Büdinger Vorträge 1967. Limburg/Lahn, Starke 1972, S. 51–81.

DOPFFEL, GERHARD; KLEIN, GERHARD (Hg.), Kloster Blaubeuren 900 Jahre. Stuttgart: Theiss 1985.

EBERL, IMMO, Die Klosterschüler in Blaubeuren 1708–1751. Ein Beitrag zur Sozialgeschichte des altwürttembergischen Pfarrstandes. In: BWKG 77, 1977, S. 25–100.

EBERL, IMMO, Die Klosterschüler in Blaubeuren 1751–1810. Ein Beitrag zur Sozialgeschichte des württembergischen Pfarrstandes. In: BWKG 80/81, 1980/1981, S. 38–141.

EBERL, IMMO (Hg.), Kloster Blaubeuren 1085–1985. Benediktinisches Erbe und Evangelische Seminartradition. Katalog zur Ausstellung der Evangelischen Seminarstiftung und des Hauptstaatsarchivs Stuttgart 15. Mai bis 15. Oktober 1985. Sigmaringen: Thorbecke 1985.

DECKER-HAUFF, HANSMARTIN; EBERL, IMMO (Hg.), Blaubeuren. Die Entwicklung einer Siedlung in Südwestdeutschland. Sigmaringen: Thorbecke 1986,

GUTEKUNST, EBERHARD (Hg.), Die württembergischen Klosterschulen und Seminare. Das Evangelisch-Theologische Seminar Urach 1818–1977. Metzingen: Franz 1991.

GREIFFENHAGEN, MARTIN (Hg.), Das evangelische Pfarrhaus. Eine Kultur- und Sozialgeschichte. Stuttgart: Kreuz 1984.

HAHN, JOACHIM; MAYER, HANS, Das Evangelische Stift in Tübingen. Geschichte und Gegenwart – Zwischen Weltgeist und Frömmigkeit. Stuttgart: Theiss 1985.

HERMELINK, HEINRICH, Geschichte der evangelischen Kirche in Württemberg von der Reformation bis zur Gegenwart. Stuttgart 1949.

IMHOF, EUGEN (Hg.), Blaubeurer Heimatbuch. Blaubeuren: Heilig 1950.

LANDESARCHIVDIREKTION (Hg.), Der Alb-Donau-Kreis. Band I, Sigmaringen: Thorbecke 1989.

LANG, GUSTAV, Geschichte der württembergischen Klosterschulen von ihrer Stiftung bis zu ihrer endgültigen Verwandlung in Evangelisch-Theologische Seminare. Stuttgart: Kohlhammer 1938.

MÜLLER, ERNST, Kleine Geschichte Württembergs. Mit Ausblicken auf Baden. Stuttgart: Kohlhammer 1963.

PÄDAGOGISCH-THEOLOGISCHES ZENTRUM (Hg.), 450 Jahre Kirche und Schule in Württemberg. Ausstellungskatalog. Stuttgart: Calwer 1984.

RINKER, REINER; SETZLER, WILFRIED (Hg.), Die Geschichte Baden-Württembergs. Stuttgart: Theiss 1986.

ROESSLE, JULIUS, Von Bengel bis Blumhardt. Gestalten und Bilder aus der Geschichte des schwäbischen Pietismus. Metzingen: Franz 1960.

SCHÄFER, GERHARD, Kleine württembergische Kirchengeschichte. Stuttgart: Silberburg 1964.

UHLAND, ROBERT (Hg.), 900 Jahre Haus Württemberg. Leben und Leistung für Land und Volk. Stuttgart: Kohlhammer 1984.

WELLER, KARL; WELLER, ARNOLD, Württembergische Geschichte im südwestdeutschen Raum. Stuttgart: Theiss 1975.

ZIEGLER, HANSJÖRG, Maulbronner Köpfe. o. O.: Melchior 1987.

Abkürzungen

ADB	=	Allgemeine Deutsche Biographie
BlSAV	=	Blätter des Schwäbischen Albvereins
BWKG	=	Blätter für Württembergische Kirchengeschichte
LKAS	=	Landeskirchliches Archiv Stuttgart
LThK	=	Lexikon für Theologie und Kirche
NDB	=	Neue Deutsche Biographie
RE	=	Realenzyklopädie
RGG	=	Religion in Geschichte und Gegenwart
STAS	=	Staatsarchiv Stuttgart
STAL	=	Staatsarchiv Ludwigsburg
ZWLG	=	Zeitschrift für Württembergische Landesgeschichte

Personenregister

Andler, Familie 36
Arendt, Hannah 186
Aufseß, Hans Freiherr von und zu 127
Bacmeister, Adolf 87–89
Bardili, Familie 142
Barlach, Ernst 149
Bauder, Johann Georg 150
Bauer, Ludwig Amandus 61
Bauer, Otto 15, 57, 164
Baur, Ferdinand Christian 40, 68–70, 73
Baur, Jakob Christian 69
Becher, August 124, 127
Becher, Johannes R. 186
Beckh, Georg Friedrich 146
Beckh, Louise Johanne 146
Behrens, Kapitän 176
Beißner, Friedrich 31
Bengel, Johann Albrecht 137
Bernfeld, Anne 185
Bethmann-Hollweg 8
Bilfinger, Johann Wendel 138
Binder, Gustav 75
Bismarck, Otto v. 46, 89, 131, 183
Böhmer, Auguste 66
Böhmer, Johann Franz Wilhelm 65
Bohnenberger, Wilhelm Gottlieb Friedrich 127, 132, 134
Braun, Karl Ferdinand 104f.
Bredel, Willi 187
Brecht, Bertolt 187
Breitling, Wilhelm 127–129, 194
Bruckmann, Marie 171
Bucharin, Nikolaj 186
Bulwer-Lytton, Edward 46
Burza, Wilhelm 14, 29, 107
Byron, Lord 46
Carl Alexander, Herzog v. Württemberg 138, 140, 141, 143, 149
Carl Eugen, Herzog v. Württemberg 12, 109, 140, 142f., 146
Casanova, Giacomo 143
Charlotte, Königin v. Württemberg 162f.
Christoph, Herzog v. Württemberg 7f., 40
Claudius, Matthias 35
Clauren, Heinrich 39
Collins, Wilkie 46
Condorcet, Marquis de 156
Dann, Christian Adam 152–157
Dann, Christoph Gottlieb 152
Decker-Hauff, Hans-Martin 17, 192
Dickens, Charles 46
Dilger, Hermann 11
Dingelstedt, Franz 48
Dopffel, Familie 161
Eberhard im Bart, Herzog v. Württemberg 54
Eberhard Ludwig, Herzog v. Württemberg 138, 149
Eberl, Immo 16
Eccardt, Familie 152
Elben, Familie 17
Elsässer, Familie 40
Elsenhans, Ernst 182
Engels, Friedrich 82
Ergezinger, Johann Conrad 33
Eschenburg, Theodor 67
Etzel, Gottlob Christian Eberhard 115
Etzel, Johann Leonhard 115
Etzel, Karl 115–119, 176
Eugen, Prinz v. Savoyen 138
Euting, Julius 90–93, 94
Eyth, Eduard 97
Eyth, Max 97
Fabri, Heinrich 54
Falch, Eberhard 161–163
Falch, Gustav 161
Falch, Karl 161
Feuerbach, Ludwig 23
Feuerlein, Carl Friedrich 120
Feuerlein, Ehregott Gustav Willibald 120–122
Feuerlein, Fürchtegott August Willibald 120–122
Feuerlein, Auguste 121
Feuchtwanger, Lion 140
Fichte 8
Finckh, Theodor 165
Fink, Marianne 165, 168
Fink, Wilhelm 164–168
Fischer, Auguste 120
Fischer, Familie 152, 161
Fischer, Paul 166
Fraas, Oskar 94–97
Francke, August Hermann 143, 149
Franz Joseph I., Kaiser v. Österreich 118
Friedrich, Kaiser v. Deutschland 91
Friedrich II., König v. Preußen 183
Friedrich, König v. Württemberg 10, 12, 25, 40, 69, 85, 146, 153
Friedrich Ludwig, Erbprinz v. Württemberg 138
Friedrich Wilhelm IV., König v. Preußen 61, 125
Gaab, Johann Friedrich 65
Gaub, Albert 8, 55
Gaum, Johann Ferdinand 65
Gerlach, Johanna Felicitas 158
Gerlach, Samuel 158
Georgii, Familie 36
Gerok, Karl 154
Gfrörer, Friedrich August 60–62
Ghega, Karl Ritter v. 118
Gindele, Franz 182
Gmelin, Familie 17
Goebel, Karl (Ritter v.) 98–100
Goethe, Johann Wolfgang 35, 46, 52, 63, 65, 74, 99, 166, 180

Gozzi, Carlo 32
Gradmann, Robert 94, 101–103
Grävenitz, Familie 138, 149
Grävenitz, Fritz v. 194
Grävenitz, Marianne v. 194
Gregor VII., Papst 62
Grückler, Familie 12, 17
Grüneisen, Familie 40
Grünspan, Herrschel 188
Gustav Adolf, König v. Schweden 61
GutsMuths, Johann Christoph Friedrich 28
Gutzkow, Karl 88
Häcker, Wilhelm 56–59
Händel, Georg Friedrich 153
Haerlin, Georg Friedrich Christian 146
Hahn, Philipp Matthäus 15, 146
Haller, Johannes 62
Harpprecht, Familie 36
Hartmann, Gottlob David 33
Harttmann, Carl Friedrich 144, 145–147
Hassell, Ulrich v. 170
Hauff, Familie 17
Hauff, Gottfried August 40
Hauff, Katharine Eleonore Louise 42
Hauff, Wilhelm 39–43, 61
Haug, Familie 40
Haug, Martin 173–175
Hauptmann, Gerhart 52
Haußmann, Julius 124
Hebbel, Friedrich 52
Hecker, Friedrich 29
Heege, Friedrich 166
Heerbrand, Familie 142
Hegel, Georg Friedrich Wilhelm 36, 68, 94, 115
Heine, Heinrich 44–46, 66, 88
Heinrich XXIX., Fürst Reuß 149
Henseler, Albert Friedrich 153
Henze, Hans Werner 32
Herder, Johann Gottfried 13, 35
Hertz, Heinrich 105
Herwegh, Georg 88
Hesse, Hermann 49, 56–59, 61, 144, 164
Hetzel, Gustav Karl Theodor 176f.
Heuss, Theodor 75, 131, 200
Hiller, Familie 142
Hindenburg, Paul v. 131
Hitler, Adolf 169f., 186
Hochstetter, Familie 12, 116, 138
Hochstetter, Wilhelm 165
Hofacker, Wilhelm 154
Hohenheim, Franziska v. 146
Holberg, Eleutheria 65
Hölder, Julius 15
Hölderlin, Friedrich 8, 16, 31, 35–37, 49, 88, 115, 153
Hopf, Franz 136
Horvath, Ödön v.
Höslin, Jeremias 109–111
Hoven, Wilhelm v. 37
Humboldt, Wilhelm v. 13
Hummel, Johann Wendelin 192
Jäger, Familie 142
Jäger, Christoph Friedrich 142
Jahn, Friedrich Ludwig 14, 28, 73
Jan, Albert v. 188
Jan, Julius v. 188–190, 198
Jan, Richard v. 188
Jens, Walter 67
Josenhans, Apotheker 171
Käuffelin, Gottfried 152
Kant, Immanuel 63
Karl, König v. Württemberg 162, 177
Keller, Gottfried 56, 74
Kepler, Johannes 8, 16, 94
Kern, Friedrich Heinrich 40, 69, 73
Kerner, Justinus 36f., 40, 44, 144
Kind, Regula 171
Klaiber, Hans 166
Klopstock 8, 35
Knapp, Albert 145, 154, 157
Knoll, Michael 119
Körner, Theodor 32
Köstlin, Cosmas Friedrich 141
Köstlin, Familie 152, 166
Kolbenheyer, Guido 53
Kraft, Christian Gottlieb 146
Kraut, Karl Benjamin 166
Krockow, Christian Graf 67
Kroener, Adolf v. 128
Krumm, Marie Gottliebin 147
Kübler, Gottfried 152, 155
Kuhn, Albert 176–178
Kullen, Friedrich 144
Lagarde, Paul 166
Lang, Gustav 130, 165
Lang, Hermann 77
Lang, Johannes 152
Lechler, Gotthard Victor 176
Lempp, Ernst Friedrich 28
Lenin 185
List, Friedrich 94, 115
Liszt, Franz 50
Ludendorff, Erich v. 131
Ludwig II., König v. Bayern 42
Luitpold, Prinzregent v. Bayern 100
Lukács, Georg 186f.
Luther, Martin 7
Maier, Heinrich 165
Marconi, Guglielmo 104
Märklin, Christian 11, 76
Martini, Fritz 76
Marx, Karl 187
Mauch, Christoph Friedrich 41
Max, Prinz v. Baden 131
Maxwell, James Clerk 105
Mayer, Karl 44
Meiser, Hans 169
Meyerbeer, Giacomo 50
Mezger, Familie 161
Michaelis-Böhmer-Schlegel, Caroline 65
Mögling, Familie 152
Mörike, Eduard 8, 12, 15, 36, 44–46, 49, 56, 61f., 72, 82, 144, 196
Mörike, Otto 188, 190
Molsberg, Dorothea Wihelmine v. 150
Moore, Thomas 88
Moritz v. Sachsen 8
Moser, Johann Jakob 94, 150
Mozart, Wolfgang Amadeus 50
Murr, Wilhelm 170
Neher, Carola 187
Nestle, Familie 161
Neumann, Heinz 187
Niethammer, Familie 161
Nietzsche, Friedrich 8, 68, 75
Nüssle, Karl 123
Oetinger, Friedrich Christoph 141–144, 150
Oetinger, Johann Christoph 142
Oetinger, Rosine Dorothea 142

Olga, Königin v. Württemberg 162
Onfray, Michel 23
Oppeln-Bronikowski, Frieda v. 39
Oppenheimer, Süß 140
Osiander, Johann Adam 33
Parsimonius, Johannes 24
Pastor, Ludwig v. 62
Paulus, Carolina 65f.
Paulus, Eduard 97
Paulus, H. E. G. 63–67
Paulus, Sophie Caroline 66
Payer, Friedrich (v.) 130–136
Payer, Marie 135
Peschier, Karl Christian 128
Pfister, Albert v. 179–181
Pfizer, Gustav 44–47
Planck, Familie 161, 196–201
Planck, Adolf 196
Planck, Carl 196
Planck, Carl Friedrich 196
Planck, Georg Heinrich 197–199
Planck, Georg Jakob 196
Planck, Gottlieb Jakob 192, 196
Planck, Heinrich 175
Planck, Hermann 84, 175, 197
Planck, Jakob Christian 199
Planck, Johann Jakob 196
Planck, Karl Christian 199–201
Planck, Mathilde 200f.
Planck, Max 175, 196
Planck, Oskar 199
Platen-Hallermünde, August Graf v. 44
Pressel, Gustav 48–50
Pressel, Wilhelm 119
Quenstedt, Friedrich August 97f.
Ramsler, Johann Gerhard 158–160
Ranke, Leopold 8
Rapp, Adolf 73f.
Rapp, Jacob Friedrich 33
Rapp, Wilhelm 179, 182–184
Reichlin-Meldegg, Karl Alexander v. 64
Remmele, Hermann 187
Reuß, Jeremias Friedrich 14, 20, 25–29, 40f., 73
Ribbentrop, Joachim v. 194
Rieger, Georg Konrad 137–140
Rieger, Johann Michael 138

Rieger, Karl Heinrich 140
Rieger, Philipp Friedrich 140
Rieß, Hermann 190
Rock, Friedrich 143
Rosegger, Peter 118
Rössle, Sophie 192
Rößler, Pfarrer 86
Rümelin, Theodor 57
Rykow, Alexej 186
Sandberger, Victor v. 128
Schäfer, Walter Erich 53
Schaumann, Julius 98
Schebest, Agnese 73
Scheffel, Viktor v. 95
Schelling, Friedrich Wilhelm Joseph 8, 36, 65f., 94, 115
Schieber, Dekan 172
Schiller, Friedrich 20, 35f., 63, 88, 94, 115, 146, 179f., 182
Schlegel, August Wilhelm 63, 65f.
Schmid, Rudolf 89
Schmoller, Familie 36
Schmoller, Gustav Heinrich 49, 91, 181, 193
Schmückle, Karl 185–187
Schopper, Karl Ferdinand Friedrich 41
Schott, Theodor Friedrich v. 128
Schubart, Christian Friedrich Daniel 35, 56, 94, 140
Schwab, Gustav 36, 40, 44f.
Schwindrazheim, Friedrich 148
Scott, Walter 39
Seybold, David Christian 31–34
Shakespeare, William 52, 63, 181
Sick, Christian Heinrich 15
Sigwart, Christoph Eberhard Philipp 18, 134, 165
Silcher, Friedrich 49
Slaby, Adolf 104
Slevogt, Max 42
Speidel, Anna Catharina Speidel 158
Spohr, Louis 50
Stäudlin, Gotthold 35
Stalin 186
Steeb, Johann Gottlieb 112–114
Steinhofer, Friedrich Christoph 148–151
Steinhofer, Johann Ulrich 148
Stockmayer, Familie 12, 17

Stolberg, Josephe 42
Strauß, David Friedrich 11, 16, 45, 60, 63f., 67, 68, 70, 72–79, 115, 123f., 130
Strölin, Karl 15
Sturm, Beata 140
Süskind, Eduard 27, 60, 77, 80f., 123–126, 127
Süskind, Friedrich Gottlieb 27, 123
Süskind, Patrick 123
Süßkind, Heinrich 187
Thill, Johann Jacob 31–34
Thouret, Nikolaus Friedrich v. 117
Tieck, Ludwig 44
Uhland, Ludwig 36, 44, 121, 135f., 196
Ulrich, Herzog v. Württemberg 7, 42
Vischer, Friedrich Theodor 16, 18, 45, 60, 70, 71–79, 123f., 157, 196
Vischer, Georg Ludwig 159
Völter, Hans 57
Volz, Friederike Luise Beate 123
Wagenmann, Julius August 127
Wagner, Auguste 200
Waiblinger, Wilhelm 36, 49, 61
Wanner, Paul 51–55, 175
Washington, George 183
Weberling, Schauspieler 153
Wehner, Herbert 186
Weißensee, Magdalena Sybilla 140
Weißensee, Philipp Heinrich 111, 140, 143
Weizsäcker, Familie 191–194
Weizsäcker, Christian Ludwig Friedrich 192
Weizsäcker, Ernst Heinrich 194
Weizsäcker, Hugo 192
Weizsäcker, Julius 128, 181, 192
Weizsäcker, Karl Heinrich 129, 193f.
Weizsäcker, Karl Hugo 194
Weizsäcker, Richard v. 191f., 194
Weizsäcker, Ulrich 192
Weizsäcker, Wolfgang 192
Werthes, Friedrich August Clemens 31–34
Widmann, Karl Friedrich August 134
Wieland, Christoph Martin 8, 32
Wildermuth, Ottilie 121
Wilhelm I., Kaiser v. Deutschland 17, 48
Wilhelm II., Kaiser v. Deutschland 163, 185
Wilhelm, Graf v. Württemberg 42
Wilhelm, König v. Württemberg 10, 69, 85, 177

Wittich, Ernst Christian v. 128
Wolf, Friedrich 53
Wölfing, Rosine Dorothea 142
Wurm, Christian Friedrich 61
Wurm, Julius Friedrich 171

Wurm, Mathilde 172
Wurm, Paul Ernst 171
Wurm, Theophil 15, 169–172, 174
Zeller, Familie 142, 152
Zenneck, Jonathan Wilhelm Adolf 104–108

Zimmermann, Wilhelm 61, 80–83
Zinzendorf, Graf Nikolaus Ludwig 143, 148f.
Zinzendorf, Gräfin Erdmuthe Dorothea 149

Ortsregister

Adelberg 8, 145
Albershausen 164
Algier 177
Alpirsbach 8
Altburg 126
Amstetten 118
Anhausen 8
Asch 77
Augsburg 8, 84, 88f.
Baiersbronn 92
Balingen 92, 95f., 176
Baltimore 179, 183
Bar le Duc 176
Barmen 170
Basel 95, 171
Bebenhausen 8, 10, 109, 138
Berlin 39, 50, 94, 191–194
Berghülen 167
Bermaringen 86, 105
Bernloch 159
Biberach 117
Bietigheim 33, 117, 119
Billigheim 99
Blaubeuren passim
Blumau 119
Böblingen 161
Böhringen 109
Bonn 191
Boonton, New Jersey 105
Bozen 119
Brackenheim 31, 57
Braunschweig 104
Bremen 42
Bremerhaven 184
Brettach 188
Bruchsal 88
Brüssel 128
Budapest 32
Buttenhausen 31, 135
Calw 61, 126, 173
Cannstatt 49, 137f.
Chicago 182
Crailsheim 81, 106
Cuxhaven 105
Danzig 104, 163
Darmstadt 104
Deizisau 188
Denkendorf 8, 143
Derdingen 54
Dettingen/Erms 81, 150
Dossenbach 88
Dresden 157
Dürnau 112
Ebersbach 57
Ebersdorf 149f.
Ehingen 60, 115, 117, 135
Eisenach 169
Eningen/Achalm 150
Ennabeuren 109
Enslingen 164
Enzklösterle 185
Erbach 117
Erfurt 32
Erlangen 102, 193
Esslingen 61, 87, 118, 127f., 141, 161, 198
Eyach 95
Faurndau 41
Feldstetten 41
Forchtenberg 101f.
Frankfurt 60–62, 77, 81, 124, 130
Franzensfeste 119
Freiburg 60
Friedrichshafen 117
Freudenstadt 158f., 173, 175
Gaildorf 81, 127
Geislingen 117–119, 182
Gera 149
Gerabronn 162
Gerhausen 128, 138, 181, 188
Giengen 54
Gloggnitz 118
Gmunden/Traunsee
Göppingen 15, 57, 127, 142f., 164
Gompelscheuer 185
Gossensaß 119
Göttingen 44, 127, 140, 192f., 196
Grabenstetten 112f.
Graz 118
Greiz 149
Grimma 8
Großbottwar 176
Großheppach 31
Gruorn 111
Halle 143, 149
Hamburg 44, 61, 163
Hannover 48, 128, 183
Hannoversch Münden 48
Heidelberg 63–65, 128
Heidenheim 54, 82, 84
Heilbronn 49, 117, 162, 171, 182, 196
Heimsheim 54
Helgoland 105
Herbrechtingen 8, 155
Herrenalb 8
Herrenberg 141–143
Herrentierbach 188
Herrnhut 143, 148–150
Hirsau 8, 24, 29, 141
Hochdorf 97
Hohenasperg 35, 88, 94, 124, 182
Hohenheim 97
Hohenstadt 126, 167
Hohentwiel 94f.
Hornberg 159

Hülben 81, 144
Illingen 54, 146
Innichen 119
Innsbruck 119
Jena 32, 63, 65f., 185
Karlsbad 28
Karlsruhe 105, 119
Kassel 143
Kempten 117
Kilchberg 135
Kirchheim 15, 111, 189
Kleebronn 147
Kleeburg 192
Klagenfurt 119
Kollmann 119
Königsbronn 8
Kopenhagen 119
Korntal 99, 190
Kornwestheim 146
Kufstein 119
Landau/Isar 190
Landsberg/Lech 190, 194
Langenau 82, 109
Lauffen 96, 145, 147
Lecce 119
Leipzig 39, 99, 176
Leonberg 64, 66
Leonbronn 82
Leutkirch 81
Lichtenstein 41
Liebenzell 159
Lienz 119
Lindau 117, 183
Löbau 148
London 90, 128
Lorch 8, 35, 37, 94
Ludwigsburg 36f., 73, 75, 96, 139, 143, 146f., 180, 201
Ludwigshafen 104
Machtolsheim 167
Mannheim 35, 117, 119
Marbach/N. 73, 84, 123
Marburg 42, 99
Markgröningen 142
Maulbronn 8, 10–12, 18, 19, 40, 52, 56–58, 69, 84f., 99, 106f., 127, 138, 164, 167, 171, 175, 185, 188, 200

Mehrstetten 135
Meimsheim 147
Meißen 8
Mergentheim 180
Metzingen 161
Mitau 33
Mössingen 154, 171
Moskau 185
Mount Vernon 183
Mühlacker 167
München 94, 99, 104, 108, 126, 182, 190
Munderkingen 117
Münsingen 111, 115, 124f., 167
Münster 180
Murrhardt 8, 141f.
Mürzzuschlag 118
Neckarsulm 162
Neidlingen 167
Neresheim 188
Neuenbürg 188
Neuffen 111, 145, 147
Neuschwanstein 42
Neuwerk 105
Nördlingen 10
Nürnberg 58, 127, 194
Nürtingen 112, 120, 174, 196
Oberlenningen 188–190
Obermarchtal 135
Oberwälden 161
Oglethorpe, Georgia 105
Öhringen 123, 162, 192, 196
Ortenburg 190
Öschelbronn 146
Öschingen 153f.
Oslo 192
Onstmettingen 146
Ottenhöfen 92
Owen 82, 148
Oxford 90
Pappelau 167, 188
Passau 190
Paris 90, 96, 116, 128
Pforzheim 117
Plattling 190
Plochingen 117, 154
Posen 163
Potsdam 183

Prag 94
Rastatt 182
Ravensburg 124, 172
Reutlingen 54, 60, 88, 131, 171, 182
Rösslberg 124
Rom 192
Rostock 99
Rottenburg 131, 162
Ruppertshofen 104, 106
Säckingen 76
Salzburg 50
San Abbondio 57
Satteldorf 106
Schaffhausen 66
Schelklingen 19, 96
Schmiden 69
Schnaitheim 82, 152
Schnepfenthal 28
Schöntal 8, 10–12, 40, 84f., 127, 199
Schopfloch 189
Schorndorf 49, 61, 158f.
Schulpforta 8
Schwäbisch Gmünd 104
Schwäbisch Hall 53f., 81, 140, 142, 164, 176
Schweindorf 188
Seißen 138, 153
Sindelfingen 102
Söflingen 117
Sonderbuch 85, 108, 128
Speyer 32, 89
St. Gallen 118
St. Georgen 8
St. Germain 116
St. Jodok 119
Straßburg 90f., 104f., 176, 193
Stuttgart 10, 13, 15f., 22f., 31–33, 35, 39, 45, 48, 50, 51, 53, 60f., 69, 74, 80–82, 84, 88f., 90, 92, 95–97, 106, 115–117, 120, 123f., 128, 130f., 138–140, 145f., 153f., 162, 173f., 177, 182, 194, 199
Sulz 142, 159
Suppingen 60, 77, 109, 123, 125, 127, 167
Tauberbischofsheim 179
Teinach 150
Tennenbronn 158
Treysa 169
Triest 118

Trossingen 180, 182
Tübingen 10, 13, 18, 31–33, 36f., 40, 45, 49, 51f., 54, 57, 60f., 65, 68–70, 88, 95, 97, 99, 102, 109, 112, 116, 121, 130–132, 135, 138, 142, 146f., 148–150, 151, 158, 164, 171, 176f., 185, 193, 199f.
Tutzing 124, 128, 138
Ulm 33, 41f., 49f., 56, 84, 90, 106, 113, 115, 165, 167, 169, 171, 179–181, 185, 196, 198, 200
Unterböhringen 41
Urach 8, 10–12, 15, 40f., 84f., 111, 127, 138, 144, 174, 196
Urspring 167
Vaihingen/Enz 36, 164f.

Venedig 118
Verona 119
Versailles 116
Walddorf 141, 144
Waldenbuch 40
Warschau 153
Washington 182
Weiler b. Blaubeuren 57, 98
Weilimdorf 188
Weilheim/Teck 146
Weimar 32, 66, 94
Weinsberg 142, 144, 150
Weißenburg/Elsaß 192
Wertheim 158
Wien 89, 91, 94, 116, 119, 138, 153

Wiesensteig 167
Wildbad 158
Winnental 200
Wippingen 105f., 108, 109
Wittendorf 159
Wolfschlugen 120
Würzburg 65, 95, 99
Wüstenrot 142, 201
Ybbs/Donau 119
Zaisersweiher 164
Zavelstein 150
Zittau 148
Zürich 60, 63, 74, 192
Zuffenhausen 190
Zwiefalten 162

Alb und Donau
Kunst und Kultur

1. Rudolf Dentler, Schmuck des Königs, (vergriffen) 1990
2. Adolf Schwertschlag, Malerei und Graphik, (vergriffen) 1991
3. Frederick William Ayer, Die Augenfälligkeit des Unsichtbaren, (vergriffen) 1992
4. Albert Kley, Bilder und Zeichnungen, (vergriffen) 1992
5. Joachim Hahn, Eiszeitschmuck auf der Schwäbischen Alb, 1992. ISBN 3-88-294-180-4
6. Gudrun Kneer-Zeller, Malerei, 1994. ISBN 3-88-294-204-5
7. Paul Kleinschmidt, Die Ulmer Zeit. 1927–1936, 1994. ISBN 3-88-294-202-9
8. Sebastian Sailer, Das Jubilierende Marchtall, 1771 (Neudruck in Zusammenarbeit mit der Deutschen Schillergesellschaft) 1995. ISBN 3-87437-370-3
9. Helmut Berninger, Malerei aus vier Jahrzehnten, 1995. ISBN 3-88-294-218-5
10. Hans Gassebner, Werkverzeichnis, Zeichnungen und Druckgraphik mit einer Briefdokumentation, 1995. ISBN 3-88-294-223-1
11. Horst Thürheimer, Alles auf Papier. 1986–1996, 1996. ISBN 3-88-294-236-3
12. Albert Unseld, Der Maler Albert Unseld. 1879–1964, 1997. ISBN 3-88-294-238-X
13. Sebastian Sailer, Karfreitagsoratorien. Geistliche Schaubühne des Leidens Jesu Christi, in gesungenen Oratorien aufgeführt, Augsburg 1774. Neudruck 1997. ISBN 3-87437-394-0
14. Susanne Clarke und Sigrid Haas-Campen, Führer zu archäologischen Denkmälern in Deutschland. Ulm und der Alb-Donau-Kreis, 1997. ISBN 3-8062-1219-8
15. Helmuth Albrecht u. a., Wirtschaftsgeschichte im Raum Ulm. Entwicklungslinien im Alb-Donau-Kreis seit 1945, 1998. ISBN 3-88294-260-6
16. Wilhelm Geyer. 1900–1968. Die letzten Jahre. Pastelle und Aquarelle, 1998. ISBN 3-88294-268-0
17. Herbert Hummel, Geist und Kirche. Blaubeurer Klosterschüler und Seminaristen, 1998. ISBN 3-923107-05-6
18. Herbert Hummel u. a., Die Revolution 1848/49. Wurzeln der Demokratie im Raum Ulm, 1998. ISBN 3-88294-270-3